全国高等教育自学考试指定教材

社区护理学

[含：社区护理学自学考试大纲]

（2017年版）

全国高等教育自学考试指导委员会 组编

主　编　李春玉

副主编　侯淑肖　李彩福

编　者　（按姓氏笔画排序）

　　　　王晶晶　李　强　李现文
　　　　李春玉　李彩福　肖　霖
　　　　张　利　张金梅　张海莲
　　　　钟丽丽　侯淑肖　彭　歆

主　审　尚少梅

参　审　刘建芬　李葆华

北京大学医学出版社

SHEQU HULIXUE

图书在版编目（CIP）数据

社区护理学 / 李春玉主编．—北京：北京大学医学出版社，2023.9
　ISBN 978-7-5659-2985-4

　Ⅰ．①社… Ⅱ．①李… Ⅲ．①社区-护理学-高等教育-自学考试-教材 Ⅳ．①R473.2

中国国家版本馆CIP数据核字（2023）第171989号

社区护理学（2017年版）

主　　编：	李春玉
出　　版：	北京大学医学出版社
地　　址：	（100191）北京市海淀区学院路38号　北京大学医学部院内
电　　话：	发行部 010-82802230；图书邮购 010-82802495
网　　址：	http: //www.pumpress.com.cn
E-mail：	booksale@bjmu.edu.cn
印　　刷：	北京瑞达方舟印务有限公司
经　　销：	新华书店
责任编辑：法振鹏　　责任校对：靳新强　　责任印制：李　啸	
开　　本：	787 mm×1092 mm　1/16　印张：19　字数：470千字
版　　次：	2023年9月第1版　2023年9月第1次印刷
书　　号：	ISBN 978-7-5659-2985-4
定　　价：	43.00元

版权所有，违者必究

（凡属质量问题请与本社发行部联系退换）

组编前言

21世纪是一个变幻莫测的世纪，是一个催人奋进的时代。科学技术飞速发展，知识更替日新月异。希望、困惑、机遇、挑战，随时随地都有可能出现在每一个社会成员的生活之中。抓住机遇，寻求发展，迎接挑战，适应变化的制胜法宝就是学习——依靠自己学习、终身学习。

作为我国高等教育组成部分的自学考试，其职责就是在高等教育这个水平上倡导自学、鼓励自学、帮助自学、推动自学，为每一个自学者铺就成才之路。组织编写供读者学习的教材就是履行这个职责的重要环节。毫无疑问，这种教材应当适合自学，应当有利于学习者掌握和了解新知识、新信息，有利于学习者增强创新意识，培养实践能力，形成自学能力，也有利于学习者学以致用，解决实际工作中所遇到的问题。具有如此特点的书，我们虽然沿用了"教材"这个概念，但它与那种仅供教师讲、学生听，教师不讲、学生不懂，以"教"为中心的教科书相比，已经在内容安排、编写体例、行文风格等方面都大不相同了。希望读者对此有所了解，以便从一开始就树立起依靠自己学习的坚定信念，不断探索适合自己的学习方法，充分利用自己已有的知识基础和实际工作经验，最大限度地发挥自己的潜能，达成学习的目标。

欢迎读者提出意见和建议。

祝每一位读者自学成功。

全国高等教育自学考试指导委员会
2016年12月

目 录

社区护理学自学考试大纲

出版前言	2
Ⅰ 课程性质与设置目的	3
Ⅱ 考核目标	5
Ⅲ 课程内容与考核要求	6
Ⅳ 关于考试大纲的说明与考核实施要求	26
附录 题型举例	29
后 记	31

社区护理学

编者的话	34
第一章 社区卫生服务	35
第一节 社区健康与公共卫生服务	35
第二节 社区卫生服务概述	39
第二章 社区护理	48
第一节 社区护理概述	48
第二节 社区护理中流行病学的应用	52
第三节 社区护理相关政策法规与伦理规范	60
第三章 社区健康教育与健康促进	65
第一节 社区健康教育	65
第二节 社区健康促进	75
第三节 社区健康咨询	81
第四章 以社区为中心的护理	87
第一节 社区护理评估与诊断	87
第二节 社区护理计划、实施与评价	92
第三节 社区健康档案的建立与应用	96
第五章 以家庭为中心的护理	106
第一节 家庭健康	106
第二节 家庭护理程序	112
第三节 常用家庭护理方法	120
第六章 社区儿童青少年保健与护理	130
第一节 儿童期生长发育特点与保健指导	130

第二节　青少年期生长发育特点与保健指导·················138
　　第三节　儿童青少年期常见健康问题·························140
　　第四节　预防接种与计划免疫····································145
第七章　社区妇女保健与护理···152
　　第一节　社区妇女保健概述····································152
　　第二节　不同发展时期妇女保健指导·························154
　　第三节　妇女常见健康问题及护理····························164
第八章　社区老年人群保健与护理······································171
　　第一节　社区老年人保健概述·································171
　　第二节　社区老年人群保健指导·······························175
　　第三节　老年人常见健康问题及护理························176
第九章　社区慢性病患者的护理与管理································188
　　第一节　慢性病概述··188
　　第二节　常见慢性病患者社区护理与管理··················193
　　第三节　安宁疗护··206
第十章　社区伤残患者的康复与护理···································218
　　第一节　社区康复护理概述····································218
　　第二节　常见伤、残、精神障碍者的社区康复护理······228
第十一章　社区传染病的护理与管理··································237
　　第一节　传染病与社区护理····································237
　　第二节　常见传染病患者的社区护理与管理···············240
第十二章　社区灾害事件应急管理与护理····························252
　　第一节　社区灾害概述··252
　　第二节　社区灾害的救护·······································259
　　第三节　社区灾后重建的健康管理与护理··················262

参考答案···269
附　　录···278
　　附录1　OMAHA护理分类系统·································278
　　附录2　国家免疫规划疫苗儿童免疫程序表··················280
　　附录3　老年健康综合评估工具·································281
　　附录4　个人康复评定工具······································290
中英文专业词汇索引···292
参考文献···294
后　　记···296

全国高等教育自学考试

社区护理学自学考试大纲

全国高等教育自学考试指导委员会　制定

出版前言

为了适应社会主义现代化建设事业的需要，鼓励自学成才，我国在20世纪80代初建立了高等教育自学考试制度。高等教育自学考试是个人自学、社会助学和国家考试相结合的一种高等教育形式。应考者通过规定的专业考试课程并经思想品德鉴定达到毕业要求的，可获得毕业证书；国家承认学历并按照规定享有与普通高等学校毕业生同等的有关待遇。经过30多年的发展，高等教育自学考试为国家培养造就了大批专门人才。

课程自学考试大纲是国家规范自学者学习范围，要求和考试标准的文件。它是按照专业考试计划的要求，具体指导个人自学、社会助学、国家考试、编写教材、编写自学辅导书的依据。

随着经济社会的快速发展，新的法律法规不断出台，科技成果不断涌现，原大纲中有些内容过时、知识陈旧。为更新教育观念，深化教学内容方式、考试制度、质量评价制度改革，使自学考试更好地提高人才培养的质量，各专业委员会按照专业考试计划的要求，对原课程自学考试大纲组织了修订或重编。

修订后的大纲，在层次上，本科参照一般普通高校本科水平，专科参照一般普通高校专科或高职院校的水平；在内容上，力图反映学科的发展变化，增补了自然科学和社会科学近年来研究的成果，对明显陈旧的内容进行了删减。

全国考委医药学类专业委员会组织制定了《社区护理学自学考试大纲》，经教育部批准，现颁发施行。各地教育部门、考试机构应认真贯彻执行。

全国高等教育自学考试指导委员会
2017年7月

Ⅰ 课程性质与设置目的

一、课程性质和特点

"社区护理学"课程是全国高等教育自学考试护理学专业的考试课程,是为培养和检验自学应考者的社区护理学的基本理论、基本知识和基本技能而设置的一门专业课程。

设置本课程的目的,旨在帮助护理学专业自学者更全面、更深入地掌握社区护理理论知识、方法和技能,能够针对社区不同人群的医疗卫生保健服务需求,提供预防、医疗、保健、康复、健康教育和计划生育技术服务为一体的综合性卫生服务。

二、课程目标

课程设置的目标是使得考生能够:
1. 掌握社区卫生服务及社区护理的基本概念和社区护理程序的应用;
2. 掌握社区健康教育和健康促进的常用方法和不同人群的健康教育方法;
3. 掌握家庭护理程序、家庭访视和居家护理方法;
4. 掌握常见慢性病的社区管理和护理;
5. 熟悉社区康复护理的对象和实施方法;
6. 熟悉社区重点人群的保健与护理内容;
7. 了解社区常见传染病的社区管理和护理;
8. 了解社区灾害急救的管理和现场救护。

三、与相关课程的联系与区别

"社区护理学"课程的学习与护理学专业的其他课程知识紧密相关,如既需要基础护理、临床各专科护理和老年护理等护理学专业的基本知识,也需要健康教育学、流行病学、公共卫生学等相关学科的知识。与其他专业课程不同的是,由于社区护理服务的综合性,"社区护理学"课程结合社区卫生服务的特点综合反映护理专业各课程和相关学科的知识,在课程的内容上往往与其他专业课程有一些交叉和重复。本课程尽可能避免内容的重复,在阐述社区不同护理对象的健康护理过程中融入相关专业课程或相关学科的内容。学习本课程要注意对基础知识的细化和理解,将知识理解与实践联系起来,把基础的知识和理论转化为简单应用和综合应用能力,课程的学习要与政府医疗卫生服务体系和政策方面的最新进展情况联系起来。因此,学习本课程应先掌握一些必要的相关知识,如基础护理学、内科护理学、外科护理学、妇产科护理学、儿科护理学、老年护理学等护理学专业的基本知识以及相关学科的知识。

四、课程的重点和难点

本课程的重点和难点在于：社区健康护理程序、家庭护理程序、家庭访视及居家护理方法的应用；社区健康教育程序的应用；社区重点人群的健康保健和慢性病患者的社区护理与管理。

Ⅱ 考核目标

为使考试内容具体化和考试要求标准化,本大纲在列出学习目的和要求及课程内容的基础上,对各章内容规定了考核目标,包括考核知识点和考核要求,以便自学应考者能明确考试的内容和教材,有目的地系统学习教材;也使考试命题者明确命题范围,准确地把握试题的知识能力层次和难易程度。

本大纲在考核目标中,按照识记、领会、简单应用和综合应用等四个层次规定学习者在学习后应达到的能力层次要求。四个能力层次为递进等级关系,各能力层次的含义是:

识记:能够对本课程大纲各章中知识点,如社区卫生服务、社区护理、健康教育和健康促进、家庭访视和居家护理等概念定义识记和理解,对各章有关社区护理服务内容、家庭和社区健康评估及计划内容、慢性病患者管理内容、健康教育实施内容等有清晰、准确的认识,并能做出正确的判断。

领会:能够对社区不同护理对象的护理、重点人群的保健、康复护理、传染病管理、灾害急救等正确理解,清楚这些知识点之间的联系和区别,并能做出正确的表述与解释。

简单应用:能运用社区护理的基本概念、基本理论和方法,进行不同社区人群的保健指导。例如运用相关儿童保健知识点和方法,指出幼儿园儿童健康管理问题。

综合应用:在对一些重要概念、基本理论和方法的熟悉和深入理解的基础上,综合相关的知识点,评估分析和解决比较复杂的社区护理问题。例如社区慢性病疾病护理与健康指导问题,在综合其他相关课程学过的多个知识点,分析和解决社区慢性病病人的管理、健康教育实施的问题。

Ⅲ 课程内容与考核要求

第一章 社区卫生服务

一、学习目的与要求

通过本章的学习，重点掌握公共卫生及社区卫生服务相关概念、特点及功能；熟悉公共卫生服务目标及社区卫生服务内容，基本公共卫生服务和基本医疗服务内容，社区卫生服务质量评价指标体系；了解社区的概念及功能、我国社区卫生服务发展的必要性。

二、课程内容

1. 社区健康与公共卫生服务
1.1 社区与社区健康
1.1.1 社区
1.1.2 社区健康
1.2 公共卫生服务
1.2.1 公共卫生概念与特征
1.2.2 公共卫生服务内容
2. 社区卫生服务概述
2.1 社区卫生服务概念
2.1.1 社区卫生服务定义与特点
2.1.2 社区卫生服务的必要性
2.2 社区卫生服务内容和机构
2.2.1 社区卫生服务机构的服务功能与服务内容
2.2.2 社区卫生服务组织与机构
2.2.3 社区卫生服务的管理与监督

三、考核知识点与考核要求

(一) 社区健康与公共卫生服务

1. 识记 ①社区的功能；②社区健康的概念；③我国的公共卫生定义；④公共卫生的基本属性。
2. 领会 ①公共卫生的基本特征；② 12 大类公共卫生服务目标。

(二) 社区卫生服务概念

1. 识记 ①社区卫生服务概念；②社区卫生服务特点；③社区卫生服务功能；④四大社区卫生服务质量评价指标体系。

2．领会：①社区卫生服务机构提供的基本公共卫生服务内容；②社区卫生服务机构提供的基本医疗服务内容。

四、本章关键问题

本章节的关键问题是围绕着社区健康主题，结合公共卫生的基本特征，熟练掌握社区卫生服务的特点、社区卫生服务功能、基本公共卫生服务和基本医疗服务内容。

第二章 社区护理

一、学习目的与要求

通过本章的学习，掌握社区护理和流行病学的概念、描述疾病流行强度、地区分布和时间分布的术语、社区护理常用模式、疾病三级预防的内容、社区护理中常用的流行病学研究方法、社区疾病频率常用的测量指标；熟悉社区护理的特点、社区护理工作内容、社区护士的角色、社区护理工作方法、社区护理工作常用技术、疾病的自然史；了解流行病学的主要功能、流行病学的应用、社区卫生服务及社区护理相关政策、社区护理的伦理规范。

二、课程内容

1. 社区护理概述
1.1 社区护理概念及工作内容
1.1.1 社区护理概念及特点
1.1.2 社区护理工作内容及角色
1.2 社区护理模式与工作方法
1.2.1 社区护理常用模式
1.2.2 社区护理工作方法与技术
2. 社区护理中流行病学的应用
2.1 流行病学基本知识
2.1.1 基本概念
2.1.2 流行病学的主要功能及应用
2.1.3 疾病的自然史与三级预防
2.2 社区护理中常用流行病学方法
2.2.1 常用流行病学研究方法
2.2.2 社区人群健康水平的测定
2.2.3 社区疾病频率常用的测量指标
3. 社区护理相关政策法规与伦理规范
3.1 社区卫生服务及社区护理相关政策
3.1.1 社区卫生服务相关政策
3.1.2 社区护理相关政策

3.2 社区护理的伦理规范

三、考核知识点与考核要求

（一）社区护理概述

1．识记　①社区护理的概念；②社区护理的工作内容。
2．领会　①社区护理的特点；②社区护士的角色。
3．简单应用　①社区护理工作方法；②社区护理工作常用技术。
4．综合应用　社区护理模式。

（二）社区护理中常用流行病学方法

1．识记　①流行病学的概念；②疾病流行强度、地区分布和时间分布的术语。
2．领会　①流行病学的主要功能；②流行病学的应用；③疾病的自然史。
3．简单应用　疾病三级预防的内容。
4．综合应用　①社区护理中常用的流行病学研究方法；②社区疾病频率常用的测量指标。

（三）社区护理相关政策法规与伦理规范

识记：社区护理的伦理规范。

四、本章关键问题

本章节的关键问题是社区护理模式、社区护理工作内容、疾病三级预防的内容以及社区护理中常用的流行病学研究方法。

第三章　社区健康教育与健康促进

一、学习目的与要求

通过本章的学习，能够重点掌握社区健康教育与社区健康促进的概念；掌握健康教育及健康促进相关理论，社区健康教育策略和方法，社区健康教育程序，不同人群的健康教育特点；了解健康咨询的基本要求与类型，社区健康咨询常见问题及处理技巧。

二、课程内容

1. 社区健康教育
1.1 社区健康教育概述
1.1.1 基本概念
1.1.2 健康教育相关理论
1.2. 社区健康教育策略和方法
1.2.1 社区健康教育策略
1.2.2 社区健康教育形式与方法
1.2.3 社区健康教育程序

1.3 不同人群的健康教育特点
1.3.1 儿童、青少年健康教育特点
1.3.2 老年人健康教育特点
1.3.3 慢性病患者健康教育特点
2. 社区健康促进
2.1 社区健康促进概述
2.1.1 基本概念
2.1.2 健康促进相关理论
2.2 社区健康促进任务与规划
2.2.1 健康促进的活动领域与任务
2.2.2 健康促进规划
2.3 社区健康促进常用工作方法
2.3.1 健康状况与健康促进需求评估方法
2.3.2 健康促进干预方法
3. 社区健康咨询
3.1 健康咨询的基本要求与类型
3.1.1 基本要求
3.1.2 健康咨询类型
3.2 社区健康咨询的实施、常见问题及处理技巧
3.2.1 社区健康咨询的实施
3.2.2 社区健康咨询常见问题
3.2.3 社区健康咨询障碍的处理技巧

三、考核知识点与考核要求

(一) 社区健康教育
1．识记　①健康教育的概念；②不同人群的健康教育特点。
2．领会　①社区健康教育及健康素养的概念；②社区健康教育程序的主要内容。
3．简单应用　根据健康教育内容，选择恰当的健康教育相关理论，设计健康教育策略。
4．综合应用　结合社区不同人群特点，能指出适宜的健康教育的形式、方法和教育内容。

(二) 社区健康促进
1．识记　①健康促进的概念；②健康促进规划内容；③健康促进干预方法。
2．领会　①社区健康促进的概念；②健康促进的活动领域与任务。
3．简单应用　结合慢性病案例，选择合适的健康状况与健康促进需求评估方法。
4．综合应用　根据社区健康促进主题，选择恰当的健康促进理论，设计社区健康促进活动。

(三) 社区健康咨询
1．识记　①健康咨询的基本要求；②健康咨询的类型；③社区健康咨询的实施。
2．领会　①社区健康咨询常见问题；②社区健康咨询常见问题的处理技巧。

四、本章关键问题

社区健康教育与社区健康促进是密切相关的两个概念，是社区卫生服务工作的重要组成部分。应该如何来理解这两个概念，社区健康教育的相关理论有哪些，如何利用这些理论并根据不同人群健康教育的特点，设计健康教育的策略、选择恰当的健康教育形式与方法，以及如何依托社区健康教育程序实现健康教育是第一节的关键问题。在第二节中，如何理解健康促进的概念、活动领域与任务，以及如何利用健康促进相关理论，开发并实现健康促进干预，是关键问题。在第三节中，社区健康咨询常见问题有哪些，以及有哪些技巧处理这些问题，是关键。

第四章 以社区为中心的护理

一、学习目的与要求

通过本章的学习，能够重点掌握社区护理评估的内容、方法与注意事项；掌握社区居民健康档案的信息内容及建立、管理流程；了解对个体、家庭、社区实施护理干预的主要方法；理解社区护理评价的意义；理解社区居民健康档案建立与管理的意义；能够熟练运用护理程序对不同社区人群进行健康评估、诊断及制订计划。

二、课程内容

1. 社区护理评估与诊断
1.1 社区护理评估
1.1.1 社区护理评估内容
1.1.2 社区护理评估的方法
1.1.3 社区健康资料整理与分析
1.2 社区护理诊断
1.2.1 社区护理诊断的确定
1.2.2 社区护理诊断的优先顺序确定
2. 社区护理计划、实施与评价
2.1 社区护理计划
2.1.1 社区护理目标
2.1.2 社区护理计划的制订
2.2 社区护理实施与评价
2.2.1 社区护理实施
2.2.2 社区护理评价
2.2.3 影响社区护理评价的因素
3. 社区健康档案的建立与应用
3.1 社区健康档案的建立
3.1.1 建立健康档案的目的

3.1.2 社区健康档案的类型和内容
3.2 社区健康档案的管理与应用
3.2.1 健康档案的建立与保管
3.2.2 健康档案的应用

三、考核知识点与考核要求

(一) 社区护理评估与诊断

1. 识记　①社区护理评估的定义；②社区护理诊断的定义。

2. 领会　①社区护理评估内容；②社区护理评估方法；③社区健康资料分析注意事项；④社区护理诊断的构成；⑤社区护理诊断的优先顺序确定方法。

3. 综合应用　①根据案例，运用恰当的方法进行社区护理评估，并明确主要健康问题、相关因素，确定健康需求。②根据案例，整理、分析给出的社区护理评估信息，确定护理诊断，并用正确的书写格式进行陈述。

(二) 社区护理计划、实施与评价

1. 识记　①社区护理评价分类。

2. 领会　①制订社区护理计划目标的 SMART 原则；②社区护理评价的内容；③社区护理评价方法。

3. 简单应用　①结合案例，判断并指出对护理计划目标的陈述是否规范，并予以修正；②根据案例，分析已制订的护理计划目标，能够选择适当的评价方法及评价指标。

(三) 社区健康档案建立与应用

1. 识记　①社区健康档案的类型和内容；②社区健康档案的优先建档对象。

2. 领会　社区健康档案建立的目的。

3. 简单应用　结合案例，判断护理服务对象是否需要建立健康档案，以及健康档案建立与管理的流程。

四、本章关键问题

1. 进行社区护理评估时，根据社区的具体情况选用适当的评估方法，确保评估资料全面、清晰、客观、真实。

2. 确定社区护理诊断时，应综合考虑社区内、外部资源情况，问题的紧急程度，自身能力水平，现存有效的解决措施等因素，将诊断问题进行优先排序。

3. 社区护理计划的制订不仅包含解决问题的方式、方法，更重要的是先明确预期目标，同时还应考虑评价方法与评价指标、社区可利用资源，以及保证计划有效实施的监督机制。

4. 有效的社区护理评价应是质性评价与量性评价手段同时应用，尽可能获取全面的效率和效果评价信息；此外，护理干预措施所产生的远期社区效益应当是社区护理工作中需要努力的目标。

5. 居民健康档案的建立与管理应当能够满足提供社区居民动态健康信息资料的需求。

第五章 以家庭为中心的护理

一、学习目的与要求

通过本章的学习，重点掌握家庭类型与家庭生活周期、家庭护理评估工具的使用方法及家庭访视类型；熟悉家庭的概念、家庭访视的程序；了解家庭的功能、居家护理；能够熟练运用护理程序对案例家庭进行健康评估、诊断并制订计划。

二、课程内容

1. 家庭健康
1.1 家庭概述
1.1.1 家庭概念
1.1.2 家庭结构与功能
1.2 家庭生活周期及其护理要点
1.2.1 家庭生活周期
1.2.2 家庭生活周期的护理要点
2. 家庭护理程序
2.1 家庭护理评估
2.1.1 家庭护理评估内容
2.1.2 家庭护理常用评估工具
2.1.3 家庭护理评估注意事项
2.2 家庭护理诊断与计划
2.1.1 家庭护理诊断的形成
2.1.2 制订家庭护理计划
2.3 家庭护理实施与评价
2.3.1 家庭护理的实施
2.3.2 家庭护理的评价
3. 常用家庭护理方法
3.1 家庭访视
3.1.1 概念
3.1.2 家庭访视目的与类型
3.1.3 家庭访视流程及注意事项
3.2 居家护理
3.2.1 概念
3.2.2 居家护理的目的与类型
3.2.3 居家护理的服务内容

三、考核知识点与考核要求

（一）家庭健康

1．识记　①家庭定义；②家庭类型；③家庭内部结构的要素；④家庭功能；⑤家庭护理的概念。

2．领会　①健康家庭的条件；②Duvall的家庭生活周期的8个阶段。

3．简单应用　能准确判断家庭发展阶段，并能提出该阶段的家庭发展任务与护理要点。

（二）家庭护理程序

1．识记　常用家庭护理评估工具的种类。

2．领会　①家系图的绘制原则；②APGAR家庭功能评估表中家庭整体满意度的5个方面；③家庭护理评价的过程评价与结果评价的具体内容。

3．简单应用　①绘制案例家庭的家系图；②应用APGAR家庭功能评估表判断案例家庭的家庭功能。

4．综合应用　①针对案例家庭的健康问题提出家庭护理诊断；②根据提出的家庭护理诊断制订相应的家庭护理实施计划与评价计划。

（三）常用家庭护理方法

1．识记　①家庭访视的类型；②家庭访视前的准备。

2．领会　①家庭访视的目的；②家庭访视中的工作内容；③家庭访视后的工作内容；④居家护理的目的。

3．综合应用　能够运用家庭访视的流程实施家庭访视。

四、本章关键问题

本章的关键问题是以整个家庭为中心，结合利用护理程序，围绕整个家庭及其成员存在的主要健康问题和健康需求，以家庭访视为主要服务形式，提供系统、全面且有针对性的家庭护理。

第六章　社区儿童青少年保健与护理

一、学习目的与要求

通过本章的学习，掌握不同发展时期儿童青少年保健指导、学龄前期儿童社区健康管理、常见健康问题的防治、儿童免疫程序、预防接种反应及处理；熟悉预防接种禁忌证；了解社区儿童青少年保健目标和意义、不同发展时期儿童青少年特点、托幼机构和学校卫生保健任务与管理、预防接种与计划免疫基本概念、预防接种的实施。

二、课程内容

1.儿童期生长发育特点与保健指导

1.1儿童期生长发育特点

1.1.1 新生儿期生长发育特点

1.1.2 婴儿期生长发育特点

1.1.3 幼儿期生长发育特点

1.1.4 学龄前期生长发育特点

1.2 儿童期保健指导

1.2.1 新生儿期保健指导

1.2.2 婴儿期保健指导

1.2.3 幼儿期保健指导

1.2.4 学龄前期保健指导

1.3 学龄前期儿童社区健康管理

1.3.1 新生儿家庭访视

1.3.2 婴幼儿健康管理

1.3.3 学龄前期儿童健康管理

1.4 托幼机构的卫生保健任务与管理

2. 青少年期生长发育特点与保健指导

2.1 学龄期儿童生长发育特点与保健指导

2.1.1 学龄期儿童生长发育特点

2.1.2 学龄前期儿童保健指导

2.2 青春期生长发育特点与保健指导

2.2.1 青春期生长发育特点

2.2.2 青春期保健指导

2.3 学校卫生保健任务与管理

3. 儿童青少年常见健康问题

3.1 儿童期常见"四病"的预防与护理

3.1.1 小儿肺炎

3.1.2 婴幼儿腹泻

3.1.3 营养性缺铁性贫血

3.1.4 维生素 D 缺乏性佝偻病

3.2 儿童口腔、眼常见问题的防治

3.2.1 龋齿

3.2.2 近视、沙眼

3.3 溺水的预防及急救

3.3.1 溺水的危险因素及预防措施

3.3.2 溺水的急救

3.4 儿童心理卫生问题——孤独症的诊治

4. 预防接种与计划免疫

4.1 基本概念及免疫程序

4.1.1 基本概念

4.1.2 疫苗的种类与免疫程序

4.2 预防接种的管理
4.2.1 预防接种的实施
4.2.2 预防接种的禁忌证
4.2.3 预防接种反应及处理

三、考核知识点与考核要求

(一) 儿童期生长发育特点与保健指导

1．识记　①新生儿家庭访视内容；②新生儿满月健康管理重点询问和观察内容；③婴幼儿期随访服务时间和服务内容。

2．领会　①社区儿童期各分期的生长发育特点；②社区儿童期各分期的保健指导；③托幼机构的卫生保健任务与管理。

3．简单应用　①新生儿家庭访视；②托幼机构的健康教育。

(二) 青少年期生长发育特点与保健指导

1．识记　①不同发展时期儿童青少年特点。

2．领会　①社区青少年期各分期的生长发育特点；②社区青少年期各分期的保健指导；③学校卫生保健的主要任务。

(三) 儿童青少年期常见健康问题

1．识记　①儿童期常见"四病"；②儿童自闭症的定义。

2．领会　①儿童期常见"四病"的预防和护理；②儿童口腔、眼常见问题的防治。

3．简单应用　青少年常见健康问题防治。

(四) 预防接种与计划免疫

1．识记　①预防接种与计划免疫基本概念；②国家免疫规划疫苗儿童免疫程序；③预防接种禁忌证。

2．简单运用　①预防接种的实施；②预防接种反应及处理。

四、本章关键问题

本章的关键问题是不同发展时期的儿童青少年的保健内容和保健指导、学龄前期儿童社区健康管理、儿童常见"四病"的预防与护理、儿童免疫程序、预防接种反应及处理。

第七章　社区妇女保健与护理

一、学习目的与要求

通过本章的学习，能够重点掌握妇女在围婚期、孕产期、围绝经期的保健指导及社区孕产妇的健康管理；掌握围绝经期妇女常见健康问题的护理；熟悉妊娠期、围绝经期妇女的生理、心理特点；了解社区妇女保健的目的、服务范围、组织机构。

二、课程内容

1. 社区妇女保健概述
1.1 妇女保健的目的及服务范围
1.1.1 妇女保健的目的及意义
1.1.2 妇女保健的服务范围
1.2 妇女保健工作方法及组织机构
1.2.1 妇女保健的工作方法
1.2.2 妇女保健的组织机构
2. 不同发展时期妇女保健指导
2.1 围婚期保健指导
2.1.1 婚前保健
2.1.2 婚后卫生指导
2.1.3 孕前保健
2.2 孕产期保健指导
2.2.1 妊娠期妇女保健指导
2.2.2 产褥期妇女保健指导
2.2.3 社区孕产妇的健康管理
2.3 围绝经期保健指导
2.3.1 围绝经期妇女的生理和心理变化
2.3.2 围绝经期妇女的保健指导
3. 妇女常见健康问题及护理
3.1 痛经
3.1.1 病因
3.1.2 临床表现
3.1.3 护理措施
3.2 妊娠期高血压疾病
3.2.1 病因
3.2.2 分类
3.2.3 护理措施
3.3 产后抑郁症
3.3.1 病因
3.3.2 临床表现
3.3.3 护理措施
3.4 围绝经期综合征
3.4.1 临床表现
3.4.2 护理措施
3.5 尿失禁
3.5.1 危险因素

3.5.2 护理措施

三、考核知识点与考核要求

(一) 社区妇女保健概述

1．识记　①社区妇女保健的概念；②妇女保健的工作方法。

2．领会　妇女保健的服务范围。

(二) 不同发展时期妇女保健指导

1．识记　①围绝经期的概念；②妊娠期、产褥期、围绝经期妇女的生理变化；③社区孕产妇健康管理流程。

2．领会　①婚前保健服务技术的内容；②妊娠期妇女保健指导内容；③产前检查内容；④产后访视内容；⑤产褥期妇女保健指导；⑥围绝经期妇女的保健指导；⑦社区孕产妇健康管理的主要内容。

3．简单应用　①结合案例，做好产前检查的时间安排，并对孕妇进行妊娠期保健指导；②结合案例，合理安排产后访视的时间，为产妇提供产后保健与护理。

(三) 妇女常见健康问题及护理

综合应用：结合案例，能识别产褥期、围绝经期妇女的常见健康问题，并给予相应指导。

四、本章关键问题

社区妇女保健主要以妇女的生殖健康为核心开展保健工作，因此，本章的关键问题是能够运用相关专业知识为社区妇女提供以生殖健康为核心的保健工作。

第八章　社区老年人群保健与护理

一、学习目的与要求

通过本章的学习，掌握老年人常见健康问题的评估内容和护理措施；熟悉老年人的相关概念，社区居家老年人和养老机构老年人保健指导的内容；了解常见养老模式的特点、老年人保健的原则和健康需求。

二、课程内容

1. 社区老年人保健概述

1.1 老年人基本概念及其养老模式

1.1.1 老年人相关概念

1.1.2 老年人养老模式

1.2 社区老年人保健原则及健康需求

1.2.1 老年人保健原则

1.2.2 老年人健康需求

2. 社区老年人群保健指导

2.1 社区居家老年人保健指导
2.1.1 日常生活保健指导
2.1.2 心理健康保健指导
2.2 养老机构老年人保健指导
2.2.1 提高自我保健意识
2.2.2 保持良好的心理状态
2.2.3 积极参加各种活动
3. 老年人常见健康问题及护理
3.1 老年综合征
3.1.1 评估内容
3.1.2 护理措施
3.2 老年人跌倒
3.2.1 评估内容
3.2.2 护理措施
3.3 阿尔茨海默病
3.3.1 评估内容
3.3.2 护理措施
3.4 老年抑郁
3.4.1 评估内容
3.4.2 护理措施

三、考核知识点与考核要求

(一) 社区老年人保健概述

1．识记　①我国老年人年龄的界定标准；②常见的养老模式类型；③家庭养老模式、机构养老模式和社区居家养老模式的定义。

2．领会　①健康老龄化的含义；②常见养老模式的差异；③老年人保健原则；④老年人健康需求。

(二) 社区老年人群保健指导

领会　①居家老年人日常生活保健指导；②居家老年人的心理健康保健指导。

(三) 老年人常见健康问题及护理

1．识记　①老年综合征的定义；②跌倒的定义。

2．领会　老年人常见健康问题的评估内容与护理措施。

3．综合应用　①能为老年人提出预防跌倒的个人护理措施和家庭护理措施；②能为阿尔茨海默病老年人的护理提出护理措施；③能为抑郁老年人提出护理措施。

四、本章关键问题

根据老年人的特点为老年人群提供保健指导，结合老年人常见健康问题进行综合评估并制订保健与护理方案。

第九章 社区慢性病患者的护理与管理

一、学习目的与要求

通过本章的学习,掌握慢性病的概念、特点,慢性病患者的社区管理、健康指导,安宁疗护和死亡教育的概念,安宁疗护的特点与内容,熟悉慢性病患者社区管理的原则、策略、任务、模式及管理流程,临终患者生理、心理护理及家属的护理,了解慢性病的分类、危险因素、流行病学特点、社区管理意义、诊断、评估。

二、课程内容

1. 慢性病概述
1.1 慢性病的概念及分类
1.1.1 慢性病的概念及特点
1.1.2 慢性病的分类
1.2 慢性病的危险因素及影响
1.2.1 慢性病的危险因素
1.2.2 慢性病的流行病学特点
1.2.3 慢性病社区管理的意义
1.3 慢性病患者社区管理模式
1.3.1 慢性病患者管理原则和策略
1.3.2 慢性病患者社区管理的任务与模式
1.3.3 慢性病社区管理流程
2. 常见慢性病患者社区护理与管理
2.1 高血压患者的社区护理与管理
2.1.1 原发性高血压的危险因素
2.1.2 原发性高血压的诊断与评估
2.1.3 高血压患者的社区管理
2.1.4 高血压患者的健康指导
2.2 糖尿病患者的社区护理与管理
2.2.1 糖尿病的危险因素
2.2.2 糖尿病的诊断与评估
2.2.3 糖尿病患者的社区管理
2.2.4 社区糖尿病患者的健康指导
2.2.5 糖尿病中医适宜技术
3. 安宁疗护
3.1 安宁疗护概述
3.1.1 概念

3.1.2 安宁疗护的服务对象
3.1.3 安宁疗护的服务内容
3.2 生理心理护理
3.2.1 患者的躯体症状护理
3.2.2 与临终患者的心理沟通及护理
3.3 死亡教育与临终患者家属的护理
3.3.1 死亡教育
3.3.2 临终患者家属的护理

三、考核知识点与考核要求

（一）慢性病概述

1．识记　①慢性病的概念；②慢性病特点；③慢性病的危险因素；④慢性病的流行病学特点。

2．领会　①慢性病的社区管理的意义；②慢性病患者的社区管理原则；③慢性病患者的社区管理策略；④慢心病患者社区管理的任务。

（二）常见慢性病患者社区护理与管理

1．识记　①高血压的危险因素；②高血压的诊断标准；③糖尿病的危险因素；④糖尿病的诊断标准。

2．领会　①高血压患者的社区管理；②高血压患者随访评估；③影响高血压预后的因素；④高血压患者心血管危险分层；⑤糖尿病患者的社区管理。

3．综合应用　①针对社区高血压、糖尿病患者的健康指导；②糖尿病中医适宜技术的应用。

（三）安宁疗护

1．识记　①安宁疗护的定义；②死亡教育的概念。

2．领会　①安宁疗护的特点；②安宁疗护的服务内容；③死亡教育的内容。

3．简单应用　对临终患者出现的各种症状进行有效的护理。

四、本章关键问题

本章的关键问题是围绕着社区慢性病的护理与管理主题，常见慢性病的概念、特点，慢性病患者的社区管理、健康指导，安宁疗护和死亡教育的概念，安宁疗护的特点与服务内容。

第十章　社区伤残患者的康复与护理

一、学习目的与要求

通过本章的学习，掌握康复、康复护理、社区康复、社区康复护理、精神障碍、社区精神卫生保健的概念，社区康复护理的对象，社区康复护理常用技术；熟悉社区康复护理的工作内容、康复护理的环境要求、社区精神障碍者康复护理的内容；了解社区康复的目标及原则，社区康复护理评定方法。

二、课程内容

1. 社区康复护理概述
1.1 社区康复的基本知识
1.1.1 基本概念
1.1.2 社区康复的目标及原则
1.2 社区康复护理管理
1.2.1 社区康复管理模式
1.2.2 社区康复护理对象及服务内容
1.3 社区常用康复护理评定与方法
1.3.1 康复护理评定
1.3.2 社区康复护理环境与常用技术
2. 常见伤、残、精神障碍者的社区康复护理
2.1 脑卒中患者的社区康复护理
2.1.1 脑卒中患者常见功能障碍及护理评定
2.1.2 社区康复护理措施
2.2 脊髓损伤患者的社区康复护理
2.2.1 常见功能障碍及护理评定
2.2.2 社区康复护理措施
2.3 精神障碍患者的社区康复护理
2.3.1 精神障碍
2.3.2 社区康复护理措施

三、考核知识点与考核要求

(一) 社区康复护理概述

1. 识记 ①康复、康复护理、社区康复、社区康复护理的概念；②社区康复护理的对象；③社区康复护理的工作内容。

2. 领会 ①社区康复的目标及原则；②社区康复护理管理模式；日常生活活动能力训练内容。

3. 简单应用 ①社区常用个体康复护理评定方法；②社区康复常用体位及其体位变换；③日常活动能力训练。

(二) 常见伤、残、精神障碍者的社区康复护理

1. 识记 ①精神障碍的概念；②社区精神卫生保健的概念。

2. 综合应用 ①脑卒中患者的社区康复护理措施；②脊髓损伤患者的社区康复护理措施；③社区精神障碍者的社区康复护理措施。

四、本章关键问题

社区康复的目标及原则；日常生活活动能力的评定及训练；社区康复护理措施及管理。

第十一章 社区传染病的护理与管理

一、学习目的与要求

通过本章的学习，掌握常见传染病的家庭访视管理及社区预防性护理措施；熟悉传染病的流行环节、社区预防与控制；了解法定传染病的类型和报告管理规范。

二、课程内容

1. 传染病与社区护理
1.1 传染病流行与预防
1.1.1 传染病的流行
1.1.2 传染病的社区预防与控制
1.1.3 传染病管理中社区护士的职责
1.2 法定传染病的类型和报告
1.2.1 法定传染病类型
1.2.2 不同类型传染病的报告要求
2. 常见传染病患者的社区护理与管理
2.1 手足口病患者的社区护理与管理
2.1.1 手足口病的疫情报告
2.1.2 家庭访视管理
2.1.3 社区预防性护理措施
2.2 病毒性肝炎患者的社区护理与管理
2.2.1 家庭访视管理
2.2.2 社区预防性护理措施
2.2.3 集体单位中患者的处理
2.3 细菌性痢疾患者的社区护理与管理
2.3.1 家庭访视管理
2.3.2 社区预防性护理措施
2.3.3 集体单位中患者的处理
2.4 肺结核患者的社区护理与管理
2.4.1 家庭访视管理
2.4.2 社区预防性护理措施
2.4.3 集体单位中患者的处理
2.5 获得性免疫缺陷综合征患者的社区护理与管理
2.5.1 家庭访视管理

2.5.2 社区预防性护理措施

三、考核知识点与考核要求

（一）传染病与社区护理
1．识记　传染病流行三个基本条件。
2．领会　①传染病管理中社区护士的职责；②社区传染病疫情的处理。
3．简单应用　①法定传染病类型；②不同类型传染病报告要求。
（二）常见传染病患者的社区护理与管理
1．识记　①手足口病的定义；②手足口病的传播途径；③手足口病的疫情报告；④甲型肝炎和乙型肝炎的传播途径；⑤肺结核的传播途径；⑥获得性免疫缺陷综合征的定义、传播途径。
2．领会　①散居儿童和托幼机构的手足口病预防性护理措施；②肺结核的督导服药和随访管理。
3．综合应用　手足口病儿童的家庭访视管理。

四、本章关键问题

掌握预防与控制传染病的三个基本条件。明确社区护士在传染病管理中的职责，做好社区健康教育和社区预防接种的同时，要做好传染病疫情和突发公共卫生事件的处理。通过家庭访视，掌握辖区内发生的法定传染病疫情进展，及时报告并采取有效措施控制疾病的蔓延。

第十二章　社区灾害事件应急管理与护理

一、学习目的与要求

通过本章的学习，掌握社区灾害的相关概念，预检分诊的方法及流程，灾后重点人群的心理干预方法。熟悉社区灾害救援中护士的职能要求、社区突发公共卫生事件的应对机制、灾害现场救护技术、灾后健康管理的内容、灾后心理应激与应激障碍的表现。了解社区灾害风险管理、灾害组织管理及相关制度。

二、课程内容

1. 社区灾害概述
1.1 灾害基本知识
1.1.1 灾害的概念与特点
1.1.2 灾害救援中护士应具备的能力
1.2 社区灾害风险管理
1.2.1 社区灾害风险管理的相关概念
1.2.2 社区灾害风险管理的步骤
1.2.3 社区灾害风险管理的特点

1.3 社区灾害的应急管理
1.3.1 社区灾害的组织保障体系
1.3.2 社区灾害的管理原则和流程
1.4 社区突发公共卫生事件的预警处置机制
1.4.1 预警响应机制
1.4.2 突发公共卫生事件报告制度
1.4.3 社区突发公共卫生事件的预防
2. 社区灾害的救护
2.1 社区灾害的预检分诊
2.1.1 伤病员的预检分诊
2.1.2 心理问题预检分诊
2.2 社区灾害的现场救护
2.2.1 现场救护原则与技术
2.2.2 灾害救护现场护士的职责
2.2.3 灾害现场伤病员的转运
3. 社区灾后重建的健康管理与护理
3.1 灾后受灾者康复期医疗护理服务
3.2 社区公共卫生管理
3.3 灾后重建期人群的心理干预
3.3.1 常见心理健康问题
3.3.2 心理干预

三、考核知识点与考核要求

(一) 社区灾害概述

1．识记　①灾害的概念与特点；②风险、社区灾害风险、社区灾害风险管理的概念；③社区灾害的管理原则。

2．领会　①灾害救援中护士的基本角色；②灾害救援对护士的素质要求；③社区灾害的组织保障体系；④预警响应机制内容；⑤社区灾害风险管理特点。

3．简单应用　①社区灾害风险管理的步骤；②社区灾害的应急处理流程；③突发公共卫生事件报告制度。

4．综合应用　社区突发公共卫生事件的预防。

(二) 社区灾害的救护

1．识记　①预检分诊定义；②预检分诊的等级与标记；③社区灾害现场救护的原则。

2．领会　①灾害现场救护原则；②START处置程序内容；③灾害救护现场护士的职责。

3．简单应用　①START处置流程；②灾害现场伤病员的转运的一般要求。

4．综合应用　按VIPCIT程序进行社区灾害现场的救护。

(三) 社区灾后重建的健康管理与护理

1．识记　①灾后心理应激反应的分期；②常见心理应激障碍。

2．领会　①心理应激反应的一般表现；②心理应激反应的影响因素；③灾后不同群体的心理行为反应；④灾后受灾者康复期医疗护理服务内容；⑤灾后重建期社区公共卫生管理内容。

3．简单应用　能够利用灾后心理干预知识实施灾后重点人群的心理干预。

四、本章关键问题

本章的关键问题是社区灾害的管理及预防措施，社区灾害现场救护的方法，和灾后重建期的健康管理方法。

Ⅳ 关于考试大纲的说明与考核实施要求

一、自学考试大纲的目的和作用

课程自学考试大纲是根据专业自学考试计划的要求，结合自学考试的特点而确定的。其目的是对个人自学、社会助学和课程考试命题进行指导和规定。

课程自学考试大纲明确了课程学习的内容以及深广度，规定了课程自学考试的范围和标准。因此，它是编写自学考试教材和辅导书的依据，是社会助学组织进行自学辅导的依据，是自学者学习教材、掌握课程内容知识范围和程度的依据，也是进行自学考试命题的依据。

二、课程自学考试大纲与教材的关系

课程自学考试大纲是进行学习和考核的依据，教材是学习掌握课程知识的基本内容与范围，教材的内容是大纲所规定的课程知识和内容的扩展与发挥。

三、关于自学教材

《社区护理学》，全国高等教育自学考试指导委员会组编，李春玉主编，北京大学医学出版社出版，2017年版。

四、关于自学要求和自学方法的指导

本大纲的课程基本要求是依据专业考试计划和专业培养目标而确定的。课程基本要求还明确了课程的基本内容，以及对基本内容掌握的程度。基本要求中的知识点构成了课程内容的主体部分。因此，课程基本内容掌握程度、课程考核知识点是高等教育自学考试考核的主要内容。

为有效地指导个人自学和社会助学，本大纲已指明了课程的重点和难点，在章节的基本要求中一般也指明了章节内容的重点和难点。

本课程共 5 学分。

（一）系统学习、深入重点

自学者首先应系统地学习《社区护理学》各章内容，掌握要求识记的概念，深入理解和掌握社区护理基本理论和基本方法，在此基础上深入知识点，掌握重点。

（二）运用科学学习方法，明确相关概念、方法之间的关系

考试前梳理已经学习过的内容，搞清楚一些基本概念、理论及方法之间的关系，便于记忆、加深理解，从而掌握社区不同对象的护理方法。例如第三章，首先明确健康教育、健康促进等概念，搞清楚有效的健康教育对重点人群和社区慢性病患者管理的作用，即可掌握概念与理论在实践中的应用方法。

(三) 深入理解教材例题，注意理论与实践相结合

社区护理学作为将公共卫生学和护理学相结合的一门实践性很强的学科。自学者对教材中的案例分析和思考题应深入理解。例如第四章家庭护理，掌握家庭护理程序，理解案例，掌握家庭护理方法，还可以应用家庭访视和居家护理方法进一步领会慢性病患者的居家护理问题，以提高分析问题和解决问题的能力，使得自学者做到学以致用。

五、应考指导

正确理解本课程大纲规定的考核知识点和考核要求，在加强基本概念、基本知识的记忆和领会的基础上，再结合基本技能理解和掌握不同人群的健康教育和健康管理技能，最后综合利用各章基本概念、知识点和技能解决社区、家庭和个人的健康护理问题，做到掌握知识的同时提高分析解决问题的能力。

六、对社会助学的要求

1. 社会助学者应明确本课程的性质与设置要求，根据本大纲规定的课程内容和考核目标，把握指定教材的基本内容，对自学应考者进行切实有效的辅导，引导他们掌握正确的学习方法，防止自学中的各种偏向，体现社会助学的正确导向。

2. 要正确处理基本概念、基本知识、基本技能同应用能力的关系，努力引导自学应考者将基础理论知识转化为认识、分析和解决实际问题的能力。

3. 要正确处理重点和一般的关系。本课程内容广泛，自学考试命题的题型多样、覆盖面广。社会助学者应根据这门课程和考试命题的特点，指导自学应考者全面系统地学习教材，掌握全部课程内容和考核目标。在全面辅导的基础上，突出重点章节和重点问题，把重点辅导和兼顾一般有机地结合起来。

4. 建议每学分2～3个助学学时。

七、对考核内容的说明

本课程要求考生学习和掌握的知识点内容都作为考核的内容。课程中各章的内容均由若干知识点组成，在自学考试中成为考核知识点。因此，课程自学考试大纲中所规定的考试内容是以分解为考核知识点的方式给出的。由于各知识点在课程中的地位、作用以及知识自身的特点不同，自学考试将对各知识点分别按四个认知（或叫能力）层次确定其考核要求。

八、关于考试命题的若干规定

1. 本课程考试方式为闭卷、笔试，满分100分。

2. 本大纲各章所规定的基本要求、知识点及知识点下的知识细目，都属于考核的内容。考试命题既要覆盖到章，又要避免面面俱到。要注意突出课程的重点、章节重点，加大重点内容的覆盖度。

3. 命题不应有超出大纲中考核知识点范围的题，考核目标不得高于大纲中所规定的相应的最高能力层次要求。命题应着重考核自学者对基本概念、基本知识和基本理论是否了解或掌握，对基本方法是否会用或熟练。不应出与基本要求不符的偏题或怪题。

4．本课程在试卷中对不同能力层次要求的分数比例大致为：识记占 20%，领会占 30%，简单应用占 30%，综合应用占 20%。

5．要合理安排试题的难易程度，试题的难度可分为：易、较易、较难和难四个等级。每份试卷中不同难度试题的分数比例一般为：2∶3∶3∶2。

必须注意试题的难易程度与能力层次有一定的联系，但二者不是等同的概念。在各个能力层次中对于不同的考生都存在着不同的难度。在大纲中要特别强调这个问题，应告诫考生切勿混淆。

6．课程考试命题的主要题型一般有单项选择题、多项选择题、简答题、论述题、病例分析题等题型。在命题工作中必须按照本课程大纲中所规定的题型命制，考试试卷使用的题型可以略少，但不能超出本课程对题型的规定。

附录　题型举例

一、单项选择题（在每小题列出的备选项中只有一项是最符合题目要求的，请将其选出）

1．健康信念模式的概念要件不包括（　　）
　　A．感知的易感性
　　B．感知的严重性
　　C．感知的障碍
　　D．自我控制感
2．目前健康教育工作中最常用、最方便的方法是（　　）
　　A．语言教育法
　　B．文字教育法
　　C．电化教育法
　　D．示教法

二、多项选择题（在每小题列出的备选项中，至少有两项是符合题目要求的，请将其选出，错选、多选或少选均无分）

1．格林模式认为影响行为的相关因素可以分为（　　）
　　A．倾向因素
　　B．促成因素
　　C．障碍因素
　　D．强化因素
　　E．改变因素
2．健康促进的活动领域与任务包括（　　）
　　A．制定健康的公共政策
　　B．创造支持性环境
　　C．强化社区行动
　　D．发展个人技能
　　E．社区健康教育

三、简答题

保护动机理论认为威胁评价包括哪些因素？

四、论述题

请叙述针对社区人群开展健康教育时可采用的策略。

五、病例分析题

小张是一名中学生,他过去因为看到同学吸烟感到好玩,而开始抽烟。最近三个月,小张参加了社区护士在学校组织的一项戒烟的健康教育课程。

(1)根据行为阶段改变理论,小张的行为改变是属于哪个阶段?

(2)阐述行为阶段改变理论是如何根据干预对象的行为所处阶段提供针对性行为支持技术的。

后 记

　　《社区护理学自学考试大纲》是根据全国高等教育自学考试护理学专业（专升本）考试计划的要求，由全国高等教育自学考试指导委员会医药学类专业委员会组织制定。2017年6月医药学类专业委员会对本大纲组织审稿，根据审稿会意见由编者做了修改，最后由医药学类专业委员会定稿。

　　本大纲由延边大学护理学院李春玉教授负责编写。参加审稿并提出修改意见的有北京大学护理学院尚少梅教授、北京协和医学院护理学院刘建芬教授和北京大学第三医院李葆华主任护师。

　　对参与本大纲编写和审稿的各位专家表示感谢。

全国高等教育自学考试指导委员会
医药学类专业委员会
2017年7月

全国高等教育自学考试指定教材

社区护理学

全国高等教育自学考试指导委员会　组编

编者的话

随着我国医疗卫生体制的改革，社区卫生服务体系和服务内容改革进一步深化，社区护理服务内容有了很大的变化，社会对社区护理期望值在增高，对社区护士的知识和能力的要求也在提高。

为了反映社会对社区护理的需求变化，本教材从社区护士应掌握的基本知识和技能着手，以社区、群体、家庭及个体的预防保健、基本疾病管理和健康促进作为基本编写框架，介绍了社区预防、医疗、保健、康复、健康教育及计划生育技术指导六位一体的社区基本公共卫生服务和基本医疗服务中的社区护理服务和护士角色。

本教材在改版中，在吸取国内外社区护理的理论与实践方法的基础上，结合我国社区卫生服务相关要求和社区护理发展趋势进行内容组织和编排，充分体现了我国社区卫生服务及社区护理的基本理念，力求反映社区护理新技术、新动态；并根据章节的内容，由案例穿线，加强读者对知识点的理解，突出了社区护理的实践性，章节后增设思考题，便于读者对章节主要内容进一步加深理解和巩固。

本教材由延边大学护理学院李春玉教授担任主编，北京大学护理学院侯淑肖副教授和丽水学院医学与健康学院李彩福教授担任副主编。具体编写分工如下：李春玉教授（延边大学护理学院）第一章、彭歆副教授（吉林大学护理学院）第二章、李现文副教授（南京医科大学护理学院）第三章、王晶晶讲师（郑州大学护理学院）第四章、张海莲副教授（延边大学护理学院）第五章、张利副教授（蚌埠医学院）第六章、肖霖（南方医科大学护理学院）第七章、侯淑肖副教授（北京大学护理学院）第八章、张金梅副教授（山西医科大学汾阳学院）第九章、李强副教授（齐齐哈尔医学院护理学院）第十章、李彩福教授（丽水学院医学与健康学院）第十一章、钟丽丽讲师（大连大学护理学院）第十二章。全书由李春玉统稿。

本教材由全国高等教育自学考试指导委员会医药学类专业委员会组织审稿，北京大学护理学院尚少梅教授、北京协和医学院护理学院刘建芬教授、北京大学第三医院李葆华主任护师对本书进行了审阅，并提出了许多宝贵的意见和建议，在此表示衷心感谢！

由于水平有限，疏漏和错误在所难免，恳请读者赐教指正。

编者

第一章　社区卫生服务

社区卫生服务是维护医疗卫生公益性的重要基石，是实现人人享有初级卫生保健目标的基础环节，为居民提供基本公共卫生服务和基本医疗服务。自 20 世纪 90 年代末以来，我国大力推广社区卫生服务，并制定了一系列相关政策和制度，社区卫生服务在方便群众就医、促进人群健康等方面发挥着越来越重要的作用。作为提供社区卫生服务的主力军，护理人员应准确掌握我国社区卫生服务的基本概念、特点和服务内容。

第一节　社区健康与公共卫生服务

一、社区与社区健康

（一）社区

1. 社区的概念　对于"社区"的概念，根据社区在世界各国的具体应用，可从不同的角度和层面解释其内涵。"社区（community）"一词源于拉丁文 communitatus，可直译为"一个具有某些共性的统一体"。1978 年，世界卫生组织（world health organization，WHO）在阿拉木图公共卫生大会上将社区定义为："以某种社区组织或团体结合在一起的人群"。目前在国内普遍引用的是我国著名社会学家费孝通先生根据国内的特点引入的"社区"概念，即"社区是若干社会群体或社会组织聚集在某一个地域里所形成的一个生活上相互关联的大集体"。我国的社区，在城市一般指街道、居委会，在农村通常指乡/镇、村等。

2. 社区的构成　社区的主要构成要素有：地域性、人群、同质性、生活服务设施、管理机构和制度等。

（1）地域性：地域是构成社区的重要条件，是社区存在和发展的前提，决定着社区性质和未来发展。

（2）人群：社区的主体是人，反映整个社区的人口关系和整体面貌，主要包括社区的人口数量、人口质量、人口构成及人口分布等。

（3）同质性：传统的社区一般具有相似的文化背景、行为背景和价值观念，其成员比较容易产生相同的社会意识、行为规范、生活方式及文化氛围等。而随着社会的发展和对生活居住环境追求的变化，这种同质性在逐渐减弱。

（4）生活服务设施：社区的生活服务设施是社区人群生存的基本条件，也是联系社区人群的纽带。

（5）管理机构和制度：我国的社区基层管理机构一般为派出所和居委会，两者联合管理户籍、治安、计划生育、环境卫生、生活福利等有关社区安全、经济、文化的社会事务，以规范社区人群的行为和协调人际关系，以及帮助解决社区人群的实际问题。

3. 社区的分类　社区可分为地域性社区、具有共同兴趣或目标的社区和具有共同健康问题的社区 3 种类型。

（1）地域性社区：是以地域界限来划分的社区。例如，我国的城市按街道划分社区，农村则以乡、镇划分社区。地域性社区以社区的需求为导向，有利于实施社区健康评估和健康教育、组织和动员社区群体实施预防和干预、调动地域内权威人士的支持，并可充分利用已有的资源来开展健康促进活动。

（2）具有共同兴趣或目标的社区：分散居住在不同地域的人群因共同的兴趣或目标而联系在一起，或者在特定时间聚集在一起，共同分享其功能或利益，如学会、工厂、大学社团等。

（3）具有共同健康问题的社区：具有共同的、急需解决的健康问题的人聚在一起，为交流应对共同问题的各种经验而形成的社区，如糖尿病患者协会。

4．社区的功能　社区功能的充分发挥有助于挖掘社区资源和实施社区卫生服务。社区具有管理居民和满足居民需要的功能，具体有以下5个方面：

（1）生产、消费、分配、协调和利用资源：社区居民从事生产物资的活动，也可能消费、分配或利用某些物资，以满足社区居民的多种需要。

（2）社会化：个体在社区中生长和发育，通过家庭、学校及社会的影响逐渐成长及社会化。个体与社区环境相互影响，社区居民形成本社区的风土人情和价值，而社区特有的文化又影响着居民。

（3）社会控制：社区具有规范和保护社区居民各种行为的规章制度，如社区的物业管理系统。

（4）社会参与：社区可设立各种组织机构和团体，如图书馆、老人活动站等，也可举办有助于居民身心健康的多种活动，促进居民参与社会活动，加强居民间的互动，以此增加社区凝聚力，让居民产生相应的归属感。

（5）相互支援：当居民处于疾病或困难时，社区可根据辖区内居民的需要与当地民政部门或相关医疗机构联系，满足居民的需要，给予有效的帮助和支援。

（二）社区健康

1．健康的概念　随着时代变迁和医学模式的转变，人们对健康的认识也不断地提高，健康的含义也在不断扩展。1948年，WHO将健康定义为："健康不但是没有疾病和身体缺陷，而且还要有完整的生理、心理状态和良好的社会适应能力。"2016年，在上海召开的第九届全球健康促进大会中，李克强总理致辞："健康是人全面发展、生活幸福的基石，也是国家繁荣昌盛、社会文明进步的重要标志"。健康是人人享有的普遍权利和义务，也是社会发展的根本资源和重要标志，是所有国家共同的社会目标和政治优先策略。

2．社区健康的概念　社区健康（community health）是指在限定的地域内，以社区居民的需求为导向，以维持、保护和促进群体和社区居民健康为主要内容，注重个人、家庭和社区的健康。家庭由个体组成，个体的健康直接影响家庭的健康，而家庭是社区的基本单位，社区的健康也就取决于每个家庭的健康。因此，要促进社区健康，应以社区为范围，家庭为单位，社区居民为对象，激励全社区居民积极参与预防疾病和促进健康的活动和健康相关决策，充分调动社区自身的力量，营造健康的家庭及社区环境，促进社区的健康发展。

二、公共卫生服务

(一) 公共卫生概念与特征

1. 公共卫生的概念　又称公共保健(public health),在人类文明发展史上,现代公共卫生出现的时间较短,对公共卫生的概念,不同的学者有不同的解释。1920年,美国公共卫生领袖人物,耶鲁大学公共卫生教授温斯洛(Charles-Edward A. Winslow)所描述的公共卫生是目前世界公共卫生界引用最多的定义,即"公共卫生是通过有组织的社区努力来预防疾病、延长寿命、促进健康和提高效益的科学和艺术"。社区努力包括改善环境卫生,控制传染病,教育人们注意个人卫生,组织医护人员提供疾病早期诊断和预防性治疗的服务,以及建立社会机制来保障每个人都达到足以维护健康的生活标准,其目的是使每个公民都能实现与生俱来的健康和长寿的权利。

在国内,2003年我国成功控制传染性非典型肺炎的背景下,时任国务院副总理兼卫生部部长吴仪在全国卫生工作会议上首次提出了我国的公共卫生定义,即"公共卫生就是组织社会共同努力,改善环境卫生条件,预防控制传染病和其他疾病流行,培养良好卫生习惯和文明生活方式,提供医疗服务,达到预防疾病,促进人民身体健康的目的"。公共卫生的基本属性有公共性、公益性和公平性;公共卫生的宗旨是保障和促进公众健康,其基本任务是预防和控制疾病与伤残、改善与健康相关的自然环境和社会环境、提供基本医疗卫生服务、培养和提高公众的健康素养。

2. 公共卫生的基本特征

(1) 公共卫生的目的是保持和促进全体居民健康;

(2) 公共卫生所针对的服务对象不是个体,而是群体;

(3) 公共卫生是在社会实践的基础上所发展的公共政策,其本质是一门社会科学;

(4) 公共卫生的概念、特征和功能是发展和变化的;

(5) 公共卫生的实施取决于政府领导、社会和群众的参与,以及专业团队的技术支持。

(二) 公共卫生服务内容

公共卫生服务内容可根据国家对卫生医疗事业的促进和发展进一步拓展和延伸。我国的国家基本公共卫生服务主要由社区卫生服务中心(站)、乡镇卫生院等基层医疗机构来实施,针对城乡居民存在的主要健康问题,面向全体居民,以0~6岁儿童、孕产妇、老年人、慢性病患者为重点对象,提供免费且最基本的公共卫生服务。国家卫生和计划生育委员会(简称国家卫生计生委)发布的《关于做好2016年国家基本公共卫生服务项目工作的通知》(国卫基层发〔2016〕17号)中明确指出国家基本公共卫生服务项目及内容,包括建立居民健康档案、健康教育、预防接种、儿童健康管理、孕产妇健康管理、老年人健康管理、慢性病患者健康管理、严重精神障碍患者健康管理、结核病患者健康管理、中医药健康管理、传染病和突发公共卫生事件报告和处理及卫生计生监督协管的12大类公共卫生服务目标及46项具体项目。2017年,国家卫生计生委对《国家基本公共卫生服务规范(2011年版)》进行了修订,进一步修订完善了有关服务内容,精简了部分工作指标,具体国家基本公用卫生服务项目见表1-1。

表 1-1 2017年国家基本公共卫生服务项目一览表

序号	类别	服务对象	项目及内容
1	建立居民健康档案	辖区内常住居民，包括居住半年以上非户籍居民	①建立健康档案 ②健康档案维护管理
2	健康教育	辖区内居民	①提供健康教育资料 ②设置健康教育宣传栏 ③开展公众健康咨询服务 ④举办健康知识讲座 ⑤开展个体化健康教育
3	预防接种	辖区内0～6岁儿童和其他重点人群	①预防接种管理 ②预防接种 ③疑似预防接种异常反应处理
4	儿童健康管理	辖区内居住的0～6岁儿童	①新生儿家庭访视 ②新生儿满月健康管理 ③婴幼儿健康管理 ④学龄前儿童健康管理
5	孕产妇健康管理	辖区内居住的孕产妇	①孕早期健康管理 ②孕中期健康管理 ③孕晚期健康管理 ④产后访视 ⑤产后42天健康检查
6	老年人健康管理	辖区内65岁及以上常住居民	①生活方式和健康状况评估 ②体格检查 ③辅助检查 ④健康指导
7	慢性病患者健康管理（高血压）	辖区内35岁及以上原发性高血压患者	①检查发现 ②随访评估和分类干预 ③健康体检
	慢性病患者健康管理（2型糖尿病）	辖区内35岁及以上2型糖尿病患者	①检查发现 ②随访评估和分类干预 ③健康体检
8	严重精神障碍患者管理	辖区内诊断明确、在家居住的严重精神障碍患者	①患者信息管理 ②随访评估和分类干预 ③健康体检
9	结核病患者健康管理	辖区内肺结核病可疑者及诊断明确的患者（包括耐多药患者）	①筛查及推介转诊 ②第一次入户随访 ③督导服药和随访管理 ④结案评估
10	中医药健康管理	辖区内65岁及以上常住居民和0～36个月儿童	①老年人中医体质辨识 ②儿童中医调养

续表

序号	类别	服务对象	项目及内容
11	传染病和突发公共卫生事件报告和处理	辖区内服务人口	①传染病疫情和突发公共卫生事件风险管理 ②传染病和突发公共卫生事件的发现和登记 ③传染病和突发公共卫生事件相关信息报告 ④传染病和突发公共卫生事件的处理
12	卫生计生监督协管	辖区内居民	①食品安全信息报告 ②饮用水卫生安全巡查 ③学校卫生服务 ④非法行医和非法采供血信息报告

第二节 社区卫生服务概述

一、社区卫生服务概念

(一)社区卫生服务定义与特点

1. 社区卫生服务定义　1999年，国务院发布的《关于发展城市社区卫生服务的若干意见》中，将社区卫生服务（community health services）定义为："在政府领导、社会参与、上级卫生机构指导下，以基层卫生机构为主体，全科医师为骨干，合理使用卫生资源和适宜技术，以人的健康为中心、家庭为单位、社区为范围、需求为导向，以妇女、儿童、老年人、慢性病患者、残疾人等为重点，以解决社区主要卫生问题、满足基本医疗卫生服务需求为目的，融预防、医疗、保健、康复、健康教育、计划生育技术服务等为一体的，有效、经济、方便、综合、连续的基层卫生服务"。

2. 社区卫生服务特点　以满足基本医疗卫生服务需求，解决社区主要健康问题，提高社区全体居民的健康水平和生活质量为目标，其具有以下6个方面的特点。

（1）公益性：社区卫生服务提供公共卫生服务和基本医疗服务，注重卫生服务的公平、效率和可及性，不以营利为目的，具有社会公益性质，以"人人享有初级卫生保健"为目标。

（2）主动性：社区卫生服务以主动服务、上门服务为主要方式，在社区居民患病时主动提供服务，而且针对社区有需求的服务对象提供家庭访视、居家护理等服务。

（3）综合性：社区卫生服务具有综合、全方位的服务特性。在服务对象上包括健康人群、高危人群、患者等不同健康阶段的社区人群；在服务内容上为社区居民开展社区预防、医疗、保健、康复、健康教育及计划生育技术指导六位一体服务；在服务层面上涵盖生理、心理及社会等多个方面；在服务范围上涉及个人、家庭和社区等；在服务方式上综合利用现代医学、传统医学和替代医学的各类适宜技术及方法，为社区居民提供"优质、价廉、方便"的综合性卫生服务。

（4）连续性：社区卫生服务提供社区居民各生命周期的卫生保健服务，以及各个健康发展阶段的基本医疗卫生服务，并不受时间、空间、服务对象的健康状况和生命周期等变化的影响，提供连续不间断的健康服务。

（5）可及性：社区卫生服务以社区为基础，贴近社区居民，让社区人群体验合理、方便、实用的基层卫生保健服务。社区卫生服务的可及性体现在地理接近、服务便利、经济合理、心理接受、结果有效等方面，能使社区居民易于利用。

（6）协调性：社区卫生服务是社区服务系统的一部分，要提供综合的、连续的社区医疗卫生保健服务，社区卫生服务提供者必须倡导和动员各级各类社会资源服务于社区人群，根据服务对象的不同需求，充分协调和利用社区卫生资源，以实现全方位、全过程的综合性服务。

(二) 社区卫生服务的必要性

改革开放以来，我国卫生事业的服务规模不断扩大，医疗技术与科技水平不断提高，医疗条件和疾病防治能力显著增强。社区卫生服务是满足人们日益增长的基本卫生服务需求以及增进我国居民健康水平的重要途径。

1. 我国社区卫生服务的产生背景

（1）健康观与医学模式的转变：从生物医学模式到生物-心理-社会医学模式的转变和人们对健康的观念转变，促使医疗卫生事业从医疗型转向医疗预防保健型，实施全方位、连续性、综合性的预防保健工作。

（2）人口增长与人口老龄化：随着经济与科学技术的发展和人民生活水平的提高，人口死亡率逐步下降和人口自然增长率逐渐增加，期望寿命延长，继而带来人口结构的变化以及人口老龄化的问题，尤其是老年人群的增加对生活照料、康复护理、医疗保健等医养结合的服务需求也日益增长。

（3）疾病谱和死亡谱的改变：人群健康在生物因素、自然环境和社会与心理环境、行为和生活方式及卫生服务制度等多种因素的影响下，疾病谱由传染性疾病为主转变为慢性退行性疾病为主，从而使慢性病管理和预防等基本公共卫生服务的需求急剧增加。

（4）医疗费用的高涨与卫生资源配置：经济的迅速发展、医疗技术的不断提高，以及人们对健康的消费和需求逐渐变化，使医疗费用迅速上涨，对合理安排和使用有限的卫生资源提出更高的要求。

基于健康大环境的变化和社会对健康管理的需求，我国政府积极推动了卫生服务体制的改革，并在《关于发展城市社区卫生服务的若干意见》（卫基妇发[1999]第326号）中指出发展社区卫生服务的重要意义：第一，是提供基本卫生服务，满足人民群众日益增长的卫生服务需求，提高人民健康水平的重要保障。第二，是深化卫生改革，建立与社会主义市场经济体制相适应的城市卫生服务体系的重要基础。第三，是建立城镇职工基本医疗保险制度的迫切要求。第四，是加强社会主义精神文明建设，密切党群、干群关系，维护社会稳定的重要途径。

2. 我国社区卫生服务的发展历程　我国的社区卫生服务始于20世纪50年代，由政府开展的大规模爱国卫生运动，在农村建立以"赤脚医生"为支柱的基层医疗卫生服务体系，在城市建立了企事业医院或卫生所、行政单位的公费医疗门诊部和公费医疗医院。自20世纪80年代以来，国内专家根据我国的实情进行了一些社区卫生服务的实践探索。1997年，国务院发布《关于卫生改革与发展的决定》，第一次正式提出在城市开展社区卫生服务的内容，这是我国社区卫生服务起步创立的重要标志。1999年，十部委（局）联合制定发布的《关于发展城市社区卫生服务的若干意见》，是我国第一个关于社区卫生服务的基础性、政策性文件。文件中明确了我国发展社区卫生服务的重要意义、总体目标、功能定位、服务内容、基本原则、社区卫生服务体系、规范化管理、配套政策等，涉及多方面的发展城市社区卫生服务的政策意见。2006年，国务院出台《关于发展城市社区卫生服务的指导意见》，提出了社区卫生服务5大基本原则：①坚持社区卫生服务的公益性质，注重卫生服务的公平性、效率性和可及性；②坚持政府主导，鼓励社会参与，多渠道发展社区卫生服务；③坚持实行区域卫生规划，立足于调整现有卫生资源、辅以改扩建和新建，健全社区卫生服务网络；④坚持公共卫生和基本医疗并重，中西医并重，防治结合；⑤坚持以地方为主，因地制宜，探索创新，积极推进。文件明确指出发展社区卫生服务的主要责任在于地方政府，而且地方政府要充分认识发展社区卫生服务对于维护居民的健康、促进社区和谐的重要意义，应认真贯彻落实国家有关方针政策，建议将发展社区卫生服务纳入年度工作目标考核之中。"指导意见"和卫生部等相关部门发布的一系列配套文件，标志着我国社区卫生服务工作进入了新的发展阶段，把发展社区卫生服务作为深化城市医疗卫生体制改革的重要举措和解决城市居民"看病难、看病贵"问题的突破口。2009年，国务院颁布的《关于深化医药卫生体制改革的意见》中，明确要求了完善以社区卫生服务为基础的新型城市医疗卫生服务体系，这是我国社区卫生服务发展的一个重要的里程碑，并在《关于建立全科医生制度的指导意见》（2011年）中指出，"全面提高基层医疗卫生服务水平，为社区群众提供连续协调、方便可及的基本医疗卫生服务"。2015年，国家卫生计生委连续发布了《关于开展社区卫生服务提升工程的通知》《关于进一步规范社区卫生服务管理和提升服务质量的指导意见》，推动了社区卫生服务水平和质量的提升。

2017年，国家卫生计生委推行由社区卫生服务中心和乡镇卫生院作为主体组织实施的"家庭医生签约服务"，将签约服务的责任主体落实到医生个人，加强以医护组合为基础的团队建设。做到以居民健康为中心，以问题为导向，围绕基层医疗卫生服务能力的薄弱环节，促进基层医疗卫生机构完善服务功能，提高服务能力，突出服务特色，改进服务质量，保障医疗安全，提升群众对基层医疗卫生机构的利用率和获得感，为建设分级诊疗制度进一步打好基础。

3．我国社区卫生服务面临的问题　随着我国现代化进程的进一步推进，社区卫生服务机制不断完善和落实，社区卫生服务在群众就医、促进健康等方面发挥着越来越重要的作用，但是，依然存在需要改进的问题。如社区卫生服务能力亟待加强，国内区域间社区卫生服务发展不均衡，服务能力有待于提高；服务设施和条件需要持续改善、人才队伍和技术水平有待于提高；管理体制和运行机制亟待完善，信息互联互通和交换共享亟待实现等。社区卫生服务是社区居民出入卫生服务系统的"门户"。要推动社区卫生服务的发展，应进一步完善以社区卫生服务机构为基础，与医院和预防保健机构合理分工、密切协作的新型城市卫生服务体系，优化卫生资源结构与服务模式，方便群众就医，减轻费用负担，建立和谐医患关系，政府应健全和完善配套政策措施并与多部门密切配合，协同推进，建立一套社区卫生服务可持续发展的运行机制和管理体制。

二、社区卫生服务内容和机构

（一）社区卫生服务机构的服务功能与服务内容

1．社区卫生服务功能　社区卫生服务机构的主要服务功能可概括为六大方面：

(1) 社区预防：包括社区卫生诊断，传染病疫情报告和监测，预防接种，结核病、获得性免疫缺陷综合征等重大传染病预防，常见传染病防治，地方病、寄生虫病防治，健康档案管理，爱国卫生指导等。

(2) 社区保健：包括妇女保健，儿童保健，老年保健等。

(3) 社区医疗：包括一般常见病、多发病的诊疗，社区现场救护，慢性病筛查和重点慢性病病例管理，精神病患者管理，转诊服务等。

(4) 社区康复：包括残疾康复、疾病恢复期康复、家庭和社区康复训练指导等。

(5) 社区健康教育：包括卫生知识普及、个体和群体的健康管理、重点人群与重点场所健康教育、健康行为和生活方式宣传等。

(6) 社区计划生育技术指导：包括计划生育技术服务与咨询指导，发放避孕药具等。

2．社区卫生服务内容　根据我国《城市社区卫生服务机构管理办法（试行）》（卫妇社发〔2006〕239号）中的相关规定，我国的社区卫生服务机构主要承担提供疾病预防等基本公共卫生服务和一般常见病、多发病的基本医疗服务。

(1) 社区卫生服务机构提供的基本公共卫生服务内容：包括卫生信息管理、健康教育、传染病与地方病预防控制、慢性病预防控制、精神卫生服务、妇女保健、老年保健、残疾康复指导和康复训练、计划生育技术指导、协助处置辖区内的突发公共卫生事件、政府卫生行政部门规定的其他公共卫生服务等12个方面，具体见2017年国家基本公共卫生服务项目一览表（表1-1）。

(2) 社区卫生服务机构提供的基本医疗服务内容：

1）一般常见病、多发病诊疗、护理和诊断明确的慢性病治疗。

2）社区现场应急救护。

3）家庭出诊、家庭护理、家庭病床等家庭医疗服务。

4）转诊服务。

5）康复医疗服务。

6）政府卫生行政部门批准的其他适宜医疗服务。

2017年，国家卫生计生委推动的家庭医生签约服务，进一步拓展和完善了基本医疗服务内容。签约服务内容可包括健康评估、康复指导、家庭病床、家庭护理、中医药"治未病"、远程健康监测等。要求通过个性化的健康管理，提高居民对签约服务的感受度；以儿童、孕产妇、老年人、慢性病患者、残疾人等人群为重点，以疾病管理和预防保健服务为切入点，提高签约服务利用率，逐步扩大签约服务范围；按照慢性病分级诊疗技术方案做好签约服务；建立基层与上级医疗机构的联动工作机制，搭建全科医生与公立医院专科医生联系沟通平台。

(二) 社区卫生服务组织与机构

1．社区卫生服务的组织　分为行政管理组织、业务指导组织和服务机构3个部分。

(1) 行政管理组织：指社区卫生服务的行业主管部门，主要负责社区机构方案和规划的制定、建立社区卫生服务的基本标准和考核办法以及对各部分卫生服务的管理和组织等内容。

(2) 业务指导组织：主要包括卫生行政部门、专项技术指导组织和社区卫生服务指导中心。各级卫生行政部门是社区卫生服务行业的主管部门，主要负责建立社区卫生服务的基本标准和考核办法等以加强社区卫生服务的标准化、规范化和科学化管理；专项技术指导组织，负责各项业务技术的指导、人员培训和考核工作；社区卫生服务指导中心，根据规范化培训大纲的要求，建立培训计划、授课和实施考核等，主要承担相关从业人员的培训和专业指导。

（3）社区卫生服务机构：根据我国社区卫生服务机构的规划与建设要求，各级政府建立以社区卫生服务中心和社区卫生服务站为主体，以诊所、医务所、老人院、保健所等其他医疗机构为补充的社区卫生服务网络。

2．社区卫生服务机构设置 社区卫生服务机构由社区卫生服务中心和社区卫生服务站组成，具备条件的地区可实行一体化管理。城市社区卫生服务中心的基本标准如下：

（1）设置原则

1）要符合事业单位改革和医疗卫生体制改革的方向，以及区域卫生规划的要求。

2）要立足于调整现有卫生资源，辅之以改扩建和新建，避免重复建设。

3）要统筹考虑地区之间的经济发展差异，保障城市居民均能享受到最基本的社区卫生服务。

4）要有利于方便群众就医。

（2）设置标准

1）设置范围：社区卫生服务机构由省管辖市政府统一规划设置，原则上要求3万~10万居民或街道办事处所管辖范围规划设置一个社区卫生服务中心，根据需要规划设置若干社区卫生服务站。

2）床位配置：社区卫生服务机构不设住院病床，病床主要以护理、康复为主，也可根据条件设置临终关怀、老年养护病床。床位设置要根据服务范围和人口要素合理配置，至少要设5张日间观察床；根据医疗机构设置规划，可设50张以内以护理康复为主要功能的病床。

3）科室设置：至少设有临床科室（全科诊室、中医诊室、康复治疗室、抢救室、预检分诊室）、预防保健科室（预防接种室、儿童保健室、妇女保健与计划生育指导室、健康教育室）、医疗技术及其他科室（检验室、B超室、心电图室、药房、治疗室、处置室、观察室、健康信息管理室、消毒间）。

4）人员配备：社区卫生服务中心按每万名居民配备2~3名全科医师，1名公共卫生医师；全科医师与护士的比例按1∶1的标准配备；其他人员不超过社区卫生服务中心人员编制总数的5%。具体人员配备要求为：至少要有执业范围为全科医学专业的临床类别、中医类别执业医师6名和注册护士9名；至少要有副高级以上职称的执业医师1名、中级以上任职资格的中医类别执业医师1名、公共卫生执业医师1名、中级以上任职资格的注册护士1名；每名执业医师至少配备1名具有中级以上任职资格的注册护士；设有病床的，每5张病床至少增加配备执业医师和注册护士各1名；按需合理配置药剂、检验等其他有关卫生技术人员。

5）房屋面积：建筑面积不少于1000m²，布局合理，充分体现保护患者隐私、无障碍设计要求，并符合国家卫生学标准。设有病床的，每设一张床位至少增加30m²的建筑面积。

6）设备配置：包括诊疗设备、辅助检查设备、预防保健设备、健康教育设备及其他设备。诊疗设备包括诊断床、听诊器、血压计、体温计、观片灯、体重身高计、出诊箱、治疗推车、供氧设备、电动吸引器、简易手术设备、可调式输液椅、手推式抢救车及抢救设备、脉枕、针灸器具、火罐；辅助检查设备包括心电图机、B超机、显微镜、离心机、血球计数仪、尿常规分析仪、生化分析仪、血糖仪、电冰箱、恒温箱、药品柜、中药饮片调剂设备、高压蒸汽消毒器等必要的消毒灭菌设施；预防保健设备包括妇科检查床、妇科常规检查设备、身长（高）和体重测查设备、听（视）力测查工具、电冰箱、疫苗标牌、紫外线灯、冷藏包、运动治疗和功能测评类等基本康复训练和理疗设备；健康教育及其他设备包括健康教育影像设备、计算机及打印设备、电话等通讯设备，健康档案、医疗保险信息管理与费用结算有关设备等；设病床的，配备与之相应的病床单元设施。

社区卫生服务机构的设置要综合考虑区域内卫生计生资源、服务半径、服务人口以及城镇化、老龄化、人口流动迁移等因素，制订科学、合理的社区卫生服务机构设置规划。在城市新建居住区或旧城改造过程中，要按有关要求同步规划建设社区卫生服务机构，鼓励与区域内养老机构联合建设。对流动人口密集地区，应当根据服务人口数量和服务半径等情况，适当增设社区卫生服务机构。对人口规模较大的县和县级市政府所在地，应当根据需要设置社区卫生服务机构或对现有卫生资源进行结构和功能改造，发展社区卫生服务。在推进农村社区建设过程中，应当因地制宜地同步完善农村社区卫生服务机构。

（三）社区卫生服务的管理与监督

1. 社区卫生服务的管理模式　自我国积极发展社区卫生服务以来，我国提倡的社区卫生服务是政府主导，鼓励社会力量参与，多渠道发展社区卫生服务。目前，我国形成了以政府管办为主、多种举办形式并存的社区卫生服务管理模式格局。

（1）政府管办模式：政府举办的社区卫生服务主要是对政府所辖的街道医院或一级医院、部分二级医院、卫生院等机构进行结构与功能的双重转变后，转型为社区卫生服务中心和社区卫生服务站，这类机构由政府进行管理与支持，具有明显的政策优势。

（2）医院管办模式：医院举办的社区卫生服务依托综合性大型医院，在医院内设立预防保健科，在相近的社区设立地段保健医院和社区卫生服务中心。医院内保健医师定期在社区工作，为居民提供全方位的卫生服务，有利于社区卫生服务机构在开展业务、技术指导、经费支持、人员培养、房屋等多方面获得医院持续性的支持。但这种模式可能存在财政拨款难以落实、人才队伍不稳定、易受医院发展战略与领导认识和重视程度的影响等问题。

（3）企事业单位管办模式：企事业单位办的社区卫生服务包括国有企业单位直接管办、国有企业单位所属医疗机构转型、国有企业单位所属医疗机构管办等形式，这些是中国特有的社区卫生服务运行管理模式。主要依托有条件的企业卫生机构和二级、三级医院设立开展社区卫生服务的专门部门或在院外举办社区卫生服务机构，有利于卫生服务得到延伸和有效利用社区卫生资源，但机构运行多处于自负盈亏的状态，有可能容易忽视"六位一体"的综合服务功能。

4）社会力量管办模式：根据国家有关支持政策，社会民营机构可引入社区卫生服务。具备提供社区卫生服务功能和条件，符合法律法规，能独立承担民事责任的法人或自然人均可申请举办社区卫生服务机构，这有利于整合卫生资源，扩展筹资渠道。但个别民营社区卫生服务机构可能倾向于谋求经济利益，在卫生服务的提供过程中存在"重医轻防"的问题。

2. 社区卫生服务的监督　社区卫生服务机构主要通过调整现有卫生资源，按照平等、竞争、择优的原则，统筹社区卫生服务机构发展，建设满足社区居民健康需求的社区卫生服务网络体系。2015年，国家卫生计生委在《关于进一步规范社区卫生服务管理和提升服务质量的指导意见》中提出加强社区基本医疗和公共卫生服务能力建设，提升社区医疗服务能力、加强与公立医院上下联动、落实社区公共卫生服务、大力发展中医药服务及加强社区卫生人才队伍建设的意见，并在《关于开展社区卫生服务提升工程的通知》中明确社区卫生服务提升工程实施方案，为严格把关服务质量制定了服务能力、服务质量、机构管理、保障条件 4 大社区卫生服务质量评价指标体系，进一步强化社区卫生服务规范化、科学化的管理（表 1-2）。

表 1-2 社区卫生服务质量评价指标体系

一级指标	二级指标	三级指标
服务能力	医疗服务	①门诊服务 ②急诊抢救 ③诊疗技术 ④检查检验 ⑤药品服务 ⑥住院服务 ⑦康复服务 ⑧口腔服务
	公共卫生服务	①社区卫生诊断 ②健康档案 ③健康教育 ④预防接种 ⑤重点人群健康管理 ⑥重点疾病健康管理 ⑦公共服务 ⑧计划生育技术服务和出生缺陷防治
	中医药服务	①中医诊疗服务 ②中医治未病服务
服务质量	签约家庭医生服务	①责任制服务 ②签约服务 ③预约服务 ④可及性服务 ⑤出诊服务 ⑥转诊服务
	服务态度	精神面貌
	服务环境	①整洁卫生 ②温馨舒适 ③隐私保护 ④便民设施
	质量安全	①规范执行情况 ②合理用药 ③医院感染控制 ④医疗文书 ⑤医技质量 ⑥护理质量 ⑦医疗质量持续改进
	满意度	居民满意度
机构管理	人力资源管理	①岗位设置 ②绩效管理
	财务管理	财务管理
	文化建设	①机构文化 ②医德医风 ③规章制度
	信息管理	①信息公开 ②信息化建设
	药械管理	①药品管理 ②医疗器械管理
	依法执业	依法执业
保障条件	设施条件	基础设施
	人员条件	人员能力
	社区协同	①社区配合 ②社会认同
	居民参与	患者教育和志愿者服务

（李春玉）

思考题

一、单项选择题

1. 传统的社区成员一般具有相似文化背景、行为背景和价值观念，比较容易产生相同的社会意识、行为规范、生活方式和文化氛围等，指的是社区的哪一特点？（　　）

    A．地域性

    B．人口要素

    C．同质性

    D．生活服务设施

2. 下列不属于社区卫生服务的是（　　）

    A．由政府领导，上级卫生机构指导

    B．以医院为主体，全科医师为骨干

    C．以人的健康为中心、家庭为单位、社区为范围

    D．以妇女、儿童、老年人、慢性病患者、残疾人等为重点对象

3. 社区卫生服务的可及性特点，是指居民可以（　　）

    A．随时获得及时、方便、经济的综合性服务

    B．按需要及时获得专科性治疗服务

    C．在家里就能及时治疗疑难病症

    D．不出门就能得到治疗专家或名医上门服务

4. 某社区卫生服务站将工作时间延长至20点，体现了社区卫生服务的哪个特点？（　　）

    A．公益性

    B．主动性

    C．综合性

    D．可及性

二、多项选择题

1. 下列关于社区卫生服务的说法中正确的是（　　）

    A．以基层卫生机构为主体

    B．以居民的卫生服务需求为导向

    C．以家庭为单位，以社区为范围

    D．以妇女、儿童、老年人、慢性病患者、残疾人等为重点

    E．为居民提供个性化的服务

2. 社区具有规范和保护社区居民各种行为的规章制度，以及为居民举办有助于身心健康的多种活动，体现了社区的哪个功能？（　　）

    A．生产、消费、分配、协调和利用资源

    B．社会化

    C．社会控制

    D．社会参与

    E．相互支援

三、简答题

1．2017年，我国卫生计生委发布的《国家基本公共卫生服务规范（第三版）》所提出的公共卫生服务内容有几大类？请具体指出。
2．社区卫生服务机构是提供社区卫生服务的主体，该机构具有哪些服务功能？

第二章 社区护理

社区护理是社区卫生服务的重要组成部分，也是护理学科的重要分支。社区护理来源于公共卫生护理，有其特定的理论、概念、工作范围及工作方法。它不仅为个体提供服务，而且为家庭、群体和整个社区提供健康服务。社区护理是适应生物-心理-社会医学模式发展需要的护理新方向，既丰富了护理工作职责，实现护理服务领域逐步从医疗机构向社区和家庭的拓展，同时也让护理服务内容从疾病的临床护理向慢性病管理、老年护理、长期照护、康复促进、安宁疗护等方面延伸，努力满足人民群众日益多样化、多层次的健康需求。

第一节 社区护理概述

一、社区护理概念及工作内容

（一）社区护理概念及特点

1. 社区护理的概念　社区护理（community nursing）是面对社区内个人、家庭和群体的健康服务工作，如健康教育、家庭护理、康复指导、营养指导和心理咨询等。美国护士协会（American nurses association，ANA）认为"社区护理是将护理学与公共卫生学理论相结合，用以促进和维护社区人群健康的一门综合学科"。因此，社区护理更加强调以健康为中心，不仅关注个人健康，而且也重视社区整体人群健康，包括疾病和伤害的预防、健康的恢复，注重提供广泛持续的护理活动，进而维持和促进社区健康、预防疾病、减少残障，实现提高社区人群生活质量的最终目标。

根据我国社区卫生服务发展的特点，现将社区护理定义为"综合应用护理学和公共卫生学的理论与技术，以社区为基础、以人群为对象、以服务为中心，将医疗、预防、保健、康复、健康教育、计划生育等融于护理学中，并以促进和维护人群健康为最终目的，提供连续的、动态的和综合的护理服务。"

2. 社区护理的特点　社区护理是由基层护理人员立足社区、面向家庭，以社区内居民的健康为中心，以老年人、妇女、儿童和残疾人为重点，向他们提供集预防、医疗、护理、康复、保健、健康教育和计划生育技术为一体的综合、连续、便捷的健康服务，具有以下特点：

（1）以促进和维护健康为中心：社区护理的主要目标是促进社区居民维护和改善自身健康，保护其免受有害物质的侵袭，并对可能发生的健康问题加以防治，或尽早发现以降低其可能造成的伤残，使慢性疾病处于稳定状态，预防并发症的发生和急性恶化，促进身体功能逐渐恢复。

（2）服务对象的广泛性：社区护理的基本单位是家庭和社区，包括健康人群、亚健康人群、慢性病患者、残疾人群和临终患者，涉及家庭、团体、各年龄阶段和社会各阶层的人群。

（3）服务内容的综合性：社区护理的服务宗旨是提高社区人群的整体健康水平，以预防疾病，促进健康为主。其服务内容涉及健康人群的保健、高危人群的疾病预防、患者群的健康管理、临终关怀等多方面。

（4）服务时间的长期性：作为基层卫生服务的一部分，社区护理的服务对象是辖区内的居民，从出生到死亡，跨越整个生命周期，与护理对象建立长久的服务关系。

（5）具有高度自主性：社区护士的工作范围广，护理对象繁杂，护士运用流行病学的方法预测和发现人群中容易出现的健康问题。社区护理的实施经常深入居民家中和（或）相关单位，很多护理问题的发现和解决，更多地需要依靠护士自身的能力。

（6）需要多学科密切协作：社区护理的内容及对象决定社区护士在工作中不仅要与卫生保健人员密切合作，还要与社区居民、社区管理者等相关人员密切协作。

（二）社区护理工作内容及角色

1．社区护理工作内容　随着社区护理的不断发展，其工作范围不断延伸。在我国，作为社区卫生服务的重要组成部分，社区护理工作主要围绕社区卫生服务的内容而开展。按照服务对象以及工作重点不同，可概括为以下几方面：

（1）社区居民健康档案的建立与管理：包括建立、更新和管理居民健康档案，根据居民主要健康问题和服务提供情况填写相应记录，随居民健康状况的变化而不断更新，并同时建立电子健康档案，便于信息的储存和分析。

（2）社区重点人群的保健及护理：老年人、妇女、儿童、残疾人和慢性病患者及其高危人群更容易出现健康问题，必须进行重点管理，预防疾病的发生，控制疾病进程和防止出现并发症，达到促进和维护健康的目的。

（3）社区传染病的预防、控制与管理：传染病因其疾病特点，在社区暴发或流行将严重危害公共健康，做好社区传染病的监测工作意义深远。一旦发生传染病疫情，社区护士应及时报告，有效控制疾病传播的范围，防止出现大规模疫情的暴发。

（4）社区慢性病患者的管理：很多慢性病的发生和发展与生活方式联系紧密，通过有效的方法开展健康教育活动，可对疾病的危险因素进行干预，延缓或减少疾病的发生。

（5）社区康复护理：社区康复护理的主要任务是最大限度改善功能，促进伤残者的康复进程，预防并发症和伤残的发生，帮助伤残者恢复自理和自立能力，尽快重返家庭和社会。

（6）社区急重症患者的急救与转诊服务：因为社区基层卫生机构无法有效处理抢救危重症患者，所以将其安全转诊到相关医疗机构，以便更有效地救治。

（7）家庭护理：社区护士在护理实践中与家庭接触更多，以家庭为护理对象，帮助家庭发挥潜能，预防、应对并及时解决家庭的健康问题，以促进家庭成员的健康。

（8）社区临终关怀：从社区基层卫生机构的角度，社区护士应帮助临终患者更加安详、有尊严地走完最后的人生历程。

（9）社区生活环境与职业环境监管：社区护士通过对环境的监测，维护环境安全，保护居民健康。同时也为职业人群提供防护信息与措施，及时进行环境评估，加强职业安全教育。

2．社区护士的角色　社区护士在社区护理服务中主要承担以下6种角色：

（1）照顾者：向社区居民提供各种照顾，包括生活照顾及医疗照顾。

（2）教育者：向社区居民提供各种教育指导服务，包括患病人群教育、健康人群教育、患者家属的指导。

（3）咨询者：向社区居民提供有关卫生保健及疾病防治咨询服务，解答居民与健康相关的疑问和难题。

（4）组织与管理者：根据社区的具体情况及居民的需求，设计、组织各种有益于健康促进和健康维护的活动。

（5）协调者：在社区健康活动中，社区护士需协调社区内各类人群的关系，包括社区卫生服务机构内各类卫生服务人员间的关系、卫生服务人员与居民或社区管理者的关系等。

（6）研究者：社区护士不仅要向社区居民提供各种卫生保健服务，而且还要注意观察、探讨、研究与社区护理相关的科学问题，为社区护理方向的发展奠定基础。

二、社区护理模式与工作方法

（一）社区护理常用模式

社区护理模式是社区护士评估、分析社区健康问题，指导社区护士制订和实施计划，以及评价社区护理实践的概念性框架。目前被国内外公认的社区护理模式有安德逊（Anderson）的"与社区为伙伴"模式，怀特（White）的"公共卫生护理"概念框架模式和斯坦诺普与兰开斯特（Stannope & lancaster）的"以社区为焦点的护理程序"模式。

1. "与社区为伙伴"模式　1986年安德逊、麦克法林与赫尔登（Anderson，Mcforlane & Helton）在纽曼系统模式（Neuman system model）的基础上，提出了"与社区为伙伴"模式。此模式以社区为服务对象，强调要主动与护理对象互动，形成伙伴关系，其护理目标是维持该社区的健康平衡。此模式将压力、压力源所产生的反应、护理措施以及三级预防的概念融入护理程序中，是一个综合的、动态的、以开放系统为基础的护理框架。具体步骤如下：

（1）评估服务对象：收集影响社区健康的因素，从物理环境、医疗保健、教育、经济、政治与政府、信息传递、沟通、安全与交通等方面收集信息，对社区进行全面评估。资料应包括人口特征（人口构成、健康状况等）和环境特征（物理环境、社区环境）。

（2）确定社区护理诊断：根据社区资源的现状，分析社区的健康需求，找出社区压力源，分析压力反应的严重程度，初步确定护理诊断。

（3）制订社区护理计划：根据护理诊断，遵循三级预防的原则制订护理计划。一级预防是为了强化弹性防御线和预防压力源；二级预防是在压力源已超出防御线并刺激社区的情况下，将压力源控制在最小的限度；三级预防是改善现存的社区不均衡状态，预防不均衡状态的再次发生。

（4）实施社区护理计划：充分利用各种资源，积极动员个人、家庭、社区共同参与护理计划的实施。

（5）效果评价：对护理措施实施后的效果进行评价，决定护理计划的终止或者修改。

此模式比较适合社区护士在对特殊人群（如老年人、妇女、儿童）的护理中应用。

2. "公共卫生护理"概念框架模式　1982年怀特提出"公共卫生护理"概念框架模式，又称为明尼苏达模式（Minnesota model）。此模式整合了护理程序的步骤、公共卫生护理的范畴与优先顺序及影响健康的因素。将护理程序应用于维护、促进人类健康的实际工作中，注重优先顺序的考虑，在执行时根据实际情况运用不同的护理措施。此模式强调社区护士首先要了解影响个人或群体健康的因素，并按照优先次序制订计划。其主要内容如下：

（1）了解影响健康的因素：包括人类-生物决定因素、环境决定因素、医学技术-医疗机构决定因素和社会性决定因素4个方面。

（2）确立护理的优先顺序：此模式中，社区护理的优先顺序为预防、促进和保护。

1）预防：降低疾病和不良健康状况的发生率，也是社区护理的最高目标。

2）促进：针对某一特定健康问题，去除对个体造成不良影响的因素，增进现有的健康状况。

3）保护：将外界有害物质导致的疾病和不良健康状况的后果及影响降至最低。

（3）实施社区护理的措施：常用护理措施包括教育、工程和强制。

1）教育：提供相关信息，使公众主动改变认知、态度或行为，向有利于健康的方向转变。

2）工程：应用科学技术的方法控制危险因子，以达到有益健康的结果。

3）强制：在教育、工程的措施被执行后仍无法达到目标时，依靠行政机构采取强制的手段，迫使公众执行，以达到有益于社区健康的目标。

此模式适合社区护士在社区中开展流行病学调查、健康教育、健康促进等工作时应用。

3．"以社区为焦点的护理程序"模式　"以社区为焦点的护理程序"模式由斯坦诺普和兰开斯特提出。此模式认为护理程序包括6个阶段，具体如下：

第1阶段，建立契约式服务关系；第2阶段，评估社区人口特征、物理环境和社会系统；第3阶段，找出压力源和压力反应，确定护理诊断；第4阶段，按三级预防护理措施制订护理计划；第5阶段，执行计划；第6阶段，评价护理措施。第1阶段在开始护理程序之前，要求社区护士与护理对象建立"契约式服务关系"。护理人员应在进入社区之前，即与社区建立共识，使社区公众了解社区护士的角色功能与护理目标，接受社区护士存在的事实，与护士建立合作服务关系。第2至第6阶段与护理程序的5个步骤基本相同。

此模式特别强调护理程序的流程与评价的步骤，评价时需进行7个步骤：①措施是否切合目标，能否执行每一项措施；②成员是否都有各自要达成的目标；③社区问题是否得到解决；④是否又发现其他的社区问题；⑤成员之间能否彼此满足；⑥新发现的问题是否已解决；⑦社区是否已具备自行解决问题的能力。

（二）社区护理工作方法与技术

1．社区护理工作方法　社区护士针对社区中的个人、家庭和社区使用不同的方法为其提供健康护理服务。目前常用的工作方法有护理程序、家庭访视、居家护理、社区流行病学调查、健康教育、健康普查、保健指导以及组织社区活动等。

（1）社区健康护理程序：应用护理程序对生活在社区中且存在或潜在健康问题的个人、危机家庭以及社区群体和组织进行健康护理。

（2）社区健康教育：以健康教育理论为框架，对社区中具有不同健康需求的个人、家庭和群体，有目的、有计划地开展健康教育。

（3）家庭访视：社区护士对存在或潜在健康问题的个人或家庭进行家庭访视，如对孕产妇的家庭给予协调、计划和指导，并提供有效的家庭健康管理。

（4）居家护理：社区护士对需要生活照顾的老年人、慢性病患者以及需要特殊护理的患者等提供生活护理和护理技术操作指导等。

2．社区护理工作常用技术

（1）一般护理技术：包括生命体征的观察、测量和记录、各种注射法、静脉输液、口腔护理、皮肤护理、物理降温、饮食指导、雾化吸入、导尿、鼻饲、灌肠等护理操作。

（2）专科护理技术：包括循环系统疾病、内分泌系统疾病、呼吸系统疾病、神经系统疾病、泌尿系统疾病、消化系统疾病以及围生期妇女、儿科疾病患者的家庭护理，长期卧床患者的护理，伤残患者的功能锻炼和临终患者的居家护理等。

第二节 社区护理中流行病学的应用

流行病学（epidemiology）是人类在与多种流行性疾病，特别是传染病做斗争的实践中逐渐形成和发展起来的。它是现代医学领域中的一门基础学科，作为方法学而广泛应用于众多医学领域中，对现代医学的发展起着重要作用。

一、流行病学基本知识

(一)基本概念

1．流行病学的概念　流行病学是研究人类疾病频率分布及其决定因素的科学。我国学者在多年实践的基础上，将流行病学定义为："研究疾病和健康状态在人群中的分布及其影响因素，以及制订和评价预防、控制和消灭疾病及促进健康的策略与措施的科学。"

该定义的基本内涵有4点：①流行病学的研究对象是人群，而非单一的个体；②流行病学的研究内容包括健康状态、各种疾病、伤害和其他卫生事件；③流行病学重点研究的是疾病的分布及其影响因素；④流行病学的目标是为预防、控制和消灭疾病及促进健康提供决策依据。

2．流行病学相关概念

（1）描述疾病流行强度的常用术语：疾病流行强度是指在一段时期内，某病在某地区某人群中发病数量，以及各病例之间的联系程度。描述疾病流行强度的术语有散发、流行和暴发。

1）散发：散发是指某病在某地区人群中发病率呈历年一般水平，各病例间在发病时间和地点方面无明显联系，散在发生。适用于描述范围较大地区人群的疾病流行强度。出现散发的原因：①该疾病在当地常年流行或因预防接种的结果使人群维持一定的免疫水平；②有些以隐性感染为主的传染病，如脊髓灰质炎、乙型脑炎等；③有些传播机制不容易实现的传染病；④某些长潜伏期的传染病，如麻风等。

2）流行：流行是指某病在某地区的发病率显著超过该病历年发病率水平。流行的判定应根据不同病种、不同时期、不同历史情况。有时疾病迅速蔓延可跨越省界、国界或洲界，其发病率水平超过该地一定历史条件下的流行水平，称大流行。如严重急性呼吸综合征（severe acute respiratory syndromes，SARS），在较短的时间内波及许多国家和地区形成大流行。

3）暴发：暴发是指在某个局部地区或集体单位中，短时间内突然有很多相同的患者出现。这些患者多有共同的传染源或传播途径，如食堂的食物中毒、托幼机构的手足口病暴发等。

（2）描述疾病地区分布的常用术语

1）地方性：疾病的地方性是指由于自然和社会因素的影响，一些疾病包括传染病和非传染性疾病常在某地区呈现发病率增高或者只在某地区存在的现象。依据其特点可分为自然地方性、统计地方性和自然疫源性。

2）外来性或输入性：疾病的外来性或输入性是指某病在本国或者本地区未曾有过，或者以前虽有，但已确认被消灭，目前从国外或外地传入的新病例。

（3）描述疾病时间分布的常用术语

1）短期波动：短期波动又称暴发或时点流行，是指短期内某病发病数量迅速增多的现象。短期波动多因人群在短时间内接触或暴露于同一致病因素所致。如食物中毒的暴发，多因大量人群同时食用相同的被污染食物引起，其潜伏期短，发病可在几天或几小时内达高峰。传染病的流行曲线多呈对数正态分布，曲线达高峰的速度与流行期限、传染性、潜伏期、人群中易感者的比例及易感人群的密度等因素有关。

2）季节性：疾病每年在一定季节内发病率呈现升高的现象称为季节性。季节性主要有以下3种情况：①严格的季节性，疾病严格限制在某些季节里，多见于以节肢动物作为媒介传播的传染病。②季节性升高，疾病在一年中各季节均可发病，但是不同季节发病频率差异较大，如全年均有发生呼吸道传染病，但多见于冬春季。③无季节性，疾病的发生无明显季节性升高现象，如乙型病毒性肝炎、获得性免疫缺陷综合征等。

3）周期性：周期性是指疾病发生频率经过相对规律的时间间隔，呈现规律性变动的状况。呈现周期性的疾病多见于人口密集，交通拥挤的大中城市，传播机制容易实现的疾病，人群受感染的机会较多，有足够数量的易感者。由于这类疾病可形成稳固的病后免疫，所以一度流行后发病率可迅速下降。流行的间隔时间取决于前一次流行后所遗留下的易感者数量、新的易感者补充积累的速度和病原体变异的速度等因素。

4）长期趋势：长期趋势也称长期变异或长期变动，是对疾病连续数年乃至数十年的动态观察。在这个长时间段内观察疾病的临床表现、发病率、死亡率的变化。如有些疾病表现出在经过几年或几十年后，发病率可呈现持续上升或下降的趋势。这种变化不仅在传染病中可观察到，在非传染性疾病中也同样可观察到。出现长期趋势可由多种原因造成，病因或致病因素发生了变化，为病因探讨提供了线索和依据，而抗原型别的变异、病原体毒力和致病力的变异及对机体免疫状况的改变，是传染病产生长期趋势的主要原因。医生诊断经验和诊断技术的提高、新的诊断技术方法的引进及普及应用、新的治疗方法的进步和防疫措施的采取等因素对长期趋势也起到重要作用。此外，由于人口学资料的变化也会引起长期趋势的变化。

（二）流行病学的主要功能及应用

1．流行病学的主要功能

（1）描述疾病和健康状态在不同人群、不同地区以及不同时间的分布特点。

（2）收集与疾病相关的资料，掌握发病情况，为预防和控制疾病的流行提供有关证据。

（3）通过对疾病和健康状态的分析，提供因果关系的证据。

（4）对疾病和健康状态的影响因素进行分析，提出预防疾病发生的针对性策略和措施，促进人群健康水平的提升。

2．流行病学的应用　流行病学作为应用性很强的方法学，其研究范围较为广泛，涵盖了与人类疾病和健康相关的一切问题。随着流行病学的不断发展，其应用范围也在不断扩展。目前流行病学与社区护理相关的应用主要体现在以下几个方面：

（1）描述疾病或者健康状态特点：了解社区人群中某疾病或者健康状态在某时间内流行趋势的变化，可有效做出合理的社区护理诊断。

（2）进行疾病的监测：长期地、连续地在一个地区范围内收集并分析疾病及其影响因素的动态，以判断疾病及其影响因素的发展趋势，并评价预防对策的效果或决定是否修改原有的预防对策。

（3）识别疾病病因和危险因素：疾病的发生与致病因子、宿主和环境的关系密不可分。在健康状态时，三者保持平衡，一旦平衡被打破就会呈现出疾病状态。深刻了解疾病发生、多发或流行的原因才能更好地预防乃至消灭疾病。特别是对危险因素的研究，对预防病因不明的疾病意义更加深远。

（4）揭示疾病自然史：疾病在个体中的自然发展过程，如临床前期、临床期和临床后期称为个体的疾病自然史。疾病在人群中发生、发展和消长的规律，称为人群疾病自然史，属于流行病学意义上的疾病自然史。了解疾病自然史更有利于研究疾病的转归和规律，对于进一步采取有效措施，促进人群健康有重要作用。

（5）预防和控制疾病：包括两部分，一是预防疾病的发生，二是控制疾病发生后的蔓延，减少并发症、减轻后遗症、降低病死率等。

（6）用于卫生决策和评价：社区护理人员在相关卫生政策的贯彻落实中，通过合理的评价，为社区卫生机构的完善、资源的合理配置和人员的有效利用提供科学依据。

（三）疾病的自然史与三级预防

1. 疾病的自然史　疾病的自然史是指疾病在无人为干预的自然状态下，从发生、发展至结局的全过程。

（1）易患病期：此期机体尚未患病，但是致病因子已经存在于机体或者机体周围的环境之中，有产生疾病的可能性。例如，吸烟是肺癌的危险因素，高血压是脑卒中的危险因素。

（2）临床前期：此期致病因子已经导致机体发生病理变化，但未达到临床诊断水平，无临床症状和体征的表现。

（3）临床期：此期出现该病特征性临床症状和体征，成为疾病诊断的重要依据。由于疾病的特异性和机体的反应性，临床症状和体征有轻有重，或时轻时重。

（4）转归期：此期的疾病转归可能是康复，也可能为死亡，也可能留有某些后遗症，形成永久性的残障。疾病的转归主要取决于致病因素作用于机体后发生的损伤与抗损伤反应的对比，正确而及时地治疗可影响疾病的转归。即使表现为残障，也不能排除康复的可能性。

2. 疾病的三级预防　疾病的预防工作可根据疾病自然史的不同阶段，采取不同的措施，阻止疾病的发生、发展或恶化，即疾病的三级预防措施。

（1）一级预防：又称病因预防，主要是在疾病尚未发生时针对致病因素（或危险因素）采取措施，也是预防疾病和消灭疾病的根本措施。WHO提出的人类健康四大基石"合理膳食、适量运动、戒烟限酒、心理平衡"是一级预防的基本原则。一级预防的内容包括两个方面：

1）健康促进：健康促进是通过创造促进健康的环境使人们避免或减少对致病因子的暴露，改变机体的易感性，防止疾病的发生。健康促进可采取以下形式进行。①健康教育：通过大众传播媒介、行为干预等手段，促使人们自愿采取有益于健康的行为和生活方式，降低危险因素对健康的影响，达到促进健康的目的。②自我保健：指个人在发病前进行干预措施，增强机体的生理、心理和社会适应能力。③环境保护和监测：通过保护环境，使人们的生产和生活环境不受"工业三废"（即废气、废水、废渣）和"生活三废"（即粪便、污水、垃圾），以及农药、化肥等的污染。检测有害物质的含量，净化环境，防止职业病对人体的危害。

2）健康保护：是对有明确病因（危险因素）或具备特异预防手段的疾病所采取的措施。主要是在预防和消除病因上开展工作。一级预防常采用双向策略，即把对整体人群的普遍预防和对高危人群的重点预防结合起来，二者相互补充。对整体人群的普遍预防称为全人群策略，通过健康促进降低整体人群对疾病危险因素的暴露水平来实现。对高危人群的重点预防称为高危策略，通过健康保护的方法消除具有某些疾病的危险因素来实现。

（2）二级预防：又称临床前期预防或"三早"预防，即早发现、早诊断、早治疗，是为了防止或减缓疾病发展而采取的措施。早发现通常采取普查、筛检、定期健康检查的方式发现患病者。早诊断是早治疗的前提，有利于把握治疗疾病的时机及促进康复。早治疗是通过恰当合理的手段治疗疾病，防止疾病恶化或蔓延。要达到"三早"，就要做好二级预防。向群众宣传防病知识和有病早治的好处，提高医务人员的诊断水平，开发适宜的筛检方法及检测技术。

（3）三级预防：又称临床预防，是指对患者采取及时的治疗，防止疾病恶化、防止伤残并促进功能恢复，延长生命，提高生存质量。三级预防主要是对症治疗和实施康复治疗。康复治疗包括功能康复、心理康复、社会康复和职业康复等。

二、社区护理中常用流行病学方法

（一）常用流行病学研究方法

1．描述性研究　描述性研究是指通过资料对不同地区、不同时间、不同人群的特征进行对比分析，得出疾病或健康状态的分布情况。描述性研究主要用于了解疾病及某些特征性的流行情况、流行规律对病因的分析有重要作用。常规资料主要有疾病监测记录、病历、体检记录、居民健康档案等。

（1）现况调查：又称横断面研究，是指在某一确定人群中，在某一时间点或短时间内同时收集暴露与疾病的状况或在某特定时间点进行健康状况的调查。此研究是在某一时间点或在某一短暂时间内收集资料，客观地反映该时间点的疾病分布及人群中某些特征与疾病之间的联系，是时间上的一个横断面的调查，因而又称为横断面研究。多个现况研究也可反映出动态情况，并可以对未来趋势进行预测。

1）研究目的：①了解某种疾病或健康状态在不同时间、地区及人群中的分布特征；②提供疾病致病因素的线索，建立病因假设；③疾病和危险因素检测，了解疾病发展的动态趋势；④早期发现患者，使患者尽早得到治疗；⑤评价疾病的防治效果。

2）研究类型：①普查，是指为了解某人群健康状况或某疾病的患病率，在特定时间对特定范围内人群进行的全面调查或检查。普查适用于患病率高的疾病，通过普查可以发现人群中的所有病例，获得的资料全面，公众接受度高。然而普查所需人员较多、费用较高，在进行普查前需考虑成本-效益问题。②抽样调查，是指按照一定的概率或特定的方法抽取某人群中有代表性的一部分人进行调查，通过所得结果推测该人群某病的患病率或某些特征现状的调查。抽样调查不适用于患病率低的疾病，也不适用于个体变异较大的疾病。此方法节省时间、人力、物力，调查范围小，调查工作做得细致。抽样方法有很多，主要有单纯随机抽样、系统抽样、分层抽样、整群抽样和多级抽样等方法。由于抽样调查会出现抽样误差，特别是当疾病变异程度大时，小样本调查不能提供足够的信息，需扩大样本量。

（2）筛检：是指应用快速的试验、检查或其他方法，从表面上无病的人群中查出某病的可疑患者。筛检是为了早期发现某病的可疑患者，提供患病率资料，及时治疗。筛检试验是一种初步检查方法，不能将筛检结果作为诊断依据。

（3）生态学研究：是以人群为基本单位收集和分析资料，描述某因素暴露与某种疾病的频率之间关系的研究。生态学研究的对象不是个体而是群体，通过比较不同暴露因素在人群中的发病率、死亡率的差异或不同健康状态人群中暴露水平的差异来判断暴露和研究的疾病之间是否有联系。生态学研究最主要的作用是发现病因线索，并对暴露因素和疾病之间的联系做出大致推测，尚不能由此推断出两者之间是因果关系。

2．分析性研究

（1）病例对照研究：是将某研究人群按照是否患病分为病例组和对照组，调查两组人群过去暴露于某个或某些可疑危险因素的情况及程度，通过比较判断研究因素与该病有无联系及联系强度大小的一种观察性研究方法。研究开始时疾病已经发生，通过回忆过去暴露的情况来确定研究因素与疾病之间的联系程度，又称为回顾性研究。此方法是流行病学研究中最常用、最基本的方法之一，是一种由"果"到"因"的研究方法。病例对照研究只能就研究因素和研究疾病是否有统计学联系做出判断，不能得出因果关系的结论。病例对照研究可以广泛地筛选机体内、外环境中的可疑危险因素。经过描述性研究或探索性病例对照研究，建立和检验病因假说，同时也为进一步进行队列研究或实验研究提供研究线索。

按照研究设计可将病例对照研究分为两个类型：①匹配病例对照研究，匹配是一种选择对照的形式，要求对照组在某些特征上与病例组相同，包括个体匹配和成组匹配两种形式。个体匹配是病例组与对照组以个体为单位进行匹配，按照一定的比例将病例组和对照组进行匹配；成组匹配要求对照组与病例组在匹配某些因素上的比例相同。②非匹配病例对照研究，则在选择对照组时不进行限制和规定。

（2）队列研究：又称前瞻性研究，是指按照选定的某种因素是否暴露或暴露程度将人群分为不同亚组，追踪各组的发病结局，比较发病结局的差异，从而判断暴露因素与发病有无因果关联及关联大小的一种观察性研究方法。在病因研究中，常用于检验病因假设，其研究结果对因果关系的论证强度介于病例对照和实验性研究之间。通常是在描述性研究或病例对照研究的基础上进行的。队列研究属于观察性研究，观察方向为由"因"到"果"，能验证暴露与疾病的因果关系的假设，准确地估计人群发病的危险程度。队列研究可以单独应用，也可以结合其他研究方法一起应用。队列研究的主要用途是检验一个或多个病因假设，观察和描述人群中的疾病自然史。

按照研究对象进入队列和终止观察时间的差异，队列研究包括3种类型：①前瞻性队列研究，其研究对象的确定和分组是根据研究开始时所获得的现实资料而决定的，观察开始时病例尚未出现，需要追踪观察一定的时间，才能得到结局指标。此研究得到的资料较准确，但观察时间较长，对资源的耗费较大。②历史性队列研究，又称回顾性队列研究，其研究对象的确定和分组是根据研究开始时已获得的历史资料中暴露情况的描述而决定的，疾病的结局在研究开始时已经从历史资料中获得。暴露和结局虽然时间跨度较大，但资料收集和分析却可以在短时间内完成。③历史前瞻性队列研究，也称为混合型队列研究，即在历史性队列研究之后，继续进行一段时间的前瞻性队列研究。

与病例对照研究相比，队列研究中暴露因素和疾病程度的测量均是研究者可以控制的，资料较准确，先因后果，能够说明疾病发生的时间顺序，可以计算不同队列发病率、死亡率，对因果联系的论证强度较大，但所需样本量较大，观察时间长，出结果慢，不适用于发病率较低的疾病。

3．实验性研究　是将符合条件的研究对象按照一定标准分为试验组和对照组，对试验组施加干预措施，对照组不施加任何干预措施或施加安慰剂，通过观察，比较两组研究结局的不同，从而对该干预措施的效果做出合理评价。

与观察性研究相比，实验性研究对设计的要求较高，在实施过程中难度较大。在时间指向性上为前瞻性研究，研究因素是人为施加的，可精确控制。实验性研究必须有较严格的平行对照，主要用于疾病的预防、药物和疗法的效果评价等。实验性研究可分为3种类型：

（1）现场试验：是以未患病的人群作为研究对象，是社区护理工作中最常用的实验方法。如通过各种途径对社区试验组女性介绍乳房自检方法，提高社区女性乳房自检的正确率，以及时发现乳腺疾病，提高其早期就诊率。

（2）社区试验：也称社区干预项目，以人群为单位分别施以不同的干预措施，评价该措施效果的试验。如关于饮水干预及环境干预等社区流行病学的研究。

（3）临床试验：为了评价某种药物或治疗方法的效果，将患者（包括已出院在社区进一步治疗或康复者）随机分组，对试验组给予要评价的药物或治疗方法，对照组可以给予安慰剂或常规药物或疗法，也可以不施加任何干预措施，比较两组的疗效。在临床试验中常遵循对照、随机化、盲法和可重复的基本原则，以保证研究结果的科学性及准确性。

（二）社区人群健康水平的测定

社区护士正确描述社区内人群的健康状况或疾病的分布，有助于认识疾病的分布规律及其影响因素，从而为临床诊断和治疗提供依据，为进一步探讨病因提供线索，为合理制订疾病防治、保健策略和措施提供科学依据。社区护士应熟悉各项统计指标的含义，了解相关的统计方法，以便在社区护理工作中正确应用，科学反映社区的健康水平。

除了掌握各项统计指标以外，社区护士还应熟知相关流行病学资料的来源及其获取途径。目前流行病学资料主要包括社区卫生相关的行政报表、工作记录和流行病学调查3类。

1．社区卫生相关的行政报表　卫生行政部门为进行宏观调控，要求各级医疗部门定时上报相关数据，如儿童基础疫苗接种、传染病发病、疾病监测的统计报表及婴儿、儿童、孕产妇死亡报表等，均可应用于社区健康水平测定及相应的研究中。此外，国家定期进行的全国人口普查也可以提供人口方面的相关资料，包括人口分布（年龄、种族、性别），有关经济状况、住宅和教育方面的信息等，这些数据有助于不同的指标计算。

2．工作记录　医院、社区卫生服务机构和卫生行政部门的相关记录等，可以提供疾病发病率和患病率的相关信息。社区居民健康档案也是了解社区居民健康状态的原始资料。部分地区建立了疾病和死亡监测点，收集了该地某种特定疾病的所有病例资料。从厂矿企业的人事部门也可以获得职员的职业暴露情况。这些记录对于社区人群健康水平的描述有重要意义。

3．流行病学调查　如疾病的普查和筛检、卫生服务调查、相关的基线调查等，可以提供有关社区居民的健康状态、行为和疾病的情况。

（三）社区疾病频率常用的测量指标

1．一般概念

（1）率：是指在某一确定人群中某些事件发生的数量与可能发生的总数之比。分子是分母的一部分，分子和分母代表的应该是同一人群。如果分子被限定在某一年龄、性别或种族组内,分母也应该有同样的限定。

$$率 = \frac{某现象实际发生的例数}{可能发生该现象的总例数} \times k \qquad (2-1)$$

k=100%, 1000‰, 或 10000/万

(2)比:是两个变量的数值之商,表示两者之间的相对水平。分子和分母是两个彼此分离、互不重叠或包含的量。分子和分母本身可以是绝对数,也可以是率、构成比等。比的分子不一定是分母的一部分。率是比,但比不一定是率。

$$比 = \frac{甲指标}{乙指标} \;(或 \times 100\%) \qquad (2-2)$$

(3)构成比:是表示事物组成部分与总体数量之间的比值,分子和分母的单位相同,而且分子包含于分母之中,常用百分数表示。

$$构成比 = \frac{某事物内部某部分数量}{同一事物内部整体数量} \times 100\% \qquad (2-3)$$

率和构成比都是用来描述变量随时间变化的动态指标。区别是前者可以取任何值,是反映动态过程的一个参数,而后者取值仅在 0 至 1 之间,是变量在一定期间内发生变化的频率。

2. 发病指标

(1)发病率:表示在一定期间内,一定人群中出现某病新病例的频率。

$$发病率 = \frac{一定期间内某人群中某病新病例数}{同时期暴露人口数} \times k \qquad (2-4)$$

k=100%, 1000‰, 或 10000/万。

发病率一般以年为单位表示。

1)分子与分母的确定:分子是一定期间内的新发病例数。若在观察期间内一个人多次患病时,应分别计为新发病例数。分母中所规定的暴露人口是指可能会发生该病的人群。发病率可按不同特征(如年龄、性别、职业、民族等)分别计算,称为发病专率。

2)用途:用作描述疾病的分布,通过比较不同人群的某病发病率来帮助确定可能的病因,提出病因假说,评价防治措施的效果。发病率的准确性取决于疾病报告、登记制度以及诊断水平。

(2)罹患率:是描述在某一局限范围内,某疾病短时间内的发病频率。观察时间一般以日、周、月为单位。适用于局部地区疾病的暴发,如食物中毒、传染病及职业中毒等暴发流行情况。其优点是可以根据暴露程度精确地测量发病概率。

$$罹患率 = \frac{观察期间某病新病例数}{同时期暴露人口数} \times k \qquad (2-5)$$

k=100%, 1000‰, 或 10000/万。

（3）患病率：也称现患率，指某特定时间内总人口中某病新旧病例所占比例。患病率通常用来表示病程较长的慢性病的发生或流行情况。如冠心病、肺结核等。可为医疗设施规划，估计医院床位周转、卫生设施及人力的需要量，医疗质量的评估和医疗费用的投入等提供科学的依据。

$$患病率=\frac{某一时间内一定人群中患某病新旧病例数}{同时期观察人口数} \times k \quad (2-6)$$

k=100%，1000‰，或 10000/万。

1）患病率的影响因素：①导致患病率升高的因素，包括病程延长、未治愈者的寿命延长、新病例增加（即发病率增高）、病例迁入、健康者迁出、易感者迁入、诊断水平提高、报告率提高。②导致患病率降低的因素，包括：病程缩短、病死率高、新病例减少（发病率下降）、健康者迁入、病例迁出、治愈率提高。

2）患病率取决于发病率和病程：患病率的变化反映出发病率的变化或疾病结果的变化或两者兼有。患病率水平（所有病例）随着发病率（新病例）增高而增高，并随着疾病恢复的加速或死亡的加速而下降。某地某病发病率和该病的病程在长时间内保持稳定时，患病率＝发病率×病程。

（4）感染率：是指在某个时间内能检查的整个人群样本中，某病现有感染者人数所占的比例。

$$感染率=\frac{受检者中阳性人数}{受检人数} \times 100\% \quad (2-7)$$

感染率常用于研究某些传染病或寄生虫病的感染情况和评价疾病防制工作的效果，估计某疾病的流行趋势，为制定防治措施提供依据。特别是对隐性感染、病原携带、轻型及不典型病例的调查较为重要。

（5）续发率：指在某些传染病最短潜伏期到最长潜伏期之间，易感接触者中发病的人数占所有易感接触者总数的百分率。

$$续发率=\frac{一个潜伏期内易感接触者中发病人数}{易感接触总人数} \times 100\% \quad (2-8)$$

续发率多指在一个家庭、病房、宿舍、托儿所、幼儿园中第一个病例发生后，在该病最短与最长潜伏期之间出现的病例百分数，也称二代发病率。计算时，须将原发病例从分子及分母中去除。在同一家庭中来自家庭外感染或短于最短潜伏期或长于最长潜伏期者均不应计入原发病例。续发率可用于分析传染病流行因素，包括不同条件对传染病传播的影响（如年龄、性别、家庭中儿童数、家庭人口数、经济条件等）及评价防制措施的效果（如对免疫接种、隔离、消毒等措施的评价）。

3．死亡指标

（1）死亡率：表示在一定期间内，在一定人群中，死于某病（或死于所有原因）的频率。其分子为死亡人数，分母为发生死亡事件的总人口数（通常为年均人口数）。常以年为单位。

$$死亡率 = \frac{某期间内（因某病）死亡总数}{同期平均人口数} \times k \qquad (2-9)$$

k=100%，1000‰或10000/万。

死于所有原因的死亡率称为粗死亡率。按不同特征如年龄、性别、职业及病因等分别计算的死亡率称为死亡专率。粗死亡率是测量人群死亡危险最常用的指标，既反映一个地区不同时期人群健康状况和卫生保健水平，也为该地区卫生保健工作的需求和规划提供科学依据。死亡专率可提供某病死亡在人群、时间、地区上的变化的信息，常用于探讨病因和评价防制措施。

（2）病死率：是表示一定时期内（通常为年），患某病的全部患者中因该病死亡的比例。

$$病死率 = \frac{某时期内因某病死亡人数}{同期患某病的患者数} \times 100\% \qquad (2-10)$$

即使某病处于稳定状态时，也可以经死亡专率和某病发病专率推算出来。

$$病死率 = \frac{某病死亡专率}{某病发病专率} \times 100\% \qquad (2-11)$$

病死率可表明疾病的严重程度，也可反映医疗水平和诊断能力，多用于急性传染病，较少用于慢性病。医疗设备好，规模较大的医院接受危重型患者比规模小的医院要多，病死率可能高于小型医院，所以应用病死率评价不同医院医疗水平时，要注意可比性。

（3）生存率：是指接受某种治疗的患者或患某病的人中，经若干年随访（通常为1、3、5年）后，尚存活的患者数所占的比例。

$$生存率 = \frac{随访满n年尚存活的病例数}{开始随访的病例数} \times 100\% \qquad (2-12)$$

生存率反映疾病对生命的危害程度，用于评价某些病程较长疾病的远期疗效。常在慢性病、癌症、心血管疾病、结核病等研究中应用。

第三节 社区护理相关政策法规与伦理规范

一、社区卫生服务及社区护理相关政策

（一）社区卫生服务相关政策

1997年中共中央国务院《关于卫生改革与发展的决定》中提出："改革城市卫生服务体系，积极发展社区卫生服务"，是我国社区卫生服务的标志性文件。1999年十部委联合发布《发展城市社区卫生服务的若干意见》，提出发展社区卫生服务的总体目标。2006年国务院下发《关于发展城市社区卫生服务的指导意见》，明确了社区卫生发展的指导思想、基本原则和工作目标，提出了社区卫生服务6项功能。2009年原国家卫生部发布《国家基本公共卫生服

务规范（2009年版）》，明确提出了健康教育、计划免疫、儿童保健、孕产妇保健、慢性病管理、传染病预防、精神病患者管理、60岁以上老年人管理以及建立健康档案的9大类21项社区卫生服务内容。2011年原国家卫生部再次对其做了新的修改，发布《国家基本公共卫生服务规范（2011年版）》，增加卫生监督管理规范，从而提出10大类41项社区卫生服务内容。2017年国家卫生计生委发布《国家基本公共卫生服务规范（第三版）》，包括12项内容。在国家一系列相关政策的推动下，社区卫生服务在我国迅速发展，形成了一个稳定的管理模式和服务体系。但作为一个人口众多的发展中国家，社区卫生服务体系改革仍然面临许多问题。

（二）社区护理相关政策

在1997年，原国家卫生部发布《关于进一步加强护理管理工作的通知》，强调大力发展社区护理，满足社会需要；提高认识、加强领导，将社区护理工作纳入社区卫生服务或初级卫生保健；在试点的基础上制定社区护理工作发展规划；制定配套政策，保证社区护理工作的开展；加强人员培训，充分发挥现有医疗机构，人员和离、退休护士的作用。2002年原国家卫生部发布关于《社区护理管理的指导意见（试行）》，为推动社区护理工作的发展，逐步加强社区护理工作的规范化管理，制定社区护理工作任务、社区护士概念、基本条件及职责、社区护理的管理及人员配备、社区护理管理的基本要求、社区护理工作的考核与监督。2016年《全国护理事业发展规划（2016—2020年）》进一步强调要加快社区和居家护理服务不断发展，进一步促进医养结合、安宁疗护相关护理服务的发展，不断满足老年人健康服务需求。各种相关政策的出台，不断完善社区护理工作内容，促进社区护理的发展，为社区护理的发展指明了方向。

二、社区护理的伦理规范

社区护理人员在社区护理活动中，应正确处理个人与他人、个人与社会之间的关系，具备良好的职业道德准则和行为规范。

1. 尊重服务对象，礼貌待人　社区护理是以人为中心，以社区人群的卫生保健需求为导向，以维护和促进人的健康、提高生命质量与生活质量为目标的护理服务。护理人员应树立以人为本的服务意识，尊重、关心服务对象。学会使用文明礼貌用语，与服务对象建立良好的人际关系，促进社区和谐。

2. 公平对待服务对象，无偏见　无论服务对象职务高低、财产多少、仪表美丑、关系亲疏，都应实现无歧视服务。无论其年龄大小、文化及修养程度高低，都应做到一视同仁，使其平等享有健康的权利。

3. 不伤害服务对象及他人　不管在任何情况下，都不能使服务对象的身心受到损伤，也不能伤害服务对象的权益。

4. 所有行为对服务对象有利　社区护理人员的护理行为以保护服务对象的利益、促进服务对象健康、增进其幸福为目的。社区护士的行为对服务对象必须是确有帮助的，解除或可能解除服务对象的疾苦，服务对象的受益不会给别人带来太大的损害。

案例分析

某社区，常住人口24 508人，10 656户，男女性别比为1.02∶1，目前该社区22 984名居民已建立居民健康档案，老年人口3 589人，人均年收入为25 489元。社区内现有三级甲等综合性医院1所，社区卫生服务中心1所，其他卫生机构12所。中老年高血压、心脏病、脑卒中患病率分别为第2、3、7位，社区高血压患病率为18.50%。社区居民的主食以谷类为主，成人每天平均能量摄入量为2782千卡，平均膳食脂肪供能占35.36%，每日食盐摄入量为8.52g。社区成年人超重率为21.52%，肥胖率为7.00%。该社区居民中年人多为上班族，存在以下问题，常久坐于办公桌前，运动量小，长期过量饮酒，工作压力大等。社区护士如何针对该社区开展高血压疾病的一级预防活动？

分析：一级预防是针对一般健康人群进行健康管理，积极进行危险因素的预防，实施健康教育为主的策略。帮助人们认识高血压疾病的危险因素，使人们愿意主动采取措施，预防高血压或延缓其发病。

【社区护理评估】

1．社区一般情况：该社区为老龄化社区，老年人口占14.64%。

2．社区主要健康问题：社区居民饮食结构不合理；生活方式不健康。

【社区护理诊断】

1．营养失调：高于机体需要量　与饮食摄入不均衡有关。超重率21.52%，肥胖率7.00%。

2．知识缺乏：与社区人群自我保健意识较低有关。

【社区护理计划】

1．社区护理目标的设定

（1）长期目标：高血压患病率降低，社区居民的健康水平提高。

（2）短期目标：半年内社区居民饮食结构合理，掌握高血压的预防保健知识。

2．护理实施计划：通过评估社区可利用的资源，有针对性地采取适合该社区的健康教育活动，提高社区应对能力。

（1）积极开展健康教育活动增进居民的健康知识。通过专题讲座、健康手册、新媒体、海报等形式针对高血压发病机制、高危因素、临床表现等进行健康教育。

（2）提供个体化连续健康管理，促使居民建立良好的态度，转变不良生活习惯。不断更新居民健康档案，针对居民个体情况制订满足其需求的饮食方案、运动计划等，提高防范意识，去除高危因素，增强居民的自我效能，提高自我管理的能力和自我保健意识。

3．护理计划评价

（1）居民生活饮食方式是否合理；

（2）居民的自我保健意识是否加强；

（3）居民的相关疾病知识是否掌握；

（4）高血压发病率是否降低。

（彭　歆）

思考题

一、单项选择题

1．社区护理起源于（　　）

　　A．康复医学

　　B．替代护理

C．临床医学护理

D．公共卫生护理

2．社区护理的最终目标是（　　）

　　A．使社区的各种患者都能得到照顾

　　B．促进和维护人群健康

　　C．提供护理服务

　　D．将医疗保健知识运用于护理学中

3．对社区居民实施全民高血压防治知识宣教属于（　　）

　　A．康复指导

　　B．临床前期预防

　　C．二级预防

　　D．三级预防

4．下列方法属于社区健康评价的定量调查法的是（　　）

　　A．个别访谈

　　B．问卷调查法

　　C．观察法

　　D．专题小组讨论

5．发病率的计算公式中分母是（　　）

　　A．同期暴露人口数

　　B．该地同年平均人口数

　　C．同期平均人口数

　　D．同期确诊的某病病例数

6．特定时间一定人群中某病病例数所占的比例是（　　）

　　A．死亡率

　　B．患病率

　　C．罹患率

　　D．感染率

7．为服务对象实施护理前，告知其实施的目的、方法等，体现的护理伦理原则是（　　）

　　A．尊重服务对象，礼貌待人

　　B．公平对待服务对象，无偏见

　　C．不伤害服务对象及他人

　　D．所有行为对服务对象有利

二、多项选择题

1．社区护士承担的角色包括（　　）

　　A．照顾者

　　B．组织者

　　C．领导者

　　D．观察者

　　E．教育者

2．以下属于社区护士职责的是（　　）
   A．参与社区护理诊断
   B．参与传染病的预防
   C．参与儿童的计划免疫
   D．参与慢性病的管理
   E．承担就诊患者的护理
3．某特定时间内总人口中某病新旧病例所占比例指的是（　　）
   A．发病率
   B．现患率
   C．患病率
   D．罹患率
   E．死亡率

三、简答题
1．简述社区护理的特点。
2．列举常用的社区健康评价指标。

四、论述题
结合"与社区为伙伴"模式，举例说明此模式在社区护理实践中的应用。

第三章　社区健康教育与健康促进

第一节　社区健康教育

一、社区健康教育概述

(一) 基本概念

1. 健康教育　健康教育（health education）是指通过有计划、有组织、有系统的社会教育活动，促使人们自觉地采纳有益于健康的行为和生活方式，消除或减轻影响健康的危险因素，预防疾病、促进健康、提高生活质量。健康教育的目的是改变人们自身认知、信念，从而减少危害健康行为，养成促进健康行为。

2. 社区健康教育　社区健康教育（community health education）是指在社区范围内，以增进社区居民健康为目的，采取有效的教育方式和干预措施，进行有计划、有组织、有系统的健康教育活动。社区健康教育的目的是组织和发动社区人群参与健康教育计划，提高社区居民的自我保健能力和健康水平。

社区健康教育是社区卫生服务的重要内容和基础，在社区卫生服务中具有导向作用。社区健康教育需要根据社区居民需求，针对社区居民的健康行为和生活方式特点，推行健康教育处方，促进居民健康水平。

3. 健康素养　健康素养（health literacy）是指个体获取、处理和理解基本保健知识和服务并做出适宜健康决策的能力。世界卫生组织将健康素养视为个体赋权和行动两项要素的综合，强调健康素养代表着认知和社会技能，这些技能决定了个体具有动机和能力去获得、理解和利用健康信息，并通过这些途径实现促进和维持健康。

健康素养与社区护理服务所涉及的预防、保健、医疗、康复、健康教育、计划生育技术服务等密切相关。对于社区健康教育而言，一方面，健康素养可以看作是社区健康教育的结局。个体除了在学校接受的教育之外，离开学校后所接受的社会教育、健康教育等都影响健康素养的水平。因而，可以利用健康素养的水平来评价社区健康教育的效果。这要比传统的利用知识知晓率、健康行为形成率、教育覆盖率等评价指标更能真实地反映健康教育的效果。另一方面，健康素养同时也是社区健康教育评估的重要内容。社区居民由于年龄、文化程度、职业等不同而可能存在健康素养不均衡的情况。因此，居民健康素养的水平应成为社区健康教育实施前评估的重要内容。

(二) 健康教育相关理论

1. 知-信-行模式　知-信-行（knowledge-attitude/belief-practice，KABP）模式是健康相关行为常用的模式之一。其中，"知"指的是知识和学习，"信"指的是信念和态度，"行"指的是行为改变的实践过程。在知-信-行模式中，知识是行为改变的基础，信念和态度是行为改变的动力，行为是最终的目标。知-信-行模式把行为分为获得健康知识，形成健康信念和态度，以及促进健康行为形成三个连续性的过程。比如，一个具备饮食管理知识的高血压患者，怀有"合理膳食"的健康信念，其日常饮食行为往往为低盐饮食。在知-信-行模式中，强调知识转化为行为的过程是相当复杂的，受到很多因素的影响，尤其是健康信念和态度。只有对健康知识的积极思考，才可逐步形成信念，从而形成积极的态度去转变行为。

知-信-行模式比较直观明了地指明了知识、信念、行为间的关系，但知识是行为转变的必要条件，并非充分条件，即知识转化为行为的过程并非是必然的。此外，从知识到信念、从信念到行为的过程受到多因素的影响，这在知-信-行模式中描述不足，尤其是涉及行为动机、需求冲突等因素的影响时，对于健康教育的指导作用存在一定局限。

2．健康信念模式　健康信念模式（health belief model，HBM）是在认知理论和刺激反应论基础上发展起来的。认知理论强调个体主观假设和期望的重要作用，认为行为由行为结果的主观价值和实现可能性来决定。刺激反应论认为行为的频率由其结果和强化决定。健康信念模式最早用于分析人们参与预防和筛查疾病失败的原因，进而扩展到解释人们对于疾病症状的反应以及应对疾病处方行为的反应，在慢性病、危害健康行为、社区疾病筛查等健康教育活动中得到了广泛应用。健康信念模式的概念要件包括感知易感性、感知严重性、感知行为益处、感知行为障碍、自我效能感、社会人口学因素以及行为线索等。

（1）感知易感性：感知易感性（perceived susceptibility）指的是关于患病或产生症状的可能性信念。通过评估感知易感性，可以定义危机人群及危险等级，从而在个体性格或行为的基础上将危险个体化。

（2）感知严重性：感知严重性（perceived severity）指的是对患有疾病或不予治疗严重性的感知。感知严重性包括可能的临床结局以及可能的社会影响。通过评估感知的严重性可以将症状和危险的后果具体化。感知的严重性和感知的易感性一起被称作感知的威胁。

（3）感知行为益处：感知行为益处（perceived benefits of action）指的是对健康状况的改善及由此带来的其他好处的感知。益处常包括缓解病情、减少并发症、降低疾病对生活质量的影响、降低患病危险因素水平，以及行为实施过程中可能带来的积极情绪体验等。

（4）感知行为障碍：感知行为障碍（perceived barriers of action）指的是对采取行为需付出的代价的感知。障碍包括增加行为改变所需时间而导致社交活动减少、支出增加、行为实施过程中可能带来的消极情绪体验等。

（5）自我效能感：自我效能感（self-efficacy）指的是个体对自己控制内外因素而成功采取健康行为能力的评价和判断，以及取得预期结果的信念。自我效能感在实践应用中有两个层面，一个是领域特定（domain-specific）的概念，即个体在应对不同的挑战或面对新事物时总会有一种总体性的一般自我效能感；另一个是在具体情境（task special context）下的自我效能感，即针对具体健康行为的效能感。个体能否采取并坚持健康行为，受到个体对此行为的信心和意志力的影响，如果个体坚信行为能够产生好的结果，并且具有达不到目的不罢休的意志力，则其自我效能感水平较高，更容易维持健康行为。

（6）社会人口学因素：健康行为的发生及维持受到社会人口学因素的影响。这些社会人口学因素包括个体的社会、生理学特征，如性别、年龄、人格特点、社会经济地位、同伴影响等，以及个体所具有的疾病与健康知识。总体而言，具有健康知识的人更容易采纳健康行为。不同性别、年龄、人格特点和生活环境的人，对于采纳健康行为的态度和采纳程度并不相同，具有明显的调节因素特征。

（7）行为线索：行为线索（cues to action）指的是诱发健康行为的因素，即导致个体行为改变的最后驱动力，是促进个体行为改变的内在或外在的关键事件和线索。内在关键事件和线索主要是指身体出现不适症状，外在关键事件和线索包括医生的告知、家人或朋友的患病体验分享、媒体有关健康危害行为严重后果的报道等。

健康信念模式在社区健康教育中具有广泛的应用空间。在应用时，需要着重解决以下关键问题：①使行为主体觉察到疾病的威胁以及威胁的严重性，并感知采取健康行为的益处和可能遇到的障碍；②设计激发事件，从而创造行为线索；③提高行为主体的自我效能感，保证行为的持续性。

3．行为阶段改变理论　行为阶段改变论（the trans-theoretical model，TTM），也称为阶段变化理论，是 20 世纪 80 年代初由 Prochaska 和 Diclemente 提出的，最初应用于吸烟行为的干预，而后扩展至饮食行为、依从性干预、获得性免疫缺陷综合征预防等行为问题的研究和实践中。TTM 以一个动态、渐进、连续的过程来描述行为的变化，同时强调根据人的需求确定健康促进策略的重要性。TTM 认为，个体的行为改变一般可以分为 5 个阶段。

（1）无打算改变阶段：这一阶段的表现是，人们没有改变行为的主观意向，在实践中通常指在未来 6 个月内无打算改变问题行为。人们由于不了解行为的结果或感知不足，或是已多次试图改变行为但以失败告终而心灰意冷。在这一阶段，人们意识不到行为的后果，或是认为自己没有能力来改变、无计划参加健康促进项目。

（2）打算改变阶段：这一阶段的表现是，人们打算改变其行为，但没有准备行动的迹象、一直没有任何行为，在实践中通常指在未来 6 个月改变问题行为。在这一阶段，人们已意识到改变行为可能带来的收益，考虑对问题行为进行改变，但由于对困难与障碍感知过高，心理较为矛盾。

（3）准备阶段：这一阶段的表现是，人们倾向于在近期采取行动，对所采取的行动已有具体打算或在过去一年中已有所行动，在实践中通常指未来 1 个月内改变问题行为。

（4）行动阶段：这一阶段的表现是，人们在过去已经做出了行为改变，在实践中通常指在过去 6 个月内已针对问题行为采取了行动，如参加健康教育相关课程、寻求专家帮助、探索自我改变的方法、制订行动计划等。

（5）维持阶段：这一阶段的表现是，人们目标行为已有所改变，实现了预期目标，在实践中通常指人们保持已改变的行为状态达 6 个月以上。在这一阶段，有可能出现复返现象，即由于缺乏足够的毅力、信心或其他原因，导致行为表现返回到原来的行为状态。

对于某些成瘾行为改变而言，行为改变可能存在第 6 个阶段，即终止阶段。这一阶段的表现是，人们对于行为改变的维持具有高度的自信心，能够经得住诱惑，坚持不发生复返现象。虽然 TTM 将行为改变划分为不同阶段，但这并不意味着行为改变是一种单向的线性变化，而实际是一种螺旋式的改变模式。

TTM 在实践应用中，强调将问题行为的干预拓展为不同阶段进行干预，根据干预对象的行为所处阶段提供具有针对性的行为支持技术。比如，在第 1、2 阶段中，应该通过启发，使其认识到问题行为的危害、对改变行为产生的收益与付出的成本进行权衡而产生改变行为的意向；在第 3 阶段，则应促使其做出自我决定，确定改变问题行为的策略；在第 4、5 阶段，需要满足其行动需求，促进行动效果，并教会其自我强化、辅以改变环境等，避免复返现象。

4．计划行为理论　计划行为理论（theory of planned behavior，TPB）认为，行为意向

（behavioral intention）是影响行为最为直接的因素，是预测行为发生的最佳变量；而行为意向受到主观规范、行为态度、感知行为控制的影响。

（1）行为意向与行为：行为意向指的是行为主体行为的趋向意图，是行动发出前的思想倾向或行为动机。行为指的是行为主体在特定时间及环境内，对特定目标做出的外显的、可观测的反应。行为包括了对象（target）、行动（action）、情境（context）、时间（time）4个元素，被称为行为的TACT元素。

（2）主观规范：主观规范指的是期望促使行为主体做出特定行为的倾向程度，反映的是重要团体或他人对于个体行为决策的影响。主观规范取决于规范信念（normative beliefs）和遵从动机（motivation to comply）。规范信念是对行为主体有重要影响的团体或他人对行为主体的行为期望，通常表现为对行为主体有重要影响的团体或他人赞同或不赞同行为主体的行为表现。遵从动机是行为主体服从重要团体或他人对其期望的动机。

（3）行为态度：行为态度指的是行为主体对某种行为所表现出的一般性、通常性的倾向或立场。行为态度取决于行为信念（behavioral beliefs）和行为结果评价（evaluation of behavioral outcomes）。行为信念是行为主体对行为所产生结果或特性的信念。行为结果评价是行为主体对行为所产生结果或特性的评价。通常把行为信念与相应的行为结果评价的乘积作为行为态度的间接指标。

（4）感知行为控制：主观规范与行为态度能够预测行为意向是理性行为理论的观点，计划行为理论在此基础上引入了感知行为控制这一变量。感知行为控制与自我效能感的概念相近，指的是行为主体对于其行为控制水平的感知，与行为意向共同影响行为，也可以调整行为意向对行为的作用。感知行为控制取决于行为主体的控制信念（control beliefs）和知觉力（perceived power）。控制信念是行为控制可能性的知觉，即行为主体感知到促进或阻碍行为实施的可能因素。知觉力是指对行为控制难易程度的感知，即行为主体感知到促进或阻碍行为实施的各因素的影响程度。

计划行为理论应用于社区健康教育中的优势主要是通过主观规范考虑到了社会因素的影响，通过访谈和概念模式组合探寻行为重要信念。主观规范、行为态度主要用于解释具有高度意志控制个体的行为意向和行为，感知行为控制主要用于解释具有较低意志控制个体的行为意向和行为。在利用计划行为理论时，需要注意一致性原则，即主观规范、行为态度、感知行为控制、行为意向和行为都必须是对同一特定行为而言的，这就要求在应用之前，对行为的TACT四元素进行清晰的界定，否则将会混淆或错估变量间的关系。

5. 保护动机理论　保护动机理论（protection motivation theory，PMT）是基于期望价值理论而产生的，是对健康信念理论的扩展和延伸，强调认知过程在态度影响行为过程中的调节作用。保护动机理论认为，信息来源有两类、一类来自环境，如口头说服、观察学习；另一类来自自身，如先前的认知经验等，这些有关健康的信息引发个体出现威胁评价和应对评价两个认知过程。

（1）威胁评价：威胁评价包括促进健康不良行为出现的因素、减少健康不良行为出现的因素。其中，促进健康不良行为出现的因素有外部奖励（如青少年吸烟行为中的同伴吸烟）和内部奖励（如青少年吸烟行为中的吸烟可缓解压力）；减少健康不良行为出现的因素有对健康威胁严重性的感知和对健康威胁易感性的感知。

（2）应对评价：应对评价包括应对的有效性、自我效能感、应对代价3个要素。应对的有效性是指改变行为后能够产生的有效作用。自我效能感是指对自己完成某项行为目标所持有的信念和期望；应对代价是指在实践行为中个体所付出的时间、精力、金钱等代价。

保护动机理论合理、科学地解释了行为改变的机制，强调威胁评价和应对评价共同形成保护动机，从而能够激发和维持健康行为。保护动机是社区健康教育干预的重要方向。

二、社区健康教育策略和方法

（一）社区健康教育策略

1．开发领导层　社区健康教育的关键除了技术及经济因素外，还与社区领导层密切相关。对于社区健康教育而言，需要积极开发领导层，获得政策和环境的支持。

2．社区动员、强调教育对象的参与　动员社区力量，需要组织社区成员积极参与，社区动员的对象除了社区个体，还包括家庭及整个社区。通过培养社区成员的主人翁情感，充分发挥主观能动性，创造良好的内外环境。此外，在社区健康教育活动中，学习对象的参与对调动学习者的学习兴趣、提高学习自觉性、对所教知识和技能的掌握等具有促进作用。

3．利用传播与舆论的力量　社区健康教育是各种信息的传播过程，在人际信息传播活动中，听、说、看、问、答、表情、动作等，都是构成人际传播的基本方式，每一种传播方式都有一定的技巧，技巧运用得好坏直接影响到传播的效果，作为健康教育者应学会运用语言和非语言的传播技巧。此外，舆论的力量是社区健康教育中不可忽略的积极因素，尤其是类似控烟等公共卫生议题，应充分利用舆论的力量达到社区健康教育的目的。

4．学习内容安排符合学习的规律　健康教育内容从简单到复杂，从具体到抽象，从部分到整体，循序渐进，以提高社区居民的学习兴趣，保证学习效果。同时，一次教学内容不宜过多，以利于学习者对知识的理解和吸收，并适当安排实践环节，尤其是一些技能性的知识教育。

5．重视健康教育信息反馈　社区护士应对健康教育活动适时进行调查评估，重视反馈信息，不断完善健康教育的内容、方式和方法等，以提高其效率。

（二）社区健康教育形式与方法

常用的社区健康教育形式与方法分类根据传播手段的不同，分为语言教育法、文字教育法、电化教育法、数字媒体教育法及综合教育法。而根据传播目的，健康教育可以分为启蒙教育、基础教育、补充教育、更新教育等；根据传播方向，健康教育可以分为单向传播、双向传播。

1．语言教育法　作为口头教育的一种形式与方法，语言教育法是目前健康教育工作中最常用、最方便的方法。

（1）语言教育法的优点：语言教育法容易实现、简便易行，只要听力正常，都适合使用语言开展健康教育。语言教育法不受仪器设备的限制，尤其是在文化水平不高的社区居民中适宜开展。此外，在健康教育内容确定的基础上，语言教育可以因人、适时调整，灵活机动。

（2）语言教育法的适用情形：语言教育法既适用于个别健康教育，也适用于群体健康教育，如科普讲座、孕妇健康教育学校、社区居民健康教育学校等。

2．文字教育法　文字教育法是应用广泛的一种形式，不仅在健康教育图书、健康教育小册子、社区墙报等都属于文字教育法，在电化教育法中也需要有文字材料作为基础。

（1）文字教育法的优点：①对象的广泛性，随着我国基础教育水平的不断提高，多数社区居民具备一定的文字阅读和理解能力，健康教育材料可以印刷成千万册，受众广泛。②资料的经久性，由于印刷资料容易保存，教育对象可以根据需要多次阅读，资料能够经久保存。③时空的适宜性，教育对象根据个人时间安排，自由选择在适宜的时间、地点接受教育。

（2）文字教育法的适用情形：文字教育法适用于健康教育传单、社区墙报、中小学生健康教育课本、健康教育处方等。

3. 电化教育法　电化教育法是借助现代化的声、光、电等设备进行健康教育传播的一种方式。

（1）电化教育法的优点：①形象化，通过利用录像、影音、幻灯片等，使得健康内容更加形象化，尤其是某些抽象、不易理解的内容具体化。②重复性，电化教育法的资料均具备可存储性，教育对象可以重复听或观看。③综合性，电化教育法能够充分发挥视、听并用的特点，同时可以把多种现代化媒体技术综合使用，从而提高健康教育传播的效率。

（2）电化教育法的适用情形：电化教育法适用于健康教育广播、健康教育电视、健康知识互联网络等。

4. 数字媒体教育法　数字媒体是记录、处理、传播、获取过程的信息载体，包括了数字化的文字、图形、图像、声音、视频影像、动画等感觉媒体，以及表示这些感觉媒体的表示媒体等。随着互联网和信息技术的不断发展，微信及其他各种应用程序（APP）等在社区健康教育中发挥着越来越重要的作用。

（1）数字媒体教育法的优点：①形象化，可以借助图片、动画、视频等多种方式展现教育内容。②广泛性，随着智能手机的普及，微信等APP的使用逐渐成为生活常态，从而使数字媒体教育广泛应用。③易传播，网络的传播速度使得健康教育的快速传播成为现实，传播速度及传播成本等都领先于传统健康教育方式。

（2）数字媒体教育法的适用情形：数字媒体教育法适用于网络受众、手机受众等群体，对于使用者的信息素养具有一定要求，尤其适用于需要健康教育信息快速传播的情形，如灾害预警等。

5. 综合教育法　综合教育法是指借助多种传播手段，进行健康教育的一种方法。综合教育法主要包括健康教育展览、健康教育周、健康教育主题宣传日、健康知识竞赛、健康教育基地建设等。

（三）社区健康教育程序

社区健康教育程序通常有两类。一类是参照护理程序，将社区健康教育划分为社区健康教育评估、明确健康教育诊断、制订健康教育计划、实施健康教育、评价健康教育的过程与效果等5个步骤。另一类是以所选取的健康教育理论作为实践的框架而确定社区健康教育程序。本章运用护理程序介绍社区健康教育的过程。

1. 社区健康教育评估　社区健康教育评估指的是通过各种方法收集、分析有关社区居民以及有关社区环境的相关资料，了解社区居民的健康教育需求，从而为确定社区健康教育内容、方法等提供依据。社区健康教育评估的内容主要包括健康教育对象、健康教育环境、社区医疗卫生服务资源与利用、健康教育实施者等。

（1）健康教育对象：社区居民是社区健康教育的主体，他们的理解与配合是社区健康教育活动成功与否的重要因素。对于健康教育对象的评估主要包括以下几方面：①需求评估，社区健康教育主题与内容的确定既往较多由卫生专业人员决定，现阶段更加重视社区居民的需求与意愿，社区居民自己决定是否要改变生活方式或接受哪一项健康教育。②健康素养评估，健康素养可以视作个体为维护和促进机体、社会和心理的良好状态，所需要的基本健康知识和技能水平，其属性包括阅读技能、运算技能、理解技能、在决策时利用健康信息的能力、承担相应角色的能力等，健康素养水平决定了社区居民对于健康教育的理解、执行情况。③其他指标评估，根据社区健康教育所采纳的理论，健康教育对象的评估内容还包括健康知识、信念、自我效能感、行为动机等。

（2）健康教育环境：健康教育环境有宏观和微观之分。宏观上指的是社会环境、生活环境等；微观上指的是健康教育学习环境。

（3）社区医疗卫生服务资源与利用：社区医疗卫生服务资源包括医疗卫生机构的数量、分布，居民医疗保险情况，卫生立法与卫生政策等。社区医疗卫生服务利用包括社区居民对于不同等级的医院、社区卫生服务中心、康复机构等的门诊、急诊和住院服务利用情况。

（4）健康教育实施者：包括健康教育实施者的教育能力、教育经验等。

2．社区健康教育诊断

（1）确定健康教育诊断：对社区健康教育评估所收集的定量资料、定性资料进行整理与分析，确定本社区现存的或潜在的健康问题并提出健康教育诊断。社区健康教育诊断主要包括：①主要健康问题及健康危险因素；②社区中高危人群的数量；③社区健康教育的可行性、覆盖率；④社区健康教育的组织与管理能力。

（2）确定健康教育的优先次序：对于同一个社区而言，有可能同时存在多个现存的或潜在的健康问题，因而有必要对提出的健康教育诊断进行优先排序。在排序时，需要考虑到社区居民的需求与意愿、可利用的健康教育资源、健康问题的严重程度、社区护士的教育能力等。确定健康教育优先次序的常用方法有专家评分法、问题树法、社区参与式法等。①专家评分法：在确定项目可行性的基础上，请专家根据项目的重要性和有效性原则进行评分，优先选择有效性和重要性均高的项目。②问题树法：研究者通过逐级分解产生健康问题的各种主要原因以及原因间的逻辑关系，并以画图的方式进行描述，以展示健康问题产生的整体框架，进而确定优先问题。③社区参与式法：健康教育人员利用访谈、利益相关者分析等，与社区领导、社区居民一起，共同分析社区存在的健康问题，确定优先解决的问题。

3．社区健康教育计划

（1）确定健康教育目标：健康教育目标是制订计划的依据，常分为总体目标和具体目标。①总体目标指的是在执行健康教育计划后预期应达到的影响和效果。总体目标通常是较长期的、笼统的，不要求达到可测量的效果。②具体目标指的是为实现总体目标所要达到的具体结果。具体目标通常包括知识目标、信念目标、技能目标、行为目标等。

（2）确定健康教育内容：①一般性健康教育，主要是通过各种途径向社区人群介绍社区护理知识，以树立健康促进行为和消除健康危害行为。一般性健康教育的内容常包括食物营养知识与食品安全、家庭常备药使用、公共卫生及环境保护、保健物品的使用、不同群体的活动与运动等。②特殊人群的健康教育，根据生命周期和家庭发展周期的不同阶段，有针对性地开展特殊人群的健康教育。如对学龄儿童意外伤害的预防、青少年不良行为问题、女性围绝经期、老年人孤独问题等。③家庭急救知识教育，通过社区专题讲座、演示与行为示范、模拟练习等途径，向社区家庭进行急救知识教育，包括常见止血包扎、烧烫伤处理、徒手胸外心脏按压、火灾初步应对与处理等内容。④疾病预防保健教育，根据三级预防理念，将疾病预防重心前移至社区健康教育中,让社区群体了解常见非传染性疾病的预防、发展、转归,开展儿童预防接种知识、血压自我监测与记录,以及社区常见传染性疾病的预防。⑤心理健康教育,根据社区调查结果及社区居民健康教育需求,通过开设心理咨询室、心理调适方法交流工作坊等途径,帮助社区居民正确处理心理压力,以适应各种外来刺激,维持和促进正常情绪。⑥其他健康教育,根据社区居民需求及健康问题而确定的其他专题的健康教育。

(3)确定健康教育方法:需要根据教育对象的特点、健康教育目的、健康教育内容、各方法的特点等,选择最适宜的健康教育方法。

(4)撰写健康教育计划书:计划书的内容包括背景说明、项目目标、实施策略、主要活动安排、组织管理与实施、预算计划、监督与评价、项目效益与风险分析、其他附件材料等。

4.社区健康教育实施　实施是社区健康教育的主体工作部分,是将社区健康教育计划付诸实践的过程,其过程包括以下几方面的工作:

(1)制订实施细则:包括健康教育的活动内容安排表、进度安排、各活动间的联系等,对于实施内容进行具体规定,明确各方面工作人员的职责范围,对在健康教育过程中可能出现的问题进行预测及提前制订解决方案。

(2)建立组织机构:建立社区健康教育的领导机构、执行机构、参与部门,健全各机构与部门间联系。

(3)培训实施人员:在进行较大规模的社区健康教育工作中,仅依靠少数社区护士是不够的,必须得到社区各部门的协作和社区居民的支持与配合。对于参加的实施人员,要根据需要就健康教育的方法与流程等进行统一培训。适宜的培训时间一般为1~2天。完整的培训过程还包括对于培训效果的评价与分析。

(4)建立质量管控制度:建立质量管控制度是保证社区健康教育顺利实施和取得预期效果的重要前提。通过建立质量管控制度,可以及时发现实施过程中存在的问题,并结合提前制订的解决方案和实际情况,解决问题并调整健康教育计划。质量管控制度的内容通常包括社区健康教育工作流程的监测、项目经费支出监测、项目开展情况监测、教育对象满意度监测等。

5.社区健康教育评价　社区健康教育的评价是对实施过程与所制订的教育计划间的比较,是全面分析、控制、保证健康教育设计的科学性、合理性,以及是否成功实施并取得应有效果的质控手段,贯穿于社区健康教育设计、实施、评价的全过程。社区健康教育评价可以分为形成性评价、过程评价、效果评价、总结性评价等。

(1)形成性评价(formative evaluation):形成性评价是指在健康教育计划实施前或实施早期对教育内容所作的评价,包括为制订教育计划所做的需求评估、为教育的设计和实施提供所需的基础资料等。形成性评价的目的是通过需求评估,了解所制订的教育计划和干预内容是否适当、确定教育实施前的目标人群从而决定教育内容与方法、探索新的健康教育策略等。在形成性评价中,常通过预试验、访谈、发放调查问卷等途径,了解目标人群对于健康教育的看法,发现实施早期阶段可能出现的问题,以及检验实施人员是否具备完成健康教育的能力。

(2)过程评价(process evaluation):过程评价是对社区健康教育的投入、活动、产出过程的评价。通过过程评价,能够及时发现社区健康教育过程中所存在的问题,继而采取修正行动。过程评价的重点在于教育过程的运转情况。过程评价的对象包括所有教育活动的输入变量、开展的各项活动，以及活动参与者各方面负责人的反馈情况。过程评价的方法包括直接参与性观察教育活动进展、抽查目标人群了解他们的收获、召开专题讨论会、记录所实施的各项活动情况。

（3）效果评价（effectiveness evaluation）：社区健康教育的实质是一种干预。效果评价的目的在于证明哪些效果是社区健康教育造成的，哪些是非项目因素造成的，并对这两类影响加以鉴别，从而改进未来的社区健康教育活动，为社区健康教育活动的推广奠定基础。效果评价可分为近期和中期效果评价、远期效果评价。①近期和中期效果评价：也称效应评价（impact evaluation），是健康教育对靶人群的知识、态度、行为等的直接影响的评价，注重于评价干预的即时效果。②远期效果评价：也称结局评价（outcome evaluation），包括健康教育的效果、效益，以及成果-效果、成本-效益等。其中，效果是指健康教育对于目标人群健康状况的影响，常用的评价指标有疾病的发病率、死亡率、病残率变化等。效益是指对健康教育改变社区居民健康状况所产生的远期经济效益和社会效益，常用的评价指标有生活质量指标、卫生保健成本等。成果-效果、成本-效益是对实施社区健康教育的费用或成本与健康收益进行分析比较。

（4）总结性评价（summative evaluation）：总结性评价是指综合形成性评价、过程评价、效果评价，以及健康教育活动各方面的资料所做出的总结性的概括分析。总结性评价更能全面地反映社区健康教育的总体情况，从而有助于做出该社区健康教育活动是否有必要重复、扩大或终止的决策。

三、不同人群的健康教育特点

（一）儿童、青少年健康教育特点

1. 儿童健康教育特点

（1）健康教育是儿童教育的必要组成部分：儿童健康教育是终身健康教育体系的重要组成部分，也是最具基础性的阶段。对儿童进行健康教育，培养他们讲卫生、讲文明的良好习惯，将使儿童终身受益。

（2）儿童健康教育的内容重在生活教育：儿童健康教育的内容需要与儿童的日常生活相结合，对儿童进行生活习惯、饮食营养、预防意外伤害、身体活动、计划免疫等内容的生活教育。

（3）儿童健康教育的形式需要考虑儿童的教育特点：由于儿童好模仿，因而在健康教育时，可以利用良好的儿童群体作用，通过感知体验、儿歌等形式实现健康教育目的。也要承认儿童认识的淡化或受到其他因素的影响，儿童常很快改变建立不久的健康行为，因此儿童健康教育常需要反复进行。

（4）儿童健康教育需要学校、家庭、社会的协作：儿童生活的主要场所是学校和家庭。在学校，儿童健康行为的养成更需要学校保健护士、老师的努力。同时，儿童健康教育也需要家长的协作，一方面要家长参与学校健康教育的实施和监督，另一方面需要促进家长提高自身健康教育能力。此外，儿童健康教育还需要社区、社会密切合作，共同为儿童的健康发展创造良好的条件。

2. 青少年健康教育特点

（1）性健康是青少年健康教育的重要内容：随着第二性征的出现，青少年在生理上已经开始具备了成年人的体态形貌和生殖能力，性健康教育是青少年健康教育的重要内容。青少年性教育的内容包括性生理教育、性心理教育、性伦理教育，以及有关避孕知识、性病知识的教育等。

（2）青少年健康教育应多采用形象教育法：青少年求知欲强、模仿性强，对于青少年的健康教育应多采用直观、形象和示范性强的形象教育法。如利用青少年爱听、爱看，容易记忆的特点，采用录像、故事等方式，有利于培训良好的行为习惯，促进青少年的健康成长。

（3）学校健康教育在青少年健康教育中承担着重要任务：学校健康教育是学校素质教育的重要内容，是以保护和促进青少年全面健康为目的，从而有效帮助青少年发展认知能力和行为技能，理智地选择健康的生活方式，为成年期乃至终身的健康奠定基础。学校健康教育在促进青少年体质健康水平，提高青少年心理健康等方面具有不可或缺的作用。

（二）老年人健康教育特点

1. 一般日常生活行为是老年人健康教育的重要内容　日常生活行为是老年期重要的健康教育内容，旨在通过指导老年人选择科学、合理的行为方式，纠正不健康的生活方式和行为习惯。一般日常生活行为教育的对象除了普通老年人，还包括需要康复指导维持日常生活行为的老年人。

2. 有必要针对老年人身心特点选择恰当的健康教育方法　随着年龄的增加，老年人的感觉器官逐渐不能正常有效地接受信息，对于各种记忆信息的储存能力也不断降低。对于老年人的健康教育，要引导老年人利用位置法、联想法、归类复述法等，以提高健康教育的效果。

3. 不可忽视老年人心理健康教育　由于身体器官老化、功能减退，加之退休等环境改变，老年人心理、情绪变化情况十分复杂，存在再社会化的需要，常出现消极悲观情绪，常出现退休后角色变化适应不良，孤独、抑郁等负性情绪表现等。老年人心理健康教育的目的是通过心理健康知识的咨询与传播，培养老年人成熟、健全的人格，保持良好的情绪和社会适应能力，提高晚年生活质量。

（三）慢性病患者健康教育特点

1. 慢性病患者的健康教育重点是加强高危人群的预防教育　为控制慢性病的发病率，除了针对全社区居民的一般人群慢性病健康教育外，还需要加强对社区居民中具有某些慢性病危险因素的高危人群进行重点干预，这对于当前我国慢性病预防与控制具有重要积极意义。高危人群的预防教育常采用人群筛查、危险因素分层、慢性病基本知识与技能培训、定期随访监测等方法。

2. 已患慢性病患者强调通过健康赋权着重提高其自我保健能力　赋权指的是个体控制生活及所处环境的一种参与过程。赋权被看作是个体不断挖掘自身潜力的过程。健康赋权指的是利用多种手段和方式帮助患者实现对疾病的有效自我管理。健康赋权是获取掌握感、控制生活，同时拥有改变所处环境的资源、技能、权威以及机会的全过程。赋权概念的核心是改变自我，而不仅是个体活动或行为的改变，强调自我意识的改变，做出自我决策。对于慢性病患者健康教育而言，要利用多途径通过健康赋权，提高其自我保健能力。

3. 不可忽视社会心理因素干预　社会心理因素在慢性病发病中的作用日益受到重视。重大生活事件、情绪可以直接作为致病因素，也是某些慢性病发生的诱发因素或促成因素，尤其是对癌症和心血管疾病等至关重要，因而在社区健康教育中要把行为干预与社会心理因素干预相结合，提高健康教育效果。

第二节 社区健康促进

一、社区健康促进概述

（一）基本概念

1. 健康促进　健康促进（health promotion）是指促进人们提高、维护和改善自身健康的过程，是协调人类与环境间关系的战略。《渥太华宪章》将健康促进的活动领域界定为制定健康的公共政策、创造支持性环境、加强社区行动、发展个人技能、调整卫生服务方向。

健康促进与健康教育是密切相关的两个概念。健康教育在健康促进中起主导作用，健康促进是健康教育的发展和延伸。与健康教育相比，健康促进融客观的支持与主观参与于一体，不仅包括了健康教育的行为干预内容，还强调行为改变所需的组织支持、政策支持、经济支持等环境改变的各项策略。

2. 社区健康促进　社区健康促进指通过健康教育和环境支持，改变个体和群体行为、生活方式及社会影响，降低发病率和死亡率，为提高社区居民的生活质量而进行的活动。社区健康促进的构成要素包括健康教育，以及能够促使行为、环境有益于健康改变的组织、政策、经济等一切支持系统。

（二）健康促进相关理论

1. PRECEDE-PROCEED 模式　Green 和 Kreuter 开发的 PRECEDE-PROCEED 模式是当前健康促进理论中最有代表性的一个，尤其是在健康促进诊断与评价中应用最为广泛。PRECEDE 阶段（predisposing, reinforcing and enabling constructs in educational diagnosis and evaluation）代表的是健康促进的评估阶段，包括了社会诊断、流行病学诊断、行为与环境诊断、教育与组织诊断、管理与政策诊断等。PROCEED 阶段（policy, regulatory and organizational constructs in educational and ecological development）代表的是健康促进的计划实施和评价阶段，即健康促进的政策、法规和组织手段，包括实施计划、过程评价、效应评价、结局评价等。

（1）社会诊断（social diagnosis）：社会诊断也称为社会需求，是对社区居民需求及生命质量的评估。社会诊断是通过社区居民的广泛参与，利用各种途径来源的信息来增进社区居民对其生活质量及其共同利益的认识与关注。

（2）流行病学诊断（epidemiological diagnosis）：流行病学诊断的主要内容包括威胁社区人群生命与健康的主要问题及其危险因素；健康问题的易感人群及其分布特征；疾病或健康问题在地域、季节、持续时间上的分布规律；哪些干预措施最为敏感；可能获得的预期效果等。

（3）行为与环境诊断（behavioral and environmental diagnosis）：行为诊断指的是系统地分析与社会诊断、流行病学诊断所提出的目标和问题有联系的行为。环境诊断指的是分析与行为诊断所提出的行为有因果关系或直接影响社区居民健康的社会因素与物质环境因素。行为与环境诊断的步骤包括：找出导致健康问题的行为和非行为因素；建立行为分类目录；依据行为重要性分级整理；依据行为可改变性整理；选择行为目标。

（4）教育与组织诊断（educational and organizational diagnosis）：教育与组织诊断是指明确特定的健康行为后，分析其影响因素，并根据各个因素的重要程度以及资源情况确定优先目标，明确健康促进干预的重点。影响行为的相关因素可以分为倾向因素（predisposing factor）、促成因素（enabling factor）和强化因素（reinforcing factor）。①倾向因素：指的是行为发生发展的内在基础，包括个人知识、信念、态度、自我效能、现有技能等。②促成因素：指的是允许行为动机和意愿得以实现的先行要素，即实现或形成某行为所必需的技能、资源和社会条件，包括保健设施、经济收入、交通工具、相应的政策法规等行为改变的必需资源，也包括相应的技能和方法。③强化因素：指的是在行为发生之后，为行为的长期维持或重复提供持续奖励或激励的因素。强化因素主要来自父母、同伴、亲属、病友以及医护人员的支持和肯定，也包括自身对行为结果的感受。在这三类因素中，倾向因素是内在动力，促成因素和强化因素是外在条件。

（5）管理与政策诊断（administrative and policy diagnosis）：管理与政策诊断指的是通过分析组织机构内可能促进或阻碍健康促进项目发展的政策、资源等，从而帮助健康促进规划的制定者了解并关注影响项目实施成功与否的管理因素与政策因素。

（6）实施计划（implementation）：实施计划是指按照已制订的计划执行、实施健康促进各项活动。实施的过程包括预先制定工作时间表，组建实施项目的组织机构，组织和培训相关工作人员，实施过程进行质量控制，配备必要的健康教育设备和材料等。

（7）过程评价（process evaluation）：过程评价的内容包括各项活动的执行情况，教育对象的参与情况及满意度，项目资源的消耗情况是否符合规划的计划安排，相关组织与机构间的沟通情况，项目档案、资料的记录和留存情况等。通过过程评价，可以找出存在的问题并及时对健康促进计划进行调整，从而促使健康促进项目的顺利完成。

（8）效应评价（impact evaluation）：效应评价是指对健康促进所产生的影响、短期效应进行及时评价。效应评价的主要评价指标有参与对象的知识、态度、信念等的转变等。

（9）结局评价（outcome evaluation）：结局评价是指在健康促进活动结束时，按照计划检查是否达到长、短期目标，结局评价的重点是长期目标的实现情况。常用评价指标有发病率、伤残率和死亡率等。

严格来讲，PRECEDE-PROCEED模式并不是一个独立的健康促进理论模型，但这一模型为健康促进项目人员找出最合适的干预策略并为项目实施提供了一个应用理论模型的组织框架，因而在社区健康促进中得到广泛应用。

2. 健康促进模式　健康促进模式最早是Pender于1982年提出，健康促进模式整合了护理和行为医学所形成的概念性架构，归纳出影响健康行为的因素，提出一个人的健康促进生活方式取决于认知-知觉因素和修正因素。健康促进模式包含个人特质和经验、行为特定性的认知和情感、行为的结果3要素。

（1）个人特质和经验：个人特质和经验中的先前相关行为是指过去相同或相似的行为作为目前行为预测的指标；而个人因素则分为生理、心理和社会文化三方面，如年龄、性别、自我激励、对健康的定义、种族、文化程度等。

（2）行为特定性的认知和情感：行为特定性的认知和情感是模式中最主要的激励部分，由自觉行动利益、自觉行动障碍、活动相关情感、人际间影响及情境影响共同组成重要的核心，包括了个人、社区和社会在健康促进中的地位和影响方式，可以由护理活动来修正而影响健康促进行为，护理行为可以使个体认识到行为的预期利益产生特定的健康行为。

（3）行为的结果：行为的结果包含了行动计划的承诺、立即竞争性需求和喜好以及健康促进行为，整个健康促进模式的最终目标是使个体形成健康促进行为，并整合为健康促进生活方式。

健康促进模式认为，健康促进生活方式包含的健康行为有两种，一种是健康保护行为，其目的是消除或降低疾病发生的机率；另一种是健康促进行为，其目的是积极地增进个体健康、自我实现和自我满足，以促使个体正向且适度的安适状态。

3．生态学模型　生态学模型强调生物体与环境间的相互作用关系。社区健康促进并非仅针对社区群体的健康教育活动，而是在有关政策环境、卫生环境下开展的系统化群体干预。生态学模型是一种研究和实践的方法，在围绕具体健康问题的社区健康促进活动中，需要考虑到环境的具体性和行为的具体性。环境的具体性是指同一行为在不同环境中会受到不同影响，包括影响的程度和影响的持续性。行为的具体性是指社区健康促进活动是针对某一具体活动开展的，而与其他行为无关。如针对乳腺癌社区筛查的社区健康促进活动与有氧运动无关。

社区健康促进的生态学模型倡导的"促进健康的环境"（health-promotive environment），与《渥太华宪章》中有关健康促进所强调的"创造支持性环境""建立健康的公共政策"相一致。利用生态学模型开展社区健康促进活动，强调干预的多层次性，即从个体、人际、组织、社区、社会等多层次考虑，对影响健康行为的物质环境、政策环境、经济环境、卫生环境等进行综合干预。社区健康促进的生态学模型需要多部门、多学科、多项间的通力合作，这也对社区护士的协调能力、领导能力、组织能力等提出了更高的要求。

4．创新扩散理论　社区健康促进是一项长期、系统的工作，再有效的社区健康促进项目如果不能被有效、广泛地传播利用，其作用就无法真正得到发挥。社区健康促进项目要取得良好的社会效应，除了项目自身效果外，还需要考虑到项目所覆盖人群的采纳水平、可持续性等。社区健康促进的创新扩散理论着重研究人们在接受有益于健康的行为过程中的影响因素，以及如何在实践中加以应用。

（1）影响创新扩散的因素：①创新自身的特征，如与原有方法相比健康促进项目是否更优越、健康促进是否易于开展、健康促进的成果是否易于测量、采纳健康促进活动所具备的风险性和不确定性等；②创新采纳者即行为主体的个体特征，如健康促进对象的教育经历、社会经济状况、同等创新采纳程度等；③组织与环境特征，如社会传播网络、社区文化等。

（2）创新扩散的过程：社区健康促进创新扩散的过程最主要的就是使健康促进项目的特征、社区行为主体、组织与环境特征协调一致。创新扩散的过程包括资源体系、积极扩散、联接体系、用户体系、实施等要素。①资源体系包括健康促进的研究者、发展者、培训者、咨询者等；②积极扩散是指将一项健康促进活动扩散至特定目标人群所进行的活动过程；③联接体系由资源体系的代表、用户体系的代表、策略计划活动组成；④实施过程由经过培训的健康促进人员执行；⑤用户体系由社区居民个体、组织、机构和社会网络组成。

创新扩散理论在解释和促进行为改变中发挥了巨大作用，可以帮助人们理解不同种类的健康促进活动是如何影响人们的健康的。由于不同社区文化对于创新扩散会有影响，同一类健康促进活动在不同的文化背景下，可能扩散或被拒绝。因而，创新扩散理论对于社区健康促进而言，尤其是在探讨一项健康促进从一个地区扩散至另一个地区时，具有广泛的应用空间。比如，芬兰曾开展的一项名为糖尿病预防项目的干预（the diabetes prevention study），在扩散至不同的城市时，在每个城市都由当地的政府、卫生部门协作参与，与项目的发展者共同实施，保证了健康促进干预在不同城市的有效性。

5．社区组织理论　社区组织理论（community organization theory）强调社区参与和社区发展，注重在计划、评价和解决社会问题时依靠社区的力量。社区组织理论由区域发展、社区计划、社区行动3个部分组成。

（1）社区参与（community involvement）与社区发展（community development）：在很多社区健康促进中，项目的成功与否以及持续性常有赖于广泛的社区参与。任何卫生政策，都需要社区居民的积极参与，方能将这些政策成功地付诸实践。社区参与通过社会组织和社会建设影响健康促进的重要性主要体现在：①健康是一项人的基本权利，参与到影响自身健康的决策中是每个人的权利；②社会参与能够增加人们对自身健康的责任感，社区群体亲身致力于社区健康促进，比单纯增加医疗卫生服务更为有效；③在社区健康促进的各阶段中，加强社区参与有助于提高社区群体对健康促进项目的主动性和影响力。社区发展的目标与策略与社区组织相近，社区发展的目的在于促进社区居民积极、主动地参与社区工作，从而促进社区的进步。社区发展的目的与社区健康促进相一致，工作理念也都是扩大社区居民的参与性，完善社区职能，促进社区成长。

（2）区域发展、社区计划与社区行动：区域发展体现的是过程导向性，要求社区居民识别、解决他们所面临的问题，强调舆论的作用、任务的明确性以及社区能力建设的重要性。社区计划体现的是问题导向性，包括技术帮助、提出任务目标、明确问题解决方案。社区行动体现的是过程导向性和问题导向性的结合，强调社区居民的集体意识和行为能力。

二、社区健康促进任务与规划

（一）健康促进的活动领域与任务

《渥太华宪章》奠定了健康促进发展史上的里程碑，提出了健康促进的5项活动领域与任务，至今仍是社区健康促进的核心。

1．制定健康的公共政策（build healthy public policy）　健康促进的概念范畴不仅涉及卫生保健，还突出了政府决策、公共政策对于健康问题的影响，强调政府在促进公众健康方面的责任与义务。制定健康的公共政策包括法令、规章、规范等。如世界卫生组织192个成员国在2003年一致通过的《烟草控制框架公约》，作为第一个限制烟草的全球性公约，为全球控制烟草危害提供了法律框架。

2．创造支持性环境（create supportive environments）　创造支持性环境指的是在促进公众健康的过程中，必须使物质环境、社会经济环境、社会政治环境都有利于健康。作为社会中的一个部分，健康与环境、人类发展等是分不开的，任何的健康促进策略都必须致力于保护自然、创造良好的环境、保护生态资源。创造支持性环境的关键要素包括政府倡议、部门间合作、公众参与。创造支持性环境包括倡导社区赋权，倡导公共卫生部门与地方领导、部门代表、企业领导人间形成伙伴关系，建立行动计划，创造健康的、支持的场所。

3．强化社区行动（strengthen community action）　社区行动体现的是自下而上的社区居民参与。强化社区行动的核心是社区赋权，即通过许多人的集体决策与行动，最大限度地影响和控制社区，并决定健康与生活质量的因素。社区赋权是社区健康行动的重要目标。社区居民通过参与社区集体行动和制定有效策略能够强化健康行为，从而提高社区居民有关健康的权利和责任意识。社区赋权的意义在于通过增加社区居民的自我控制能力，以及动员社区居民参与解决社区健康问题的决策，保证决策的有效性，消除社区居民的失落感和无助感，促进社区进步。

4. 发展个人技能（develop personal skills） 发展个人技能不仅能促使社区居民选择健康的生活方式与行为，还能使其更有效地维护自身的健康和所处的环境，从而做出有利于自身健康的选择，实现个人层面的赋权。发展个人技能并不是一朝一夕的事情，需要与终身学习的理念相结合，实现终身健康的目标。

5. 调整卫生服务方向（reorient health services） 卫生服务是健康社会决定因素之一。调整卫生服务方向的目的在于更为合理地解决卫生资源分配不均问题，改进卫生服务的质量和服务的内容，提高社区居民的健康水平。调整卫生服务方面应包括个人、社区组织、卫生专业人员、卫生服务机构、政府行政部门，共同建立一个能够提供健康服务的卫生保健系统。

（二）健康促进规划

健康促进是一项复杂的系统工程，内容涵盖了预防疾病、控制危害健康的因素、政策和组织机构等众多领域。因而，每项健康促进活动，无论周期长短，都必须有科学的、周密的健康促进规划。健康促进规划内容通常包括设计、实施和评价3个部分，三者之间相互制约、密不可分。

1. 健康促进规划设计　健康促进规划设计的目的在于针对项目需求，合理地调动和使用资源，确定解决问题的最佳途径，并为项目的执行和评价提供量化指标。

（1）健康促进规划设计的原则：①目标导向性原则，健康促进规划设计是以提高社区居民健康水平为目标导向，确定总体目标与具体目标，并使健康促进策略与之一致；②前瞻性原则，健康促进规划设计是面向项目未来发展的，设计要具有一定的先进性、持续性；③整体性原则，健康促进规划设计要以社区居民的健康为中心，从卫生、社会、环境等全方面解决健康问题；④参与性原则，要鼓励社区行政管理人员、社区居民参与健康促进规划设计，从社区实际出发。

（2）健康促进规划设计的工作模式：健康促进规划设计需要以科学的框架结构为指导，从而建立科学、合理的设计方案。常用的健康促进规划设计工作模式有评估-分析-行动模式（assessment-analysis-action model）、归元-赋权-控制模式（multiplicity and regression-empowerment-control model）等。

2. 健康促进规划实施　健康促进规划涉及多学科、多部门，因而需要首先明确机构建设和政策改革，以实现对健康促进规划的协调，这也有利于建立一个支持性的政策环境。其次，健康促进规划要重视人才的开发，以提高健康促进项目实施人员、管理人员、监测人员的技术能力，提高项目整体的实施能力。再次，要加强健康促进的监测与评估，建立系统、科学的质量控制监测体系，保证健康促进项目的质量。此外，健康促进规划的有效实施还需要重视传播健康促进信息，加强健康促进的远期传播效果。

3. 健康促进规划评价　健康促进规划评价的目的在于明确健康促进规划的科学性、合理性，确定健康促进项目达到预期总体目标的程度及其影响因素，以及总结健康促进规划的经验，向公众说明规划项目的结果，扩大健康促进规划的影响力。

（1）健康促进规划评价的策略：①明确评价目的，健康促进规划评价可以多次完成，需要明确每次评价的目的；②确定评价人员，评价可以由规划相关人员完成即内部评价（internal evaluation），也可以由第三方的规划外人员完成即外部评价（external evaluation）；③评价的质量控制，需要通过质量控制，保证评价的可靠性、正确性；④明确评价的输出，明确阐述评价结果的输出对象、方式等。

（2）健康促进规划评价的方法：根据评价者是否对研究的因素施加控制、评价对象是否随机分组，可以将评价健康促进规划评价分为实验性、类实验性和非实验性3类。

三、社区健康促进常用工作方法

（一）健康状况与健康促进需求评估方法

1．健康状况评估方法

（1）个体健康状况评估方法：个体健康状况评估方法包括客观法和主观法。客观法主要是指利用问诊、体格检查、实验室检查等方法对个体健康状况进行直接评估，以及通过考察个体对门诊、急诊、住院等医疗卫生服务的利用等进行间接评估。主观法主要采用个体对于自身健康状况的主观评价，被称之为自评健康状况（self-rated health）或自我感知健康状况（self-perceived health）。这种主观评价是个体对自身生理、心理及社会适应性等方面的认识，是将其主观及客观健康体验融为一体而形成的对自身总体健康状况的感知，反映了个体目前的健康状况，并能预测未来健康状况，是一项多维结构的健康指标，被认为是一种可获得个体全面健康状况的测量方法。美国健康与营养状况调查（national health and nutrition examination survey，NHANES）、欧洲生存质量量表（EQ-5D）、中国高龄老人健康长寿追踪研究（Chinese longitudinal healthy longerity survey，CLHLS）等都使用了这种主观评价方法。自评健康状况常使用的参照物有年龄参照、时间参照、总体参照等。其中，年龄参照常用的是与同龄人相比；时间参照常用的是当前、过去几周、过去一年等；总体参照常用的术语表达是"总体上"等。

（2）群体健康状况评估方法：群体健康状况的评估主要是利用社区健康评估、流行病学调查等方法对社区群体健康状况进行的评估。常用的社区健康评估方法包括社区实地考察、重点信息人物访谈、问卷调查、查阅文献、参与式观察、社区讨论等。常用的流行病学调查指标主要包括发病率、罹患率、患病率、感染率、续发率、死亡率、病死率、生存率、潜在减寿年数、伤残调整寿命年等。

2．健康促进需求评估方法　健康促进的需求评估主要包括定量评估和定性评估。定量评估方法有人口学调查、流行病学数据、对卫生服务设施数量及使用情况的调查等。定性评估主要是对社区居民对健康促进项目的愿望、主观情感等。

（1）知情人座谈法：对社区卫生服务行政领导、卫生专家、社区居民代表、社会工作者代表等进行座谈，了解其对社区健康促进的需求等，汇总其对社区健康促进项目的建议与意见。

（2）小组工作法：小组工作法是以社区健康促进目标人群为对象，一般每小组以5~7人为宜，利用定量和定性结合的方法，对目标人群所提出的本社区主要健康问题以及健康促进内容等进行讨论、评选。小组工作法简便易行，所获取的资料真实、可靠。

（3）社区研讨会和公众听证会法（community forum or public hearing）：社区研讨会和公众听证会常由地方行政部门组织，以广泛听取社区居民不同建议与意见，常用于一般需求评估。

（4）专家咨询法：专家咨询法主要是针对社区健康促进的策略、实施途径、评价内容与方法等，将需要探讨的主题内容利用邮寄或电子邮件的方式发与专家，利用两轮或多轮咨询的方法，最终整理得到专家咨询结果。专家咨询法的资料收集范围不受地域局限，能够获取专业性的反馈。

（5）观察法：观察法分为参与性观察和非参与性观察，但均需要满足伦理学要求。参与性观察指的是研究者直接参加到社区居民日常生活中，通过观察、提问等方法，了解社区居民的促进健康行为状况。非参与性观察是指研究者不直接参与社区居民的日常生活，利用观察日记等方法记叙所观察到的情况。观察法常用于健康行为观察，以及健康行为产生的过程、影响因素等。

（6）查阅档案法：通过查阅卫生行政部门和卫生服务部门提供的卫生服务机构情况，卫生服务利用情况，社区居民疾病的发病率、患病率、死亡率，以及卫生年鉴等，获取社区居民健康促进需求相关资料。

(二)健康促进干预方法

1. 社区发展　社区发展（community development）与社区参与（community involvement）是健康促进的重要战略措施，社区发展的内涵在于在政府的组织领导下，提高群众参与社区工作的积极性，发展社区成员间的相互支持，规划社区行动，进一步发展社区经济、社会、文化状况。

社区发展主要干预措施包括：①建立领导机构；②积极动员目标人群参与；③加强网络建设和部门间协调；④制定政策，支持项目的开展。

2. 以社区为基础的干预　以社区为基础的干预（community-based health intervention）需要注意以下几点：①对社区居民行为的干预需要将一般干预与重点人群干预相结合，一般干预指的是面向全体社区居民的健康促进活动，重点人群则包括高危人群、各年龄阶段的重点对象等；②以社区为基础的干预包括学校健康促进、社区职业人群健康促进、社区慢性病健康促进、突发公共卫生事件健康促进等，要做到干预场所与干预内容的结合，统筹在地方政府的组织下开展工作；③以社区为基础的干预，内容不仅限于健康信息的教育和传播，还应提供政策与环境支持，以及相应的卫生服务，以促成和强化社区居民健康行为的形成。

第三节　社区健康咨询

一、健康咨询的基本要求与类型

(一)基本要求

健康咨询（health counseling）是一种咨询者与咨询对象间的人际协助关系，咨询者通过仔细聆听咨询对象所倾诉的问题，并与之讨论、分析其问题根源所在，从而帮助咨询对象提高分析问题、解决问题的能力与技巧，最终达到促进咨询对象身心健康的目的。掌握健康咨询的相关理论知识和技能，是广大社区医护人员必须具备的基本素质之一，也是实施社区卫生保健、更好地为社区居民健康服务的前提和保证。健康咨询的基本要求包括：

1. 自愿原则　健康咨询是社区居民的权利，只有在社区居民具有主观咨询意愿时才会建立健康咨询关系。虽然在多次健康咨询中，常需要预约下一次健康咨询的时间，但同样须建立在自愿原则的基础上。

2．保密原则　尊重咨询对象的隐私是咨询者基本的职业道德。咨询对象对于咨询者表现为信任，可能会把无人知晓的隐私暴露给健康咨询者。保密原则要求不能在任何场合谈论咨询对象的隐私，不能在报刊上全文报道咨询对象的隐私，即使是部分提及也要注意文字处理技巧。此外，除本部门的专业人员外，不允许任何人查阅咨询档案。

3．社会性原则　咨询对象存在的问题多与社会环境密切相关，如社会经济因素等，这些并不能以个人的主观意愿转移，咨询者也无能为力。在咨询过程中面对这些问题时，必须符合社会规范，适应社会的要求。

4．发展性原则　在咨询过程中，咨询者向咨询对象提供的解决问题的方法要以咨询对象为主体，充分挖掘咨询对象的潜力，避免将咨询者自己的意愿强加给咨询对象，确保由咨询对象自己做出健康决策。

5．整体性原则　健康咨询的内容涉及躯体疾病、异常情绪、心理压力问题等，在健康咨询过程中，既要把咨询对象的多个问题看作一个整体，也要把咨询对象的问题与其环境视为一个整体，用整体观来看待健康问题。

(二)健康咨询类型

1．个别咨询　个别咨询指的是咨询者(健康教育者和医疗保健人员)深入家庭、健康教育室或在其他一切自然场合下，展开咨询工作。这种方式简便易行，机动灵活，比较亲切，针对性强，为群众所欢迎。

2．门诊咨询　门诊咨询在我国已经得到广泛地开展，是当前健康咨询最主要的形式。各级医院或社区卫生服务中心根据实际需要设有不同服务内容的健康咨询门诊，如计划生育、儿童保健、优生与遗传等知识的咨询。咨询门诊的任务是接受社区居民的询问，宣传、普及卫生科学知识，指导卫生保健实践。这种方式的优点是，有专业知识和经验较多的医务人员专门负责，正规化、专业性强，其不利之处是坐等咨询对象上门，不利于深入基层群众。

3．电话咨询　电话咨询活动在国外早已开展，其做法是把人们关心的一些卫生保健问题录制成磁带，按问题编号，有人询问时，值班人员通过电话播放录音，答复询问者。此种方法工作效率高，但易受时间及通讯条件限制。近年来我国一些大中城市已开始建立咨询热线，这是当前我国电话咨询的主要方式。在我国，电话咨询应用较多的是心理压力问题，咨询者通过热心解答，使许多处于心理危机的人脱离了痛苦的心境。

4．广播咨询　广播咨询常是在一定范围内，在规定的广播时间，以具有普遍意义的问题向听众进行解答。借助广播的形式，健康咨询可以在较大范围内传播。

5．网络咨询　借助网络的便捷性，咨询者可以与咨询对象在网络上建立咨询关系。网络虽具有一定的虚拟性，但网络咨询是切实可行的咨询手段。网络咨询能够克服空间上的限制，可以采用专题咨询或一对一咨询的形式进行。当前，网络咨询主要以在线人工服务、智能机器人服务两种方式为主。

6．其他类型的咨询　随着现代化信息技术的发展，健康咨询的形式也在随之变化，如通过公众号或在线咨询的方式进行的微信、QQ等自媒体健康咨询活动，也将是今后健康咨询的新方向。

二、社区健康咨询的实施、常见问题及处理技巧

(一)社区健康咨询的实施

1. 建立社区健康咨询关系　不管是门诊咨询、电话咨询还是网络咨询，能否建立合适的关系往往是社区健康咨询成功的关键因素。高质量的社区健康咨询关系不仅包括了咨询开始阶段所建立的关系，还包括了在咨询过程中这种关系的维持。

2. 明确咨询问题　有很大一部分咨询对象并不能明确地说出需要咨询的问题是什么，这主要有两方面的原因，一方面是咨询对象由于各种顾虑，无法一下表达出自己的问题，另一方面是咨询对象所倾诉的健康问题有可能并非实质性或根本性的问题。

3. 确定咨询目标　在聚焦咨询问题后，咨询者需要根据咨询对象的实际情况和可利用的资源等，通过与咨询对象的讨论共同确定咨询目标。在制订咨询目标时，常将总体目标分解为阶段性目标。阶段性目标的实现，可以为实现总体目标奠定基础，更为重要的是可以增强咨询对象的参与意愿。

4. 开展健康咨询　在咨询者与咨询对象就问题及目标取得一致的情况下，咨询者对其健康问题进行咨询性谈话。根据咨询方法的不同，部分健康咨询可以采用讲解、演示等方法。

5. 咨询结束　在健康咨询目标达成或咨询对象不愿意继续进行咨询时，咨询即可结束。在结束时，咨询者与咨询对象共同对咨询效果进行分析，并根据问题的类型和多少，决定后续是否多次健康咨询。

(二)社区健康咨询常见问题

健康咨询中可能发生的问题，来源包括咨询者、咨询对象，或是二者间所建立的咨询关系。

1. 咨询者教导过多而提供的咨询不够　健康咨询的实质是咨询者与咨询对象，以咨询对象所关注的问题为中心，在所建立的咨询关系的框架内，分析问题、解决问题的过程。在咨询过程中，部分咨询者会将过多的知识介绍给咨询对象，将本应双向的咨询关系变为单向的信息输出，从而给咨询对象造成咨询者不可靠的印象，不利于深度挖掘咨询对象健康问题的影响因素。

2. 抵触行为　在当前健康咨询中，虽然以咨询对象的主动咨询为主，但在咨询过程中，咨询对象的抵触行为却是常见的。咨询对象的抵触，并非每句话、每个行为都是咨询人员的对立面，它有许多不同的表现，如咨询对象无缘无故地发泄怒气，自我不断地赎罪，寻找若干证据证明别人的过错，寻找若干证据证明自己不需要帮助，在言语上总想战胜咨询者，总是回避问题，把注意力转移到咨询者身上，总是纠缠在一个问题上来抵触咨询深入，借口遗忘咨询者的提问而把问题引向过去等等，诸如此类，都是咨询对象的抵触表现。

3. 不恰当的幽默　有些咨询对象会利用幽默的手段掩饰自己的实质问题，从而干扰咨询的正常进行。在咨询中，在咨询者逐步诱导咨询对象触及自身某种重要的内因时，咨询对象可能利用幽默形式转移沟通内容，中断健康咨询或降低健康咨询质量。

4. 过度防卫心理　由于存在防卫心理，咨询对象所谈及的内容就轻不就重，就浅不就深，这种文饰作用使咨询人员不得要领，咨询难以深入。以有关性方面的咨询中常出现的文饰作用为例，咨询对象经常会使用到的说法："我们那里有位同志与丈夫如何"，其实往往就是她本人。出现这种文饰作用大约有4个原因：第一，受传统文化影响，有关性的问题除了夫妇俩人秘密谈论外，对第三者难以启齿；第二，一些不光彩的事情不愿暴露；第三，自我认识

不够；第四，自身的防卫系统太坚固。

5．将咨询关系视作生活关系　健康咨询需要咨询者与咨询对象建立咨询关系，但这种咨询关系具有情境性和临时性。当健康咨询结束之后，这种咨询关系也随之结束，即使是对需要多次连续咨询而言也是如此。部分咨询者或咨询对象会将这种专业的咨询关系生活化。

（三）社区健康咨询常见问题的处理技巧

1．建立平等、信任的咨询关系　建立平等、信任的咨询关系是保证咨询质量的前提，相互间平等、信任的双方可以在咨询过程中营造一种支持性的气氛，从而一方面使咨询对象充分信任咨询者，主动提供真实可靠的健康信息，另一方面也可以使咨询者充分了解咨询对象存在的问题，保障咨询对象的合法权利。

2．合理面对咨询对象的抵触行为　在发现咨询对象出现抵触行为时，咨询者要正确识别、应对或分享。①正确地区分是否属于抵触：有些咨询对象的言行初看起来是属于抵触，而实际上只不过是为适应接受咨询而进行的部分变动。例如，某些咨询对象不愿接受某种建议，可能是因为这种建议的确不适用于本人情况。咨询人员应当选择其他针对性的方法提出来，并且要多提几种，以供当事人选择。②咨询人员采取放松警惕的办法应对：当咨询对象采用抵触行为时，咨询人员若针锋相对，其结果只有结束咨询，导致失败。使咨询对象放松警惕，转移话题，与其交谈一些无关紧要的问题的同时，还应掺入一些实质问题，关键是要恰到好处、见机行事。③与当事人分享抵触：当咨询人员十分清楚地认识到当事人的抵触已达到干扰咨询的程度，咨询人员可以把抵触现象摆出来，让抵触者本人也知道，并提醒当事人去认识其真实意义。因为在咨询中，咨询对象既然前来自愿接受咨询，无论他使出什么样的抵触，这种抵触只要在咨询人员的正确引导下，关闭的大门一定会由咨询对象自己打开。

3．重视非语言沟通的作用　在咨询过程中的沟通，包括语言沟通与非语言沟通。要重视身体语言传递信息的作用。非语言沟通具有多渠道性、多功能性、无意识性、真实性、情绪表现性等特点。在健康咨询中，非语言沟通主要体现在：①合理安排咨询环境，咨询环境以咨询者感觉舒适为宜。咨询环境除了要求光线、声音等物理环境外，还应包括人文环境。②安排合适的空间距离和空间位置，个体的空间范围具有一定的伸缩性，健康咨询以社会距离为主，但要根据咨询对象年龄、文化背景等特点及不同的环境条件而定。③合理使用目光接触，目光接触是一种希望交流的信号，主要用于表达感情、控制和建立沟通的关系。在健康咨询中合理使用目光接触，能够表示出对咨询对象的尊重和倾听对方讲述的诚意。在健康咨询中，目光接触的水平以双方面对面时，眼睛在同一水平面最理想。

4．提高咨询者业务水平与职业修养　精湛的业务水平不仅可以增加咨询对象的信任感，也是保障咨询双方合法权益的重要条件。咨询者作为咨询服务的提供者，必须为咨询对象提供安全、有效的咨询服务。尤其是在当前医疗信息更新速度大大加快的背景下，咨询者要通过主动学习，不断钻研专业知识以及加强心理学、社会学、法律等相关交叉学科的学习。同时，咨询者在工作中还要不断提高自身的职业道德修养，通过自身的爱心、责任心、同理心，以及良好的言行提供更好的咨询服务。

5．科学对待新型咨询形式　网络咨询、自媒体咨询等是近年来国内新兴起的健康咨询形式，由于克服了空间限制、时间限制等，这些形式在一定程度上满足了咨询对象的需求，对性病患者等咨询对象来说面对面可能难以提及的咨询问题也得以回答。但需要注意的是，健康咨询是对每一个真实人的健康问题的分析与解决,在缺少面对面的前提下,咨询者或智能机器的咨询者能够提供的健康咨询质量如何是需要谨慎对待的一个问题。

案例分析

社区护士为了解儿童的安全急救知识与技能现况,到所管辖的社区内小学校了解了具体情况。社区护士与学校的校医及管理人员进行访谈,并针对小学生实施了问卷调查。

【社区健康教育评估】

1. 意外伤害情况　发现该学校过去的一年里,有26.9%的学生因为意外伤害访问过学校医务室,最多的13次/年,主要原因是切割伤。

2. 健康危险行为　学生健康危险行为发生率从高到低的顺序依次为玩火(18.2%),不能检查食物有效期(7.7%),不能做到饭前洗手(5.3%)、不能遵守交通规则(3.1%)等。

3. 安全急救知识获得途径　与校医和管理人员进行访谈中了解到学校开展安全急救教育主要是通过展板和广播的形式进行的。

4. 安全急救教育的态度　学生对待安全急救教育的态度中,95.0%的学生认为所有的学生都应接受应急处理及生活安全培训,有86.0%的学生认为必须将安全教育课纳入到常规课程中。

【社区健康教育诊断】

社区护士根据学生健康情况、学校健康教育实施情况以及学生和学校对健康教育的认识,确定了优先顺序,最终确定优先解决的护理诊断为:

安全意识低:与小学生缺乏相关知识和认识,学校安全急救传播途径单一有关　意外伤害率和健康危险行为较高。

【社区健康教育计划】

(1)护理目标

1)总目标:到2018年12月,使学校意外伤害率从现在的26.9%降到15.0%;85%的学生能够实施基本健康行为。

2)短期目标:到2017年12月,通过学校校本课程小学生安全急救相关知识与技能提高80%以上;到2018年6月,通过学校的校本课程小学生健康危险行为率降低。

(2)护理计划

1)实施计划:在学校的统一组织下,以班级为单位,由得到专门培训的班主任和校医,在每学期进行安全健康教育4次,主题围绕着意外伤害和健康危险行为的预防和处理。

2)评价计划:2017年12月,80%以上的学生能够准确的说出安全基本常识;80%以上的学生知晓健康危险行为和健康行为;2018年12月,学生意外伤害发生率降到15%及以下;安全相关健康行为具备率提高至85%以上。

(李现文)

思考题

一、单项选择题

1. 健康信念模式的概念要件不包括(　　)

　　A. 感知的易感性

B．感知的严重性
  C．感知的障碍
  D．自我控制感
2．目前健康教育工作中最常用、最方便的方法是（   ）
  A．语言教育法
  B．文字教育法
  C．电化教育法
  D．示教法
3．确定健康教育目标时，具体目标的特征不包括（   ）
  A．特异性的
  B．具体的
  C．明确的
  D．可测量的

二、多项选择题

1．格林模式认为影响行为的相关因素可以分为（   ）
  A．倾向因素
  B．促成因素
  C．障碍因素
  D．强化因素
  E．改变因素
2．健康促进的活动领域与任务包括（   ）
  A．制定健康的公共政策
  B．创造支持性环境
  C．强化社区行动
  D．发展个人技能
  E．社区健康教育
3．世界卫生组织对健康素养的定义包括（   ）
  A．个体赋权
  B．基本保健知识
  C．行动
  D．健康决策
  E．行为能力

三、简答题

保护动机理论认为威胁评价包括哪些因素？

四、病例分析题

小张是一名中学生，他过去因为看到同学吸烟感到好玩，而开始抽烟。最近3个月，小张参加了社区护士在学校组织的一项戒烟的健康教育课程。根据行为阶段改变理论，小张的行为改变是属于哪个阶段？阐述行为阶段改变理论是如何根据干预对象的行为所处阶段提供针对性行为支持技术的？

第四章 以社区为中心的护理

以社区为中心的护理是以社区人群的健康为中心,以社区为单位,以社会学、管理学、公共卫生、预防医学和人际沟通等学科知识为基础,运用护理程序,对社区人群健康和社区环境进行管理的过程。近几年,虽然国家出台了社区基本医疗与公共卫生服务工作规范,加强了社区居民健康档案的建立与管理、社区重点人群健康管理工作,但在社区护理实践中,充分应用建档资料进行社区健康威胁因素分析、制订计划,科学地进行社区健康管理的社区卫生服务机构尚不普遍。社区护理的意义在于,一方面及时了解社区群体的健康状况,辨别高危健康风险,尽早发现、明确健康问题,合理进行社区群体干预,以达到促进和维护社区健康水平的目标。同时,在对社区群体进行健康护理干预时,注重引导居民识别、利用社区内有利于健康维护的社会资源。另一方面,确定影响社区人群健康的环境危险因素,对社区环境进行改造与管理,向决策部门提出可行性建设意见,以提升管理部门对社区环境健康的重视程度,能够主动采取有效措施,对社区环境进行整改治理,以促进社区人群健康。

社区护理的特点是侧重于社区群体与环境的健康,有政府机构和卫生行政管理部门的支持和参与,运用护理程序对社区健康进行科学管理。护理程序运用于社区护理所有工作领域,常应用 OMAHA 分类系统(附录1)对社区进行全面评估,明确社区中现存或潜在的健康问题并进行社区护理诊断,利用社区内、外可利用的资源,从统筹管理的角度制订社区健康计划并有质量地进行实施,最终总结并衡量取得的工作效果和实际工作效率。

第一节 社区护理评估与诊断

社区健康问题的发现与确定是制订社区护理计划的关键。健康问题的明确需要以充分了解社区健康现况为重要前提。社区护理评估是社区护士收集、整理、分类、分析社区健康相关资料,以评估社区的健康需求、目前所具备的健康管理能力、已有和潜在健康问题,并通过分析找出引发这些健康问题相关因素的整体过程。社区护理诊断则是在获得健康问题及相关因素信息的基础上,明确社区需要应对的健康问题、问题的表现与征象、问题发生的根源,并使用专业化的规范格式予以陈述。

一、社区护理评估

社区护理评估(community nursing assessment)是指社区护士通过收集、整理和分析与社区健康状况相关资料的过程,其目的是为社区护理诊断提供依据,是护理程序的第一步骤。通过评估,社区护士可全面了解社区居民整体健康状况、社区的健康功能状态,以及目前社区所具备的应对能力;明确社区内的生活形态、文化差异、人际关系,社区居民关注的问题焦点、社区居民改善社区健康问题的动机与行动力等。总之,通过收集资料、对资料信息进行筛选、提取和分类,为下一步确立社区护理诊断,明确社区目前的健康需求,并确定社区健康相关的有利、有害因素奠定基础。收集资料的内容和方法具体如下。

（一）社区护理评估内容

社区是一个开放的整体系统，应注意收集尽可能全面的各因素资料，以全方位、系统地了解社区居民的健康意识、健康知识水平、健康信念和健康相关行为状况，掌握社区卫生资源的种类、数量、分布、可及性和社区居民对健康资源的利用情况，便于多角度分析导致社区居民健康问题的相关因素等。对社区进行评估一般从社区地理环境、社区人口特征和社会系统特征三方面收集社区相关资料。

1．社区地理环境　社区所处的地理环境是社区具有的自然属性，也是影响社区健康的最直接因素。社区健康状况受其地理位置、自然和人为环境特征及社区资源种类与数量的影响。因此，在收集社区资料时，社区护士除了收集与地理特征相关的资料，还应注意收集社区活动开展情况等社会环境信息。社区护士需要了解地理环境特征和自然环境特点对居民健康带来的直接影响，以及居民生活方式对居民健康的间接影响，还应了解社区居民对环境中的健康威胁及疾病危险因素是否能够充分认知并已经采取相应的有效措施、是否充分利用了已有的社区资源等。

（1）社区基本资料：是社区护士应掌握的社区的最基本资料。包括社区的名称、类型、地理位置、所处地理分区、面积、地形地貌特征、气候气象特征等。

（2）自然环境：是社区人群生存和健康发展的基础。自然环境的评估内容包括社区范围的大小，社区的地理方位及位置定位，地形地质特征、气候气象特点、大气环境、水环境等；社区内有害动、植物分布及特征；社区相邻区域的地貌、气候，及其他自然环境资源特征等。

（3）人为环境：与健康有关的人类活动构成的人为环境，同样对社区居民健康存在严重的冲击。其中包括住宅、医疗机构、教育机构、工厂、桥梁、交通系统、加油站等。此外，还包括人类活动过程中造成的污染，包括垃圾、噪声、废气、污水以及农业施用、喷洒的农药等，这些污染直接或间接地影响着社区居民的健康。因此，应评估这些人为环境是否会破坏社区的自然环境、是否会对居民生命安全、健康等造成威胁。

2．社区人口特征　社区的核心是人，社区人口群体特征是社区护理评估中很重要的一部分。评估社区居民的健康状况、性别和年龄构成等。有共同问题的群体是社区卫生服务的对象之一。寻找有共同特性和共同健康问题的群体是社区护理的重要工作。近年来，我国社区卫生服务加强了对社区健康档案的建设和管理，社区健康档案的建设实质是为社区群体的护理评估提供信息和资料。

（1）人口基本健康信息：包括人口构成（包括性别、年龄、婚姻、职业、文化程度、籍贯、分娩及计划生育等基本特征的构成情况）、人口数量与人口密度、人口流动情况（包括出生、死亡、婚姻、离婚和死产情况）等。社区人口的构成决定着健康保健需求不同，人口数量和密度决定着社区所需卫生服务资源的数量与规模、社区卫生服务负荷及卫生服务开展的难度等。人口流动将直接影响社区人口数量变化，社区人口数量可在一定时期内大量流入或流失，从而影响社区对医疗保健服务的需求。

（2）群体健康状况：包括评估社区居民死亡率、病死率、死亡年龄和死因排序，发病率、患病率和罹患率，疾病在地理、时间、高危人群等的分布特征，潜在健康问题人群（如经济贫困、未婚母亲及烟、酒、药物成瘾等群体），职业人群健康状况等。

（3）健康知信行情况：为了增强体质、维持身心健康水平，社区居民需要吸纳健康相关知识，在具有一定的健康意识后，形成健康行为习惯。因此，应评估居民的健康素养水平、特定健康知识知晓率以了解居民对健康信息的掌握程度；评估社区居民的健康意识，健康意识可能受到家庭及社会价值观、宗教信仰、社会道德规范、文化和风俗等因素影响；健康行为的评估则可以通过疾病预防与治疗行为、健康促进行为等资料反映，如吸烟率、社区卫生服务中心健康讲座参与率、居民健康档案建档率等。

3. 社会系统特征　一个健全的社区包括九大社会系统，即卫生保健系统、经济系统、政治系统、教育系统、交通与安全系统、宗教系统、娱乐系统、通讯系统、社会服务与福利系统等。社区居民的健康水平常与这些社会系统的完整性及其资源的有效性、可及性联系密切。

（1）卫生保健系统：卫生保健系统的评估是九大社会系统评估中最重要的内容，包括评估社区卫生服务机构的种类和数量。卫生服务机构的种类一般包括治疗性卫生服务机构（如各级医院、急救中心）、预防性卫生服务机构（如疾病控制中心、妇幼保健院）、社区卫生服务机构（如社区卫生服务中心/站、诊所）、疗养型卫生服务机构（老年公寓、老人院），以及这些机构的位置、服务范围、收费状况、专业技术水平、卫生经费来源、就诊人员特征，以及居民对这些机构服务与资源的利用情况等。

（2）经济系统：社区所在地区的经济状况直接影响到可投入社区卫生服务中心的资金数量，社区的经济水平也影响居民的健康行为与健康需求。对经济系统的评估主要包括居民经济状况（如收入水平、职业种类、家庭消费水平、低保级贫困户的情况等）、社区主要产业与机构状况（如产业性质、生产能力、净利润等）和特定医疗卫生经济投入（如个人、家庭或企事业单位参与医疗保险的情况等）。

（3）政治系统：政府及卫生管理与政策制定机构的态度、工作效率直接关系到卫生政策措施的落实情况，也影响着社区卫生服务人员对健康计划的执行情况。需要评估社区居民对健康保健相关政策的了解程度、卫生政策制定者及管理机构对社区居民健康的关注程度、地方划拨给社区卫生服务的经费情况等信息。此外，还需了解居委会、街道办事处等社区主要管理机构的分布情况、主要负责人的工作时间、联系方式等，以便在实施计划时得到他们的支持与协助。

（4）教育系统：教育可提高居民的健康素养，促进居民对健康及其影响因素的认识。评估内容包括居民受教育水平的结构；社区中学校、老年大学和各类继续教育机构的数量、分布、师资、教育经费投入、专业设备、健康保健系统及其利用情况，居民对其的接受度与满意度、适龄人口入学率等。

（5）交通与安全系统：便利的交通条件能使社区内各类人群均可享受丰富多彩的生活、大大提升社区内可利用资源的可及性，完善的交通安全保障政策与设施能够有效预防安全事故与意外伤亡。需要评估的内容包括交通服务资源的种类、数量、分布情况、承载能力、运转现状等，还包括特殊的安全保障设备（无障碍通道、残障人士专用设施、安全警报装置等）的安置情况，以及社区内的总体治安现状、居民的安全感、对安全管理工作的满意度等。

（6）宗教系统：宗教信仰可以影响居民对健康的认知与态度，以及所采用的生活行为方式。需评估社区中的宗教组织团体类型、领导人、活动场地、信徒数量、活动型态，及其对社区居民健康的影响状况等。

（7）娱乐系统：是居民维持健康、提高生活质量必不可少的资源。社区娱乐设施的类型、数量、分布、维护与利用度、居民满意度等情况，群体运动和休息场所的种类、数量、利用情况和管理情况等，以及社区中现存的与潜在的威胁居民娱乐活动的因素等。

（8）通信系统：通信系统的运转和工作情况直接影响到社区内、外信息流动情况。对通信系统的评估工作主要指收集社区居民获取健康相关信息的途径与方法、可进行信息传递的通讯设备运转情况等，为将来制订健康计划时选择合适、有效的通信途径。

（9）社区服务与福利：评估社区服务机构（如商店、饭店、超市、幼儿园、家政服务等）的数量、分布和利用情况。还要了解政府及福利政策的执行情况、居民满意度，对低保户的生活津贴补助，对贫困家庭或患疑难病者的救助等。

为了提高社区健康评估的工作效率，社区护士将评估内容转化为统一格式的表格，将评估角度与具体评估内容一一对应，以尽可能避免评估过程中遗漏信息。

（二）社区护理评估方法

收集社区健康资料与医院内的健康评估不同，能否在短时间内收集到尽可能全面的资料取决于资料收集方法的正确性。社区护理评估首先收集现有的二手资料，还可以通过实地考察、社区调查、焦点人物访谈、社区讨论会的方法收集社区健康的第一手资料。

1. 查阅文献法　是指查阅已有的社区健康相关资料及各种记录数据。社区护士可利用的所有健康资料记录来源可包括卫生行政管理数据、疾病预防控制中心统计数据、环境保护局、图书馆资源、派出所与居委会户籍管理记录等存放的健康统计、疾病监测、环境监测、健康研究资料、人口普查等信息。其中，查阅社区卫生服务中心的居民健康档案是获得二手资料的最直接、最有效途径。

2. 实地考察法　也称为挡风玻璃调查法，即社区护士通过游历社区环境，进行实地考察，通过主观感受社区的位置、类型、社会文化特征、居民生活型态、与周边社区之间的联系等，来充分获取健康相关信息。为了尽量避免主观因素造成的信息误差，常由不同的社区护士前往进行实地考察，或同一名社区护士于不同时段多次考察，最终汇总、筛选出有效信息。

3. 社区调查法　主要用于收集非环境相关因素的、反映社区居民对健康相关问题的期望、认知、反映等的信息。社区调查方法主要有问卷法和访谈法。问卷法是指在某一特定时间段内，向特定人群进行普查或抽样调查。常见的有社区高血压、糖尿病等慢性病患病率的普查，对高致病性禽流感健康知识和居家预防技能的问卷调查，对社区历年卫生人力资源建设情况的调查等。设计问卷时应注意：①问题陈述清晰、有针对性；②避免提出诱导式问题；③保证问卷的信度与效度；④谨慎处理较敏感的信息。问卷调查简便易行、成本低、效率高，涉及人群范围广泛，但问卷的有效回收率无法保证。访谈法可帮助社区护士了解社区居民对某一特定健康问题的认知或态度，常通过设定社区人群不同特征的分层标准，再分层选取不同的访谈对象获取资料，使收集到的信息更能够集中反映群体特征。

4. 焦点人物访谈法　焦点人物是指长期居住在社区中，或对社区情况十分熟悉的人，可能为社区居民、居委会负责人、管辖该社区的民警、街道办事处工作人员等。社区护士对这些能够提供大量真实的社区信息的特定个体实施有计划、有目的的访谈，来了解社区的基本概况、发展历程、社区主要健康需求、居民的健康观念与行为特征等。

5. 社区讨论会法　社区护士通过组织讨论会，将一定数量的居民分批次集中起来，以了解居民的健康需求和对健康政策以及社区健康服务的看法等。社区讨论会是获得最直接、最真实反映社区居民健康相关信息的方法，并且可帮助护士评估居民参与社区活动的积极性。为了保证其效率，需要注意控制每次参与讨论的人数规模，一般以6～15人聚集展开讨论为宜。讨论时间长度应适当，既能提供充足的信息，又可避免拖沓冗长、疲惫低效，通常讨论1～2h即可。社区护士组织讨论时应给予参与者明确、充分的引导，使居民就某一明确主题展开充分、深入、自由的探讨并表达出观点。在讨论会进展过程中，还应注意全程及时记录信息。

（三）社区健康资料整理与分析

收集得到的资料需要进行进一步的分析与整理，将众多信息进行分类、复核与分析，必要时还需运用流行病学方法对其进行分析与推断，才能使资料用于确定社区的健康需求及有效利用社区资源。

1. 资料分析的步骤

（1）资料分类：将资料有序分类的方法有许多，最常用的是按照地理环境特征、人口特征和社会系统特征将资料分为3类；也可从流行病学角度将资料分为生物、环境、行为和生活方式、卫生保健系统4大类。

（2）资料复核：在资料的分类过程中，可能造成信息遗漏，且收集到的信息需进行真实性、可信度检测，这就需要再次查对信息是否完整，并通过比较主、客观资料信息，检查内容有无矛盾不清，以计划对不确定资料进行再收集。

（3）资料分析：通过符合确认资料内容后，需进行分析归纳。观察、访谈所得资料可通过文字分析法进行总结；查阅二手资料、问卷调查所得数据需运用计算机进行统计学处理。通过均数、标准差、率、四分位数等统计学指标进行描述，并以统计图与统计表等形式概括并展现出来。所有描述性指标的数据可通过与全国标准、社区平均水平进行比较，再结合文字资料判断出社区健康问题。社区护士寻找社区健康问题的方向通常有：①社区内与健康相关的问题；②患病率、死亡率；③社区群体生理和心理健康危险因素；④社区居民的健康需求；⑤社区内公共卫生设施存在的问题；⑥解决社区活动问题的意见和建议；⑦社区功能和社区环境发展问题。

2. 社区健康资料分析注意事项

（1）去伪存真、明确提炼：在收集资料的过程中，最初得到的信息量巨大，可能存在影响资料完整性和准确性的混杂因素，应注意在整理、分析资料的过程中反复推敲、确认后筛出真实信息，去除混杂因素的影响，使信息清晰、明确，还应尽可能避免主观臆断对所得资料的加工，保持资料的客观性。

（2）多角度对比：健康需求常有健康问题所决定，问题的发展是动态的，这就需要从横、纵两个不同角度观察其变化规律。因此，在分析资料时需要比较同一社区历史与现在的纵向发展变化，同时还需要综合考虑该社区与其他社区横向比较的结果，以明确产生变化的原因。

（3）立足于护理工作：收集的评估资料应是服务护理工作目标与内容、应是关注社区健康主题的，且所提出的问题应是社区护士有能力解决的。

（4）服务社区整体：分析资料时应从社区发展的全局出发，以社区居民的群体需求为前提，注重社区环境与人群健康之间的联系，而不是仅仅局限于个人或家庭的健康问题。

二、社区护理诊断

社区护理诊断（community nursing diagnosis）是指对收集的社区评估资料进行分析，推断社区现存或潜在的健康问题，明确社区健康需求的过程。社区护理诊断为社区护士选择有效的护理干预措施明确方向。

（一）社区护理诊断的确定

在完成资料的整理与分析后，推断并明确社区健康状况及影响因素，最终提出护理诊断。社区护理诊断所反映的问题是社区群体健康状况，而不是个体健康特征。此外，提出的诊断除了能反映社区目前的真实情况，还要通过推断、论证，明确与社区健康需求相关的全部因素。因此，一个护理诊断的形成，不仅要求评估时收集和分析资料的科学性与严谨性，还需要对明确的健康问题或健康需求进行清晰的、有针对性的描述。

1. 社区护理诊断的构成　社区护理诊断的陈述需要包含 3 个要素：健康问题、相关因素和主要表现（症状和体征）。

（1）健康问题：是对社区健康状况及健康需求的简练描述，根据性质不同，可将健康问题分为现存的、潜在的和健康的 3 类。在北美护理诊断协会（north American nursing diagnosis association，NANDA）提出的对健康问题的陈述名称中，绝大多数均为现存的和潜在的健康问题，而健康的护理诊断是护理服务的提供者向人群提供服务时使用的。

（2）相关因素：是指促成健康问题的、与健康问题联系紧密的危险因素。一个健康问题可能是社区中多个危险因素共同作用的结果，而这些因素之间可能本身存在关联，找出最主要的原因并进行清晰描述十分重要，这是决定下一步制订具有针对性的护理干预措施、有效消除或减少危险因素的重要基础。

（3）主要表现：是指陈述社区健康问题或健康需求的具体表现形式。现存的和潜在的健康问题主要表现为症状或体征，此部分内容进一步解释、明确了健康问题的辅助信息，是健康护理诊断的重要依据。

2. 社区护理诊断的陈述方式　在获得健康问题（problem，P）、导致健康问题的相关因素（etiology，E）和主要表现（signs and symptoms，S）信息完整的前提下，通常需要将此 3 部分内容一次陈述出来，以提高后续护理工作的效率，此为护理诊断陈述的第一种方式，即 PES 结构；在实际工作中，有时问题的表现不十分明显，或者与健康问题相关联的因素尚未明确，社区护理诊断的陈述可以展现为 PE、PS 的内容结构。

（二）社区护理诊断的优先顺序确定

当明确的健康问题多于 1 个时，需要对诊断出的问题进行排序，决定先后顺序，以便于依次有效解决问题。默克（Muecke）提出的护理诊断排序标准共有 8 项：①社区居民对健康问题的了解程度；②社区解决问题的能力；③社区健康问题的严重程度；④社区中可利用的资源；⑤健康问题预防的效果；⑥社区护士解决问题的能力；⑦健康政策与目标；⑧解决问题可能产生的效果和远期影响。对以上各项赋值 0～2 分，0 分代表不重要，1 分代表比较重要，2 分代表十分重要，问题需得到优先处理的程度随分值增高而提高。依照这 8 项标准分别对每个护理诊断评分，综合护理诊断所得评分结果，总分最高的护理诊断就是需要最优先得到解决的社区健康问题。总之，在社区护理实践中需要综合考虑各个因素，优先解决紧急的、资源充分、能够解决的、收效大及影响深远的健康问题。

第二节　社区护理计划、实施与评价

针对社区健康需求，为了预防和减少社区健康问题、提高护理干预实施的质量与效率，需要制订护理干预计划。在制订计划时,除了要考虑社区诊断所反映的社区健康需求以外,还需考虑社区健康服务的宗旨和目标、社区护理实践的服务范畴与标准、社区居民理解、合作及参与程度,以及社区内、外可利用资源等。

一、社区护理计划

(一)社区护理目标

社区护理目标是对干预措施实施后,期望达到护理效果的陈述。护理干预实施达到的结果,可分为功能、认知、情感及行为4个类别的改变。

为了使护理计划具有针对性,利于干预措施的实施和评价,护理目标的制订应针对目标服务人群,充分利用社区资源,遵循 SMART(即 specific, measurable, attainable, relevant, timely)原则,即特定的、可测量的、可达到的、相关的、有时间限定的目标。

根据健康问题和护理干预措施的复杂程度,实现护理目标所需的时间长度也不同。因此,社区护理目标又可分为总目标和短期目标。总目标也可由多个短期目标组成,短期目标的制定使各阶段工作内容更加具体、使整个护理计划更具可操作性,利于增强服务对象实现长期目标的信息。在书写护理目标时,应注意以下内容:

1. 一项护理诊断可对应多个护理目标,但一个目标仅对应一项护理诊断。
2. 目标应明确,内容是针对提出的护理问题,采用可测量或可观察的指标以利于评价目标完成情况。
3. 目标的陈述内容应包括具体的评价日期和时间,以便于检查护理过程和效果。通常使用的评价时间有"1周内""30日内""3个月内""1年内"等。
4. 评价完成护理计划目标的结果与效果应选择适当的、科学的方法与测量工具。

(二)社区护理计划的制订

社区护理计划(community nursing plan)是社区护士帮助服务对象达到预定护理目标所采取的具体方法。社区护理干预的实施方案应在明确护理干预目标后,由社区护士与服务对象集体协商确定。制订社区护理实施计划时应首先明确目标人群、可利用的社区资源、护理计划实施者的能力,以及最佳的护理干预措施等。拟定计划草案后,经过反复讨论、评价和修改,最终形成护理实施计划。其制订社区护理计划的步骤如下:

1. 选择适当的干预措施　社区护士应鼓励服务对象及其家庭积极参与护理干预措施的商讨,使目标人群尽早地理解与接受将要提供的服务。社区护理干预常见方法有群体健康教育、家庭访视、居家护理、健康促进学校、康复训练等。社区护士应注意结合目标人群的特点与配合能力、所在社区的文化、风俗特点等挑选出合适的方法,并注重多种方法同时使用,优势互补、因地制宜地实施干预措施。

2. 明确社区现有资源　社区资源是保证社区护理干预顺利实施的重要前提。拟订干预计划时应全面考虑社区内现存的可利用资源,包括场地、专业技术人员、特定材料与物品、资金等,需预先列出社区内、外已具备资源及其获取途径,并筛选出有助于解决健康问题的可靠资源。

3. 计划实施进度　对不同健康问题的护理干预措施包含多种具体方法,解决不同问题所使用的多种方法持续的工作周期也不相同。单次实施活动应明确实施的起、止时间,周期较长的计划需要明确计划实施起、止时间段,以及实施频次、事件间隔要求等信息。

4.预算经费　经费预算应在计划制订时详细列出来源及金额，具体指出项目及对应额度，消耗性材料预算应尽可能贴近实际使用数量。

5.设置监督与评价体系　社区护理干预的实施质量及效果需要严格的督导机制及预先设定合理的评价方法与指标作根本保障。以便及早发现实施过程中可能出现的问题，尽快启动备用方案或合理调整计划内容，保证护理干预措施顺利实施。

二、社区护理实施与评价

（一）社区护理实施

社区护理实施（community nursing implement）应是以社区健康为中心的综合干预。实施过程不仅仅是将计划内容落实行动的护理行为，而是社区护士管理、组织与协调各项干预措施落实的复杂工程，既要保证护理专业技术服务的质量，又要积极联络、协调社区资源，以实现计划方案内容平稳推进。在实施过程中，质量监督小组应履行其督导职责，保证各环节的实施严格依照计划内容进行，并如实对实施过程进行及时、准确记录，采用"问题-措施-结局（problem-intervention-outcome，PIO）"书写格式，重点记录实施情况、护理服务对象的反应及其新的护理需求等。

（二）社区护理评价

社区护理评价（community nursing evaluation）是对发现和解决社区健康问题整体过程的回顾与总结。作为社区护理程序的终末环节，要考核护理干预措施实施后的效果，将服务对象产生的健康改变与设定的护理计划目标进行比较，衡量措施实施结果的达标程度。

1.社区护理评价的分类　根据评价性质与目的的不同，常将评价分为过程评价和结果评价两类。

（1）过程评价：是指评价贯穿护理程序的每个步骤。以护理程序各环节内容及要求为基础，检验已完成的工作是否符合每个环节工作的最基本要求。如第一环节社区护理评估，需要检查所收集的资料是否尽可能包括所有信息，即资料的全面性，复核资料并确认资料的真实性、客观性，经过分析资料做出的归纳总结是否切实反映了社区的真实健康需求，以及居民最关心的健康问题，归纳信息的表述是否清晰，使得工作团队中的每一个成员都能理解，最后检查收集资料的方法是否恰当、多样。

（2）结果评价：是指在完成护理程序各环节内容后，判断护理干预措施的实施情况与预期护理目标及指标之间的差距，即评判护理措施实施的整体效果。由于干预措施实施周期长短不一，护理实施活动所产生效果的影响范围也有所差异，结果评价又可进一步划分为近期效果评价与远期效果评价。近期效果评价主要考虑护理对象健康问题、健康相关知识、态度和行为的改变情况，费用使用的变化，特定危险因素的消除程度等特定问题的护理结局；远期效果评价则主要关注人群患病率的改变、社区环境与资源数量和结构的改变、产生的社会经济效益等。

2.社区护理评价的内容

（1）健康结局达标程度：将社区护理结局与健康护理计划中的预期目标进行比较，以明确计划目标的达标程度。如果与预期目标存在一定差距，应认真分析资料，找出影响结局的根本原因，以寻求解决与改进的办法。

（2）护理干预完成的效率：主要通过比较结局与计划设定目标的差异，总结实际实施计划所用时间、资金和资源，并对比健康护理结局与总投入之间的平衡关系，以及归纳护理活动效率的影响因素等。

（3）护理干预的实施效果：护理干预的实施是为了提高与促进社区居民健康，对健康与卫生资源、产业带来的影响可能带动社区中其他系统产生变化。针对护理干预目的，分析干预措施为居民健康问题的解决、维持自身健康水平、预防疾病、节约医疗卫生资源程度等的实际效果，是终末评价中必不可少的内容。

（4）护理活动的影响力：评价护理措施实施过程中，社区护士组织实施的护理活动带来的社会效益，分析总结护理活动所产生社会效益的持久性、影响范围及受益人群的多样性、广泛性等。

（三）影响社区护理评价的因素

科学、客观、真实的评价有利于全面总结护理程序实施过程中的经验，明确工作中存在的不足并找出适当对策，为下一个护理程序的开启做出更加充足的准备，需要明确可能影响评价结果的原因。

1．社区护士业务能力　社区护士是护理程序的应用者，也是制订护理诊断、计划，并实施护理干预措施的直接执行者，其确定护理计划目标与评价指标的质量将直接影响护理评价结果。此外，在评价过程中，社区护士能够根据客观真实信息，恰当运用统计学方法，掌握并熟练应用项目效果评价的科学方法，并以评判性思维处理得到的资料信息，在分析处理信息过程中持有严谨的工作态度，是社区护理评价结果与结论科学、有效的重要保障。

2．社区护理评价方法

（1）数据分析法：将护理干预实施前的信息与数据与实施后所得客观数据，以及护理干预实施过程中记录的动态变化信息与数据进行汇总，通过科学的方法进行推演，得出评价结果。通常得到的是量化评价资料，能够为评价结论提供客观证据。

（2）观察法：通过观察服务对象的行为改变、社区环境及资源的变化等，以获取最真实、客观的信息。此方法对评价人员要求较高，要求具有敏锐的观察力及敏捷的思维能力，耗费时间、人力，但结果能很好地补充或解释数据分析得到的量化信息。

（3）交谈法：灵活性强，当前两种方法仍未能收集到评价所需的所有资料，可使用此方法进行补充。要求社区护士具备较好的谈话技能与技巧，能够尽可能避免自身对访谈对象的偏见或主观加工访谈信息。此外，社区护士具备良好的亲和力是获得访谈对象信任与配合的重要前提。

（4）问卷调查法：需要获取较广泛、全面的信息时，通常设置问卷访谈，调查问卷设计的科学性、有效性，调查员的能力等均可能影响调查的实施与最终结果。同样需要避免评价人员的自身偏见，还应考虑调查对象的文化程度，以及其它可能对调查产生干扰和影响的因素。

（5）标准化评价法：是指利用全国或区域性统一的，由卫生行政部门制定的社区护理实践标准，由卫生行政管理人员或聘用第三方，衡量社区护理干预实施效果，获得的评价结果具有较高的可信度。

第三节　社区健康档案的建立与应用

社区健康档案（community health record）是记录个体、家庭与社区健康动态的信息资料，健康档案的建立与管理是社区护理队伍开展国家基本公共卫生服务的一个重要项目内容。健康档案收集并记录了社区居民健康信息，并将其应用于健康动态评估、健康问题的解决等工作过程中。因此，社区健康档案既是社区居民生命周期内健康变化的资料和数据，能够为评估社区居民健康需求、医学科研教育机构开展研究工作、医疗卫生政策文件的修订提供基本依据。同时，建立与管理健康档案也是全科卫生服务团队为社区居民提供连续性医疗保健服务的基本工作方法，为接触与了解社区居民，以及顺利开展其他社区卫生服务项目奠定了坚实基础。

一、社区健康档案的建立

（一）建立健康档案的目的

社区健康档案涉及包括社区人口基本信息、人群健康状况等广泛内容信息，利用健康档案记录与收集这些信息，并将其用于应对和解决社区居民的健康问题，改善社区环境、丰富社区资源，有助于提高和促进社区整体健康水平。社区健康档案建立的目的具体体现在以下几个方面：

1. 了解社区居民健康状况与健康需求　健康档案对社区居民生命周期内的健康动态进行详细、完整的全程跟踪记录，能够帮助了解居民的基本情况与健康状况，通过分析推断社区居民的健康问题及其对社区卫生服务的需求，经更深入细致地调查和查阅资料、比较分析后，确定诊断、明确健康问题相关因素，并有针对性地提出护理干预方案，为开展社区人群健康管理提供依据。

2. 提高社区卫生服务质量和工作效率　健康档案记录的是动态变化的健康相关信息，包括社区居民的健康意识、个体行为与生活方式、疾病预防或自我管理情况、家族史、健康体检和就诊经历等。通过掌握动态的健康信息，社区护士能够及早发现社区中潜在的健康危险因素和高危人群分布特征，并尽快采取护理干预措施，包括合理调配可利用的卫生资源、调整服务策略与内容、组织实施有效诊疗服务和技术推广等，以预防和控制健康问题的出现。

3. 评价社区卫生服务质量　完整性、真实性、科学性、有效性是健康档案作为实施基本公共卫生服务项目的工作方法和手段，应当维持统一的质量标准。居民健康档案作为社区卫生服务中最基础的技术支撑，是监督和评价社区医疗服务管理技术水平的重要途径与指标，也可如实地反映出社区护理人员的文书书写水平。健康档案的使用频次及现况特征，可切实反映出社区卫生服务团队对居民开展健康管理服务的执行情况。

4. 为教育、科研提供基本资料　健康档案关注社区卫生服务对象的个人、家庭及社区3个层次，详细记录了"以问题为导向"的个体健康状况，是全科医学与社区护理教学科研最重要的资料来源。健康档案中信息的捕捉与分析利用，还能够逐步培养学生分析和应用信息、发现并解决问题的能力。

(二)社区健康档案的类型和内容

根据2017年颁布的《国家基本公共卫生服务规范(第三版)》(国卫基层发〔2017〕13号)要求,基层卫生服务机构应以家庭为基本单位统一建立社区居民健康档案,同时获得充分的家庭健康相关信息。采用以问题为中心的记录方式,实际存在的问题突出、清晰,便于进行电子信息化管理,以备资料的调取、阅读和分析处理。

1. 以个人为单位建立的健康档案 社区居民健康档案建立的对象应为辖区内的常住居民,包括居住半年及以上的户籍与非户籍人员。其中,0~6岁儿童、孕产妇、老年人、慢性病患者和重型精神病患者等人群为重点建档对象。一份完整的社区个人健康档案应覆盖完整生命周期中的所有健康状况及其接受各种形式医疗保健服务记录的总和,是个人健康信息的全面记载。内容包括个人基本信息、健康体检、重点人群健康管理记录和其他公共卫生服务活动记录(除上述内容以外的接诊、会诊和转诊记录)等。《国家基本公共卫生服务规范》明确统一了档案内的表格。具体健康档案包括:

(1)封面:包括个人姓名、现家庭住址、户籍地址、联系电话、乡镇或街道、居委会名称、建档单位、建档人、责任医生、建档日期等。封面页的顶部还需填写居民对应的17位编码。

(2)个人基本信息:需要在为居民首次建档时填写。包括个人一般信息和基本健康信息。一般信息包括姓名、性别、年龄、婚姻状况、职业、文化程度、医疗服务支付形式等;基本健康信息则包含既往史、家族史、药物过敏史、疾病情况和生活环境评估内容等。

(3)健康体检表:用于居民首次建档与老年人、高血压患者、2型糖尿病患者和重型精神障碍患者等人群进行年度体格检查时填写。内容包括:①一般健康状况,身高、体重、腰围、体质指数、生命体征等;老年人群还应包括对健康状态、自理能力、认知功能及情感状况的评估。②生活方式,包括饮食习惯、体育锻炼、吸烟与饮酒状况、职业病危害因素与职业暴露情况等。③脏器功能,主要是对感官系统和运动系统功能的检查。④查体,重点检查眼底、皮肤与巩膜、淋巴结、心脏、肺、腹部、双下肢水肿、足背动脉搏动等;女性还应进行肛门指诊、乳腺、妇科检查等内容。⑤辅助检查,包括血常规、尿常规、空腹血糖测定、心电图、肾功能、大便潜血、糖化血红蛋白、乙肝表面抗原、肝功能、血脂、胸部X线、超声检查、宫颈涂片等。⑥中医体质辨识,根据统一标准测评体质分类。⑦主要现存健康问题,指曾经出现或仍然存在,并影响目前身体健康状况的疾病。⑧住院治疗情况,设定最近1年内为时间限度获取信息。⑨疾病用药情况,指长期服药的慢性病患者最近1年内的主要用药情况。⑩非免疫规划预防接种史,最近1年内接种的疫苗名称、接种日期、接种机构等精确信息。

(4)重点人群健康管理记录:包括0~6岁儿童、孕产妇、老年人、慢性病患者和重型精神病患者等人群的健康管理记录。①0~6岁儿童健康管理记录内容:包括新生儿家庭访视记录表、3~6岁儿童健康检查记录表;对处于不同生命周期的儿童群体,健康检查记录表有所差别,新生儿健康检查包括父、母基本情况,出生过程情况;处于不同生命周期阶段的生长发育特点决定健康管理记录表内的评估内容。②孕产妇健康管理记录:包括孕早、中、晚期健康管理内容,健康管理记录表包含第1次、第2~5次产前随访服务记录表,以及产后7日内首次家庭访视与产后第42天健康检查记录表。③老年人健康管理记录:包括生活方式、健康评估、体格检查、辅助检查和健康指导等服务内容的记录信息。④高血压和2型糖尿病患者的健康管理记录：包括患者的症状和体征、辅助检查、服药依从性、药物不良反应或低血糖、随访分类、生活方式指导、转诊或预约下一次随访时间等。⑤重型精神疾病患者管理：在为该群体建立居民健康档案时，除需填写个人信息外，还应完成个人信息补充表的内容（包括患者监护人的姓名、住址、患者初次发病时间、主要症状、治疗情况及效果、患者对家庭和社会的影响，限制活动情况、经济状况等），每次随访时还应填写随访服务记录表，记录患者的危险性评级、目前症状、自知力、睡眠情况、饮食情况、社会功能情况、患者对家庭和社会的影响等。

（5）其他医疗卫生记录：包括接诊、转诊、会诊记录。接诊记录是居民由于急性或短期健康问题接受咨询或医疗卫生服务时使用，记录信息应如实反映居民接受服务的全过程。会诊记录通常在居民接受会诊时使用，由责任医师填写。双向转诊时需填写双向转诊记录单，内容包括居民病情初步印象、主要现病史、既往史、治疗经过等。

2. 以家庭为单位建立的健康档案　以家庭为基本单位进行社区健康管理时，应对服务对象家庭相关资料、家庭主要健康问题进行记录，内容包含以下几个方面：

（1）家庭基本资料：内容位于家庭健康档案的首页，包括家庭现住址、人数和家庭成员的基本资料，建档医生和社区护士的签名、建档日期等。

（2）家谱资料：以家系图形式表示一个家庭的结构、功能，家庭成员关系亲疏情况等。

（3）家庭卫生保健情况：包括家庭的环境卫生状况、居住条件、生活起居方式等，是评价家庭功能、确定健康状况的重要依据。

（4）家庭评估资料：包括对家庭结构、功能，家庭所处生活周期时段与任务，家庭内外部资源等信息。

（5）家庭主要健康问题：主要记录家庭生活周期各阶段的重大生活事件及家庭功能评价结果。记录内容包括主要健康问题、发生事件、问题的描述及解决措施等。

（6）家庭成员健康记录：家庭成员个人健康档案请参看上述个人健康档案内容。

3. 以社区为单位建立的健康档案　此类档案是对社区健康问题、社区特征和社区人群健康需求的记录。内容主要包括：①社区基本资料，社区人口资料、自然环境、人文环境、经济文化等。②社区卫生资源及卫生服务情况，社区内卫生服务组织机构的性质分类、数量、位置、人力资源概况，居民就诊、双向转诊、家庭访视、健康教育等工作内容开展情况。③社区居民健康状况，人口数量及构成、主要疾病的构成、患病率、发病率、死亡率、健康危险因素评估等。

二、社区健康档案的管理与应用

（一）健康档案的建立与保管

1. 健康档案的建立　乡镇卫生院、村卫生室、社区卫生服务中心（站）负责首次建立居民健康档案、更新信息、保存档案；其他医疗卫生机构负责将相关医疗卫生服务信息及时汇总、更新至健康档案；各级卫生计生行政部门负责健康档案的监督与管理。

社区健康档案的建立遵循自愿与引导相结合的原则。建档对象应以0～6岁儿童、孕产妇、老年人、慢性病患者、重性精神障碍患者等重点人群为优先建档对象（图4-1）。

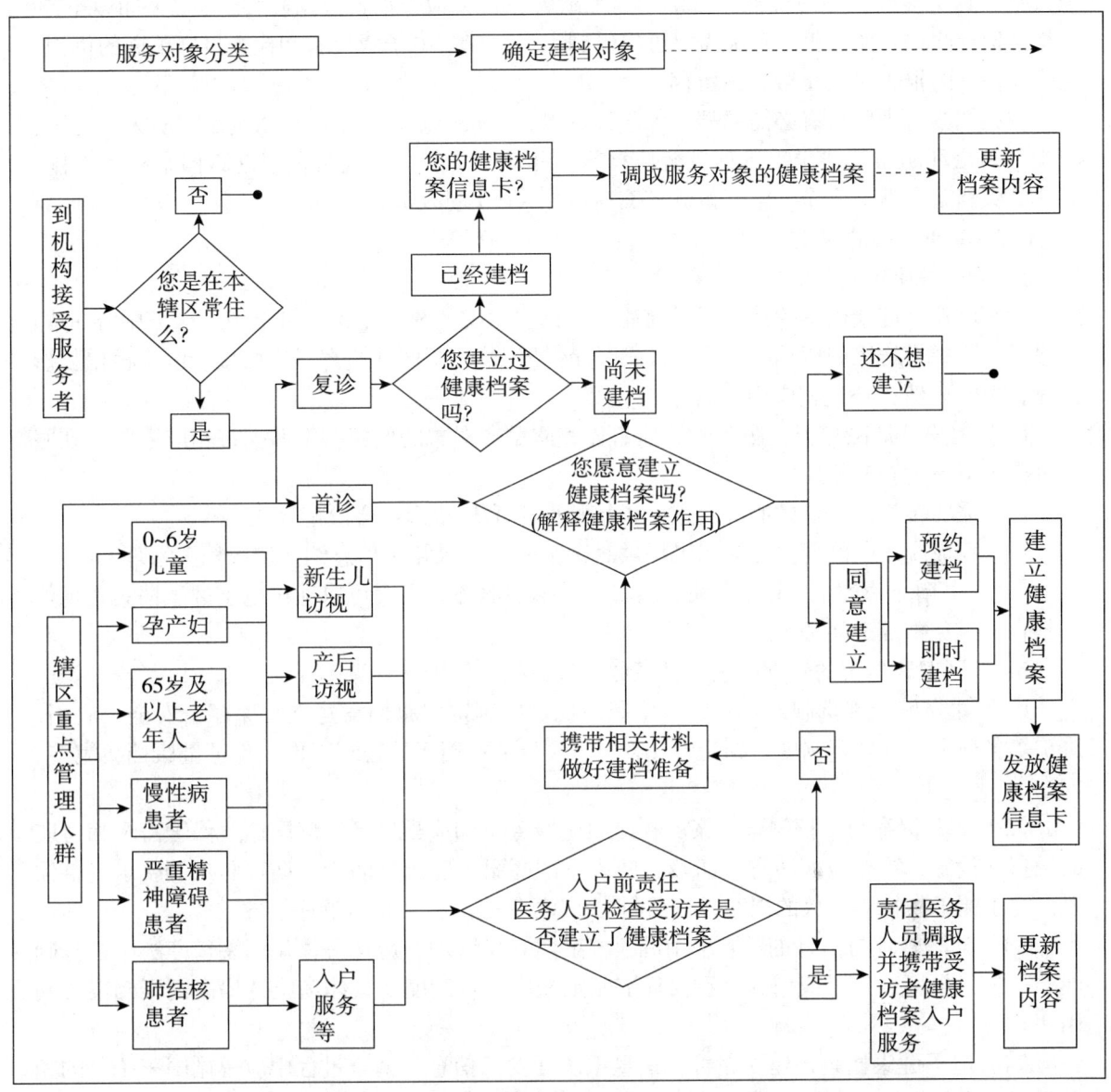

图 4-1 确定健康档案建立对象的工作流程

乡镇卫生院、村卫生室、社区卫生服务中心（站）应通过多种信息采集方式建立居民健康档案，及时更新健康档案信息。已建立电子健康档案的地区应保证居民接受医疗卫生服务的信息能汇总到电子健康档案中，保持资料的连续性。

建立电子档案时统一为居民健康档案进行编码，采用17位编码制，以国家统一的行政区划编码为基础，以村（居）委会为单位，编制居民健康档案唯一编码。同时将建档居民的身份证号作为身份识别码，为在信息平台上实现资源共享奠定基础。在健康档案使用过程中应注意保护服务对象的个人隐私，建立电子健康档案的地区，还要注意保护信息系统的数据安全。

2．档案的存放与保管　按照国家有关专项服务规范要求记录相关内容，记录内容应齐全完整、真实准确、书写规范、基础内容无缺失。各类检查报告单据和转、会诊的相关记录应粘贴留存归档，如果服务对象需要可提供副本。已建立电子版化验和检查报告单据的机构，化验及检查的报告单据交给居民留存。

健康档案管理要具有必需的档案保管设施设备，按照防盗、防晒、防高温、防火、防潮、防尘、防鼠和防虫等要求妥善保管健康档案，指定专（兼）职人员负责健康档案管理工作，保证健康档案完整、安全。电子健康档案应有专（兼）职人员维护。

（二）健康档案的应用

1．居民健康档案的应用

（1）已建立健康档案的社区居民前往乡、镇卫生院、村卫生室、社区卫生服务中心（站）复诊时，应携带居民健康档案信息卡（或医疗保健卡），调取其档案，再由接诊医生根据复诊情况，及时更新、补充相应记录信息。

（2）入户开展医疗卫生服务时，应事先查阅服务对象的健康档案并携带相应表单，在服务过程中记录、补充相应内容。

（3）需要转诊、会诊的服务对象，由接诊医生填写转诊、会诊记录。

（4）积极应用中医药方法为居民提供健康服务，记录相关信息纳入健康档案管理。

（5）对于同一个居民患有多种疾病的，其随访服务记录表可以通过电子健康档案实现信息整合，避免重复询问和录入。

2．社区健康档案的管理要求　社区居民健康档案管理流程见图4-2。

（1）建立健全规章制度：社区卫生服务机构应制定健康档案建立、保存、安全、应用、维护等各项全面的规章制度，指定专（兼）职人员负责档案的管理工作，保证健康档案完整、安全。

（2）妥善保存与维护健康档案：社区卫生服务机构应配置纸质健康档案保管需求相对应的设备、设施，严格按照防盗、防晒、防火、耐高温、防潮、防尘、防鼠防虫等要求妥善保管。为了便于查找，存放的档案应按照封面17位编码的档案编号顺序摆放。

（3）动态管理与信息更新：采用健康档案建立、管理、应用一体化的管理办法，在基础建档、信息更新、信息应用3个重要环节制定相应规章制度及具体措施，提高健康档案的利用率。

（4）电子健康档案在建立完善、信息系统开发、信息传输全过程中应遵循国家统一的相关数据标准与规范。电子健康档案信息系统应与新农合、城镇基本医疗保险等医疗保障系统相衔接，逐步实现健康管理数据与医疗信息以及各医疗卫生机构之间数据的互联互通，实现居民跨机构、跨地域就医行为的信息共享。

（5）加强档案管理督导考核：卫生行政主管部门应定期对健康档案的建立与应用及管理质量实施量化考核，科学核定建立健康档案的经费补助标准。对档案建立的覆盖率、档案的完整性、信息的准确度，以及社区居民满意度进行综合评价，及时总结值得推广的先进经验，对目前工作中存在的不足进行反馈，开展监督。

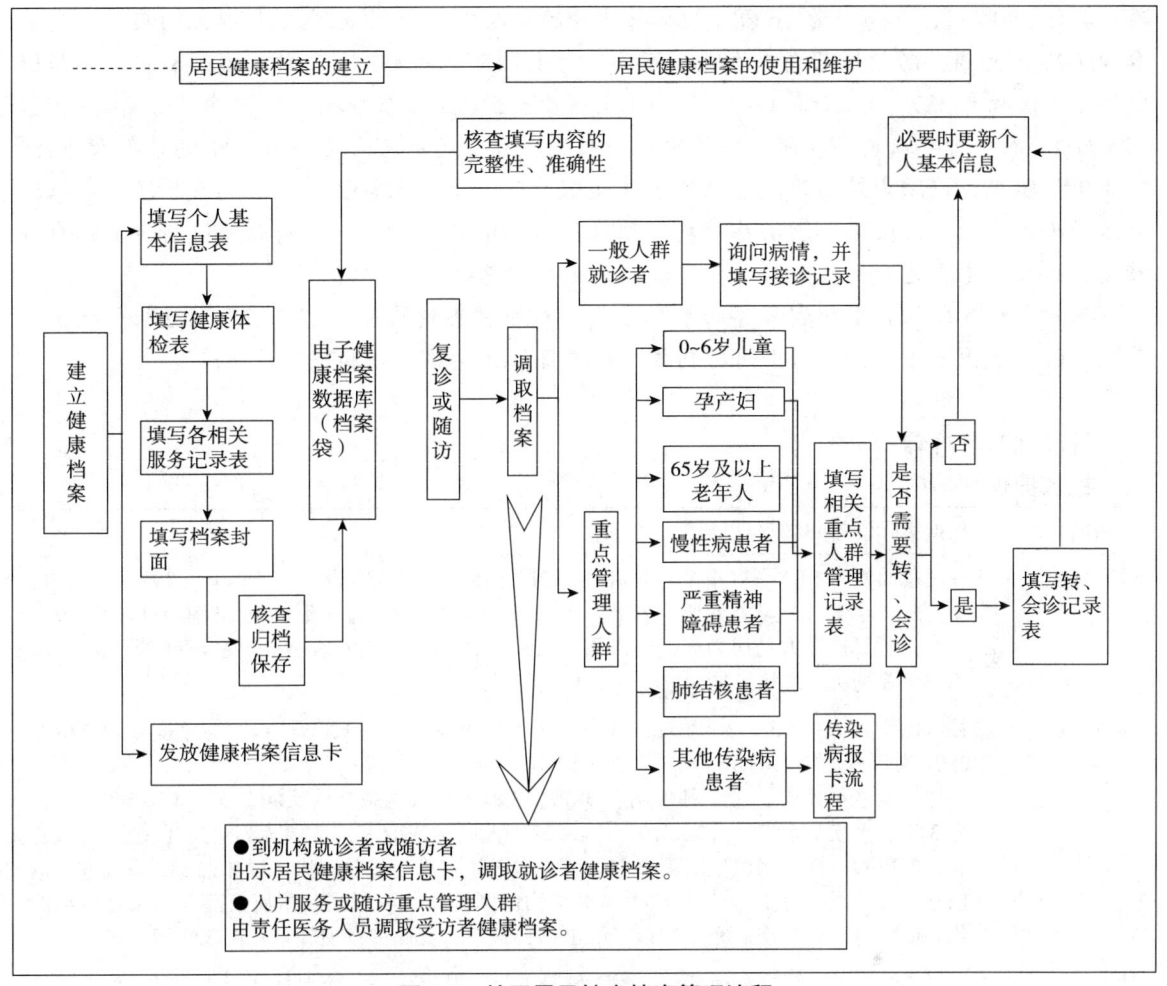

图 4-2 社区居民健康档案管理流程

案例分析

社区护士小王对安康社区进行了多方面的健康评估,并收集到了如下信息。

安康社区位于北温带、最北部,社区总面积为 13.6 平方千米,下辖 7 个居民小组。社区总人口约 14.01 万人,其中户籍人口 824 户 2394 人,常住人口 137 736 万人。社区现有企业、事业单位 298 家;其中,幼儿园、小学、中学共 6 所;养老院 1 家。辖区内百货、超市、粮油食杂店铺充分;安康卫生院与社区卫生服务中心、利民连锁大药房为居民提供便捷的医疗卫生服务。花鸟交易市场边的全民健身广场是居民锻炼的主要场所,"城市居民健身路径工程"投放安置的健身器材较齐全。基层人民政府对社区卫生服务工作高度重视,并在工作中组织联络相关部门与单位提供充分协助。社区周边随时可见堆积的垃圾,人们随时倒垃圾。

社区居民膳食多以盐、酱为主要调味、增味选择,居民认为这样烹制的菜较香,能促进食欲,吃得多能够御寒。烹饪方式也以炒、炸、炖为主,膳食结构中肉类结构比例较高,豆制品、蛋奶及蔬菜水果结构比例均偏低。

社区内老年人口 16 812 人,社区内老年人中,已建立居民健康档案者有 15 978 人,建档率为 95.04%;已建档案合格率为 99.17%,电子档案更新率为 87.33%。参与年度健康体检项目共计2804人，参与率为16.68%。参与体检的老人中有1683人患1种以上的疾病，患病率60.02%。随着年龄的增长患病率逐渐增高。男女性别之间无差异。体检发现社区老年居民中患1种疾病者387（13.80%）人、患2种疾病者575（20.51%）人、患3种以上疾病者721（25.71%）人。老年人患病率前3位依次为高血压、冠心病和糖尿病。76.64%的老年人为企、事业单位职工，以脑力劳动为主。在职员工闲暇时间及退休人员主要从事的娱乐活动也以脑力活动为主。老人们认为，患有疾病均可依靠医疗保险就医诊治，没有必要进行特别的自我照顾，自己毕竟不是专业人士，也不懂如何正确应对患病。

王护士和其团队利用护理程序的基本框架，对所收集到的资料进行了整理分析，找出了最主要的社区护理问题，并根据问题制订了护理目标、实施计划和评价计划。

【社区护理评估】
社区护理评估内容

评估内容	根据实际资料归纳整理描述，并评估
地理环境	社区总面积为13.6平方千米，下辖7个居民小组。社区现有企业、事业单位298家；其中，幼儿园、小学、中学共6所；养老院1家。辖区内生活设施全近，卫生院与社区卫生服务中心、利民连锁大药房为居民提供便捷的医疗卫生服务。仅有一个全民健身广场是居民锻炼的主要场所。垃圾未能及时处理，环境卫生差，苍蝇到处飞。
人口特征	社区内常住人口137 736万人，其中老年人口16 812人（12.2%）；参与年度健康体检者2804人，占老年人的16.68%。 参加体检老年人中，患1种疾病者387（13.81%）人、患2种疾病者576（20.54%）人、患3种以上疾病者721（25.71%）人。老年人患病率前3位依次为高血压（20%）、冠心病和糖尿病。社区居民生活习惯上，膳食多以盐、酱为主要调味、增味选择；烹饪方式也以炒、炸、炖为主，膳食结构中肉类结构比例较高，豆制品、蛋奶及蔬菜水果结构比例均偏低。对高血压疾病相关知识了解不够，缺乏自我保护意识和自我保健知识。
社会系统	社区"城市居民健身路径工程"投入健身器材，基层人民政府对社区卫生服务工作高度重视，并在工作中组织联络相关部门与单位提供充分协助。

【社区护理诊断】
利用默克的优先顺序确定方法，现阶段主要社区护理问题及其原因如下表。

社区护理诊断	相关因素
不良的垃圾管理	认识不足、相关制度的欠缺
较高的高血压患病率	相关知识不足、高盐饮食习惯

【社区护理计划】
（1）制订总目标和具体目标。

护理问题	总目标	具体目标
认识不足：垃圾堆积	到2017年12月，按时清理垃圾的家庭数从60%提高到90%	居民主动参与清理垃圾
知识不足：高血压患病率高	到2018年12月，患病率从20%降到15%	积极改善生活习惯

（2）制订实施计划。

护理问题	实施内容	实施方法	场所	预算（元）	必要人力
认识不足：垃圾堆积	教育 - 居委会 - 教材	自身团体 宣传资料	社区 广告	50	社区、行政 护生、志愿者
知识不足：高血压患病率	教育 - 群体 - 个别 - 运动	讲座 个别教育 传单	保健机构 家庭 保健机构	200 30 50	社区 社区护士 护生

（3）制订评价计划。

项目	评价时间	评价对象	评价者	评价方法	评价指标
认识不足：垃圾堆积	2017.12	社区居民	社区护士 护生 志愿者	垃圾堆积 分离收集 实施教育 知识、态度、实践	投放率 分离率 满意度 参与率 认识态度
知识不足：高血压患病率高	2018.12	社区居民 来访者 建档者	社区护士 护生	测血压 知识、行为变化度	患病率 健康行为

评价时注意以下几方面：

1）实施前：场所、物品、人力、满意度、兴趣；
2）实施过程：活动参与度、教材适用性、对象适合性；
3）实施效果：知识变化、行为变化、达标程度；
4）效率：根据使用经费来评价。

如：$\dfrac{总使用费用 / 参与人数}{干预引起的变化结果} = \dfrac{390 元 /30 名}{变化率} = 13 元 / 名 /\%$

（王晶晶）

思考题

一、单项选择题

1. 下列各项内容中，属于社会系统评估信息的是（   ）
   A．早晚温差较大
   B．平均婚育年龄为 28～29 岁
   C．学龄前儿童疫苗接种率为 92%
   D．无二级以上综合性医院

2. 通过游历社区环境、充分利用自身感官尽可能收集全面信息，这样的评估方法叫做（   ）
   A．调查法
   B．实地考察法

C．观察法

D．参与式观察法

3．下列护理计划目标的内容陈述中，违背了"目标可测量"原则的是（   ）

A．经热敷疼痛明显减轻

B．体质指数达同龄儿童平均水平

C．瘢痕面积缩小四分之一

D．能够正确执行5步骤洗手法

4．将护理活动投入的人力、物资、资金、时间投入与获得的成果进行比较，能够评价社区护理活动的（   ）

A．达标程度

B．效果

C．效率

D．影响力

5．进行社区护理评估时，不能作为焦点人物访谈对象的是（   ）

A．居委会主任

B．责任片警小李

C．老住户

D．随机遇到的行人

二、多项选择题

1．能够提供社区护理评估信息，可被查阅的资料有（   ）

A．统计年鉴

B．卫生研究报告

C．派出所户籍管理信息

D．居委会入户调查记录

E．社区居民健康档案

2．社区护理计划目标的陈述"通过制作与提供微信平台微课程帮助社区居民知晓雾霾的产生机制、危害及预防对策"中，存在的问题有（   ）

A．未使用可观察的词汇

B．未包含评价日期与时间

C．对效果的陈述含糊不清

D．未介绍实现目标的方法

E．缺少主语

3．社区居民健康档案的重点建档对象有（   ）

A．老年人

B．孕产妇

C．慢性病患者

D．0～6岁儿童

E．重型精神疾病患者

4．可以为社区居民建立健康档案的时机包括（   ）

　　A．居民前来卫生服务中心就医

　　B．实施家庭访视

　　C．社区机构的员工全部到岗工作

　　D．进行年度体格检查

　　E．进行特定疾病筛查

三、简答题

1．简述制订社区护理计划的步骤。

2．简述一份完整的社区个人健康档案应包含的信息内容。

四、病例分析题

近几日，社区卫生服务中心突增许多以"感冒""发热"为主诉的患者，包括老年人、儿童、中青年，甚至有几位孕妇。社区护士小杨得知，经过医生汇集与分析患者信息，并通过专家远程会诊可确定均为"雾霾"引起的呼吸道症状。为了更加有效地管理与保护社区居民健康，她决定先了解居民应对雾霾的现况。

请问：她应当采用哪些主要方法、对应了解哪些信息内容？

第五章 以家庭为中心的护理

家庭是构成社区的基本单位。家庭的健康直接影响到个人和社区整体的健康。以家庭为单位的护理是社区护理中的重要部分,需要社区护士了解家庭的结构与功能,以及家庭是否能够完成家庭生命周期的发展任务等内容,并且应熟练应用家庭评估技能明确家庭护理诊断,为促进家庭和家庭成员的健康与疾病预防提供适当的家庭护理服务,使家庭及家庭成员达到最佳健康状态。

第一节 家庭健康

一、家庭概述

(一)家庭概念

1. 家庭 随着社会发展和家庭结构的变化,家庭的概念也发生着改变。传统的家庭定义是指以婚姻、血缘或收养关系所构成的共同生活在同一屋檐下,彼此互动、情感交流与互助的整合体。而现代社会由于个人对生活形式的选择较为自由,家庭的结构和形态呈多元化趋势,传统的家庭定义很难适应这种现状。现代的家庭是指以婚姻、血缘关系为主要纽带的具有经济供养、情感交流等稳定关系的由一个或多个人组成的小群体。

2. 家庭的特性 现代家庭的特性主要有:
(1)家庭是一个单位或系统;
(2)家庭不一定存在血缘关系和延续下一代,亦不一定同住;
(3)家庭对于未来具有义务与责任,且有所承诺与执着;
(4)家庭对家庭成员提供保护、养育及社会化照顾。

3. 健康家庭 根据新的健康概念的提出,健康家庭的概念也随之变化。健康家庭(healthy family)是指家庭系统在生理、心理、社会发展及精神方面完好的稳定状态。健康家庭应具备如下条件:

(1)良好的交流氛围:家庭成员能彼此分享感觉、理想等,相互关心,使用语言或非语言的方式促进相互间的了解,并能化解冲突。

(2)能促进家庭成员的发展:家庭成员间有足够的自由空间和情感支持,使家庭成员有成长的机会,能够随着家庭的改变而调整角色和职务分配。

(3)能积极面对矛盾及解决问题:当面对问题时,健康家庭成员会主动承担各种责任,并寻求方法积极解决问题。遇到有解决不了的问题时,不回避矛盾并寻求外援帮助。

(4)有健康的居住环境及生活方式:能为家庭成员提供安全和卫生的生活环境,以及认识到家庭内的安全、营养、运动、闲暇等对每位成员的重要性。

(5)与社区保持联系:家庭有规律地参加各种活动,不脱离社会,充分运用社会网络,利用社区资源满足家庭成员的需要。

(二)家庭结构与功能

家庭的健康与个人的健康发展是紧密相关的,家庭已成为家庭成员健康保健的重要场所。社区护士为了提供以家庭为中心的护理服务,必须熟悉家庭的结构和功能。

1. 家庭结构(family structure) 是指家庭中成员构成及其相互作用、相互影响的状态,以及由于家庭成员的不同组合关系形成的联系模式。家庭结构可分为家庭外部结构和家庭内部结构。

(1)家庭外部结构:主要指家庭人口结构,即家庭类型。我国常见的家庭类型主要有以下几种:

1)核心家庭(nuclear family):是指由夫妻及婚生的或领养的未婚子女所组成的家庭。核心家庭已成为我国主要的家庭类型,该家庭类型的特点是家庭人员少、结构简单、关系单纯、规模小,家庭成员间容易沟通,家庭内部只有一个权力与活动中心,便于决策家庭重要事件;但对亲属依赖性较小,可利用的家庭内、外资源较少,家庭关系既亲密又脆弱,易出现家庭危机,甚至有家庭解体的可能性。

2)主干家庭(stem family):又称直系家庭,是指由两代或两代以上夫妻组成,每代仅有一对夫妻,且中间无断代的家庭,如夫妻和已婚子女组成的家庭。根据代际层次可细分为二代主干家庭、三代主干家庭、四代主干家庭等。主干家庭的特点为家庭成员多、结构复杂,新旧思想意识和行为习惯的差异易产生家庭矛盾,但家庭可利用的资源较多,调试能力较强,不容易陷入家庭危机。

3)联合家庭(joint family):又称旁系家庭,是指家庭中任何一代含有由两对或两对以上的同代夫妻组成的家庭,如父母同两对或两对以上已婚子女组成的家庭,或已婚兄弟姐妹结婚后不分家的家庭等。联合家庭的特点为人数多,结构相对松散、不稳定,家庭内存在一个权力中心及几个次中心,或者几个权力中心并存,多种关系和利益交织,其决策过程复杂。但家庭内、外资源较多,有利于家庭应对与处理各种危机。

随着人们观念的快速变化,对家庭的认识也超越了传统的家庭范畴,单亲家庭、单身家庭、隔代家庭等其他类型的家庭逐渐增多,已不再是一种异化或反常的生活形式,而这些家庭的特点是家庭结构不完善,对家庭成员的健康和疾病的恢复产生不利影响,并且家庭可利用的资源有限,家庭调试能力与危机应对能力欠缺,家庭较容易出现家庭健康问题,需要社区护士的关注与及时提供护理服务。

(2)家庭内部结构:家庭内部结构是指家庭成员间相互联系和互动的方式。家庭内部结构包括家庭角色、家庭权力、家庭沟通与家庭价值观4个要素。

1)家庭角色(family role):是指家庭成员在家庭中所占有的特定地位和身份。家庭角色代表家庭成员在家庭中应发挥的功能,也反映家庭成员在家庭中的相对位置及与其他成员的相互关系。家庭成员的角色涉及3个方面内容:①角色期待,指家庭成员遵守或默认一定标准、期望或要求下,所形成的某种特定角色定位。所有的家庭成员都存在角色期待,如在家庭中,母亲和妻子的传统角色被认为应赋予感情和慈爱的形象,其职责是抚养子女、操持家务;父亲和丈夫的传统角色被认为应赋予力量和威严,其职责是养家糊口、负责家庭中的重要决策;随着社会变迁,上述的各种家庭角色也逐渐发生变化。适当的角色期待对家庭成员是关心和鞭策,有利于成员的成长和自我实现,促进家庭发展。②角色学习,家庭成员为了适应角色的转变,需要不断学习家庭角色的情感、态度、权利和责任来完成相应的角色行为和实现角色期待,这种不断学习的过程称为角色学习。角色学习是一种综合性、无止境的学习,如对于女性来说,小的时候要学习做好女儿的角色,长大成家后要学习做妻子、母亲及儿媳等多个角色。③角色冲突,当家庭成员不能适应角色转变或不能实现家庭对其的角色期待时,便会在内心产生矛盾、冲突的心理,称为角色冲突。角色冲突可由自身、别人或环境对角色期待的差异而引起,常会导致个人情绪、心理功能紊乱,严重时会出现身心功能障碍,甚至导致家庭整体的功能障碍,影响家庭健康。

家庭角色的扮演是否适当是影响家庭功能的重要因素之一。社区护士为家庭提供护理服务时,应评估家庭成员是否存在角色问题,可依据以下标准判断家庭成员的角色分担情况:①家庭对家庭成员的角色期待是否一致;②每位家庭成员是否都能适应自己的角色;③家庭成员的角色履行行为是否符合社会规范;④家庭成员的角色能否满足其他家庭成员的心理需求;⑤家庭角色是否具有一定弹性、是否可承担多种角色并能适应角色转换。如果家庭成员不能执行相应的角色行为或不能适应相应的角色转变,家庭成员角色的分担无法满足期望值或角色要求超过能力范围,就会发生角色冲突现象,从而导致家庭成员心身不适,严重时会出现家庭功能障碍,甚至进入家庭危机,影响整个家庭的健康。

(2)家庭权力(family authority):是指家庭成员对家庭的控制权、支配权和影响力。家庭的权力中心是家庭决策主体,家庭权力并非是固定不变的,会因家庭内外环境因素的变化而改变。家庭权力可分为传统独裁型、分享权威型、情况权威型3种。①传统独裁型:主要由家庭所在的社会文化传统规定而来的权威,如在男性主导社会,男性长者是一家之主,家庭以父亲为权威人物,而不考虑其社会地位、职业等。②分享权威型:是指家庭成员分享权力,由家庭成员的能力和兴趣决定所承担的责任,民主性较强,针对家庭的事情由家庭成员共同参与协商后做出决定。③情况权威型:指家庭权力会因家庭情况的变化而产生权力转移,主要根据负责供养家庭和掌管家庭经济的掌权者为权力中心,可以是丈夫,也可以是妻子或子女。每个家庭在不同时期可以有不同类型的权力类型,也可以有多种权力结构并存。

(3)家庭沟通(family communication):是指家庭成员间以语言和非语言的形式在情感、愿望、需求、意见、信息与价值观等方面进行信息交换的过程,是家庭成员调控行为和维持家庭稳定的有效手段,其最能反映家庭成员间的相互关系,也是评价家庭功能状态的重要指标。家庭成员间出现沟通问题时,家庭成员的情感交流最先受到影响,严重时则会导致家庭矛盾。有效的家庭沟通应是家庭成员间愿意真诚、开放地吐露自己的感觉、愿望、需求及认识,家庭成员本身高度了解自我,对其他家庭成员有高度敏感性,易于倾听和觉察家庭成员的言行一致性,并能对其进行适当的反馈。家庭成员间良好的沟通既能化解家庭矛盾、解决家庭问题,也能促进家庭成员间的良好关系,对家庭的健康至关重要。

(4)家庭价值观(family values):是指家庭特有的行为准则及对生活目标的认识、态度和信念,是家庭判断是非的标准。家庭价值观指导家庭与家庭成员的行为,影响家庭生活方式、教育方式、健康观念与健康行为等,尤其家庭的健康和疾病观直接关系到家庭成员的就医行为、遵医行为、实行预防措施、改正不良行为等方面。家庭价值观的形成受到家庭所处的文化背景、宗教信仰、社会价值观和现实状况等因素的影响,是家庭生活的重要组成部分。社区护士了解家庭价值观,尤其是健康观,有助于确认家庭对健康问题的认识和重视程度,有利于社区护士与家庭成员一起制订出切实可行的家庭护理计划,有效解决家庭健康问题。

2.家庭功能(family function) 是指家庭自身所固有的性能和功用。家庭功能是家庭存在的社会根基，反映家庭成员在家庭生产和社会生活中所发挥的作用，即家庭成员是否满足其生理、心理及社会各方面、各层次的需求，维持家庭的完整性，实现社会对家庭的期望。影响家庭功能的主要因素有社会需求和家庭本身的特性，这两个因素一直在交互作用中变化着。随着社会的变迁，家庭功能也不断地分解和转变。对于家庭的多种功能，不同的学者有不同的概括和分类，弗里德曼（Friedman）综合了一些学者的理论，于1992年提出家庭功能具体包括生殖功能、经济功能、情感功能、社会化功能及健康照顾。

（1）生殖功能（reproductive function）：是家庭繁衍和养育下一代或培养社会新生代、赡养上一代的功能。父母对子女有生活上的供养义务，而子女对其父母也有养老的责任，此为代际间的相互抚养和照应的过程。家庭是生育子女、繁衍后代的基本合法单位。家庭通过确立婚姻、生育子女、建立双系抚育、夫妇配合等一系列制度来保证生育功能的实现，起到延续人类种群和社会的作用。

（2）经济功能（economic function）：是为家庭成员提供充分的经济资源及有效分配的功能。家庭是社会生产消费的最基本单位，家庭经济功能是维系家庭生活需要的经济资源，包括物质、空间及金钱等，以满足家庭成员衣、食、住、行、教育、医疗、娱乐等基本生存的需要，也能提供和解决生活所需的服务。现代家庭要成就经济功能，需要智慧的消费，并且造就高品质的经济生活。

（3）情感功能（emotional function）：是指家庭成员以血缘和情感为纽带，通过彼此关爱和相互支持满足家庭成员的爱与被爱需要，是形成和维持家庭完整性的重要基础和最强大的力量。家庭情感的互动能提供个体爱、支持、安全感、归属感与情绪等精神需求的满足，使家庭成员人格得以稳定发展。

（4）社会化功能（socialization function）：主要指家庭培养其年幼成员走向社会的责任与义务，为子女提供社会化教育，帮助其适应社会的功能。家庭会依据社会的要求来规范家庭成员的行为表现，包括学习生活知识和社会规范、培养性格情操、协调人际关系、指导生活选择等。家庭成员能依据社会的期望扮演自身角色、发展人际关系和发挥社会技能并完成社会化的过程。家庭帮助家庭成员建立正确的人生观、价值观和健康观，体现了家庭的社会化功能。

（5）健康照顾功能（health care function）：主要包括良好饮食习惯、休息与睡眠、安全卫生环境、维护健康、预防疾病及医疗照顾等。家庭具有抚养子女、赡养老人、维护家庭成员健康的责任和义务，家庭成员间通过相互照顾来保护和促进家庭成员的健康，以及为患病成员提供各种照料与康复等有关支持。

家庭功能的发挥是自发的，而且不是固定不变的。掌握家庭功能可确认家庭功能是否完善、家庭的运作情况、家庭成员可提供健康照顾的程度、医护人员照顾介入程度及是否需要转介等，能为家庭功能不完善的家庭提供及时的帮助和支持。社区护士应协助家庭了解家庭功能，使其更充分地发挥家庭在各方面的作用，从而促进家庭的和谐发展。

二、家庭生活周期及其护理要点

（一）家庭生活周期

1. 概念　如同人的生命周期发展阶段一样，家庭也有一个从成立到消亡的过程。家庭生活周期（family life cycle）是指从一对夫妻结婚组成家庭开始，经历子女的出生、成长、工作、相继结婚并组建自己的家庭而离去，直至该夫妻相继去世的整个过程。家庭生活周期是遵循社会与自然发展规律而经历的产生、发展与消亡的动态过程。家庭生活周期随时间发生变化，有起点和终点，每个家庭都按其生命周期发展。

2. 家庭发展阶段　根据家庭成员构成及家庭发展任务的变化，家庭生命周期可划分为不同阶段。家庭发展任务（family developmental task）是家庭在各个发展阶段所面临的普遍的、由正常变化引起的与家庭健康相关的任务。家庭每一阶段都有相应的发展任务需要家庭成员去面对或解决。家庭发展阶段是前后连续的，各阶段之间的转折过渡期为最易导致家庭矛盾、家庭关系紧张及家庭成员焦虑的时期，需要家庭成员加倍投入精力。若家庭发展阶段的任务未能很好的执行，家庭成员的需求得不到满足，则会影响家庭下一阶段的生活。

（二）家庭生活周期的护理要点

在家庭生活周期中，当家庭成员的不同需求得到满足，并能灵活地适应不同角色、妥善处理各阶段家庭发展任务，则该家庭生活会平稳和健康发展。否则，家庭幸福度会降低，且家庭易陷入危机，从而影响到家庭成员的健康。

针对家庭生活周期，多个学者提出不同的家庭发展理论。目前，应用最为广泛的是杜瓦尔（Duvall，1977）的家庭生活周期理论。杜瓦尔将家庭生活周期分为8个发展阶段，家庭在每个发展阶段都承担着不同的家庭发展任务。针对不同阶段的发展任务，社区护理人员应提供不同的护理措施（表5-1）。

表5-1　Duvall家庭生活周期多个发展阶段的家庭发展任务与护理要点

发展阶段		平均长度	发展任务	护理要点
	新婚期家庭（男女结婚，第一个孩子出生之前）	2年（最短）	①夫妻之间认同关系的建立 ②家庭亲戚网络关系的建立 ③性生活协调及计划生育 ④家庭计划，确立经济基础	①婚前健康检查 ②性生活指导 ③计划生育指导 ④心理咨询
	生育期家庭（最大孩子介于0~30个月）	2.5年	①调整进入父母的新角色 ②稳定婚姻关系的维持 ③养育子女，促进身心发育 ④母亲产后恢复	①母乳喂养； ②孕产期护理指导 ③哺乳期性指导 ④新生儿预防接种 ⑤婴儿营养与发育
家庭生活扩展期	有学龄前期儿童家庭（最大孩子介于30个月至6岁）	3.5年	①养育子女，促进身心发育 ②帮助孩子适应与父母部分分离	①合理营养、疾病防治、防止意外的发生 ②检测和促进儿童的生长发育 ③培养儿童良好习惯
	有学龄期儿童家庭（最大孩子介于6~13岁）	7年	①了解如何为人父母，保持自己兴趣和事业的发展 ②督导与训练孩子，使其在自由和责任之间取得平衡 ③教育孩子，使孩子逐步社会化 ④应对代沟引起的沟通问题	①促进儿童生长发育 ②正确应对学习压力的引导 ③合理"社会化" ④防止意外事故
	有青少年家庭（最大孩子介于13~20岁）	7年	①青少年的教育与沟通 ②性教育 ③子女适应上学，逐步社会化	①健康生活指导 ②青春期教育和性教育 ③防止早恋

续表

发展阶段		平均长度	发展任务	护理要点
家庭生活收缩期	有孩子离家的家庭（最大孩子离家至最小孩子离家）	8年	①孩子独立认同的建立 ②重新调试和适应夫妻生活 ③父母与子女改为成人关系 ④父母开始计划退休生活，会面临身体疾病	①心理咨询 ②消除孤独感 ③定期体检 ④更年期保健
	空巢期家庭（所有孩子离家至家长退休）	15年	①重新适应两人生活 ②计划退休后生活 ③疾病问题	①防止依赖药物 ②防范意外事故 ③定期体检 ④改善生活习惯
	退休期家庭（退休至死亡）	10～15年	①适应退休，退休后角色与生活各方面的调试 ②配偶及个人功能的维护，健康状况衰退的调试 ③应对疾病和死亡的打击 ④经济及生活的依赖性高	①慢性病防治 ②照顾与缓解孤独心理 ③提高生活自理能力和社会生活能力 ④丧偶期照顾 ⑤临终关怀

杜瓦尔又根据家庭成员的人数变化将以上8个家庭发展阶段分为家庭生活扩展期和家庭生活收缩期（图5-1）。家庭生活扩展期包括新婚期家庭、生育期家庭、有学龄前期儿童的家庭、有青少年的家庭，是家庭人数逐渐增加的阶段。家庭生活收缩期包括有孩子离开家的家庭、空巢期家庭、退休期家庭，是家庭成员数逐渐减少的阶段。如图所示，家庭生活收缩期的时间比例比家庭生活扩展期要长。因此，在家庭生活扩展期阶段需要家庭做好对家庭生活收缩期的规划，方可使家庭生活周期更为圆满。

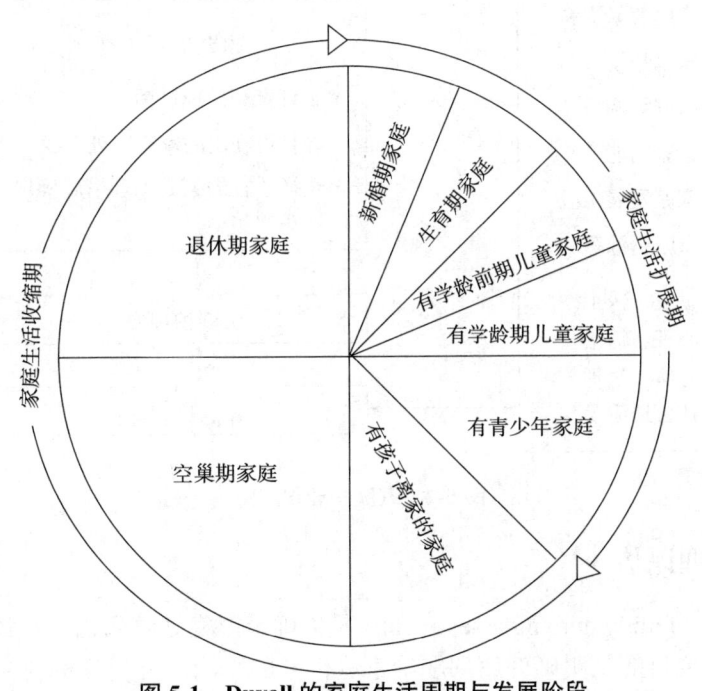

图 5-1　Duvall 的家庭生活周期与发展阶段

杜瓦尔的家庭生活周期理论将家庭阶段以第一个子女的生命周期为指标进行划分，根据生长发育过程预测家庭情况，方法比较简单，可在短时间内对家庭进行评估。但是，该理论是以核心家庭为中心判断家庭发展阶段，不利于联合家庭、单身家庭等其他家庭类型的评估。

每个家庭会以不同方式改变和发展，或者经由不同的过程完成家庭发展任务。因此，这些家庭发展任务只能成为家庭努力的目标，而非立即完成的工作。社区护士可根据家庭目前所处的生活周期和发展阶段，了解该阶段家庭和家庭成员的需求和任务完成情况，并及早发现该家庭可能遇到的问题，明确家庭的护理重点并确认家庭所拥有的资源和力量，提供相应的护理服务，协助家庭完成家庭发展任务，从而促进家庭健康发展。

第二节　家庭护理程序

家庭护理（family nursing）是指社区护士和家庭及家庭成员有目的地进行互动，帮助家庭充分发挥家庭的健康潜能，预防、应对、解决家庭发展阶段的各种健康问题，以促进和维护家庭及其家庭成员达到最佳健康水平而进行的护理实践活动。家庭护理不但能协助家庭发现影响健康的问题，亦能协助家庭实行各项卫生保健措施，满足家庭各种健康需求，进而协助整个家庭及家庭成员获得健康。家庭护理以家庭为中心，主要服务对象包括家庭整体和家庭中的每个成员。家庭护理程序是应用护理程序，为家庭及家庭成员提供不断循环的护理服务的双向过程，见图5-2。

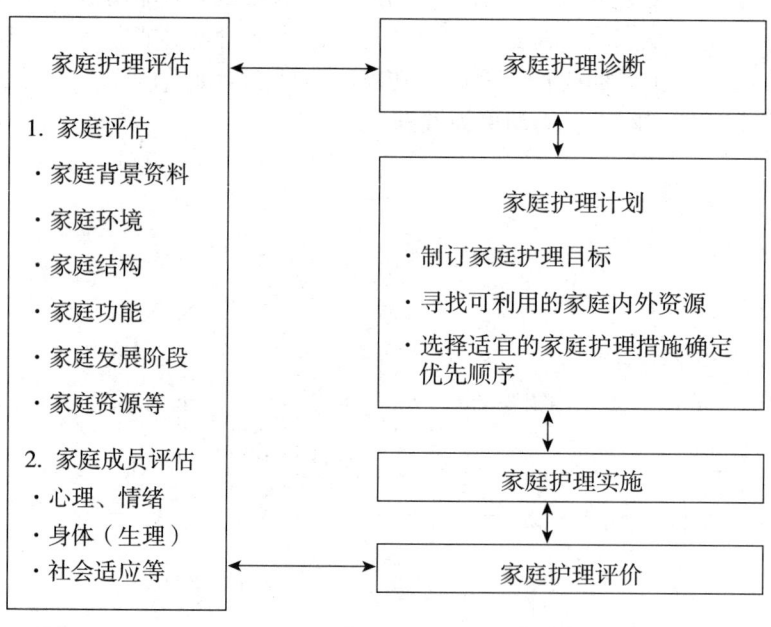

图5-2　家庭护理程序图

一、家庭护理评估

家庭护理评估（family nursing assessment）是为确定家庭健康问题而收集和分析主、客观资料的过程。其主要目的是明确健康问题给家庭带来的影响，分析家庭自身应对问题的方式和能力，以及为进行针对性的援助提供可靠依据。

（一）家庭护理评估内容

家庭护理评估主要包括家庭整体的评估和家庭成员的评估，见表5-2。

表 5-2　家庭护理评估内容

评估项目	评估具体内容
1.家庭整体评估	
（1）家庭基本资料	①家庭地址、联系电话
	②家庭健康管理状况
（2）家庭环境	①家庭地理位置，与社区卫生服务机构的远近情况
	②家庭周围环境（近邻、空气、绿化、噪声、辐射等）
	③居家环境（居住面积、空间分配、消防安全设备、卫生、安全、食物和水质等）
（3）家庭结构	①家庭类型、家庭成员间关系
	②家庭沟通方式（倾听、交流、感受家庭成员需要）
	③家庭成员的角色执行情况及分工
	④家庭权力类型
	⑤家庭价值系统（家庭成员的观念、态度、信仰、健康观及家庭价值与信念）
（4）家庭功能	①家庭成员间的情感（感情融洽、家庭氛围、关爱等）与感知家庭成员情绪变化的能力
	②家庭的经济能力（经济来源、收入和支出等）
	③家庭培养子女社会化的情况
	④家庭自我保健行为（饮食、个人卫生、休息与睡眠、预防保健、医疗行为、疾病照顾行为等）
（5）家庭生活周期	①家庭目前所处的发展阶段
	②家庭履行发展任务的情况
（6）家庭压力	①家庭目前的压力源
	②家庭对压力的理解程度和调试情况
（7）家庭资源	①家庭拥有的内资源：经济支持、维护支持、医疗处理、情感支持、结构支持、信息和教育支持
	②家庭拥有的外资源：社会网络与人际关系（邻里、亲戚、工作单位、社区等）；社会保障设施（医疗保险机构、居民委员会、养老院、社区卫生服务中心等）
	③家庭内、外资源的利用情况及需求
（8）家庭应对能力	家庭解决问题和应对能力，以及家庭持有的优势
2.家庭成员评估	①家庭成员的基本资料（姓名、性别、年龄、家庭角色、职业、文化程度、婚姻状况、宗教信仰、医疗保险形式等）
	②家庭成员的健康状况及所受的影响、对健康问题的认识
	③家庭成员的生活方式（饮食、睡眠、家务、育婴和休假情况等）
	④家庭中患病成员疾病种类、预后情况
	⑤患病成员的日常生活能力及受损程度
	⑥患病成员的家庭角色履行情况
	⑦患病成员的疾病消费情况
	⑧患病成员的家庭战胜疾病的决心

社区护士除了针对以上家庭健康相关内容进行全面的评估以外，还需要了解家庭的长处，即家庭本身持有的优势，以掌握家庭所具备的能力，使家庭发挥自我潜能，提升家庭对解决和应对健康问题的自信心，通过家庭本身的努力达到健康家庭的目标。奥托（Otto）提出的判断家庭长处的标准有：①家庭有能力感受家庭成员的需要；②家庭有能力满足家庭成员生理、情绪及精神上的需要；③家庭有能力提供相应的支持、安全感及鼓励等；④家庭具有有效的沟通能力；⑤家庭角色执行具有弹性；⑥家庭有能力维持家庭内、外人际关系；⑦家庭能自助，需要帮助时能接受帮助；⑧家庭成员互相尊重；⑨家庭有能力运用危机经验作为成长的媒介；⑩家庭团结与忠诚；⑪家庭能随着孩子的成长而成长等。

（二）家庭护理常用评估工具

针对家庭进行护理评估时，常用的工具包括家系图、社会支持度图、家庭圈、家庭功能评估量表等。

1．家系图（genogram）　又称为家庭结构图，主要以家谱的形式展示家庭人口学信息、家庭代际结构和成员关系、家庭生活事件及家庭成员健康问题等信息。家系图能通过符号的形式直观、综合的描述家庭信息，其绘制方法较为简单，是最常用的家庭护理评估工具。通过家系图社区护士和其他医务人员能够迅速评估家庭的基本情况、判断影响家庭健康的问题及家庭中需要提供护理与治疗服务的患者和高危成员等。

家系图绘制过程中应遵循以下原则：代际关系中，长辈在上，晚辈在下；同辈中，长者在左、幼者在右；夫妻中，男在左，女在右。另外，在每个成员的符号旁边可标注年龄、婚姻状况、出生或死亡日期、患病情况，也可根据需要标注家庭成员的职业、文化程度、家庭决策者、家庭重要事件及主要健康问题等。家系图一般从现有健康问题的护理对象这一代开始，向上下延伸，可包含三代或三代以上，与护理对象同住在一起的家庭成员应用虚线圈上，根据性别、角色、关系采用不同符号表示，见图5-3。

2．家庭功能评估表　家庭功能评估常用家庭关怀度指数测评表，又称APGAR家庭功能评估表，是由斯密克汀（Smilkstein，1978）研制的检测家庭功能的自评问卷，反映个别家庭成员对家庭功能的主观满意度，适用于社区护士初次、简单、快速评估家庭功能。问卷包括两部分，第一部分测量个人对家庭功能的整体满意度（表5-3），采用5个题目测量家庭的适应度（adaptation）、合作度（partnership）、成熟度（growth）、情感度（affection）和亲密度（resolve）等方面。该部分的评分标准是"经常"为2分，"有时"为1分，"几乎从不"为0分，5个维度的总得分在0~3分为家庭功能严重障碍，4~6分为家庭功能中度障碍，7~10分为家庭功能良好。第二部分用于了解个人和家庭其他成员间的关系，关系相处程度的评判采用三级评分法，见表5-4。由于测评问题少，评分简单，并且可以快速地评价家庭功能，常适用于社区工作中。

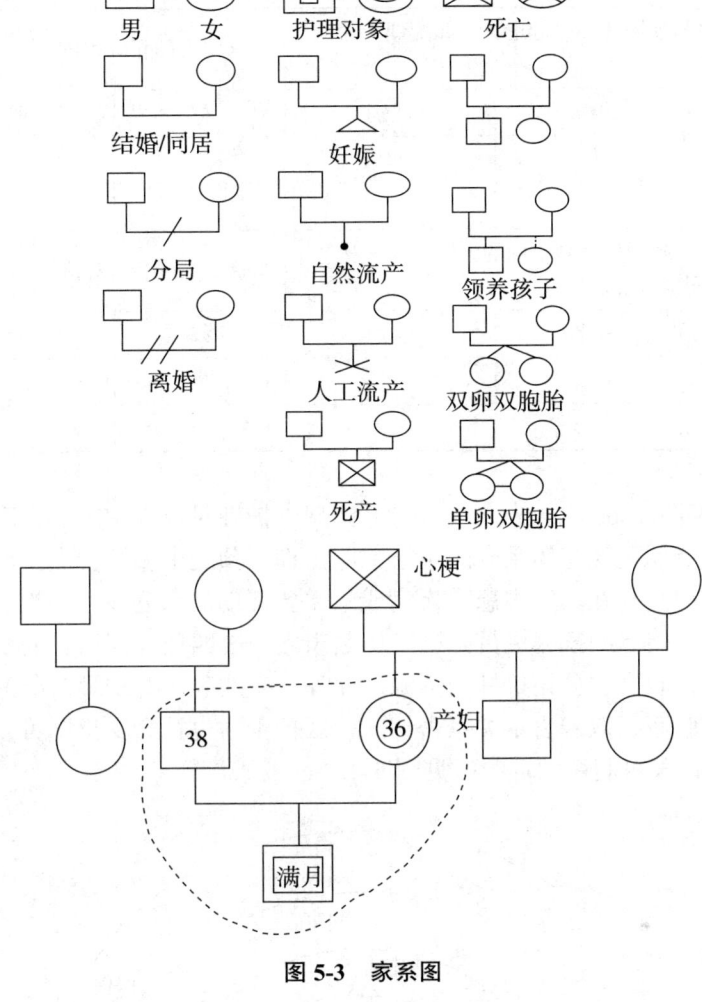

图 5-3 家系图

表 5-3 APGAR 家庭功能评估表（第一部分）

维度	项目	经常	有时	几乎很少
适应度	1）当我遇到问题时，可以从家人处得到满意的帮助。 补充说明_____	□	□	□
合作度	2）我很满意家人与我讨论各种事情以及分担问题的方式。 补充说明_____	□	□	□
成熟度	3）当我希望从事新的活动或发展时，家人都能接受且给予支持。 补充说明_____	□	□	□
情感度	4）我很满意家人对我表达感情的方式，以及对我情绪（如愤怒、悲伤、爱）的反应。 补充说明_____	□	□	□
亲密度	5）我很满意家人与我共度时光的方式。 补充说明_____	□	□	□

表 5-4　APGAR 家庭功能评估表（第二部分）

按关系密切程度排序与您同住在一起的人（如配偶、子女、朋友等）			与这些人的相处程度		
关系	年龄	性别	好	一般	不好
如果您和家人不住在一起，您经常求助的人（家庭成员、朋友、同事、邻居）			与这些人的相处程度		
关系	年龄	性别	好	一般	不好

3．社会支持度图（social support gram）　体现以护理对象为中心的家庭内、外的资源和支持体系，此家庭资源及支持体系会应用于家庭护理干预之中。社会支持度图的绘制中，第一环是护理对象，应选择在家庭中患有疾病或最需要帮助的家庭成员为护理对象；第二环包括与护理对象同住在一起的家庭成员；第三环是亲戚；第四环是邻居、朋友、同事等；第五环应包括社区机构、教会、公司等社会资源。此外，直线表示对护理对象的支持程度，一条连线表示两者间有联系，双线表示关系密切。社区护士通过社会支持图可以了解和判断其家庭目前的社会关系以及可利用的资源，见图 5-4。

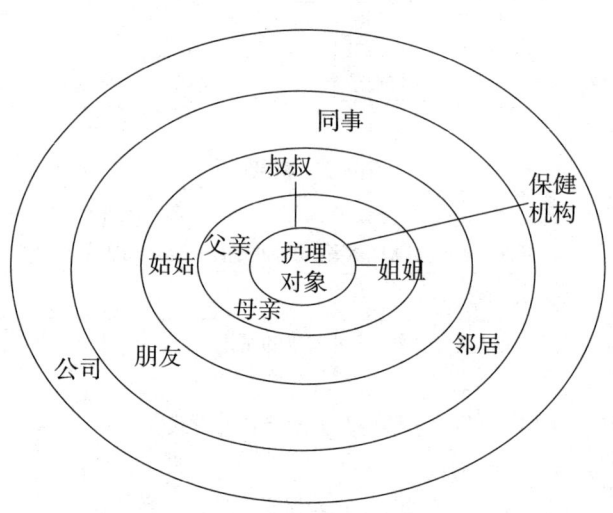

图 5-4　社会支持度图

4．家庭亲密度（attachment gram）　是直观的描述同住在一起的家庭成员之间的密切程度与相互关系，可根据家庭成员的关系变化情况进行修改，见图 5-5。

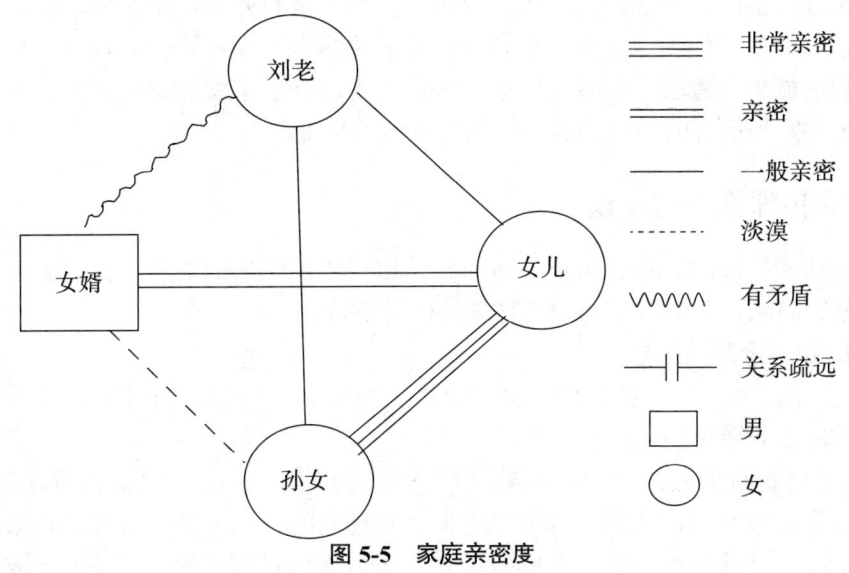

图 5-5　家庭亲密度

5．家庭圈（family circle）　是从护理对象的角度看待家庭成员与自己的关系的主观看法，可作为社区护士分析和了解家庭内互动情况和角色扮演情况的评估工具之一。家庭圈只表示护理对象当前的主观看法，这种对其他家庭成员关系的看法会随着时间而不断变化。因此，社区护士需要持续地评估和修正，见图 5-6。

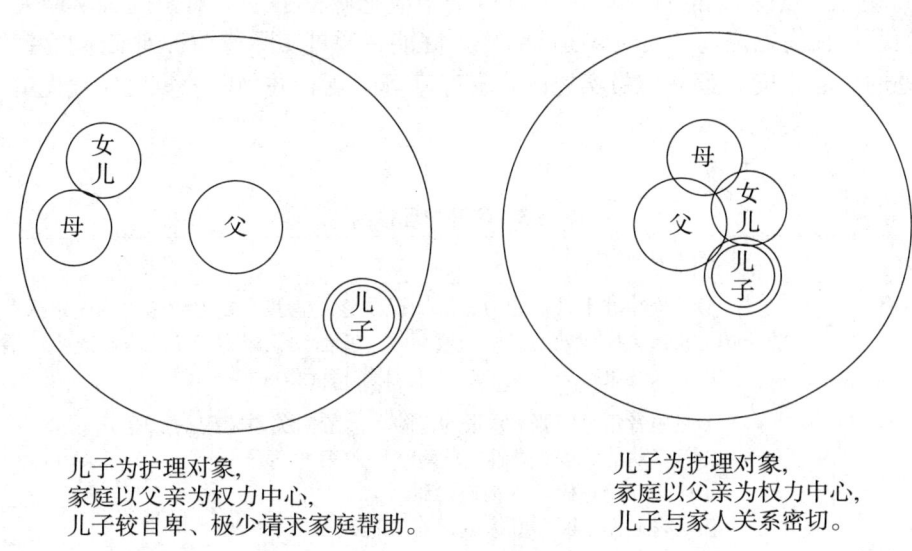

儿子为护理对象，
家庭以父亲为权力中心，
儿子较自卑、极少请求家庭帮助。

儿子为护理对象，
家庭以父亲为权力中心，
儿子与家人关系密切。

图 5-6　家庭圈

（三）家庭护理评估注意事项

在收集家庭资料过程中，应运用多种收集资料方法全面、完整地收集主、客观资料，充分利用沟通技巧与家庭成员进行交流、建立信任关系，并通过观察家庭环境及与家庭成员访谈获得有价值的深层资料。同时还应充分利用其他人员收集的资料，以便全面客观地掌握家庭成员的健康状况，如医院的病历记录、社区居民的健康档案及社区人口资料等。

在分析家庭资料时，社区护士应正确分析主、客观资料并做出准确的判断，避免主观判断，应认识家庭的多样性和多变性，要随时补充和收集多方面的资料，还要掌握家庭应对和处理健康问题的能力与方法。这些有助于社区护士正确分析家庭的健康问题，并能为家庭制订有效的解决方案和适宜的护理计划，提供针对性的护理服务。

二、家庭护理诊断与计划

家庭护理诊断（family nursing diagnosis）是根据评估收集的资料，判断确定家庭及家庭成员存在的健康问题，为制订家庭护理计划提供可靠依据。

（一）家庭护理诊断的形成

1．资料的整理和归类　社区护士针对评估所收集到的资料进行整理，从中选择有意义的资料，并按家庭问题类别进行分类。

2．确定家庭护理问题　针对评估收集的资料进行综合分析，并找出护理问题与原因。从家庭整体上分析家庭护理问题，弄清家庭护理问题间的相互关系，重点分析家庭发展阶段的任务执行情况、患病成员对家庭的影响、家庭压力事件对家庭的作用及家庭成员角色的调试等健康问题。

3．建立家庭护理诊断　根据家庭的健康问题确定家庭护理诊断，诊断的陈述方法与临床护理诊断或社区护理诊断相似，采用 PES 形式表达。家庭护理诊断常运用北美护理诊断协会诊断系统（NANDA），见表 5-5。

4．明确家庭护理问题的优先顺序　社区护士应把亟待解决、对家庭威胁最大、后果严重的健康问题排在优先位置。同时，也要考虑家庭能否通过实际行动看到或体验变化的结果、家庭对问题的关心程度、家庭成员实施的难易程度等问题，并判断该家庭应优先解决的健康问题。

表 5-5　家庭护理诊断

分类	家庭护理诊断
健康促进方面	①无效性健康维护能力　②知识缺乏　③持家能力障碍　④娱乐活动缺乏　⑤家庭治疗计划处置不当或无效　⑥活动无耐力　⑦成人缺乏生命活力　⑧寻求健康行为（特定）　⑨健康维持无效
角色关系方面	①照顾者角色紧张/紧张的危险　②依附关系障碍的危险　③养育功能障碍/障碍的危险　④决策冲突　⑤社交互动障碍　⑥沟通障碍　⑦家庭运作中断　⑧家庭运作过程改变　⑨父母角色冲突　⑩关系增强的愿望　⑪角色扮演不当　⑫有孤独的危险　⑬母乳喂养不当或无效　⑭母乳喂养中断
适应/压力耐受方面	①家庭应对能力缺陷　②家庭应对无效　③家庭应对能力增强的愿望　④家庭妥协性应对

（二）制订家庭护理计划

家庭护理计划（family nursing planning）是以家庭护理诊断为依据，确定家庭护理目标和选择家庭护理措施的过程。社区护士的作用是为家庭提供健康信息、指导和辅助家庭完成计划。社区护士应让每个家庭成员都能参与家庭护理计划的制订过程，帮助家庭决定家庭成员在家庭护理过程中的角色和任务，让每个家庭成员有权做出健康决策。而且，社区护士制订家庭护理计划时，还要考虑家庭的健康观、价值观、生活习惯及家庭成员的想法等要素选择与家庭背景相符的、合理的护理支持方法，充分发掘和利用家庭的内、外部资源，并与其他卫生服务机构和相关人员进行合作，制订有效的、针对性的家庭护理计划。制订家庭护理计划的步骤如下：

1．确定家庭护理目标　护理目标是实施计划的指南，也是实施护理措施的评价标准，能够反映护理问题的改善情况。因此，社区护士制订护理目标时选择具有可行性的符合该家庭情况的目标，以及考虑是否能够观察或测量其结果、家庭成员的实施意愿、家庭本身感受的急缓程度和难易程度、家庭时间和经济情况等方面来制订目标的优先顺序。护理目标有长期目标和短期目标，长期目标是家庭希望达到的最终目标，短期目标则是实现长期目标而设立的阶段性目标。

2．制订家庭护理计划　家庭护理计划包含家庭护理实施计划和评价计划。制订家庭护理实施计划时，应找出可利用的家庭内、外部资源，并明确具体护理措施、实施时间、执行者及评价方法等内容。评价计划则包括评价的时间和评价指标或标准等内容。整个家庭护理计划可按照以下格式设计和记录，见表5-6。

表5-6　家庭护理计划表

家庭护理诊断	目标	实施计划			评价计划	
		护理措施	实施时间	执行者	评价标准	评价时间
	总目标					
	短期目标					

三、家庭护理实施与评价

（一）家庭护理的实施

家庭护理实施（family nursing implementation）是根据制定的家庭护理目标，执行家庭护理计划的过程。家庭护理计划中家庭成员为主要责任者和实施者，社区护士与其他医疗人员、家庭社会网络的其他人员共同参与和协助家庭执行护理措施。开展家庭护理的主要目的是帮助家庭成员改变不良的行为和生活方式，强化家庭系统功能及增强家庭健康水平。在执行护理计划时可能存在家庭价值观不同、家庭执行无效、无价值感、怀疑、犹豫不决等障碍的发生，社区护士应与家庭建立合作信赖的关系，针对家庭护理过程中出现的问题找出原因，并运用多种方法或适当调整家庭护理计划，帮助家庭克服这些障碍并将其顺利达到有效解决家庭健康问题的目的。

（二）家庭护理的评价

家庭护理评价（family nursing evaluation）是判断家庭护理问题是否解决以及是否达到预期目标的过程。家庭护理评价贯穿于家庭护理活动的全过程，包括过程评价和结果评价。

1．过程评价　又称为阶段评价，主要对家庭护理评估、家庭护理诊断、家庭护理计划及家庭护理实施4个阶段进行评价。具体评价内容包括：①在家庭护理评估阶段，主要评价收集的资料是否完整、全面，是否有利于确定家庭健康问题；②在家庭护理诊断阶段，主要评价所提出的家庭护理诊断是否反映家庭现阶段最主要的健康问题；③在家庭护理计划阶段，主要评价是否充分考虑和利用了家庭内外资源，全体家庭成员是否参与制订计划过程及对计划的态度等；④在家庭护理实施阶段，主要评价是否按家庭护理计划顺利执行，有无障碍发生及导致障碍的原因等。

2．结果评价　主要考察通过实施家庭护理活动，家庭成员健康问题的解决程度及效果。

（1）家庭整体健康的护理评价：①家庭对健康问题的理解程度，患病成员和家庭获得了应对发展任务和健康问题的基本知识，对自身健康的关心及意识增强。②家庭情绪稳定程度，患病成员和家属是否存在不安和恐慌，以及是否出现不亲密和孤独感，以至于阻碍对健康问题的应对和处理。家庭成员能否使自己的情绪趋于稳定并参与解决家庭的健康问题。③家庭分工角色及分担任务程度，家庭原有的角色由于发展任务或家庭健康问题而发生改变时，家庭成员是否都参与了自己相应角色工作的分担。④家庭环境的改善，家庭成员是否积极地把家庭环境向利于健康的方向改善，是否能够得到近邻的帮助和鼓励。⑤家庭对社会资源的有效利用，家庭是否积极利用了相应的社会资源来解决家庭健康问题，提供的护理服务是否与家庭的需求相一致，是否朝这个方向努力。

（2）家庭成员的护理评价：①家庭成员间的相互理解，所有家庭成员能相互考虑并理解对方的需求；②家庭成员间的情感交流，家庭成员开始思考最佳的交流方法；③家庭成员的亲密度和爱心，家庭成员是否有决心和信心相互合作，应对已经出现的问题；④沟通情况，家庭成员间能进行有效的沟通；⑤家庭成员判断和决策问题的能力，家庭是否能以家庭成员为主体判断和应对问题，家庭成员是否为此收集了相关资料并在家庭内部商讨解决方法；⑥家庭成员应对问题的能力，家庭成员能积极面对各种问题，并采取有效的应对措施解决问题；⑦家庭成员生活质量的提高程度，家属在照顾患病成员时，没有因照顾患病成员而失去自己的生活乐趣或造成自身健康不良，家庭中患病成员与其他家庭成员能够逐渐过上有意义且充实的日常生活。

社区护士根据评价结果决定是否终止家庭护理计划，以及修改或补充护理计划给予家庭继续提供护理服务。评价结果未达成预期目标时，社区护士需要考虑是否存在产生家庭护理结果的阻碍因素，例如家庭不关心、怀疑、害怕失败及犹豫等原因而不执行护理措施，或者家庭对社区卫生系统的不信任及家庭资源或支持途径有限而难以开展家庭护理措施，也可能是社区护士在制订家庭护理服务计划时家庭的文化背景、价值观及优点等被忽略所导致家庭护理结果未产生等。因此，社区护士应全面分析可能产生的家庭护理阻碍因素，运用多种方法克服障碍，以便使护理措施得以顺利开展，从而有效解决家庭健康问题。

第三节　常用家庭护理方法

家庭访视与居家护理是实施家庭护理的基本手段，也是开展社区卫生服务的主要形式。社区护士通过家庭访视和居家护理，完成对家庭护理服务对象的疾病预防、保健、健康促进、护理照顾及康复等护理工作。

一、家庭访视

（一）概念

家庭访视（home visit）是指社区护士在服务对象的家庭里，为了维持和促进家庭与家庭成员的健康而提供的有目的、有计划的护理活动。

社区护士通过家庭访视可直接观察到服务对象的家庭环境、家庭结构、家庭功能、经济状况、家庭成员互动情形、健康状况及患者照顾情况等现状，能了解和发现服务对象的潜在或现存的健康问题，能正确的评估家庭的健康需求，为其家庭提供有针对性且全面的护理服务，有效解决家庭的健康问题，维持和促进服务对象的家庭健康。

（二）家庭访视目的与类型

1. 家庭访视的目的　　家庭访视是了解服务对象情况，明确服务对象的健康需求，发现家庭及家庭成员潜在或现存的健康问题，确认影响家庭和家庭成员健康的因素，寻求适宜的家庭内解决问题的方法，为家庭及家庭成员合理制订和实施家庭护理计划，提供适当而有效的护理服务，促进家庭发挥功能和有效利用支持系统，从而增进家庭的健康水平的目的。

（1）了解家庭以及家庭成员的健康状况：社区护士采用科学的方法对家庭及其成员进行全面评估，了解家庭及其成员的健康状况和健康需求，及时协助家庭发现健康问题。

（2）确认并消除家庭健康的危险因素：社区护士通过查找家庭生活环境中影响家庭健康的各种危险因素，直接与服务对象合作，通过利用现有的家庭资源和合理的护理措施进行逐步消除，确保服务对象及其所在家庭的健康。

（3）寻求与制订家庭健康问题的解决方案：社区护士为制订家庭内解决问题方法而收集相关资料，在家庭成员参与下与家庭成员共同制订家庭健康问题的解决方案。

（4）提供家庭护理服务：社区护士针对家庭内缺乏自我护理能力的服务对象进行合理有效、针对性的家庭护理服务。

（5）促进家庭保健意识：社区护士提供家庭及家庭成员有关促进健康和预防疾病的健康教育，调动家庭成员积极参与，提高家庭及家庭成员掌握预防疾病的相关知识和自我健康管理技能，有效促进家庭保健意识，维持家庭健康。

（6）提供判断社区健康问题的线索：社区护士通过对社区内某些具有共性健康问题的家庭进行综合分析，找出该社区可能存在的健康问题。

（7）促进有效利用支持系统：社区护士协助家庭找出家庭拥有的内、外资源，并提供家庭可利用的支持系统，鼓励家庭充分利用有关的健康资源，为家庭护理服务对象提供有效的支持和帮助，增强家庭解决健康问题的信心。

（8）与服务对象建立并保持良好关系：社区护士通过深入了解家庭及护理服务对象，加深对服务对象的了解并与其建立良好的信赖关系，有利于社区护士家庭护理计划的实施。

2. 家庭访视的类型　　根据家庭访视的目的可将其分为4种类型，即评估性家庭访视、预防保健性家庭访视、连续照顾性家庭访视、急诊性家庭访视。

（1）评估性家庭访视：以评估家庭及家庭成员的健康需求和健康状况为目的，常用于有家庭危机或家庭内有患者、年老体弱者或残疾人等家庭的评估。

（2）预防保健性家庭访视：以预防疾病和健康促进为目的，主要用于产后访视、新生儿访视与计划免疫等情况。

（3）连续照顾性家庭访视：为患者提供连续性的照顾服务，主要用于患有慢性疾病或需要康复护理的患者、某些急性病患者、行动不便的患者、临终患者及其家属的护理服务。

（4）急诊性家庭访视：解决临时性的、紧急的情况，具有随机性，如家庭成员突发疾病、外伤或家庭暴力等情况。

（三）家庭访视流程及注意事项

家庭访视是社区护士运用专业知识和技术协助家庭解决健康问题及预防健康问题发生的综合性健康服务，需注重家庭成员的主动参与。

1. 家庭访视前的准备　全面充分的准备是顺利完成家庭访视的基本条件，家庭访视前的准备共包括以下5个方面：

（1）选择访视对象：进家庭访视，应有计划、有重点、有目地安排好家庭访视的优先顺序。家庭访视的优先顺序可由健康问题的严重性、时间性等原则来安排。

1）健康问题的严重性：家庭内健康问题影响人数多、致死率高、后遗症严重、经济损失严重等家庭应优先考虑家庭访视，如家庭内有霍乱、痢疾、甲型肝炎、心肌梗死、中风等患者、患先天性心脏病的小儿和患肺心病的吸氧者等家庭，必要的情况下积极配合急救或协助移送就近医院治疗。但是，有多个访视对象时，有传染病的患者应最后访视，以降低传染病传播的机率。

2）时间性：受时间限制的对象应优先安排。如家庭中出现外伤、出血等患者需要紧急救助或协助送就近医院治疗时应优先访视。若家庭内有患先天性心脏病的小儿和肺心病患者，也应列为优先访视。

3）时效性：根据交通是否方便，顺着路程由近而远、由远而近等路线作安排，以节省交通耗费的时间与经费。此外，对于预约健康筛查未能如期进行的患者，如糖尿病、高血压患者，疾病的控制情况将很大程度上影响其今后生活质量，并可造成经济损失，但通过利用卫生资源能控制疾病，应列为优先访视对象。

（2）明确访视目的：确定家庭访视的对象后，社区护士在家庭访视前必须先根据访视对象的特点明确访视目的，再制订访视中的具体程序。如果是第一次访视，实施家庭访视前，可通过医疗记录、社区健康档案等资料先对访视的家庭基本信息、护理对象的病情等进行了解；实施连续性家庭访视前，应根据上一次的访视情况，确定下一次的访视目标，经过一段时间的访视后，便可根据目标评价访视的效果，再次确定访视内容、护理措施等，也可确定是否继续或终止家庭访视。

（3）准备访视用品：根据访视对象和访视目的确定访视用物，访视物品分为两类：一类是访视所需的基本物品，另一类是根据访视目的增设的物品。访视的基本物品包括：①查体基本工具，如体温计、血糖仪、血压计、听诊器、手电筒、量尺等；②常用消毒物品和外科器械，如乙醇、棉球、纱布、剪刀、止血钳等；③隔离用品，如消毒手套、围裙、口罩、帽子、隔离衣等；④常用药物及注射工具等；⑤其他，如记录单、健康教育材料等。根据情况可增设访视物品，如针对新生儿家庭，访视时可携带婴儿体重秤、母乳喂养和预防接种宣传材料等，针对慢性病患者家庭，可提供控盐勺、控油瓶、药盒。

（4）联络被访家庭：确定访视时间后，需要事先联系访视家庭，一般是通过电话预约。预约时，先介绍自己并告知家庭访视的目的，初步了解家庭是否清楚和愿意接受家访，并与家庭护理对象协商具体家庭访视时间，也可简单了解家庭目前的情况，但通话时间不宜超过

15分钟。如果家庭访视被拒绝，应进一步询问被拒绝的原因，并向访视对象解释访视必要性，以及在家庭访视过程中所提供的服务、所需时间等。有时，为了了解家庭的真实情况，可安排即时家庭访视。

（5）安排访视路线：社区护士家访前根据所要访视的家庭安排访视路线。社区护士有必要让家庭成员知晓联系电话、访视时段、访视时长等，以利于提高家庭访视的成功率。此外，社区护士应根据家庭访视情况的不同灵活安排访视路线。当需要同时访视两个患者时，应以居住较远且病情较重者为优先；如果一位是居住较近的且病情已基本得到控制的传染病患者，另一位是一般性家庭访视而且居住较远，则优先访视后者；如果一处有两个患者，其中一位患者躯体留置引流管需换管，另一位患者患有压疮且已破溃感染需换药，则应安排前者优先处置，洗手后再对后者进行换药；假如一天中需要访视多个家庭时，按优先顺序依次为新生儿及产妇、半身瘫痪患者、高血压患者。

2．家庭访视中的工作内容　访视分为初次访视和连续性访视。初次访视主要任务是与家庭建立友好关系，获取家庭的基本资料，确定家庭及家庭成员的主要健康问题。初访时由于社区护士接触新的环境，访视工作相对较为困难，需要收集的资料也相对较多。连续性访视是通过每一次家庭访视不断补充收集家庭和护理对象相关资料，以便及时发现与解决健康问题，并对上次访视内容进行评价和修订后，再制订下次的访视计划并按新计划进行护理的过程。

（1）建立信任关系：确立良好的信赖关系是社区护士的首要工作，是开展家庭护理的基础。社区护士应尊重家庭的想法、行为和隐私，有必要与家庭建立良好的合作与信任关系。

1）自我介绍：初次访视时或开展家庭访视时，社区护士要向访视对象介绍姓名及所属单位，明确说明访视目的。通过维持基本的社交礼仪使访视对象放松并取得其信任。

2）尊重服务对象：受访家庭及服务对象可拒绝访视或自行决定家庭访视的时间。只有在被访家庭愿意接受服务，以及社区护士与家庭建立良好关系的基础上，可有效的提供护理服务和收集资料。社区护士应向受访家庭及服务对象明确其权利，必要时可签订家庭访视协议。

（2）实施护理干预：通过评估了解上次访问后的变化情况及发现现存的健康问题，根据评估结果与护理对象共同制订和调整护理计划。护理操作过程中，严格遵守护理技术规范和消毒隔离制度，注意防止交叉感染，及时回答护理对象的提问，发现问题及时提供针对性的健康指导，必要时办理转诊手续。操作后还要妥善处理污物，避免污染，整理用物并洗手。

（3）简要记录访视情况：记录本次家访收集到的新的主、客观资料，以及执行的护理措施和健康指导内容。记录时注意简要记录重点内容，不要为了记录而忽略了与访视对象的交流。

（4）结束访视：与访视对象一起总结，共同决定是否需要下次家庭访视。如果需要，则共同决定在下次访视前访视对象和家属应做的工作，预约下次访视时间和内容，给家庭留下访视护士的联系电话、工作单位地址等，方便日后联系。

3．访视后的工作内容

（1）消毒及补充物品：访视结束后回到社区卫生服务中心，要洗手、漱口，把所有使用的物品进行必要的处理、整理和补充访视包内的物品。

（2）整理和完善家庭访视记录：家访结束后，应及时整理家庭访视的现场记录，尽量避免回忆性记录。记录内容主要包括护理对象的反应、检查结果、现存的健康问题、协商内容和注意事项等家庭访视内容，分析和评价护理效果和护理目标达成情况，也可在资料库或记录系统补充完善家庭健康档案和病历。

（3）结束及修改护理计划：如果访视对象的健康问题已解决，即可终止家庭访视。根据收集的家庭健康资料和新出现的健康问题，修改并完善下一次的护理计划。

（4）协调合作：通过个案讨论、汇报等形式交流访视对象的情况，针对出现的问题商讨解决办法。如果现有资源不能解决访视家庭的问题，而且该问题在社区护士职权范围内不能解决时，应与其他服务机构、医生、设备供应商等取得联系，协助访视对象转诊或提供相应的帮助。

4．家庭访视的注意事项

（1）着装：着装要得体、整洁及便于工作。穿舒适的鞋，以方便必要时离开危险环境。不可佩戴任何首饰。随身携带身份证与工作证。

（2）态度：要求合乎礼节，尊重被访对象及家庭的交流方式、文化背景、社会经历、民俗习惯等，严格保守被访对象及家庭的隐私和秘密。

（3）访视时间：一般以30分钟至1小时为宜，访视时间要避开家庭的吃饭和会客时间。访视时间低于20分钟，最好将两次访视合并，但家庭主动要求或需提供特定物品或信息时例外。若单次访视时间超过1小时，最好分成两次进行，以免时间过长影响访视对象的个人安排，影响下次访视。访视次数根据家庭的具体情况而定，需要考虑社区护士数量与时间、护理对象的数量和需解决的问题轻重缓急程度、卫生服务政策及预算等。

（4）服务项目与收费：社区护士应根据服务项目提供护理服务，社区护士与签署家庭访视的家庭及护理对象要明确收费项目与免费项目，提供家庭访视的社区护士不能直接参与收费，应由派遣机构根据社区护士所提供服务的情况进行费用核算。

（5）家庭访视的安全管理：社区护士因进入不同的家庭和环境，难免会发生需要社区护士采取紧急应对的情况。社区护士在家庭访视的整个过程中应考虑安全问题，按照有关规定进行工作。

1）家庭访视前的安全管理：社区护士应了解被访家庭个体或家庭的情况，酌情安排社区护士人数，出访前需要在机构留下访视目的、出发时间及预定回归时间和被访家庭的住址、路线等，以备有特殊情况时与访视护士及时取得联系。

2）家庭访视中的安全管理：实施家庭访视时，保证访视对象安全，如家庭中有危险发生时应立即处理，并报警或通知急救中心；家庭访视包应妥善放置，避免服务对象家庭中的小孩玩弄；尽量要求护理对象的家属在场，沉着应对突发事件，如果遇有敌意、发怒、情绪反复无常的护理对象，社区护士提供急需护理后应立刻离开现场或立即中止访视；如遇访视对象家中有打架、酗酒、吸毒、有武器等不安全情况时，可立即离开，并与有关部门联系。

3）其他：家庭访视途经陌生、偏僻的环境时，或受访家庭是单独的异性时，社区护士有权向机构要求陪同人员，做好相关记录，以及相关文件的签署，掌握执业范围，避免医疗事故和医疗纠纷的发生；慎重对待和传达无把握或没有定论的信息。

二、居家护理

（一）概念

居家护理（home care）是指在有医嘱的前提下，社区护士直接到患者家中，应用护理程序，向居住在家庭中的患者、残疾人、精神障碍者等，提供连续的、系统的基本医疗护理服务。

居家护理是提供延续性护理服务的过程，具有个体化、综合性、持续性、协调性、可及性等优点。患者在家中接受居家护理可获得出院后延续性护理服务和专业的护理服务。

（二）居家护理的目的与类型

1. 目的

（1）患者方面：①缩短住院时间；②提供个体化、人性化、连续性的治疗与护理服务；③有利于方便生活，增强自我照顾的意识与能力；④控制并发症，降低疾病复发率及再住院率；⑤减少医院交叉感染的机会。

（2）家庭方面：①增强家庭照顾患者的意识；②提供患者护理相关知识与技能；③减少家庭经济负担。

（3）专业方面：①增加医院病床利用率，降低医疗费用；②扩展护理专业的工作领域，促进护理专业的发展。

2. 类型　居家护理分为由社区卫生服务中心、家庭病床和家庭护理服务中心提供服务的3种形式。社区卫生服务中心和家庭病床是我国常用的居家护理服务形式，美国、日本等国家常以家庭护理服务中心形式进行居家护理。

（1）社区卫生服务中心：由社区卫生服务中心派遣社区护士为管辖社区的患者家庭提供居家护理，是目前我国主要的居家护理服务形式。

（2）家庭病床：是以家庭作为治疗护理场所，使患者在熟悉的环境中接受医疗和护理服务，是医院住院服务的院外补充形式，也是社区卫生服务的一种重要形式。

1）家庭病床的特点：①便捷性，家庭病床的服务范围从医院扩大到社区和家庭，由专业医生与社区护士依托医院、社区开展医疗护理服务，很大程度上方便了居家老年慢性病患者、残疾人等人群获得连续性医疗服务；②综合性，家庭病床服务内容逐渐扩大，为人们提供了诊疗、家庭护理、康复锻炼、预防保健、生活指导、健康教育等多方面的服务，满足了人们对医疗服务需求；③经济性，家庭病床可缓解医院床位紧张的压力、提高卫生资源的使用效益及人们对医疗费用负担的问题。

2）家庭病床的分类：①医疗型，以收治老年性疾病、慢性病、常见病、多发病和中晚期肿瘤等病种为主体。主要包括诊断明确或基本明确的病情稳定的非危、重症患者，以及由于住院困难且需连续观察治疗的患者；长时间治疗、住院花费较高、病情允许在家庭治疗的患者；年老体残，行动不便，到医院连续就诊困难的患者；需予以支持治疗和减轻痛苦的中晚期肿瘤患者；经住院治疗病情稳定，出院后仍需继续观察治疗的患者等。②康复型，心血管疾病等老年性疾病的康复期或由后遗症引致功能障碍或残疾者，以及根据病情需进行以社区康复治疗为主的患者等。③综合服务，以诊断明确、治疗方案单一、长期卧床、适宜家庭治疗的慢性疾病患者为主要对象。根据病情制订护理计划，开展心理卫生、营养膳食、功能锻炼、疾病防治、家庭医学保健知识指导，培训家属掌握必要的护理知识，作好家庭生活护理，预防和减少并发症的发生。

3）家庭病床的主要任务：①对患者提供基本医疗服务；②开展家庭环境下的康复训练；③进行个体化的健康指导，宣传预防保健知识；④对疾病晚期患者提供临终关怀。

（3）家庭护理服务中心：是对家庭中需要护理服务的人提供护理的机构。美国称之为家庭服务中心（family care center），日本又把它称为访问护理中心（visiting nursing center）。发达国家正积极推广和使用此种模式。目前，我国以综合医院或社区卫生服务机构设立家庭病床为多见，也有部分看护服务公司借鉴发达国家经验与方法，推出了专业的居家护理试点机构，聘请具有丰富临床护理经验的社区护士，为居家患者或老年人提供病情观察、生活照料、合理用药和居家安全指导、老年常见病护理、康复护理等专业居家护理服务。

1）机构设置：多由个人集资合作经营，机构是由社会财团、医院或者民间组织设置。其经费独立核算，经费来源主要是护理保险机构，少部分由服务对象承担。

2）工作人员：其工作人员固定，由主任 1 名，副主任 1 名，医师 1～2 名，社区护士数十名，护理员和家政服务员数十名，康复医师数名，心理咨询医师 1 名，营养师 1 名组成。护士是护理服务中心的主体。中心主任和副主任多数是由社区护士担任，也有的地方由医师担任。

3）服务方式：首先由服务对象提出申请，服务中心接到申请后，由社区护士到申请者家中进行访视及评估。评估内容包括：需要护理的情况，需要医师诊查的情况，家庭环境，需要心理咨询医师介入的情况，需要护理员进行生活护理的情况，需要家庭服务员家务服务的情况等。

无论是家庭病床，还是家庭护理服务中心，都需要满足以下条件，才能发展居家护理。①护理对象的家庭中必须有能担负照顾责任的人。因为社区护士只能定期到家中提供护理服务，24 小时的照护主要依靠患者自己和家属。②居家护理的费用纳入相关保险，是提供居家护理服务的基本保证。③有明确的经营方向和资源管理方法，才能使居家护理得到良好的发展。④建立健全相关制度。提供居家护理要有明确的制度规定，如接受居家护理服务的患者病情变化时规定提供住院诊疗，或者患者出院后需要继续治疗和护理时从制度上规定提供居家护理等。

（三）居家护理的服务内容

1. 服务对象　服务对象主要包括出院后需要继续治疗、护理和康复的患者、精神障碍者、残疾人、慢性病患者、老年痴呆者、直肠造瘘术后患者、重症晚期患者等。具体符合以下任何一项或多项时可获得居家护理服务：

（1）患者与家属有居家护理需求，并愿意接受居家护理相关的付费事宜；

（2）患者病情稳定能在家中进行治疗和护理，家庭中必须有照顾者承担患者的照护；

（3）有明确的医疗和护理服务项目需求，如一般医疗处置，导尿管、气管插管、造口及压疮伤口等专业护理服务需求；

（4）患者缺乏自我照顾能力；

（5）签订家庭护理服务知情同意书。

2. 服务内容

（1）心理护理：居家患者由于病程较长而易出现紧张、焦虑、抑郁甚至绝望心理，社区护士应鼓励患者表达内心真实想法，并耐心倾听。帮助患者以积极乐观的态度面对生活。与患者亲朋联系，鼓励多探望患者，病情许可情况下，可带患者外出，加强与外界接触。

（2）运动指导：指导居家患者合理运动，改善生理状况，促进机体功能恢复。社区护士应根据患者病情及耐受情况进行综合评估，对患者进行合理运动指导。向居家患者及照顾者详细讲解运动方式、时间、量及强度等。对于卧床患者，应根据病情，指导其在床上进行主动或被动运动，防止肌肉萎缩，促进康复。

（3）环境指导：整洁、干净的家庭环境能保护和促进健康。社区护士应针对居家患者的家庭环境进行相应的指导。阴暗潮湿的家庭环境，不但会损害视力，而且增加意外伤害的发生率。因此，应指导家庭采取合适照明措施，保持光线适宜柔和。注意开窗通风，同时避免穿堂风直接吹在患者身上。对伴残疾且需依赖轮椅的居家患者家庭，应指导其进行无障碍家庭环境改造。

（4）营养指导：合理膳食能增进居家患者的食欲，改善营养状况，促进机体康复。社区护士应指导居家患者家庭在食物烹饪时选择食物应多样化，粗细、荤素合理搭配，注意平衡膳食，并尽量满足患者的口味，做到色香味俱全，以促进患者食欲。根据患者病情制订适宜的饮食计划。

（5）康复训练指导：居家患者常常伴有身体缺陷或功能障碍，社区护士应协调社区卫生服务团队为患者制订合理的康复训练计划，指导督促患者进行康复训练，防止功能障碍进一步加重。

（6）个别需求的护理技术服务：居家患者由于疾病的原因和康复的需要，可能会需要社区护士提供具体的专业化护理技术服务及相关护理指导。

1）给药、生命体征监测、生化指标测定、病情评估、采集标本等护理服务。
2）留置导尿管、T管、鼻饲管、气管套管等导管的更换与护理。
3）压疮、外伤及肠造口等护理与指导。
4）灌肠、雾化吸入、体位引流、膀胱训练、排便训练等护理与指导。

案例分析

孟某，男，65岁，某企业的中层干部。妻子，62岁，会计，两人均已退休在家。孟某1年前突发脑卒中并被送至医院接受手术治疗，花费达8万余元，经抢救后度过了危险期。目前，孟某病情稳定，意识恢复，但左侧半身偏瘫。由妻子完全担负照料任务。近日，妻子主诉腰痛，晚上入睡困难，夜间多次觉醒，晨起头晕、全身无力、疲劳。妻子主诉其丈夫二便部分需要协助，妻子每次都要耗费很大的力气，前几天搀扶着丈夫如厕时将腰扭伤，现在每当用力即感腰痛，有时不知道如何照料丈夫而感到很为难。孟某有3个子女，均已成家。长子，46岁，在大学任教。次子，44岁，在县城的变电所工作。小妹，40岁，在农村务农。孟某每月有600元退休金，医疗保险仅能报销30%的住院费用，余下费用均由孟某的子女共同分担。

【家庭护理评估】
（1）家庭结构：该家庭类型为空巢家庭。
（2）家庭的生活周期：该家庭发展阶段处于退休期家庭。
（3）家庭的压力源事件与应对情况：孟某突发脑卒中，妻子独自一人照顾患者。
（4）家庭面临主要健康问题：照顾者（妻子）扭伤了腰，近期出现腰痛，晚上入睡困难，夜间多次觉醒，晨起头晕、全身无力、疲劳等症状；照顾患者（孟某）面临困难。

【家庭护理诊断】
1. 照顾者角色紧张：与家庭内照顾者资源缺乏有关。
2. 知识缺乏：与患者及家属缺乏脑卒中疾病护理的知识与技能有关。

【家庭护理计划】
1. 确定家庭护理目标

（1）总目标：1年内，患者的疾病自我管理依从性增加，患者自身能从事力所能及的部分活动，家庭中有明确的照顾者，并有效利用家庭的内、外部资源。

（2）短期目标：1个月内患者家庭有分担照顾者角色的人员；3个月内患者及家属能够掌握脑卒中患者的护理相关知识与技能；6个月内患者可利用部分残缺功能实施力所能及的行为；1年内患者的疾病相关指标趋于稳定。

2．家庭护理实施计划　　通过家庭访视，评估家庭可利用的内、外部资源，并制订实施计划。

（1）分担照顾者角色：让妻子召集子女并告诉目前照顾患者方面的困难，让子女分担照顾者角色或者筹资雇佣护工帮助妻子照顾患者，社区护士也可提供有关居家护理服务方面的信息，让家庭与社区卫生服务中心签署协议后得到相关护理服务。

（2）知识缺乏方面：实施家庭访视的社区护士在患者及家属（包括子女）共同参与下，提供脑卒中疾病知识与护理技巧有关的健康教育。健康教育可根据家庭成员的参与情况分步骤、阶段性的提供具体指导。同时，给患者进行康复训练，在每天的日常生活中鼓励患者提高日常生活活动能力。

3．家庭护理评价计划

（1）家庭内是否存在分担照顾者角色的人员；

（2）患者及家属是否掌握了卒中患者的护理相关知识与技能；

（3）患者的日常生活能力与疾病自我管理能力是否提高；

（4）家属是否有效利用家庭外部资源（如社区卫生服务中心）接受相应的帮助；

（5）患者的疾病康复情况较好，且病情稳定。

（张海莲）

思考题

一、单项选择题

[1～2题共用题干] 小美（4岁）与爸爸（32岁）、妈妈（30岁）、奶奶（55岁）及未婚的小姑（22岁）一起居住。

1．该家庭的类型是（　　）

A．核心家庭

B．单亲家庭

C．联合家庭

D．主干家庭

2．该家庭的生活周期为（　　）

A．有学龄前儿童的家庭

B．有学龄儿童的家庭

C．有青少年的家庭

D．空巢期家庭

3．下列对家系图绘制方法的描述中错误的是（　　）

A．长辈居上、晚辈居下

B．同辈中，男居左、女居右

C．夫妻中，男居左、女居右

D．从护理对象下一代向上下延伸

4．护士提供慢性病患者定期随访服务，属于（　　）

　　A．预防保健性家庭访视

　　B．评估性家庭访视

　　C．急诊性家庭访视

　　D．连续照顾性家庭访视

5．下列家庭访视对象中，应排在首位的是（　　）

　　A．新生儿

　　B．老年糖尿患者

　　C．肺结核患者

　　D．高危孕妇

6．下列不属于家庭访视准备内容的是（　　）

　　A．选择访视对象

　　B．确定访视目的

　　C．绘制家系图

　　D．安排访视路线

二、简答题

家庭功能都有哪些？

三、病例分析题

金先生，72岁，10年前被诊断为原发性高血压，与老伴和未婚儿子共同居住在一起。社区护士定期实施家庭访视对其进行病情、健康状况等方面的检查，并提供相应的健康指导和护理服务。

1．该家庭访视属于哪一种类型？

2．家庭访视后需要做哪些工作？

3．家庭访视的基本原则都有哪些？

第六章 社区儿童青少年保健与护理

儿童青少年保健是一项根据其生长发育的特点开展的以儿童青少年为对象的健康保健及护理工作。保健的重点是通过健康教育、预防接种及生长发育的筛查等措施，促进儿童青少年的生长发育及正常人格的形成，增强儿童体质，降低婴幼儿死亡率，减少儿童青少年常见病及多发病的患病率，提高总体健康水平。做好社区儿童青少年保健的意义在于：促进儿童青少年生长发育、促进早期教育、减少儿童青少年患病率及死亡率、提高儿童青少年的健康素质。

根据社区儿童青少年的管理特点，本章将分为儿童期（新生儿期、婴儿期、幼儿期、学龄前期）和青少年期（学龄期、青春期）阐述各期的保健指导。

第一节 儿童期生长发育特点与保健指导

一、儿童期生长发育特点

（一）新生儿期生长发育特点

1. 新生儿期生理特点　新生儿期是指出生后脐带结扎至满28天。此期的生理特点主要有：

（1）调节功能和适应环境能力差，受外界环境温度影响容易出现体温波动；

（2）呼吸系统发育不成熟，常表现呼吸浅表、频率较快，心率亦较快；

（3）消化系统发育不成熟，胃呈水平位，容量小，贲门括约肌松弛，幽门括约肌较发达，极易发生吐奶、溢奶；

（4）新生儿免疫功能不完善，容易发生感染。出生后一周内，会出现生理性体重下降以及不同程度的生理性黄疸，7~10天复原。

2. 新生儿期行为特点　新生儿大脑发育较其他器官早，但功能却不够成熟，表现为泛化的不随意运动，睡眠中常常出现不自觉的手足运动、皱眉或微笑。新生儿具备觅食、吸吮、吞咽、拥抱、握持、踏步等条件反射。皮肤触觉、温度觉及味觉很灵敏，口周、足底等部位触之即有反应，能分辨母体的气味，会以啼哭表示不适或需要。

（二）婴儿期生长发育特点

1. 婴儿期生理特点　婴儿期是指从出生至满1岁。此期生长发育和新陈代谢旺盛，但消化吸收功能和免疫系统发育不完善，易发生消化系统疾病和传染病。此外，自主运动能力发育较快，但平衡能力较差，运动中容易出现意外。

2. 婴儿期行为特点　婴儿的感知觉发育很快，逐渐具备学习能力，是进行早期教育的适宜时机。婴儿期的认知、情感和意志活动逐渐协调，对人、环境和事物的识别与定向能力逐渐加强，可有明确特征的喜怒哀乐，用行为或简单语言表达其亲近或拒绝的态度，并逐渐建立对亲人的依赖和信任感。同时有一定的对本能需要的自控能力，可及时表达进食、排泄以及躯体不适等。

（三）幼儿期生长发育特点

1．幼儿期生理特点　幼儿期是指从1岁开始至满3岁。此期生长速度较婴儿期减慢，但机体各个系统功能进一步趋于完善。囟门在1~1.5岁闭合，2~2.5岁左右乳牙出齐。神经系统发育也很迅速，语言和动作能力明显发展，能完成各种较精细的动作。但此期由于消化吸收功能尚未发育完善，又面临添加辅食，饮食从乳汁转换为饭菜的阶段，若喂养不当，很容易发生消化系统疾病和营养不良；同时从母体获得的免疫力逐渐消失，而自身后天获得的免疫力还很弱，故容易患各种感染性和传染性疾病。

2．幼儿期行为特点　语言、行走能力逐渐增强，与外界接触机会增多，自主性和独立性不断发展，好奇心也很强，但平衡能力和识别危险的能力却很差，容易发生意外事故。同时心理、思维能力发展迅速，对人、环境和事物的识别与定向能力逐渐加强，试图摆脱约束的行为倾向也逐步加强，如能正确引导和合理应对，可以养成良好的生活和卫生习惯，培养坚强的性格和意志力。

（四）学龄前期生长发育特点

1．学龄前期儿童生理特点　学龄前期是指从3~6岁。学龄前儿童身高、体重稳定增长，运动系统逐渐发育成熟。如：3~4岁儿童试图画画；5岁以后绘画能力增强，逐渐有整体概念，跑、跳、攀登等动作比较灵活自如；6岁儿童肌肉逐渐发达，手眼协调，能熟练地用筷子吃饭，按音乐节奏跳舞和演奏简单乐器。

2．学龄前期儿童行为特点　学龄前期儿童各种感觉都在迅速地完善，特别是一些复杂的感觉都有了进一步的发展。语言和思维能力进一步发展，学会讲故事，背诵儿歌，跳舞等。开始有初步的抽象思维，想象的萌芽，记忆力好，好发问，并初步形成参与社会实践活动的愿望和能力，具体表现为愿意帮父母干活，独立生活能力明显提高，具有对一些事物进行简单分析、综合与抽象概括的能力。对周围人和环境的反应能力更趋于完善，逐渐形成较为明显的个性倾向。

二、儿童期保健指导

（一）新生儿期保健指导

1．衣着和保暖　新生儿居室应该阳光充足，通风良好，温度最好保持在22~26℃，湿度保持在55%~65%。冬季如室温过低，可指导家长正确使用热水袋进行保暖，以预防新生儿硬肿症的发生。夏季为防止新生儿发生脱水，应避免室温过高、衣着过厚。尿布应选择柔软、吸水性好、浅颜色的纯棉布料，衣服样式简单、宽松而少接缝，避免摩擦皮肤，便于穿脱。包裹新生儿时不宜裹得太紧，更不宜用带子捆绑，以便其四肢能自由伸屈。存放新生儿衣物的衣柜内不宜放置樟脑丸，以免发生新生儿溶血。

2．科学喂养　喂养方法有母乳喂养、部分母乳喂养和配方奶喂养3种。

（1）母乳喂养：母乳是新生儿最理想的食品，鼓励母乳喂养。①尽早开奶：生后2周是建立母乳喂养的关键时期。产后1小时内应帮助新生儿尽早实现第一次吸吮，对成功建立母乳喂养十分重要。②促进乳汁分泌：新生儿提倡按需哺乳，不计次数，一般每天8~10次，以促进乳汁分泌；每次哺乳时应强调喂空一侧乳房，再喂另一侧，下次哺乳则从未喂空的一侧乳房开始；哺乳前热敷乳房，从外侧边缘向乳晕方向轻拍或按摩乳房，有促进乳房血液循环、乳房感觉神经的传导和泌乳作用；乳母身心愉快、睡眠充足、营养合理（需额外增加能量500千卡/日），可促进泌乳。③正确的喂哺技巧：等待哺乳的新生儿应是清醒状态、有饥饿感，并已更换干净的尿布；每次哺乳前，母亲应洗净双手。正确的喂哺姿势有斜抱式、卧式、抱球式，新生儿的头和身体呈一条直线，身体贴近母亲，头和颈得到支撑。正确的含接姿势是新生儿的下颌贴在乳房上，嘴张得很大，将乳头及大部分乳晕含在嘴中，下唇向外翻，嘴上方的乳晕比下方多。新生儿慢而深地吸吮，能听到吞咽声，表明含接乳房姿势正确，吸吮有效。

（2）部分母乳喂养：母乳与配方奶或其他乳类同时喂养婴儿为部分母乳喂养，其中母乳与配方奶同时喂养的方法有下列两种。①补授法：母乳不足时，仍应维持必要的吸吮次数，以刺激母乳分泌。每次哺喂时，先喂母乳，后用配方奶补充母乳不足。补授的乳量根据新生儿食欲及母乳分泌量而定，即"缺多少补多少"。②代授法：无法坚持母乳喂养的，可逐渐减少母乳喂养的次数，用配方奶替代母乳。

（3）配方奶喂养：虽不如母乳喂养质优、经济、方便，但如果能选择优质乳品或代乳品，调配恰当，注意消毒，还是能满足新生儿营养需要，使其能正常生长发育。①喂养次数：因新生儿胃容量较小，可不定时喂养。允许每次奶量有波动，避免采取不当方法刻板要求摄入固定的奶量。②喂养方法：在婴儿清醒状态下，采用正确的姿势喂哺。应特别注意选用适宜的奶嘴，奶液温度应适当，奶瓶应清洁，哺喂时奶瓶的位置与婴儿下颌成45°，同时奶液宜即冲即食，不宜用微波炉热奶，以避免奶液受热不均或过烫。③奶粉调配：应严格按照产品说明的方法进行奶粉调配，避免过稀或过浓，或额外加糖。④奶量估计：配方奶作为6月龄内婴儿的主要营养来源时，需要经常估计婴儿奶的摄入量。新生儿奶量约500~750毫升/日。

3. 排便护理　新生儿小便每日20次左右，如液体量摄入不足，尿液呈深红色，同时尿布上可能会有红色的尿酸沉淀。大便每日3~5次，母乳喂养儿大便为黄色、粥样、微带酸味，牛奶喂养儿大便呈淡黄色，较干燥。消化不良时大便为黄色或绿色，粪水分开，如蛋花汤样；肠道感染时大便次数多、水样，带有黏液或脓性。每次大便后应先用柔软的纸巾擦拭、然后用温水清洗臀部，最后用纸巾擦拭并吸干。还应勤换尿布，保持会阴部及臀部干燥，必要时可使用氧化锌或5%的鞣酸软膏涂抹局部，预防尿布疹。

4. 皮肤护理　新生儿皮肤娇嫩，并且排泄次数多，应每日沐浴，保持皮肤清洁舒适，促进皮肤排泄及血液循环，减少病菌的繁殖。沐浴时先用小毛巾擦洗眼、耳、鼻、脸，然后用香皂或浴液洗头、颈、耳后，再将其轻轻放入水中（注意脐带脱落前不得将新生儿整个浸入水中），清洗躯干及四肢。沐浴后可做新生儿抚触，以达到促进新生儿生长发育的目的。

5. 早期教育　新生儿的视、听、触觉已有初步发展，母亲可通过哺乳、拥抱、抚摸、多与新生儿说话及用色彩鲜艳、摇动发声的玩具刺激其视、听、触觉等方式促进新生儿神经、心理发育，增进母子间的情感交流，也促进新生儿智力的发育。

6. 脐带护理　正常情况下，脐带会在出生后4~7天内自动脱落。脐带脱落前应注意：①保持脐部干燥，不要用手抚摸脐部。②尿布要勤换勤消毒，换尿布时尿布应包于新生儿脐部的下方，并注意把婴儿内衣置于尿不湿外面。③不要把爽身粉等异物撒在脐窝部，以防脐部污染。④每天用75%的乙醇棉球或棉签消毒脐部1~2次，每次从脐根部自内向外螺旋形消毒3遍，再覆以消毒纱布固定好。若出现脐部潮湿、分泌物增多，脐周皮肤红肿，或脐窝深处出现浅红色小圆点，触之易出血等情况应及时就诊。

（二）婴儿期保健指导

1. 合理营养　婴儿期喂养除上述与新生儿期相同的内容外，还应注意以下内容。①婴儿期膳食：以高能量、高蛋白的乳类为主；4个月内的婴儿提倡纯母乳喂养（WHO建议纯母乳喂养至少坚持4～6个月）；4～6个月时以母乳为主，开始合理添加辅助食品，以适应其快速生长的需要，同时逐步减少哺乳的次数，使母婴在生理上、心理上都有一个适应过程，为断乳做准备；10～12个月可逐步完全断乳，如遇夏季天气炎热或婴儿体弱多病而母亲体质好，泌乳量仍处于旺盛状态也可推迟断乳时间，母乳多时可持续至1岁半或2周岁才完全断乳。断乳不可采用突然停止母乳或在乳头上涂抹苦辣品的方法，要逐渐过渡，使婴儿从生理上和心理上逐渐适应和接受食物的变化。②断乳过渡期膳食：断乳过渡期是指在母乳喂养基础上，逐步地、小心地为婴儿添加辅助食物，以满足其营养需要，并使婴儿逐步适应母乳以外的食物及食物性状，接受咀嚼和吞咽训练的一个较长过程。采用配方奶与母乳喂养的婴儿，其断乳过渡期辅助食物的添加原则基本一致。食物添加的原则：从半固体到固体，从一种到多种混合，从小量逐渐增加至婴儿能接受的量。

2. 早期教育　早期教育有助于婴儿身体、情感、智力、人格、精神等多方面的协调发展与健康成长。

（1）培养良好的排便习惯：2～3个月开始先减少夜间哺乳或喂养次数，以减少夜间的排尿次数；白天在其睡前、睡后或吃奶后给小儿排尿，并采取一定的把尿姿势，发"嘘嘘"声，使时间、姿势和声音联系起来，形成排尿的条件反射；会坐后开始训练大小便坐盆，每次3～5分钟；6个月开始训练不兜尿布，先白天不兜、定时排尿，然后夜间按时将婴幼儿叫醒坐盆排便，逐步过渡到晚上也不用尿不湿。

（2）训练视、听、语言能力：婴儿期是感知觉发展的快速期，是语言形成的关键时期。对3个月内的婴儿，可在床上悬吊色彩鲜艳、能发声及转动的玩具，引逗其注意，经常面对婴儿说话、唱歌；对3～6个月的婴儿，则选择各种颜色、形状、发声的玩具，引逗其看、摸和听；再大一点可让其看、指、找，引导其观察周围事物，增强注意力，同时用柔和的声音表示赞许、鼓励，用严厉的声音表示禁止、批评，培养婴儿分辨声调和好坏的能力。

（3）训练动作及锻炼：指导家长按婴儿生长发育的特点并结合实际情况适时地训练其动作。从添加辅助食物起，即开始训练婴儿用勺进食，7～8个月学习用杯子喝水，9个月之后即可训练婴儿抓取食物的能力，促进其手、眼和吞咽协调动作的发展。指导家长帮助婴儿做伸展、扩胸、屈腿、翻身等运动，也可做抚摸操，让婴儿练习爬、坐、站、走路等动作。

3. 佝偻病和缺铁性贫血的预防　具体见第三节"儿童青少年期常见健康问题"。

4. 意外窒息的预防与院前急救　意外窒息是3个月内婴儿最常见的意外伤害。母亲要注意哺乳姿势，避免乳房堵塞婴儿口鼻；切忌边睡边哺乳，提倡母婴分睡，避免睡熟时母亲的肢体、被褥等压住婴儿口鼻而引起窒息；每次哺乳后应将婴儿竖立抱起，头部靠在母亲的肩上，轻拍后背，待胃内空气排出后再使婴儿右侧卧位，防止发生溢乳、呛咳而引起窒息；注意不要捏鼻喂药；冬季外出时不要将婴儿包裹太紧太厚，尤其不能蒙头过严。一旦发生意外窒息，应迅速去除引起窒息的因素，保持呼吸道通畅，如婴儿心跳呼吸停止，应立即作心肺复苏，同时送往医院抢救。

（三）幼儿期保健指导

1. 合理营养　牛奶仍是幼儿期的主要食品，1～2岁时每日需要500ml，2～3岁时每日需要250ml左右，热能和各种营养素供给要充足，荤素菜合理搭配，以满足生长发育和活动增多的需要，膳食安排以"三餐两点制"为宜。由于幼儿期生长发育较婴儿期减慢，营养需要量相对下降等原因，18个月左右可出现生理性厌食。因此，食物制作要细软，并且经常变换口味，同时授予家长一些合理喂养幼儿的方法和技巧，规律安排进餐时间，鼓励幼儿自己进食，以促进其食欲。

2. 早期教育　早期教育以感知、语言、动作训练为主，同时注意动作的发展以及与周围人交往的培养。

（1）培养良好的卫生和生活习惯：各种习惯的培养要根据幼儿神经、精神发育的程度及具体情况进行，并适当提前。①教育幼儿要养成饭前便后洗手，进餐时细嚼慢咽、自己进食，不挑食、不偏食、不边吃边玩以及饭后漱口的良好习惯。②培养良好的睡眠习惯，如良好的睡姿、独立睡眠等，同时要创造安静怡人的睡眠环境，并保证其12～13小时的充足睡眠时间。采用方法是幼儿易于接受的具体形象的方法，如讲故事、示范、提醒、监督等，重在耐心引导，不断强化，并逐步养成自觉行动的良好习惯。

（2）视、听、语言能力的训练：要给儿童创造一个丰富多彩的视、听、语言能力训练的环境。每天定时播放柔和的音乐，让儿童接触各种各样的实物，如玩具、图片，并结合日常生活中接触的事物与其交谈，鼓励儿童多说话，启发他用语言表达需要，丰富其语言表达能力，并及时纠正错误发音，但切记不要过于频繁纠正，更不能讥笑，尽量让儿童表现自己，避免过度的情绪紧张。发现视力低下、听力异常等问题，应督促家长及时带患儿进行诊断及矫治。

（3）及时训练动作：动作是心理的外部表现，动作的发展可促进儿童心理的发展。可通过捡拾物品、画画等游戏活动，发展儿童的精细动作；通过学习洗手、穿脱衣服、收拾玩具等自理活动，促进儿童独立性和智力的发展，对一些危险行为应耐心讲解，并给予限制。

（4）人际交往的培养：在培养儿童与周围人交往时，成人首先应该做好人际关系的言行示范，如关心、爱护、安慰、劝导、礼貌待人等，成人一贯行为的反复出现，可以引起儿童的自发模仿。在玩耍中鼓励儿童主动与其他孩子接触，并建立友好的情感，培养良好的情绪和行为，对不喜欢交往或不敢交往的儿童应有意识地带他们参与群体活动，以提高他们交往的技能和兴趣。在交往中还应该注意培养儿童的集体观念和道德观念，以提高其适应环境的能力；对有心理行为问题的儿童可通过专业人员进行矫治。

3. 体格锻炼　儿童应多做户外活动，进行空气、日光、温水的"三浴"锻炼，以增强体质，提高对外界环境的适应能力、耐受能力和抵抗能力。

4. 意外事故的预防与急救　3岁前的儿童活泼、好动、好奇心强，但自我保护意识较差，缺乏识别危险及自我防范的能力，因此，做好家长安全防护教育是降低儿童意外事故和死亡率的重要措施。

（1）意外事故的预防：凡儿童活动的场所、周围环境，都应该设有安全设施，避免存放危险品。①防止受伤：睡床应设有护栏；自行车车轮应装有护板；玩具外形应光滑无棱角，无毒且方便洗涤和消毒；避免突然提起儿童的手臂或用粗暴的动作给儿童穿脱衣服，让儿童远离人多、放鞭炮等场所。②防止电击伤或烫伤：插座尽量安装在儿童手触及不到的地方，注意使用有盖的电源；热水瓶应放置在儿童碰不到的地方，给儿童洗漱时一定要先放冷水后放热水，喂食儿童的汤菜必须温度适宜。③防止误食、误吸：硬币、纽扣和气球等物品放在儿童接触不到的地方，不宜给儿童食用光滑、细小而质硬及带核、刺、骨的食物，也不宜给儿童吃口香糖和果冻，更不要强迫喂药，吃东西时应嘱其细嚼慢咽，避免跑跳。此外，火柴、打火机、剪刀、农药及药物等都应该妥善保存，必要时上锁，房前屋后凡有水缸、水井、粪坑等均应该加盖，以防儿童跌落其中。

（2）意外事故的急救：①气管异物，当发现气管异物时，应争分夺秒急送儿童到医院治疗。在等待紧急救护或送往医院的同时，家长应保持镇静，鼓励儿童用力咳嗽以争取将异物咳出，也可将儿童面朝下横过自己的双膝间，用手掌根部在两侧肩胛骨之间给予有力的冲击，如果异物去除后呼吸未恢复，应该立即进行口对口人工呼吸。除非看见异物，否则不要盲目用手指取异物。②灼烫伤，儿童最常见的是热液烫伤及强酸强碱灼伤。当热液烫伤发生时，立即小心的脱去儿童身上被热液浸湿的衣物。如果衣物与烫伤处粘在一起不易脱下，不要勉强，可用剪刀剪开衣物。然后用流动的自来水轻轻冲洗，或将伤口浸泡在冷水里以冷却伤口，时间至少要10分钟。伤口冷却后在伤处涂一些护肤液，避免伤口干裂。当强酸强碱灼伤时，首先用干毛巾快速吸净强酸强碱，尤其是浓硫酸等强腐蚀性的物质，然后迅速用流动的自来水或大量的冷水反复冲洗受伤部位，时间至少要20分钟。如果是生石灰烧伤皮肤，应先用毛巾揩净皮肤上的生石灰颗粒，然后用大量清水冲洗，切忌先用水清洗（因为生石灰遇到水会发生化学反应，产生大量的热量而灼伤皮肤），最后用清洁纱布或清洁的布品轻轻覆盖创面、保护创面，急送医院救治。

（四）学龄前期保健指导

1. 平衡膳食　此期儿童活动量大，应保证各种营养素的供给，尽量做到"三餐两点"制，膳食力求多样化、粗细搭配、清淡少盐，每天饮奶，经常吃适量的鱼、禽、蛋、瘦肉，正确选择零食，少喝含糖高的饮料，培养不挑食、不偏食的良好饮食习惯。儿童食欲受活动和情绪影响较大，应指导家长掌握促进食欲的技巧，保证儿童体重正常增长。

2. 保护视力与牙齿　指导儿童卫生用眼，如纠正看书、写字的姿势，不躺在床上或在暗淡的光线下看书，避免长时间看电视或玩电子游戏，发现视力障碍应及时矫正；教会儿童正确的刷牙方法，养成早晚刷牙、饭后漱口的习惯，促进儿童保持口腔卫生，预防龋齿的发生。

3. 提高基本生活能力　家长要有意识地让儿童做一些力所能及的家务，如叠被子、摆筷子等，锻炼儿童的独立性，培养动手操作能力，促进儿童细微动作的发展。也可以有计划地安排一些游戏，让儿童在其中扮演一些角色，使其体验社会中的各种人际关系，培养儿童感知、计划、综合判断能力和集体主义精神，促进儿童的思维发育。

4. 安全教育　此期儿童活泼好动但又缺乏生活经验，容易发生意外事故，应结合日常生活对儿童进行安全和防范措施的教育，如不在马路上打闹、不玩打火机和电器、不到无围栏的河边嬉戏等，避免意外事故的发生。

5. 培养健康心理和社会适应能力　为儿童创造良好的家庭环境，注重培养儿童乐观互助、有礼貌、爱生活、爱劳动、爱集体的优良品德，注意培养儿童的自信心、是非观等。尊重儿童的人格和自尊心，不当众斥责、挖苦，并关注儿童情绪和行为的变化，发现心理问题和行为障碍，应及时解决或寻求相关帮助。

三、学龄前期儿童社区健康管理

(一)新生儿家庭访视

1. 新生儿家庭访视　新生儿出院后1周内,医务人员到新生儿家中进行,同时进行产后访视。主要内容具体包括:了解出生时情况、预防接种情况,在开展新生儿疾病筛查的地区应了解新生儿疾病筛查情况等;观察家居环境,重点询问和观察喂养、睡眠、大小便、黄疸、脐部情况、口腔发育等情况;为新生儿测量体温、记录出生时体重、身长,进行体格检查,同时建立《母子健康手册》。根据新生儿的具体情况,对家长进行喂养、发育、防病、预防伤害和口腔保健指导。如果发现新生儿未接种卡介苗和第1剂乙肝疫苗,提醒家长尽快补种。如果发现新生儿未接受新生儿疾病筛查,告知家长到具备筛查条件的医疗保健机构补筛。对于低出生体重、早产、双多胎或有出生缺陷等具有高危因素的新生儿根据实际情况增加家庭访视次数。

2. 新生儿满月健康管理　新生儿出生后28～30天,结合接种乙肝疫苗第二针,在乡镇卫生院、社区卫生服务中心进行随访。重点询问和观察的内容为新生儿的喂养、睡眠、大小便、黄疸等情况,对其进行体重、身长、头围测量、体格检查,对家长进行喂养、发育、防病指导。

(二)婴幼儿健康管理

满月后的随访服务均应在乡镇卫生院、社区卫生服务中心进行,偏远地区可在村卫生室、社区卫生服务站进行,时间分别在3、6、8、12、18、24、30、36月龄时,共8次。有条件的地区,建议结合儿童预防接种时间增加随访次数。服务内容包括询问上次随访到本次随访之间的婴幼儿喂养、患病等情况;进行体格检查,做生长发育和心理行为发育评估;进行科学喂养(合理膳食)、生长发育、疾病预防、预防伤害、口腔保健等健康指导。在婴幼儿6～8、18、30月龄时分别进行1次血常规(或血红蛋白)检测。在6、12、24、36月龄时使用行为测听法分别进行1次听力筛查。在每次进行预防接种前均要检查有无禁忌证,若无,体检结束后接受预防接种。

(三)学龄前期儿童健康管理

为4～6岁儿童每年提供一次健康管理服务。散居儿童的健康管理服务应在乡镇卫生院、社区卫生服务中心进行,集居儿童可在托幼机构进行。每次服务内容包括询问上次随访到本次随访之间的膳食、患病等情况,进行体格检查和心理行为发育评估,血常规(或血红蛋白)检测和视力筛查,进行合理膳食、生长发育、疾病预防、预防伤害、口腔保健等健康指导。在每次进行预防接种前均要检查有无禁忌证,若无,体检结束后接受疫苗接种。

四、托幼机构的卫生保健任务与管理

托幼机构是社区重要的场所机构,托幼机构卫生保健工作的主要任务是贯彻预防为主、保教结合的工作方针,为集体儿童创造良好的生活环境,预防控制传染病,降低常见病的发病率,培养健康的生活习惯,保障儿童的身心健康。

1. 一日生活安排　根据各年龄段儿童的生理、心理特点,制订合理的生活制度;合理安排儿童作息时间;保证儿童每日充足的户外活动时间;合理安排每日进餐和睡眠时间。

2. 儿童膳食　建立健全各项食品安全管理制度;提供符合国家《生活饮用水卫生标准》

的生活饮用水，保证儿童按需饮水；儿童膳食应当专人负责，工作人员与儿童膳食要严格分开；儿童食堂应当每日清扫、消毒，保持内外环境整洁。托幼机构应当根据儿童生理需求制订儿童膳食计划；根据膳食计划制订食谱，1~2周更换1次；托幼机构至少每季度进行1次膳食调查和营养评估。

3．体格锻炼　托幼机构应当根据儿童的年龄及生理特点，每日有组织地开展各种形式的体格锻炼；定期进行室内外安全隐患排查；利用日光、空气、水和器械，有计划地进行儿童体格锻炼。

4．健康检查

（1）入园健康检查：①儿童入托幼机构前应当经医疗卫生机构进行健康检查，合格后方可入园。②儿童入园体检中发现疑似传染病者应当"暂缓入园"。③儿童入园时，托幼机构应当查验"儿童入园健康检查表""0~6岁儿童保健手册""预防接种证"。发现没有预防接种证或未依照国家免疫规划受种的儿童，应当在30日内向托幼机构所在地的接种单位或县级疾病预防控制机构报告，督促监护人带儿童到当地规定的接种单位补证或补种。托幼机构应当在儿童补证或补种后复验预防接种证。

（2）定期健康检查：①1~3岁儿童每年健康检查2次，每次间隔6个月；3岁以上儿童每年健康检查1次。②儿童离开园3个月以上需重新按照入园检查项目进行健康检查。③转园儿童持原托幼机构提供的"儿童转园健康证明""0~6岁儿童保健手册"可直接转园。"儿童转园健康证明"有效期3个月。

（3）晨、午检及全日健康观察：①做好每日晨间或午间入园检查。②卫生保健人员每日深入班级巡视2次，发现患病、疑似传染病儿童应当尽快隔离并与家长联系。

5．卫生与消毒

（1）环境卫生：托幼机构每周全面检查1次并记录，为儿童提供整洁、安全、舒适的环境；室内应当有防蚊、蝇、鼠、虫及防暑和防寒设备；保持室内空气清新、阳光充足。

（2）个人卫生：儿童日常生活用品专人专用，保持清洁。要求每人每日1巾1杯专用，每人1床位1被；培养儿童良好卫生习惯。

（3）预防性消毒：儿童活动室、卧室应当经常开窗通风，保持室内空气清新。每日至少开窗通风2次，每次至少10~15分钟；餐桌每餐使用前消毒。水杯每日清洗消毒。擦手毛巾每日消毒1次；门把手、水龙头、床围栏等儿童易触摸的物体表面每日消毒1次。

6．传染病预防与控制　督促家长按免疫程序和要求完成儿童预防接种；托幼机构应当建立传染病管理制度；托幼机构内发现疑似传染病例时，应当及时设立临时隔离室，对患儿采取有效的隔离控制措施；托幼机构配合当地疾病预防控制机构对被传染病病原体污染（或可疑污染）的物品和环境实施随时性消毒与终末消毒；卫生保健人员定期对儿童及其家长开展预防接种和传染病防治知识的健康教育，提高其防护能力和意识。

7．常见病预防与管理　定期开展儿童眼、耳、口腔保健，发现视力低下、听力异常、龋齿等问题进行登记管理；对贫血、营养不良、肥胖等营养性疾病儿童进行登记管理；对先心病、哮喘、癫痫等疾病儿童，及对有药物过敏史或食物过敏史的儿童进行登记；重视儿童心理行为保健，开展儿童心理卫生知识的宣传教育。

8．伤害预防　托幼机构的各项活动应当以儿童安全为前提，建立定期全园（所）安全排查制度，落实预防儿童伤害的各项措施；托幼机构的房屋、场地、家具、玩教具、生活设施等应当符合国家相关安全标准和规定；托幼机构应当建立重大自然灾害、食物中毒、踩踏、火灾、暴力等突发事件的应急预案；托幼机构应当加强对工作人员、儿童及监护人的安全教育和突发事件应急处理能力的培训，定期进行安全演练，普及安全知识，提高自我保护和自救的能力；保教人员应当定期接受预防儿童伤害相关知识和急救技能的培训，做好儿童安全工作，消除安全隐患，预防跌落、溺水、交通事故、烧（烫）伤、中毒、动物致伤等伤害的发生。

9. 健康教育　托幼机构应当根据不同季节、疾病流行等情况制订全年健康教育工作计划，并组织实施；健康教育的内容包括膳食营养、心理卫生、疾病预防、儿童安全以及良好行为习惯的培养等；采取多种途径开展健康教育宣传。每季度对保教人员开展1次健康讲座，每学期至少举办1次家长讲座；做好健康教育记录，定期评估健康教育效果。

10. 信息收集　托幼机构应当建立健康档案；托幼机构应当对卫生保健工作进行记录；定期对儿童出勤、健康检查、膳食营养、常见病和传染病等进行统计分析，掌握儿童健康及营养状况。

第二节　青少年期生长发育特点与保健指导

一、学龄期儿童生长发育特点与保健指导

（一）学龄期儿童生长发育特点

1. 学龄期儿童生理特点　学龄期是指6～7岁至青春期（女12岁，男13岁）前。学龄期儿童体格仍稳步增长，除生殖系统外的其他器官发育已接近成人水平，脑的形成已基本和成人相同。

2. 学龄期儿童行为特点　学龄期儿童思维特征是从以具体形象思维为主要形式过渡到以抽象逻辑思维为主要形式，并以具体直观的形式理解概念、事物，知觉的目的性和持续性也逐步加强。学龄期儿童个性特征越来越稳定，个性倾向也越发明显，是形成自信和自卑的关键时期。儿童通过学习、参加集体和社会活动，不断体验人与人以及人与集体间的关系，体验团结友爱、互帮互助的积极情感和友好氛围。但如果自觉能力不足，甚至有挫折感，可能会出现妥协，无意与他人合作，甚至影响到成年后对工作的态度。

（二）学龄期儿童保健指导

1. 培养良好的卫生习惯　进行卫生教育，增进身体健康。吃饭定时定量、不偏食，注意口腔卫生，预防龋齿。培养良好的睡眠习惯，坚持户外活动和其他卫生习惯。

2. 培养正确姿势　年龄越小，全身软骨比重越大，当受到外界不良影响时，容易变形，特别是脊柱侧弯。因此，应培养学生正确的坐、立、行、走等姿势。

3. 预防近视　教育儿童写字、读书姿势要端正，时间不宜过长，光线要适当，而且要开展眼保健操活动。

4. 预防疾病　宣传常见传染病的知识，并对传染病做到早发现、早报告、早隔离、早治疗。预防寄生虫感染、结核病、风湿病、缺铁性贫血、营养不良、神经性厌食症等疾病。

5. 劳动和体育锻炼　每天进行户外活动和体格锻炼能促进儿童体力、耐力的发展。劳

动也可增强体质，促进生长发育，而且可养成爱劳动的习惯，促进全面发展。

二、青春期生长发育特点与保健指导

（一）青春期生长发育特点

1．青春期生理特点　青春期是从童年向成年的过渡时期。青春期是体格生长加速，生殖系统趋于成熟，第二性征出现，男女之间的生理特征开始出现明显分化。

2．青春期行为特点　青少年正处于生长发育的重要阶段，既要适应机体的急剧变化，又要适应社会环境的变化。自我意识发展，希望自己独立解决问题；与同龄人交往密切，从依恋父母转为信任同伴；性意识不断增强，从最初的对异性的疏远转变为好奇心增强并对异性产生兴趣；关心社会，但社会认知能力不足、判断力不强、控制力较弱，缺乏辨别是非的能力。

（二）青春期保健指导

1．合理营养、平衡膳食　青少年体格生长迅速，饮食注意：①多吃谷类，供给充足的能量；②保证鱼、肉、蛋、奶、豆类和蔬菜、水果的摄入；③避免暴饮暴食、偏食挑食及盲目节食，少吃零食，养成良好的饮食卫生习惯；④正常而规律的三餐，养成吃早餐的良好习惯。

2．培养良好的行为与生活方式　青少年是一个非常重要而又最具可塑性的人群，养成良好的行为与生活方式对其一生的健康都有着重要的影响。包括：良好的卫生习惯，适量睡眠，不吸烟、不饮酒与不滥用药品，适当进行体育锻炼。

3．性健康教育　性教育是青春期健康教育的一个重要内容。家长、学校和保健人员可通过交谈、发放宣传手册、上卫生课等方式进行性教育，解除青少年对性的困惑。提倡正常的男女学生之间的交往，并自觉抵制黄色书刊、视频等的不良影响。对于青少年的自慰行为如手淫等应给予正确引导，避免夸大其对健康的危害，同时减少心理冲突和压力。

4．法制和品德教育　加强理想、道德、法制和爱国主义、集体主义、社会主义教育，树立社会主义价值观，增强法制观念，树立遵纪守法和防范违法犯罪的意识，自觉遵守社会道德规范。

5．防治疾病和意外　重点防治结核病、风湿病、沙眼、近视、龋齿、肥胖、缺铁性贫血、营养不良、神经性厌食症和脊柱弯曲等疾病，可通过定期健康检查早发现、早诊断、早治疗。由于神经内分泌调节不稳定，还会出现良性甲状腺肿、痤疮等，女孩往往出现月经不规则、痛经等。意外伤害是青少年尤其是男孩常见的问题，应继续进行安全教育。

三、学校卫生保健任务与管理

学校卫生保健的主要任务包括：改善学校卫生环境和教学卫生条件；监测学生健康状况；对学生进行健康教育，培养学生良好的卫生习惯；加强对传染病、学生常见病的预防和治疗。具体内容如下：

1．学校教学建筑、环境噪声、室内微小气候、采光、照明等环境质量以及黑板、课桌椅的设置应当符合国家有关标准。新建、改建、扩建校舍，其选址、设计应当符合国家的卫生标准，并取得当地卫生行政部门的许可。竣工验收应当有当地卫生行政部门参加。

2．学校应当按照有关规定为学生设置厕所和洗手设施。寄宿制学校应当为学生提供相应的洗漱、洗澡等卫生设施。学校应当为学生提供充足的符合卫生标准的饮用水。

3．学校应当建立卫生制度，加强对学生个人卫生、环境卫生以及教室、宿舍卫生的管理。

4．学校应当认真贯彻执行食品卫生法律、法规，加强饮食卫生管理和营养指导。

5．学校体育场地和器材应当符合卫生和安全要求。运动项目和运动强度应当适合学生的生理承受能力和体质健康状况，防止发生伤害事故。

6．学校应当根据学生的年龄，组织学生参加适当的劳动，并对参加劳动的学生，进行安全教育，提供必要的安全和卫生防护措施。①普通中小学校组织学生参加劳动，不得让学生接触有毒有害物质或者从事不安全工种的作业，不得让学生参加夜班劳动。②普通高等学校、中等专业学校、技工学校、农业中学、职业中学组织学生参加生产劳动，接触有毒有害物质的，按照国家有关规定，提供保健待遇。学校应当定期对他们进行体格检查，加强卫生防护。

7．学校在安排体育课以及劳动等体力活动时，应当注意女学生的生理特点，给予必要的照顾。

8．学校应当把健康教育纳入教学计划。普通中小学必须开设健康教育课，普通高等学校、中等专业学校、技工学校、农业中学、职业中学应当开设健康教育选修课或者讲座。学校应当开展学生健康咨询活动。

9．学校应当建立学生健康管理制度。根据条件定期对学生进行体格检查，建立学生体质健康卡片，纳入学生档案。学校对体格检查中发现学生有器质性疾病的，应当配合学生家长做好转诊治疗。学校对残疾、体弱学生，应当加强医学照顾和心理卫生工作。

10．学校配备可以处理一般伤病事故的医疗用品。

11．学校积极做好近视、弱视、沙眼、龋齿、寄生虫、营养不良、贫血、脊柱弯曲、神经衰弱等学生常见疾病的群体预防和矫治工作。

12．学校认真贯彻执行传染病防治法律、法规，做好急、慢性传染病的预防和控制管理工作，同时做好地方病的预防和控制管理工作。

13．供学生使用的文具、娱乐器具、保健用品，必须符合国家有关卫生标准。

第三节　儿童青少年期常见健康问题

一、儿童期常见"四病"的预防与护理

我国提出重点防治的儿童期常见"四病"为小儿肺炎、婴幼儿腹泻、营养性缺铁性贫血和维生素 D 缺乏性佝偻病。

（一）小儿肺炎

我国 5 岁以下儿童死亡的首位原因是肺炎。早产、低体重、先天性心脏病、人工喂养、营养不良、贫血及佝偻病婴幼儿更易患肺炎。引起儿童呼吸道炎症的致病因素及诱发因素较为复杂，用单一的方法难以预防和控制其发生。因此，必须采取综合性的预防措施，做到早期发现、及时治疗等来预防和控制这些疾病的发病，降低儿童的死亡率。

1．护理

（1）保持居室空气新鲜，室温控制在18～24℃，湿度55%～60%；

（2）保证休息，给予精神安慰，加强皮肤及口腔护理；

（3）有条件者可根据病情给予持续或间歇的低流量氧气吸入；

（4）保证呼吸道通畅，及时去除呼吸道分泌物，经常翻身使痰液易于排出；

（5）观察病情变化，定时准确地测量体温并采取相应的降温措施；

（6）按时按剂量给小儿用药，并明确有关药物的不良反应及注意事项；

（7）鼓励患儿进食高热量、高蛋白、高维生素易消化饮食，少量多餐，以利于疾病恢复。鼓励患儿多饮水以利于痰液排出，并能预防发热导致的脱水。

2．预防

（1）进行体格锻炼以增强呼吸道的抵抗力；

（2）增强营养，保证营养均衡的膳食；

（3）合理安排小儿日常生活，尽量少去空气不流通的公共场所以免接触呼吸道感染的人群，家人有上呼吸道感染者尽量避免与小儿接触，必要时戴口罩勤洗手，加强个人卫生习惯；

（4）根据气候变化及时增减衣物，预防上呼吸道感染，如若发生则尽早治疗。

（二）婴幼儿腹泻

我国婴幼儿最常见的消化道综合征是腹泻，是威胁婴幼儿健康的主要原因，分为感染性腹泻与非感染性腹泻。

1．护理

（1）对肠道感染性腹泻患儿，家人应注意洗手并做好污染尿布及衣物的处理，防止交叉感染。

（2）严密观察病情变化，包括大便次数、性状、量等，有无脱水及全身中毒症状，如发现病情加重应立即就医。

（3）除严重呕吐者暂禁食4～6小时（不禁水）外，均应继续进食，以缓解病情、缩短病程、促进恢复。母乳喂养者可继续哺乳，暂停辅食；人工喂养者可喂米汤或稀释的牛奶等流质，宜少量多餐，病情好转后逐渐恢复饮食。

（4）勤换尿布，保持会阴部及臀部干燥。

2．预防 加强环境、饮水、饮食卫生，提倡母乳喂养，指导合理添加辅食，培养小儿良好卫生习惯加强体育锻炼，增强体质根据气候变化及时增减衣物，避免长期滥用广谱抗生素。

（三）营养性缺铁性贫血

营养性缺铁性贫血是儿童最常见的一种贫血，以6个月至2岁婴幼儿发病率最高。常见原因有先天储铁不足、铁摄入量不足、生长发育较快、铁的吸收障碍和铁的丢失过多，其中食物铁摄入量不足是儿童发病的主要原因。发病缓慢，其临床表现随病情轻重而有所不同。表现为皮肤黏膜苍白，以口唇、甲床最明显，易疲乏困倦，体重增长缓慢等。此外，可出现肝脾大及其他各系统症状。

1．护理

（1）合理安排休息与活动：保证充足睡眠，避免剧烈运动。

（2）合理安排饮食：纠正不合理的饮食习惯和食物组成，适当增加含铁丰富的食物，如动物血、瘦肉、内脏、鱼类及豆制品，注意搭配维生素C、果汁等促进铁的吸收，避免同时进食茶、咖啡、牛奶、蛋类、植物纤维、抗酸药等抑制铁吸收的食物和药物。

（3）正确使用铁剂进行治疗：口服铁剂可出现恶心、呕吐等胃肠道反应，宜从小剂量开始，且在两餐之间服用。液体铁剂可使牙齿染黑，可用吸管或滴管。口服铁剂可使大便变黑，停药后可恢复。

（4）避免感染：如伴有感染者应早期积极控制感染。

2．预防　妊娠期妇女应摄入足够的铁，特别在妊娠最后3个月；婴儿期合理喂养，提倡母乳喂养，及时添加辅食；幼儿期多进食含铁量多、吸收率高的食物；培养良好的饮食习惯及时治疗胃肠道疾病及慢性失血性疾病，如钩虫病、肠道畸形等；按时进行健康体检，尽早发现加以治疗。

（四）维生素D缺乏性佝偻病

维生素D缺乏性佝偻病是因体内维生素D不足引起钙、磷代谢紊乱以致钙盐不能正常沉着在骨骺端，最终发生骨骼畸形的一种全身慢性营养性疾病。主要见于2岁以内的婴幼儿。常因维生素D缺乏或紫外线照射不足、生长过快所需维生素D增多、食物中钙磷含量不足或比例不适宜引起。佝偻病虽然很少直接危及生命，但因发病缓慢，易被忽视，一旦发生明显症状时，机体的抵抗力低下，易并发肺炎、腹泻、贫血等其他疾病。

护理与预防

（1）鼓励小儿多进行户外活动，直接接受阳光照射。生后2~3周即可带婴儿外出，冬季也应保证每日1~2小时的户外活动。如在室内活动，应开窗以利紫外线穿透照射。

（2）提倡母乳喂养，因母乳中钙磷比例适宜，易于吸收；人工喂养可选择维生素D强化配方奶粉，及时添加辅食，给予富含维生素D、钙、磷和蛋白质的食物；生后2周开始每日口服预防剂量维生素D 400IU。

（3）如已出现佝偻病早期症状如夜啼、枕秃、睡眠不安、烦躁、易激惹等，应及时就医，遵医嘱按时服用维生素D制剂，避免过量引起中毒；避免早坐、久坐、早站、久站和过早行走，以防出现脊柱后突、O型腿或X型腿等骨骼畸形或骨折发生；对已有骨骼畸形者可采取如按摩、矫形器等主动和被动运动的方法进行矫正。

二、儿童口腔、眼常见问题的防治

（一）龋齿

1．控制饮食中的糖　儿童吃含糖的零食、饮料等易发生龋齿，应教育儿童养成多吃蔬菜、水果和富含钙、磷、维生素的食物，少吃零食，建立良好的饮食习惯。

2．养成良好的口腔卫生习惯　乳齿萌出后，家长就应帮儿童清洗口腔。3岁后在大人指导下，让儿童逐渐掌握正确的刷牙方法。饭后应漱口，睡前刷牙更为重要。切勿横刷牙齿，否则既不能达到清除牙缝食物残屑，又可损伤牙龈引起牙龈萎缩。幼儿使用的牙刷毛束不超过2排，每排5~6束，质地要软。刷牙时，刷毛应与牙面成50°~60°斜角，每个部位反复刷10次，每次刷牙2~3分钟。应积极开展口腔保健工作，把口腔保健工作纳入儿童保健范畴，定期为儿童进行龋齿的预防和早期治疗。

3．氟化物防龋　氟缺乏时牙齿对龋齿敏感性增加，适量的氟能改变牙釉质表面或表层的结构，以增强其抗龋性能。指导家长饭后用淡茶水为儿童清洗口腔；使用含氟牙膏刷牙；可用低浓度氟溶液漱口，也可在口腔医生指导下用酸性氟磷酸钠凝胶（APF凝胶）涂抹牙面。

4. **窝沟封闭法防龋** 窝沟是指大牙（磨牙）咬合面凹凸不平的凹陷部位，是牙齿发育过程中牙尖融合障碍形成的缺陷。儿童窝沟封闭是针对牙齿发育时候的儿童进行的一种能有效增强牙齿抗龋能力的技术，是用一种高分子复合树脂材料，涂在儿童牙齿窝沟内，液态的树脂在进入窝沟后固化变硬，形成一层保护性屏障，使牙齿免受食物和细菌的侵蚀，从而增强牙齿抗龋能力。

（二）近视、沙眼

1. **近视** 预防方面要加强保护视力的宣传教育。注意用眼卫生，自幼养成良好读写习惯，是主动有效地防止近视的方法。如阅读、写字时保持正确姿势；不要在走路、乘车和躺着时看书；阅读时应有充足的光线；眼与书本间保持1尺（约30cm）距离；改善教室照明及黑板光线条件；桌椅高度要合适；合理安排课堂学习及家庭作业时间，阅读时间不宜过长；坚持做眼保健操，注意增加户外活动以增强体质等。

为有效防治近视首先要明确诊断。有近视现象的儿童应该用阿托品散瞳验光，使用阿托品滴眼液后，屈光状态有3种可能，即假性近视、真性近视、混合近视（真性近视中含有假性成分）。然后，对不同性质的近视现象应予合理处置。假性近视不必佩戴近视眼镜，可利用各种解除睫状肌痉挛的方法，恢复正常视觉生理功能，如滴用低浓度阿托品、雾视法等。真性近视时，只有配戴凹透眼镜才能起矫治作用。配用的眼镜要经常戴，这不仅可减少眼睛的疲劳，并可防止发生外斜视。

2. **沙眼** 是由沙眼衣原体引起的慢性传染性结膜炎症。沙眼一般无明显自觉症状，常于体检时才被发现。少数患儿有痒感、异物感。预防沙眼应注意加强卫生宣教，认识沙眼的危害性，做好沙眼普查，切断传播途径。无论是儿童或其他家庭成员，一旦发现沙眼都应积极治疗，防止交叉感染，改善环境卫生，培养儿童卫生习惯，不用手揉眼睛，洗脸用具单独使用，洗脸毛巾及手帕要勤洗，并经常放在阳光下暴晒。

三、溺水的预防及急救

（一）溺水的危险因素及预防措施

1. **季节性** 溺水多发于夏秋暖和的季节。预防措施：根据季节性溺水不同的特点，进行针对性教育。在暖和的季节加强孩子游泳的安全教育。在寒冷的季节溺水主要由滑冰、薄冰上骑车导致，应该加强冰上运动安全教育。

2. **不安全水域** 小区水池/住宅附近水塘没有护栏、野外池塘/建筑工地水坑缺乏禁止游泳及水深标识、水上娱乐场所没有安全救生设施、粪坑/阴沟/水井没有盖子等。预防措施：改变不安全水域，如果家里有游泳池或屋前屋后有水塘、沟渠等开放性水域的，应该设置栅栏进行隔离防护。城市游泳池要设立水深标志和儿童游泳区标志，并配备报警装置和救生设备。野外水域或不适合游泳的水域设置"此处危险，禁止游泳"的警示牌。在农村，对儿童经常游泳的水塘、河流、湖泊要设置水深标识，以防儿童潜水或跳水发生意外。在海里游泳时，要注意救生员在海滩上插的红色和黄色旗子，告知游泳者在红旗与黄旗之间的区域游泳比较安全。娱乐场所水域必须要求配备足够的救生设备。对粪坑、阴沟等危险场所进行加盖，以防孩子意外跌入。游泳前，要查看水边的安全指示和标识。进入水里之前，要先检查水的温度和深度。在农村，可以用棍子或竹竿来检查池塘或湖泊的水深。游泳前，不要太靠近河边、湖边或游泳池边站立，因为这些地方较为湿滑。

3. 区域　在我国，卫生计生委数据表明农村地区的溺水发生率是城市地区的 4～10 倍。预防措施：对初学走路的孩子，可以在家的周围建立一个"儿童安全区域"，以限制他们接近危险水域。重点干预场所：城市——游泳池和家庭中的浴缸；农村——开放性水域。重点干预人群：城市——婴幼儿；农村——青少年。

4. 安全监管　不同年龄组采取不同预防措施。

（1）小于 4 岁组：加强对孩子看护人的安全教育，在浴缸、游泳池、水池、沟渠、粪坑或其他开放性水域边时要看管好孩子，看护人的视线不离开孩子，以防发生意外。洗浴后要及时清空浴池里的水，浴池放水的开关要位于孩子触摸不到的地方。婴儿或者初学步的孩子，只要孩子在水里或水边，不管是在家里或其他地方，看护人应该用手臂护住孩子。如果家里有游泳池，须将游泳池用栅栏围起或与房子隔开，同时，为游泳池安装安全设备，如泳池安全警报等。看护人应该学会必要的急救技术，同时记住急救中心电话。

（2）4～12 岁组：教孩子游泳及游泳规则，父母和孩子应该知道自然水域游泳安全知识；告诉儿童不要在没有成人看管下单独游泳。乘船或捕鱼时，儿童均应配备救生设备。跳水或潜水容易导致溺水发生，带孩子游泳时父母应该注意水域深浅，并教会孩子用脚试水深浅；冬季应避免孩子在冰上步行、滑冰或在薄冰上骑车；孩子游泳或洗浴时应有成人陪同。

（3）大于 12 岁组：包括 4～12 岁组全部措施。儿童青少年在进行水上娱乐活动时不应饮酒和服用药物，由于男孩比女孩更多在水上活动中受到伤害，因此该时期男孩是教育的重点人群。青少年应该学习必要的急救技术。

（二）溺水的急救

发现溺水儿童，立即大声呼救，协助救出水面，同时应注意：①以最快的速度清除溺水儿童口鼻中的泥沙杂草（如果存在的话），保持呼吸道通畅。根据美国心脏病协会（American heart association，AHA）最新推荐的复苏指南，没有必要进行"倒水"动作——因为溺水儿童气道进水量往往很少（循环可以很快吸收）或者气道根本没有进水（因为喉头痉挛）——以免耽误宝贵的抢救时机。②检查呼吸，所用时间不超过 10 秒。如无呼吸，立即进行心肺复苏，采用口对口人工呼吸和胸外心脏按摩，注意心脏按摩与人工呼吸的比为 30：2（单人）或 15：2（双人）。③拨打 120 电话，及时送医院进行救治。

四、儿童心理卫生问题——孤独症的诊治

儿童孤独症又称自闭症，是由多种生物学因素如遗传、中枢神经系统受损等所致的异常行为综合征。通常在 3 岁以前起病，男孩较女孩易发病，男女患病率比例国外为（4～5）：1，我国为（6～9）：1。儿童自闭症的主要表现为表情淡漠、对亲人不依赖、缺乏交流、独自玩耍、对任何言语和拥抱均无反应等沟通障碍；会模仿语言，发音模糊，用词及语言与正常儿童不同，与人难以交流；对人际关系漠不关心，但对机械事物很感兴趣。目前，自闭症无特效治疗药物，常采用以教育和多种训练为主、药物治疗为辅的方法。社区护士针对儿童自闭症的护理措施包括：应做好对适龄儿童的家长进行自闭症相关知识的宣教工作，做到早发

现、早就医、早确诊、早治疗；指导家长在生活中多创造与儿童交流的机会，与儿童多沟通；强化语言训练和良好的行为训练，克服异常行为；让患儿在集体生活中成长，在与正常儿童交往中接受帮助，从而获得社会交往能力。

第四节 预防接种与计划免疫

一、基本概念及免疫程序

（一）基本概念

预防接种（vaccination）是指利用人工制备的抗原或抗体通过适宜的途径对机体进行接种，使机体获得对某种传染病的特异免疫力，以提高个体或群体的免疫水平，预防和控制传染病的发生和流行。它是根据疫情的分析和监测以及人群的免疫状况进行的有计划的免疫接种。

计划免疫（planned immunization）是指根据某些传染病的发生规律，将有关疫苗按科学的免疫程序，有计划地给人群接种，使人体获得对这些传染病的免疫力，从而达到控制、消灭传染病的目的。儿童时期是计划免疫实施的重要时期，社区护士应大力宣传国家免疫规划政策，以及实施免疫规划对保护儿童健康的重要意义，让社区所有居民知晓计划免疫是预防传染病最经济、最有效、最方便的手段，指导家长按时对适龄儿童完成计划免疫，预防各种传染病的发生。

（二）疫苗的种类与免疫程序

1. 常用疫苗的种类 国务院于2012年发布了《疫苗流通和预防接种管理条例》（下称《条例》），其中第二条规定：疫苗分为两类。

（1）第一类疫苗：是指政府免费向公民提供，公民应当依照政府的规定受种的疫苗，包括国家免疫规划确定的疫苗，省、自治区、直辖市人民政府在执行国家免疫规划时增加的疫苗，以及县级以上人民政府或者其卫生主管部门组织的应急接种或者群体性预防接种所使用的疫苗。目前纳入国家免疫规划的疫苗有5μg重组乙肝疫苗（酵母）、卡介苗、脊髓灰质炎减毒活疫苗、百白破疫苗（含白破二联疫苗）、麻疹疫苗（含麻风二联疫苗、麻腮二联疫苗、麻腮风三联疫苗）、乙脑减毒活疫苗、A群流脑多糖疫苗（含A+C群流脑多糖疫苗）、甲肝减毒活疫苗，分别用于预防乙肝、结核、脊髓灰质炎、百日咳、白喉、破伤风、麻疹、流行性腮腺炎、风疹、乙脑、流脑、甲肝12种传染病。

（2）第二类疫苗：是指由公民自费并且自愿受种的其他疫苗。第二类疫苗中有许多疫苗如B型流感嗜血杆菌结合疫苗（HIB）、水痘疫苗、肺炎疫苗、流感疫苗、口服轮状病毒活疫苗等，被证明预防疾病的效果良好，在欧美发达国家已经纳入免费范围，在我国也建议接种。

《条例》第六条规定：国家实行有计划的预防接种制度，推行扩大免疫规划，需要接种第一类疫苗的受种者应当依照本条例规定受种；受种者为未成年人的，其监护人应当配合有关的疾病预防控制机构和医疗机构等医疗卫生机构，保证受种者及时受种。《条例》第二十七条规定：儿童入托、入学时，托幼机构、学校应当查验预防接种证，发现未依照国家免疫规划受种的儿童，应当向所在地的县级疾病预防控制机构或者儿童居住地承担预防接种工作的接种单位报告，并配合疾病预防控制机构或者接种单位督促其监护人在儿童入托、入学后及时到接种单位补种。

2. **免疫程序** 国家免疫规划疫苗按照免疫程序，要求为所有达到应种月（年）龄的适龄儿童进行相应疫苗的预防接种。接种程序是根据疫苗的特性、有关自动免疫和被动免疫的原理、传染病的流行特征和对人群健康的危害程度、接种后的利弊和效益，以及疾病控制的要求，以科学实践为依据制定的。如接种的年龄规定则取决于目标疾病的年龄别发病率、对疫苗的年龄别应答、与其他疫苗的相容性和并发症的危险性等因素。

因此，为了保证疫苗对可预防的疾病产生适当地保护作用，按照接种程序开展接种甚为必要。提前接种将影响最终免疫效果，若遇生病时可推迟接种，推迟接种虽不影响最终免疫效果，但可影响及时产生免疫力的时间。若不存在妨碍预防接种的健康问题，应该按时接种，详见附录2。

二、预防接种的管理

（一）预防接种的实施

1. 预防接种管理

（1）及时为辖区内所有居住满3个月的0～6岁儿童建立预防接种证和预防接种卡（簿）等儿童预防接种档案。

（2）采取预约、通知单、电话、手机短信、网络、广播通知等适宜方式，通知儿童监护人，告知接种疫苗的种类、时间、地点和相关要求。在边远山区、海岛、牧区等交通不便的地区，可采取入户巡回的方式进行预防接种。

（3）每半年对辖区内儿童的预防接种卡（簿）进行1次核查和整理，查缺补漏，并及时进行补种。

2. 预防接种的实施

（1）接种前的工作。接种工作人员在对儿童接种前应查验儿童预防接种证（卡、簿）或电子档案，核对受种者姓名、性别、出生日期及接种记录，确定本次受种对象、接种疫苗的品种。询问受种者的健康状况以及是否有接种禁忌等，告知受种者或者其监护人所接种疫苗的品种、作用、禁忌、不良反应以及注意事项，可采用书面或（和）口头告知的形式，并如实记录告知和询问的情况。

（2）接种时的工作。接种工作人员在接种操作时再次查验并核对受种者姓名、预防接种证、接种凭证和本次接种的疫苗品种，核对无误后严格按照《预防接种工作规范》规定的接种月（年）龄、接种部位、接种途径、安全注射等要求予以接种。接种工作人员在接种操作时再次进行"三查七对"，无误后予以预防接种。三查，即检查受种者健康状况和接种禁忌证，查对预防接种卡（簿）与儿童预防接种证，检查疫苗、注射器外观与批号、效期；七对，即核对受种对象姓名、年龄、疫苗品名、规格、剂量、接种部位、接种途径。

（3）接种后的工作。告知儿童监护人，受种者在接种后应在留观室观察30分钟。接种后及时在预防接种证、卡（簿）上记录，与儿童监护人预约下次接种疫苗的种类、时间和地点。有条件的地区录入计算机并进行网络报告。

3．疑似预防接种异常反应的处理　如发现疑似预防接种异常反应,接种人员应按照《全国疑似预防接种异常反应监测方案》的要求进行处理和报告。

4．服务要求

（1）接种单位必须为区县级卫生计生行政部门指定的预防接种单位,并具备有《疫苗储存和运输管理规范》规定的冷藏设施、设备和冷藏保管制度,按照要求进行疫苗的领发和冷链管理,保证疫苗质量。

（2）应按照《疫苗流通和预防接种管理条例》《预防接种工作规范》《全国疑似预防接种异常反应监测方案》等相关规定做好预防接种服务工作,承担预防接种的人员应当具备执业医师、执业助理医师、执业护士或者乡村医生资格,并经过县级或以上卫生计生行政部门组织的预防接种专业培训,考核合格后持证方可上岗。

（3）基层医疗卫生机构应积极通过公安、乡镇（街道）、村（居）委会等多种渠道,利用提供其他医疗服务、发放宣传资料、入户排查等方式,向预防接种服务对象或监护人传播相关信息,主动做好辖区内服务对象的发现和管理。

（4）根据预防接种需要,合理安排接种门诊开放频率、开放时间和预约服务的时间,提供便利的接种服务。

5．工作指标

（1）建证率＝年度辖区内已建立预防接种证人数/年度辖区内应建立预防接种证人数×100%。

（2）某种疫苗接种率＝年度辖区内某种疫苗实际接种人数/年度辖区内某种疫苗应接种人数×100%。

（二）预防接种禁忌证

接种疫苗以达到预防疾病的目的,这对于正常机体来说都是有益的。但是,由于某些机体的反应性不正常或处于某种病理生理状态,接种疫苗后,可能对机体带来某些损害,甚至引起严重的异常反应。为了避免这类情况的发生,在疫苗说明书中,比较具体地规定了有某种疾患或处于某种特殊生理状态的人不能接种,这就是预防接种的禁忌证。

禁忌证是指个体在某种状态下接种疫苗后会极大地增加严重不良反应的机会。它是以个体的状态决定的,而不是疫苗本身。很少有绝对的禁忌证,接种或不接种都有风险,这种风险是客观存在的事实。对待禁忌证的正确态度应该是在预防接种工作人员的帮助下进行风险分析,权衡接种与不接种的风险,再做出自己的决定。

1．一般禁忌证　急性传染病,包括有急性传染病接触史而未过检疫期者；严重慢性病如消耗性疾病,化脓性皮肤病；高血压、心脏病、风湿病、肝肾疾病等；过敏,如哮喘、荨麻疹、严重的湿疹等；小儿有癫痫或惊厥史。

2．特殊禁忌证　发热或1周内每日腹泻4次以上；正在接受免疫抑制剂治疗,如放射治疗、糖皮质激素、抗代谢药物和细胞毒药物等治疗；近1个月内注射过丙种球蛋白。

预防接种过程中的禁忌证并非绝对禁止接种,而是提醒受种者在预防接种后可能发生负面影响的风险。当这种风险明显超过预防接种的收益时,则应避免接种；当这种风险不超过预防接种的收益时,接种是一种明智的选择。

(三)预防接种反应及处理

疫苗必须经过国家药品检定部门检定合格后才能上市，预防接种对于多数人是安全的，有一小部分人预防接种会发生不良反应。发生不良反应与个人身体情况、疫苗特点等有关。在预防接种的实施过程中，注意以下几点可以降低不良反应的发生和损害程度。①告知健康状况：接种时，如实将健康状况告知医护人员，包括患病史、过敏史（食物和药物）、上次接种的情况。必要时，配合医护人员开展简单体检。②观察与休息：接种后不要匆忙离开医院，在接种现场观察30分钟。回家后继续加强观察，接种疫苗后应适当休息，多饮水，注意保暖，防止继发其他疾病，并注意接种局部的清洁，以防局部感染。

1. 一般反应 预防接种一般反应，是指在预防接种后发生的，由疫苗本身所固有的特性引起的，对机体只会造成一过性生理功能障碍的反应，主要有发热和局部红肿，同时可能伴有全身不适、倦怠、食欲缺乏、乏力等综合症状。

（1）全身反应

1）表现：①发热。分为轻度（37.1~37.5℃）、中度（37.6~38.5℃）和重度（≥38.6℃）。部分受种者接种灭活疫苗后5~6小时或24小时左右体温升高，一般持续1~2天，很少超过3天；个别受种者发热可能提前，在接种疫苗后2~4小时即有体温升高，6~12小时达高峰，持续1~2天。注射减毒活疫苗后出现发热反应的时间稍晚，个别受种者在注射麻疹疫苗后6~10天内会出现中度发热，有类似轻型麻疹样症状。②部分受种者除体温上升外，可能伴有头痛、眩晕、恶寒、乏力和周身不适等，一般持续1~2天。个别受种者可发生恶心、呕吐、腹泻等胃肠道症状，一般以接种当天多见，很少有持续2~3天者。

2）处理：①发生轻度全身反应时加强观察，一般不需任何处理，必要时适当休息，多喝开水，注意保暖，防止继发其他疾病。②全身反应严重者可对症处理。③高热不退或伴有其他并发症者，应密切观察病情，必要时送医院观察治疗。

（2）局部反应

1）表现：①注射局部红肿浸润，根据纵横平均直径分为弱反应（≤2.5cm）、中反应（2.6~5.0cm）和强反应（>5.0cm）。凡发生局部淋巴管/淋巴结炎者均为局部重反应。②对于大部分皮下接种的疫苗，受种者在注射后数小时至24小时或稍后，局部出现红肿浸润，并伴疼痛，红肿范围一般不大，仅有少数人其直径>5.0cm。有的伴有局部淋巴肿大或淋巴结炎、疼痛。这种反应一般在24~48小时逐步消退。③皮内接种卡介苗者，绝大部分受种者于2周左右在局部出现红肿，以后化脓或形成溃疡，3~5周结痂，形成疤痕。④接种含吸附剂疫苗，部分受种者会出现注射局部不易吸收，刺激结缔组织增生，形成硬结。

2）处理：①轻度局部反应一般不需任何处理。②较重的局部反应可用干净的毛巾热敷，每日数次，每次10~15分钟。③卡介苗的局部反应不能热敷。对特殊敏感的人可考虑给予小量镇痛退热药，一般每天2~3次，连续1~2天即可。

2. 异常反应

（1）表现：①过敏性皮疹。于注射后数小时或数日内出现，多见为荨麻疹、皮疹大小不等、呈淡红或深色皮疹。②过敏性紫癜。注射后2~5天内出现皮疹或出血点，大小不一，伴有关节发热、肿、痛，有时出现消化道过敏症状。③过敏性休克。十分罕见，一般注射后几分钟即出现头痛、头晕、面色苍白、出冷汗、血压下降、出现休克体征。④晕厥。轻者心慌、虚弱、四肢发冷、恶心欲吐，短时可恢复；重者面色苍白、恶心、呕吐、冷汗、四肢冰凉、甚至昏迷。

（2）处理：只有个别过敏体质的儿童才有可能出现此类反应，家长应冷静对待，根据情况分别处理。若体温在38.5℃以下，皮疹稀少，一般情况尚好者，属一般反应。宜安静休息，多饮水，对症处理，经2～3天即可自愈。如果发生了异常反应，必须立即送医院就诊，采取相应的处理措施。①过敏性皮疹的处理：轻者用抗过敏药物，如氧苯那敏或氯雷他定糖浆，重者静脉注射葡萄糖加维生素C和激素，其效果良好。②过敏性紫癜的处理：采用大剂量激素可获良效。③过敏性休克的处理：立即平卧，呈中凹位（头和下肢均抬高15°～30°）；注意保暖；皮下或静脉注射1：1000肾上激素0.5～1ml，可酌情重复注射；针刺人中穴；酌情施用抗过敏药或升压剂，呼吸兴奋剂。④晕厥的处理：立即平卧，取中凹位，安静，保暖；饮温糖水；重者针刺人中、合谷两个穴位；酌情升压。在预防注射前要作好宣传工作，消除恐惧心理选择良好的注射场所，避免空腹注射和不良刺激，晕厥是可以预防的。

3. 局部化脓反应　轻者用75%乙醇湿敷，疗效很好。重者局部敷鱼石脂软膏或消炎止痛膏，若有波动感则说明已化脓感染，应切开排脓，并使用抗生素消炎。

案例分析

湖光小区居民李玲，女，29岁，妊娠40周在医院顺产一名男婴，已出院回到家中3天，社区护士刘红要进行新生儿家庭访视。社区护士计划在1周内进行初次访视。该社区护士具体访视的内容有哪些？

社区护士具体访视的内容如下：

1. 询问　①围生期情况：孕期健康状况、孕周、分娩方式、孩子出生体重、有无窒息或产伤等。②新生儿的喂养、睡眠、大小便等。③有无呕吐。若生后2～3周或更早出现呕吐，持续性加重、呈喷射状、吐出物为奶及奶凝块、不含胆汁，则怀疑幽门狭窄，应转诊。④预防接种情况：询问是否接种了卡介苗和第一剂乙肝疫苗。⑤新生儿筛查：询问在出生时是否进行了苯丙酮尿症、先天性甲状腺功能减低症以及新生儿听力筛查，若没有，督促家长尽快带孩子到出生医院或妇幼保健机构接受筛查。

2. 观察　家居环境、卫生；新生儿的面色、精神、活动等一般状况。

3. 检查　第一次访视时要对新生儿进行一次全面的检查；每次访视时都要测量体重。检查的重点：新生儿黄疸出现的时间、持续天数、消退的时间；口腔黏膜情况；脐带是否脱落、有无感染等。

4. 指导　合理喂养方法，新生儿的保暖、日常护理、早期教养和预防疾病和意外的有关知识。

5. 处理　一旦发现有脐带感染、口腔感染及尿布皮炎等要及时处理。

6. 记录　各项体检指标，出现的异常问题以及相应的护理措施。

（张　利）

思考题

一、单项选择题

1. 预防接种后，应告诉家长或监护人接种者要留在现场观察的时间为（　　）

A．30 分钟

B．10 分钟

C．60 分钟

D．12 小时

2．婴儿首次接种麻疹疫苗的时间为（　　）

A．出生时

B．1 月龄

C．8 月龄

D．1 岁

3．WHO 提倡的母乳喂养应持续至（　　）

A．6 个月

B．9 个月

C．12 个月

D．24 个月

二、多项选择题

1．婴幼儿提倡要多做户外活动，通常所指的"三浴"锻炼是（　　）

A．空气浴

B．沙浴

C．日光浴

D．药物浴

E．温水浴

2．我国提出儿童重点防治的"四病"是（　　）

A．维生素 D 缺乏性佝偻病

B．营养性缺铁性贫血

C．婴幼儿腹泻

D．小儿肺炎

E．沙眼

3．儿童乙肝疫苗接种共计 3 次，分别在（　　）

A．出生时

B．1 月

C．6 月

D．9 月

E．12 月

三、简答题

1．简述学龄期儿童保健指导的主要内容。

2．简述维生素 D 缺乏性佝偻病的预防与护理。

3．简述预防接种中如何减少不良反应的发生并降低损害。

四、病例分析题

婴儿 5 个月，人工喂养，平时食欲好，身体健康，大便为软便，1～2 次/日，7 月中旬无诱因出现腹泻，达4～6次/日，为黄色蛋花样便，水分较多，无呕吐，无发热，食欲正常。

1．患儿可能患了什么病？
2．社区护士应指导患儿家人采取哪些护理措施？

第七章 社区妇女保健与护理

第一节 社区妇女保健概述

女性肩负着孕育后代的重要任务,其身心健康不仅直接影响下一代的成长,同时还影响其家庭,甚至关系到整个民族素质的提高,对女性健康的关注程度已经成为衡量一个国家文明程度的重要标准。妇女保健是我国卫生事业的重要组成部分,社区是我国开展各项工作的基础单位,维护和促进妇女健康已成为社区护理的重要工作内容之一。

一、妇女保健的目的及服务范围

(一)妇女保健的目的及意义

自从推广社区卫生服务以来,政府已经把妇女保健作为社区卫生服务的重点工作之一。社区妇女保健(community women health)是指以维护和促进妇女健康为目的,以预防为主,以保健为中心,以基层为重点,以社区妇女为对象,防治结合,开展以生殖健康为核心的保健工作。社区妇女保健工作面向社区广大妇女,以提高和维护妇女身心健康为目标,广泛开展预防保健服务、孕产期保健服务,定期对妇女常见病、多发病进行普查普治,开展健康教育、健康咨询等保健工作,积极防治妇科恶性肿瘤,控制性传播疾病的传播,提高妇女的自我保健意识,维护和促进妇女的身心健康,对促进家庭和谐幸福、提高国家人口素质及促进社会经济发展具有重要意义。

(二)妇女保健的服务范围

1. 妇女各期保健

(1)青春期保健:青春期是指月经初潮到性器官发育成熟的时期。此阶段女性身体迅速增长,卵巢开始发育、排卵、乳房发育、阴毛、腋毛等第二性征出现,并产生一系列心理变化,此期保健重点为针对青春期少女进行性教育,经期卫生指导、心理卫生指导、培养良好的生活习惯等。

(2)围婚期保健:围婚期是指从择偶到婚后受孕前的一段时间,包括婚前、新婚和孕前3个阶段。围婚期保健是指围绕结婚前后,为保证健康婚配、婚后防止遗传性疾病的延续和出生缺陷的发生,保证婚配双方及下一代的健康所开展的一系列保健服务。

(3)孕产期保健:孕产期保健是指从妊娠开始至产后42天为孕产妇所提供的一系列保健服务,包括孕期保健和产褥期保健,是社区妇女保健的重要组成部分。孕期保健包括对孕妇进行日常生活指导,开展产前检查、孕期常见问题指导等;产褥期保健包括对产褥期妇女开展产后访视、产后保健指导、新生儿护理指导、产褥期常见问题指导等。

(4)围绝经期保健:围绝经期是指绝经前后的一段时间,从开始出现与绝经有关的内分泌、生物学和临床特征起至最后1次月经后1年。此期妇女会出现与生殖系统功能衰退有关的身心变化,在此阶段主要围绕围绝经期妇女生理、心理变化特点开展健康教育、保健指导或咨询，对围绝经期常见病开展普查普治，提高围绝经期妇女的生命质量。

（5）绝经后保健：绝经后，妇女的生殖功能丧失，雌激素减少，生殖器官变化显著，容易患生殖系统疾病及雌激素水平降低所导致的相关疾病。此阶段需开展常见妇科病、低雌激素相关疾病的防治等保健工作。

2．计划生育技术指导服务　计划生育技术指导服务包括计划生育技术指导、咨询及与计划生育有关的临床医疗服务。在育龄期妇女中普及生殖健康知识、生育控制知识和技术，指导夫妇双方选择适宜的节育方法，提供避孕药具及相关的指导，避免生得过早、过多、过晚、过密及计划外妊娠，保护妇女的生殖健康。

3．妇女劳动保护　妇女大多承担着家务劳动同时从事一定的社会职业，家务劳动中接触的有害物质，如油烟、洗涤剂等；工作中接触的有害物质，如粉尘、高温、过分负重等；对妇女的生殖健康及生殖功能均可能产生一定的影响。为了维护妇女的健康，减少和解决女职工在劳动和工作中因生理特点造成的特殊困难，保护女职工的合法权益，给予妇女特殊的劳动保护，国务院制定了《女职工劳动保护规定》，明确了妇女在经期、孕期、哺乳期禁忌从事的劳动范围。

4．妇女常见病的普查普治　妇女常见病的普查普治是保障妇女生殖健康、提高广大妇女健康水平的有效措施。定期对妇女开展常见病的普查，做到早发现、早诊断和早治疗，有利于降低常见病的发病率，提高治愈率和存活率，提高妇女的生活质量。

二、妇女保健工作方法及组织机构

（一）妇女保健的工作方法

妇女保健是在政府的领导、上级卫生机构的指导下，以社区卫生服务中心或乡镇卫生院为服务主体，以妇女的健康为中心，而开展的一系列保健服务。开展妇女保健主要有以下方法：①加强三级妇幼保健网（市、镇、村三级妇幼保健网）的建设，有计划地培训和复训专业队伍，提高专业队伍的专业技能水平；②开展调查研究，制订切实可行的工作计划和防治措施；③广泛进行社会宣传，普及卫生宣传教育；④建立或健全有关规章制度，加强检查督促，以提高妇女保健工作质量。

（二）妇女保健的组织机构

为了执行妇女保健工作任务，政府在卫生行政组织内和卫生业务部门均设立了各级妇女保健机构。妇女保健机构包括妇幼卫生行政机构、妇幼保健专业机构、妇幼保健基层组织、妇幼保健网。

1．妇幼卫生行政机构　国家卫生计生委设妇幼卫生司，各省、市、自治区卫生计生委设妇幼卫生处，地、市（州、盟）卫生局设妇幼卫生科（组），县卫生局设妇幼保健所，区卫生院设妇幼保健组。工矿、企事业单位的卫生行政组织配备专职干部领导妇幼卫生保健工作。

2．妇幼保健专业机构　根据我国妇幼卫生工作条例，妇幼保健专业机构包括各级妇幼保健院、所、站、队。凡设有正式床位的妇幼保健机构统称"院"，包括妇女（幼）保健院与妇产医院；凡不设床位但开展门诊业务（包括设置少量观察床位）的机构统称"所"；既不设床位又不开展门诊，仅采用下基层开展业务技术指导的机构统称"站"。在地广人稀、基层妇幼保健工作基础薄弱的省、自治区可设妇幼卫生工作队。这些机构受同级卫生行政部门领导，受上一级妇幼保健专业机构的业务指导。

3. 妇幼保健基层组织　妇幼保健基层组织包括城市的社区卫生中心、农村的乡卫生院，以及农场、大工厂的职工医院等基层卫生机构内的妇幼保健组。

4. 妇幼保健网　妇幼保健网是指由各级妇幼保健业务机构，通过协作建立一种业务上有密切联系的组织系统，上级机构对下级机构有业务辅导的责任。目前，我国已经形成了三级妇幼保健网，以市妇幼保健机构为龙头、镇级医疗卫生机构（包括镇卫生院和社区卫生服务中心）为枢纽、村级医疗卫生机构（包括村卫生室和社区卫生服务站）为网底、市级综合医疗机构和相关科研教学机构为技术补充，来做好妇幼保健工作。

第二节　不同发展时期妇女保健指导

在妇女生命全程中，围婚期、孕产期、围绝经期是妇女生殖系统及心理、行为、社会特征发生明显变化的时期，是社区妇女保健工作的重点时期。

一、围婚期保健指导

围婚期是指从确定婚姻对象到婚后受孕为止的一段时期，包括婚前、新婚、孕前3个阶段。围婚期保健（premarital period care）是指围绕结婚前后为保障婚配双方及其后代的健康所进行的一系列工作，包括婚前保健、婚后卫生指导、孕前保健。

（一）婚前保健

婚前保健是对准备结婚的男女双方在结婚登记前所进行的保健服务，是保障家庭幸福、提高出生人口素质的基础保健工作，也是生殖保健的重要组成部分。《中华人民共和国母婴保健法》第七条规定，婚前保健服务技术的内容包括婚前医学检查、婚前卫生指导、婚前卫生咨询。

1. 婚前医学检查　婚前医学检查是对准备结婚的男女双方针对可能患影响结婚和生育的疾病进行检查，其目的是保证健康的婚配，避免发生在医学上不适当的婚配，防止一些疾病的传播，尤其是遗传性疾病，以利于婚配双方和后代的健康。《中华人民共和国母婴保健法》第八条规定，婚前医学检查的主要疾病包括：①严重遗传性疾病，由先天遗传因素所致，目前无有效治疗方法，子代再发风险高，无法进行产前诊断，医学上认为不宜生育的疾病。②指定传染病，《中华人民共和国传染病防治法》中规定的获得性免疫缺陷综合征、淋病、梅毒以及医学上认为影响结婚和生育的其他传染病。③精神病，如精神分裂症、躁狂抑郁型精神病以及其他重型精神病。④其他与婚育有关的疾病，心、肝、肾等重要脏器疾病和生殖系统疾病等。婚前医学检查项目主要包括询问病史、体格检查和辅助实验室检查。

（1）询问病史：包括以下内容①双方是否近亲。②双方健康史，尤其是与婚育密切相关的一些疾病史，如各种传染病、遗传性疾病、精神疾病、重要脏器疾病史等。③个人史，有无影响生育的工作、生活环境、烟酒嗜好、饮食习惯等。④月经史，询问初潮年龄、月经周期、经期、经量、伴随症状、末次月经等。⑤婚育史，再婚者了解其生育史，重点了解有无死胎、畸形儿的分娩史，有无多次自然流产史等不良孕产史。⑥家族史，遗传病史及其他家系内有关的疾病。

（2）体格检查：①全身检查，注意观察身材、容貌有无特殊性等；②生殖器官及第二性征的检查。

（3）辅助实验室检查：如血常规、尿常规、梅毒筛查、乙肝表面抗原、女性阴道分泌物常规、男性精液常规等。

2．婚前卫生指导　是对准备结婚的男女双方进行以生殖健康为核心，与婚育有关的保健知识的宣传教育。婚前卫生指导采用集中宣教、个别指导、提供资料等形式，对男女双方进行性卫生知识、生育知识和遗传病知识的教育。

3．婚前卫生咨询　是针对医学检查发现的异常情况以及服务对象提出的具体问题进行解答、提供信息、交换意见，有助于服务对象在知情的基础上作出适宜的决定。

（二）婚后卫生指导

1．性保健指导　对男女双方进行性道德教育，以及性生理、性心理和性卫生等性知识教育，使婚后夫妻双方能够享受满意、安全的性生活。

2．计划生育指导　社区护士根据夫妻双方的意愿，结合家庭经济、社会、宗教的背景，以及年龄、生育能力、生育要求和全身健康因素，指导妇女科学合理地受孕。计划生育措施主要包括避孕、绝育及避孕失败的补救措施。

避孕是一种积极的预防生育方式，根据新婚夫妇的生理、心理特点及生育计划，指导他们使用合适的避孕方法。新婚避孕的基本原则为高效、简便、不影响性生活、不影响生殖功能、停用后短期内即可恢复生育功能，不影响下一代的健康。婚后短期避孕，女性首选口服短效避孕药，待女方阴道较易扩张后，可选用避孕套、避孕栓及避孕药膜。婚后较长时间（1年以上）避孕，可用各种避孕药具。不准备生育或初婚要求长期避孕者，可采用长效、安全、稳定的避孕方法，如宫内节育器避孕。避孕过程中发生失误，或偶然没有采用避孕措施，则应采取紧急避孕措施。避孕失败所致的妊娠，可在妊娠早期采取措施终止妊娠。早期终止妊娠可采用药物流产和手术流产，中期终止妊娠可采用引产术。术后康复期应加强营养，注意休息，提供避孕指导，如有异常及时就诊。绝育是通过手术或药物，达到永久不育的目的。

（三）孕前保健

孕前保健是婚前保健的延续，主要是为准备妊娠的夫妇提供健康教育、咨询和指导。

1．有准备、有计划受孕　指导夫妻双方要对生命负责，做到有准备、有计划受孕，受孕应安排在双方工作或学习轻松，生理、心理都处于最佳状态的时期，避免无计划受孕后因人工终止妊娠带来的生理、心理影响。

2．适宜的受孕年龄　从生理的角度来看，女性最佳的生育年龄为25～29岁，男性为25～35岁。在此年龄段，男女的生殖能力最旺盛，精子和卵子的质量高，计划受孕容易成功，发生畸形和难产的机会也少，对下一代的健康最有利。

3．适宜的受孕季节　从营养供给的角度看，受孕的最佳时间应是7～9月份，第2年4～6月份分娩较合适。受孕初期正值秋季，各种蔬菜、瓜果丰收，有利于孕妇摄取足够的营养物质。分娩时为春末夏初，气候温和，各类食物也日渐供应充足，有利于产妇的身体恢复和乳汁的分泌。

4．避开有害因素　夫妻双方均应尽量提前避开可能影响生育质量的不良因素，如放射线、高温、化学物质、农药、致畸或致突变的药物、宠物等。如夫妻任何一方患严重疾病，遭受重大精神刺激，或长期吸烟、饮酒、吸毒等，应去除上述因素2～3个月后再受孕；口服长效避孕药避孕者,应停药 6 个月后再受孕。

5．孕前准备　夫妻双方应建立健康的生活方式,均衡营养,戒烟戒酒,作息规律,保持良好的精神状态。女方应从孕前 3 个月起,每日口服叶酸 0.4～0.8mg。既往有神经管缺陷孕育史的孕妇,需每天补充叶酸 4mg。

二、孕产期保健指导

孕产期保健(maternal health care)是指各级各类医疗保健机构为准备妊娠至产后 42 天的妇女及宝宝提供的一系列医疗保健服务。孕产期保健主要包括妊娠期及产褥期的系统保健,主要目的是促进孕产妇及新生儿的健康水平。

(一)妊娠期妇女保健指导

1．妊娠期妇女的生理和心理变化

(1)生理变化

1)生殖器官的变化:妊娠 12 周以后,增大的子宫渐呈均匀对称并超出盆腔,妊娠晚期子宫多呈不同程度的右旋。卵巢略有增大,阴道分泌物增多,外阴皮肤增厚,大小阴唇色素沉着。

2)乳房:乳房增大,乳头及乳晕变大并着色,乳晕周围的皮脂腺肥大形成散在的结节状隆起,称为蒙氏结节。妊娠末期尤其接近分娩期时挤压乳房时有少量淡黄色稀薄液体溢出,称为初乳。

3)呼吸系统:妊娠期耗氧量增加,呼吸方式由腹式呼吸转为胸腹式呼吸,呼吸道黏膜充血水肿,孕妇常感到呼吸困难。

4)循环系统:妊娠晚期,膈肌升高,心脏向左、上、前方移位,心率每分钟增加 10～15 次,血容量增加 35%,易出现妊娠生理性贫血。

5)消化系统:约半数孕妇在早期有恶心、呕吐等消化道症状,在妊娠 3 个月时自行消失,胃肠道蠕动减慢,引起上腹饱胀感和便秘。

6)泌尿系统:妊娠期母子代谢产物的排泄量增多,肾血流量及肾小球的滤过率在整个妊娠期都维持在较高水平,至足月时比孕前可增加 30%～50%。

7)其他:妊娠期垂体分泌促黑素细胞激素增加,孕妇面额、腹白线、外阴等处出现色素沉着。随着妊娠子宫增大,腹壁皮肤弹力纤维断裂,腹壁皮肤出现紫色或淡红色妊娠纹。

(2)心理变化:妊娠期是女性心理易感期。从妊娠开始,雌、孕激素逐渐升高,为负性心理应激的产生提供了物质基础。此期妇女对周围事物感知敏锐,反应强烈,情绪不稳定,有时容易激动、焦躁和挑剔。这种心理在妊娠早期和妊娠晚期较为明显。妊娠早期是指末次月经第 1 天至妊娠 12 周末,此期孕妇心理反应强烈,情感波动非常大,常见的心理问题有矛盾感、焦虑、情绪不稳定。妊娠中期是指妊娠 13 周始到 27 周末,此期孕妇经历了角色的转移,从心理上渐渐地接纳了妊娠的事实,也开始感觉到胎动,对胎儿充满幻想和期望。妊娠晚期是指妊娠 28 周至分娩期前,此阶段孕妇常见的心理问题有焦虑、对分娩的恐惧,担心自己及胎儿的安全。针对不同阶段的心理反应,社区护士应有针对性地进行心理护理。

2．妊娠期妇女保健指导内容

(1)产前指导

1）及早确诊妊娠：凡是月经周期规律，有性生活史的健康育龄期女性，应注意自己的月经周期，一旦月经延迟10天以上，应高度怀疑妊娠。需及时进行血、尿绒毛膜促性腺激素和B超检查，尽早确诊妊娠，并接受第一次产前检查。

2）产前检查指导：产前检查是保障母儿健康的重要措施，社区护理人员应向孕妇及家属宣传产前检查的意义和重要性，鼓励孕妇从孕早期开始即接受产前检查，监测孕妇健康和胎儿的生长发育情况。

（2）生理卫生指导

1）休息与活动：妊娠期妇女应适当安排自己的生活与工作，避免重体力劳动和从事有害工种。生活起居有规律，每天保证充足睡眠，夜间睡眠不少于8小时，午睡1～2小时。睡眠以左侧卧位为宜，以减轻增大的子宫对腹主动脉和下腔静脉的压迫，增加回心血量，减轻水肿，增加胎盘供血。保持适当活动，并指导孕妇进行产前运动，以增强腹部、骨盆肌肉的力量和产道弹性，以利于分娩。

2）清洁与舒适：养成良好的个人卫生习惯，保持会阴清洁，妊娠28周以后，禁止盆浴。衣着宽松、柔软、舒适，避免穿高跟鞋，鞋子应防滑。

3）乳房护理：在妊娠期应注意乳房的检查与保健。乳房要用宽松、舒适的胸罩支托，避免乳房增大下垂时血液不畅。保持乳房清洁，孕妇沐浴时应用清水擦洗，禁止使用肥皂等洗涤用品。

4）性生活指导：妊娠早期及妊娠晚期应避免性生活。妊娠早期，性生活的刺激可引起盆腔充血及子宫收缩而导致流产，妊娠晚期的性生活可导致感染和早产。

5）营养与体重指导：①热量，孕早期妇女无需特意增加摄入产热营养素，孕中晚期在孕前基础上每日应增加200kcal（0.84MJ）；②蛋白质，我国营养学会提出在妊娠4～6个月期间，孕妇进食蛋白质每日应增加15g，在妊娠7～9个月，每日应增加25g，提倡以优质蛋白为主，主要来源于动物，如牛肉、牛奶、鸡蛋、鱼等；③脂肪，适量摄入，建议孕妇摄入的脂肪供能占总热量的20%～30%，保证适量的人体必需脂肪酸的摄入，如亚麻酸、亚油酸等；④微量元素，除铁外，几乎所有的微量元素均可在平时的食物中得到补充。铁，我国营养学会建议孕妇每日膳食中的铁的供给量为28g，如不足可根据医嘱口服铁剂；钙，自孕16周起，每日摄入钙1000mg，孕晚期增至1500mg，选择含钙丰富的牛奶、木耳、海产品等，必要时补充钙剂；锌，与生育和免疫功能有关，孕3个月后，每日从食物中补充20mg，主要存在于动物蛋白和谷物中；维生素，维生素是生命活动不可缺少的物质，主要从食物中获取，包括水溶性维生素（维生素B族、维生素C）和脂溶性维生素（维生素A、维生素D、维生素E、维生素K）。

6）体重管理：妊娠早期体重每个月增加0.5kg为宜，妊娠中期每周体重增加以0.25～0.35kg为宜，妊娠晚期以每周增加0.5kg为宜，足月妊娠时体重增加总计以12kg为宜。

（3）用药指导：妊娠早期是胚胎器官形成阶段，多数药物能够通过胎盘进入胎儿体内，造成胎儿畸形或胚胎发育停止。而有些孕妇有妊娠并发症时也因担心药物对胎儿有不良影响而不使用药物，以致病情加重，严重影响母儿健康。社区护士需指导孕妇合理用药，正确对待治疗性药物，以免贻误治疗。

（4）自我监测指导：教会孕妇数胎动，了解胎儿宫内情况。自孕30周起，可指导孕妇数胎动，每天早、中、晚各数胎动1小时，将3个小时的胎动次数相加乘以4，以此作为12

小时的胎动数。12小时的胎动次数为30～40次，若12小时的胎动次数小于10次，提示可能有胎儿宫内缺氧，应立即就诊。

（5）孕期常见健康问题的保健指导

1）便秘：孕妇胃肠道蠕动减慢，加上胎先露对肠道下段产生压迫，很容易出现便秘。应指导孕妇养成定时排便的习惯，每天早晨空腹饮一杯白开水，多吃富含纤维素的瓜果蔬菜，保持适当运动，以预防和缓解便秘。如不能缓解，可在医生指导下，使用缓泻剂。

2）静脉曲张：妊娠期增大的子宫压迫下腔静脉，使下肢静脉血液回流受阻，可引起下肢、外阴及直肠静脉曲张。应指导孕晚期孕妇避免长时间站立或行走，并注意经常抬高下肢，必要时可在下肢缚以弹性绷带。会阴部有静脉曲张者休息时可垫高臀部。

3）腰背疼痛：妊娠期关节韧带松弛，子宫重量增加及位置改变，使孕妇重心前移，脊柱前突，腰背肌持续紧张，出现轻微腰背痛。应指导孕妇在日常生活中保持良好的姿势，减少弯腰动作，避免过度劳累。嘱孕妇避免穿高跟鞋，疼痛严重者应卧床休息。

4）下肢肌肉痉挛：与孕妇缺钙有关，应指导孕妇食用含钙丰富的食物，必要时遵医嘱补充钙剂。痉挛发作时，可以伸直下肢使腓肠肌紧张，也可进行局部按摩或热敷。应注意休息，避免腿部疲劳、受凉。

（6）分娩的准备指导：对孕晚期孕妇及其家属进行产前、分娩相关知识的指导，以使其做好分娩的准备。

1）知识和心理准备：向孕晚期孕妇及家属介绍分娩的相关知识，如分娩方式、分娩过程中可能采取的治疗和护理措施，以帮助孕妇减轻对分娩的焦虑和恐惧，树立对分娩的信心。

2）身体准备：临近预产期时，孕妇不要外出旅行，保证充足的休息和睡眠，以应对分娩时的体力消耗。

3）物品准备：将分娩时可能用到的物品，提前打包备好，以备不时之需。包括孕妇住院分娩的物品、住院日用品、婴儿用品等。

4）确定分娩地点：社区护士应在产前协助孕妇选定合适的分娩地点，并尽早了解其情况。

5）临产先兆指导：孕晚期让孕妇及家属了解临产先兆，充分做好分娩准备。

①假临产：孕妇在分娩发动前，常会出现假临产，其特点为子宫出现不规律收缩，强度不大，宫缩持续时间一般不超过30秒，孕妇感到下腹部有轻微胀痛。②胎儿下降感：胎先露进入骨盆入口，宫底随之下降。多数孕妇自觉上腹部较之前舒适，呼吸轻快，先露压迫膀胱，孕妇会出现尿频现象。③见红：多数孕妇在临产前24～48小时，阴道会有少量的血性分泌物排出，称为见红。见红是分娩即将开始的可靠征象，大多数产妇在见红后产程发动。

（二）产褥期妇女保健指导

产褥期是指从胎盘娩出至产妇全身各器官除乳腺外，恢复或接近正常未孕状态的一段时期，一般为6周。在产褥期，产妇不仅需要生理的调适，同时伴随着新生儿的出生，产妇及其家庭需经历心理和社会的适应过程。

1. 产褥期妇女的生理和心理变化

（1）生理变化：子宫逐渐复旧，体积逐渐缩小，产后6周，子宫恢复到未孕时大小。外阴有轻度水肿，产后2～3天自行消退。会阴部切口于产后3～5天愈合。盆底肌肉和阴道壁的肌张力逐渐恢复。未哺乳的产妇通常在产后6～10周恢复排卵，哺乳的产妇约在产后

4～6个月恢复排卵和月经复潮。

（2）心理变化：孩子的出生使家庭结构、家庭角色发生了改变，家庭关系需要重新协调和适应。尤其是初产妇将要经历不同的心理感受，表现为高涨的热情、希望、高兴、满足感、幸福感、乐观，同时有失眠、压抑及焦虑等情绪不稳定的表现。产后抑郁症是分娩后常见的一种心理障碍，一般在产后第1天至第6周之间发生，而产后第1～10天被认为是发生产后抑郁症的危险期。产褥期妇女心理调适一般经历3个时期：依赖期、依赖-独立期、独立期。依赖期是产后1～3天，产妇的很多需求是通过别人的帮助来满足的，如对孩子的关心、喂奶、沐浴等。产妇有较好的妊娠和分娩经历、满意的产后休息、尽早多与孩子进行目视及身体接触将有助于产妇较快的进入依赖-独立期。依赖-独立期为产后3～14天，产妇表现出较为独立的行为，开始注意周围的人际关系，亲自喂奶而不需要帮助。独立期为产后2周至1个月，此期，新家庭形成并正常运作，产妇、家人和新生儿已成为一个完整的系统，形成新的生活状态。

2．产褥期妇女保健指导

（1）日常生活指导

1）饮食与营养：合理的饮食是产妇身体恢复和乳汁分泌的重要保证。哺乳的产妇可不限制餐次，宜少量多餐。多摄入富含蛋白质的汤汁类食物，如鸡汤、鱼汤、排骨汤等，同时注意适当增加富含钙、铁、碘、锌及各类维生素食物的摄入。不哺乳的产妇饮食与孕前相同。

2）清洁与舒适：每日用温开水清洗外阴，使用消毒会阴垫，保持会阴清洁，预防泌尿生殖道感染。如会阴有肿胀，可用50%硫酸镁湿热敷。产后1周内有大量褥汗排出，每日可用温水擦浴或淋浴，避免盆浴，勤换衣裤，保持皮肤清洁。

3）休息与睡眠：指导产妇学会与婴儿同步休息，保证充足的休息和睡眠，每天睡眠不少于8小时。

4）活动与运动：经阴道分娩的产妇，产后6～12小时内即可在床边轻微活动，产后2天可在室内随意走动。如有会阴侧切或剖宫产，应适当推迟活动时间。社区护士可指导产妇做产褥期保健操，这有利于促进产妇腹壁、生殖器官和会阴盆底肌肉张力的恢复。产褥期内，盆底组织张力尚未恢复，应避免重体力劳动，以免引起子宫脱垂及阴道壁膨出。

5）健康问题自我监测：指导产妇自己学会观察恶露、伤口情况，如出现异常，应及时就医。

6）性生活和避孕指导：产褥期禁止性生活，待恶露干净后可恢复性生活。但无论哺乳与否，均需注意避孕，指导夫妻选择合适的避孕措施。

（2）母乳喂养指导：WHO提出，出生后最初6个月建议的婴儿喂养方式是纯母乳喂养，接着以持续母乳喂养并添加适当的补充食品的方式进行喂养，直至2岁或更长。母乳喂养不仅有利于宝宝的健康成长，也有益于母亲产后康复。促进母乳喂养有以下方法：

1）早接触早吸吮：能促进缩宫素和催乳素的分泌，刺激子宫收缩，减少产后出血，并促进乳汁的分泌。婴儿出生30分钟内即可伏在母亲胸前进行皮肤与皮肤的接触，并尽早吸吮。

2）按需哺乳：在婴儿哭闹或母亲觉得奶胀时，即可喂奶，喂奶的次数与间隔时间不受限制。哺乳后，应将婴儿抱起轻拍背部，以便排出胃内空气，防止婴儿溢乳。

3）哺乳体位：母亲取坐位或卧位，全身肌肉放松抱好婴儿。婴儿的头与身体呈一直线，脸对着乳房，鼻子对着乳头，婴儿身体紧贴母亲，若是新生儿，应托着其臀部，母亲的手呈

C字形支托乳房。

4）婴儿正确的含接：乳母在喂哺的时候先将乳头轻轻触及婴儿口唇，诱发觅食反射，当婴儿口张大的一瞬间，迅速将乳头和乳晕一起柔和地送入婴儿口中。当含接正确时，可见婴儿的嘴及下颏部紧靠乳房，婴儿上唇上面可看到部分乳晕。婴儿吸吮动作缓慢而有力，显得轻松愉快，母亲不感到乳头疼痛。

5）交替喂哺：每次哺乳应两侧乳房交替进行，并挤空剩余的乳汁，这样可以促进乳汁的分泌。

6）如何判断婴儿是否吃饱：每次哺乳时听到吞咽声，24小时内有6次以上小便，并有2～4次少量软质大便，说明有足够的入量；两次喂奶之间，可见婴儿有满足感、安静，每日体重增长18～30g，每周体重增长125～210g；母乳喂养前乳房有涨满感，喂奶后松弛。

（3）乳房护理

1）佩戴胸罩：乳母应穿合适的棉质胸罩以支托乳房和改善乳房血液循环。

2）清洁乳房：用蘸有清水的布清洁乳头和乳晕，切忌用肥皂或乙醇类物品擦洗乳头，以免引起局部皮肤干燥、皲裂。

3）按摩乳房：哺乳前柔和地按摩乳房，有利于刺激泌乳反射。

4）避免损伤：哺乳结束时，不要强行用力拉出乳头，若在口腔负压情况下拉出乳头，会引起局部疼痛或皮损。应让婴儿自己张口，乳头自然地从口中脱出。如果母亲因某种原因不得不中断喂哺时，可把自己的手指轻轻放进婴儿口中，使其停止吸吮。

5）正确挤奶：学会手工挤奶和正确使用吸奶器或奶泵，避免因手法与吸力不当引起的乳房疼痛和损伤。

（4）产褥期常见健康问题的护理

1）乳头皲裂：最常见的原因是含接不良，产妇常感到乳头疼痛而停止喂哺。可先用健侧乳房或破裂较轻的一侧乳房喂奶，刺激泌乳反射后，再用患侧乳房喂奶。喂奶后将乳汁涂在乳头、乳晕上，乳汁具有抑菌作用且含有丰富的蛋白质，能起修复表皮的作用，有利于伤口愈合。如果产妇难忍疼痛，可用手或吸奶器直接挤出直至伤口愈合。

2）乳腺炎：产妇产后身体抵抗力下降，若乳头破损或乳汁淤积，细菌容易侵入并生长繁殖，如果乳房出现红、肿、热、痛的症状，或有硬结，提示可能患有乳腺炎。炎症初期可进行哺乳，在准备哺乳时先湿热敷乳房3～5分钟，并按摩乳房，哺乳时先喂患侧乳房，因为婴儿饥饿时吸吮力强，有利于通畅乳腺管。每次哺乳应吸空乳汁，在哺乳的同时按摩患侧乳房，避免乳汁淤积。炎症期应停止哺乳，定时用吸奶器吸净乳汁，用宽松的乳罩托起乳房，以减轻疼痛和肿胀，局部予以热敷或理疗，以促进局部血液循环和炎症的消散，并根据医嘱早期使用抗菌药物。脓肿形成期应行脓肿切开引流术，保持引流通畅，切口定时更换敷料，保持清洁干燥。

（三）社区孕产妇的健康管理

各乡镇卫生院或社区卫生服务中心为辖区内常住的孕妇在孕13周前建立《母子健康手册》，记录女性在整个孕期、分娩期、产褥期及产后42天母婴健康检查的情况。社区对孕产期妇女的健康管理主要通过产前检查和产后访视而实现，为每位孕妇至少开展5次产前检查及2次产后访视，其服务流程见图7-1。

1. 孕早期健康管理　在孕13周前为孕妇建立《母子健康手册》，并开展第1次随访。

（1）孕妇健康状况评估。询问既往史、家族史、个人史等，观察体态、精神等，并进行一般体检、妇科检查和血常规、尿常规、血型、肝功能、肾功能、乙型肝炎检查，有条件的地区建议进行血糖、阴道分泌物、梅毒血清学试验、HIV抗体检测等实验室检查。

（2）开展孕早期生活方式、心理和营养保健指导，特别要强调避免致畸因素和疾病对胚胎的不良影响，同时进行告知和督促孕妇进行产前筛查和产前诊断。

（3）根据体检结果填写第1次产前检查服务记录表，对具有妊娠危险因素和可能有妊娠禁忌证或严重并发症的孕妇，及时转诊到上级医疗卫生机构，并在2周内随访转诊结果。

2．孕中期健康管理　孕16～20周、21～24周各进行1次随访，对孕妇的健康状况和胎儿的生长发育情况进行评估和指导。

（1）孕妇健康状况评估：通过询问、观察、一般体格检查、产科检查、实验室检查对孕妇健康和胎儿的生长发育状况进行评估，识别需要做产前诊断和需要转诊的高危孕妇。

（2）对正常孕妇，除了进行孕期的生活方式、心理、运动和营养指导外，还应进行预防出生缺陷的产前筛查和产前诊断的宣传告知。

（3）对有异常情况的孕妇，如出现危急征象的孕妇，要立即转上级医疗卫生机构，并在2周内随访转诊结果。

3．孕晚期健康管理　督促孕产妇分别在孕28～36周、37～40周到有助产资质的医疗卫生机构进行1次随访。开展孕产妇自我监护方法、促进自然分娩、母乳喂养以及孕期并发症防治指导。对随访中发现的高危孕妇应根据就诊医疗卫生机构的建议督促其酌情增加随访次数。随访中若发现有意外情况，建议其及时转诊。

4．产后访视　乡镇卫生院、村卫生室和社区卫生服务中心在收到分娩医院转来的产妇分娩信息后，应于产妇出院后1周内到产妇家中进行产后访视，进行产褥期健康管理，加强母乳喂养和新生儿护理指导，同时进行新生儿访视。

通过询问、观察和检查，了解产妇一般情况、乳房、子宫、恶露、会阴或腹部伤口恢复等情况。对产妇进行产褥期保健指导，对母乳喂养困难、产后便秘、痔疮、会阴或腹部伤口等问题进行处理。发现产褥感染、产后出血、子宫复旧不佳、妊娠并发症未恢复者以及产后抑郁等问题的产妇，应及时转至上级医疗卫生机构进一步检查、诊断和治疗。通过观察、询问和检查了解新生儿基本情况。必要时通过辅助检查对产妇恢复情况进行进一步评估。

5．产后42天健康检查　乡镇卫生院、社区卫生服务中心（站）为正常产妇做产后健康检查，异常产妇到原分娩医疗卫生机构检查。通过询问、观察、一般体检和妇科检查，必要时进行辅助检查对产妇恢复情况进行评估。对产妇进行心理保健、性保健与避孕、预防生殖道感染、纯母乳喂养6个月、产妇和婴儿营养等方面的指导。

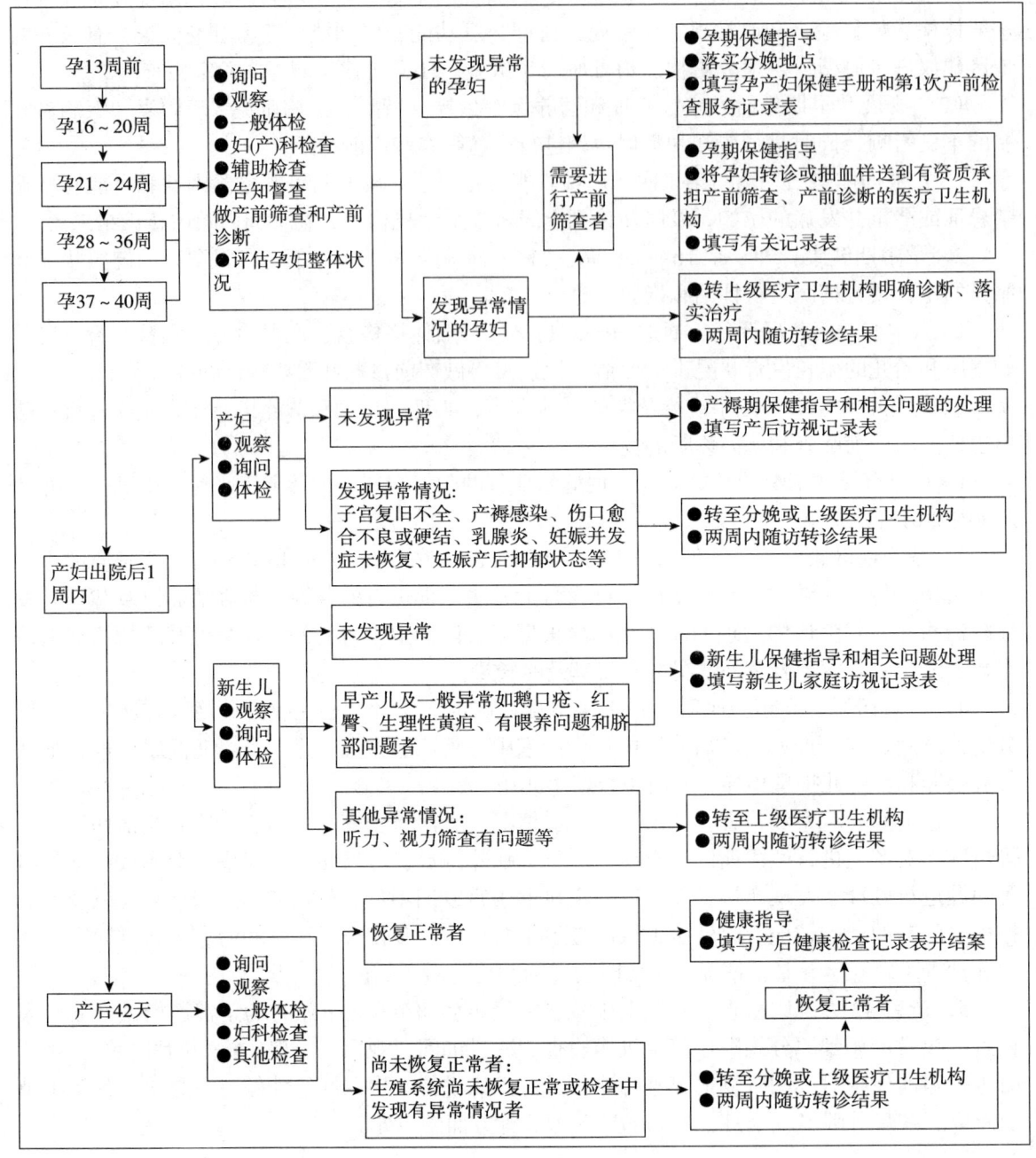

图 7-1 社区孕产妇健康管理流程图

三、围绝经期保健指导

围绝经期（perimenopausal period）是指妇女绝经前后的一段时期，从出现与绝经有关的内分泌、生物学和临床特征起至最后 1 次月经后 1 年。每一位女性均会经历绝经这一生理过程，面临着生理和心理变化。

（一）围绝经期妇女的生理和心理变化

1．生理变化

（1）月经紊乱：是绝经过渡期的常见症状，表现为月经周期及经期紊乱，经量增多或减少。

（2）泌尿生殖器官退行性病变：主要表现为泌尿生殖道萎缩症状，尿道缩短，膀胱黏膜变薄，抵抗力下降，易发泌尿道感染。盆底组织及尿道括约肌松弛，常发生压力性尿失禁。阴道穹窿分泌物减少，阴道干燥导致性交困难。

（3）心血管系统：绝经后妇女血液中胆固醇升高，高/低密度脂蛋白比率降低，动脉粥样硬化、冠心病的发病率增加或病情加重。

（4）骨质疏松：围绝经期妇女雌激素减少，使骨质吸收增加，骨量丢失加快而出现骨质疏松。

（5）自主神经系统：受内分泌变化的影响，围绝经期妇女会出现自主神经系统功能紊乱的现象。典型的症状是潮热、出汗，还可能有眩晕、耳鸣、心悸等症状，严重者影响女性的工作及生活。

2．心理变化　内分泌环境改变、自主神经功能紊乱是围绝经期女性心理变化的生理基础。围绝经期女性常常感觉烦躁易怒，容易激动，焦虑不安，注意力不集中，或情绪低落、抑郁等，尤其是本身性格孤僻、内向固执、自尊心强的女性，更容易出现心理障碍。

（二）围绝经期妇女的保健指导

1．健康生活方式指导

（1）合理膳食：围绝经期女性体内脂酶的活性降低，血脂总量上升，加上围绝经期女性容易出现骨质疏松、月经紊乱及经血过多等，因此，宜低热量、低脂肪、低糖、优质蛋白，并富含钙、铁、维生素等均衡饮食。主食可选择全谷类食物，多吃粗粮及富含维生素C的瓜果蔬菜等，增加含钙丰富的奶制品、海产品及富含植物雌激素的大豆及豆制品的摄入。

（2）活动与运动：运动可以延缓各组织器官的衰老，宜根据女性的年龄、体质、爱好等，帮助其选择适合自己的运动方式。可选择锻炼力量的仰卧起坐、拉力器等，也可选择锻炼耐力的快走、慢跑、游泳、舞蹈等，亦可选择两种运动类型结合，间隔锻炼。坚持每周运动3～4次，每次锻炼至少30分钟，每次运动时心率达到最大安全心率的60%～70%（最大安全运动心率=220－年龄）。

（3）注意个人卫生：保持外阴清洁，穿宽松、棉质的内裤，并勤更换。

（4）性生活指导：围绝经期及绝经后继续保持适当的性生活，可以延缓生殖器官萎缩和机体老化。鼓励围绝经期女性每月进行1～2次性生活，必要时可以适当使用局部雌激素治疗，或使用阴道润滑剂，减轻性交疼痛。围绝经期虽然卵巢功能衰退，但仍有排卵可能，应注意避孕。

2．心理卫生指导　通过宣传资料、广播、电视、网络等介绍有关围绝经期的知识，鼓励以平和的心态迎接围绝经期出现的各种变化，参加社区组织的集体活动，增加人际交往，保持乐观性格和良好的心理状态。

3．定期健康检查　建议围绝经期女性每年进行1次体检，包括常见疾病的普查及恶性肿瘤的普查。

4．围绝经期妇女常见健康问题的护理

（1）骨质疏松症：以低骨量、骨微细结构异常而导致骨脆性增加，以及易骨折为特征的一种全身代谢疾病。针对骨质疏松的健康指导内容如下：

1）注意合理补充营养素：钙、维生素D、蛋白质是主要的营养素。围绝经期妇女应长期摄入含钙质丰富的食物，如牛奶、海产品、豆类等，必要时可服用钙片。

2）保持良好的生活习惯：选择适宜个人体质的运动项目，如慢跑、快步走等小负荷锻炼，避免吸烟、酗酒、过量饮用咖啡等。

3）及早就医，规范治疗。

（2）功能失调性子宫出血：功能失调性子宫出血简称为功血，是由于调节生殖的神经内分泌机制失常引起的异常子宫出血，而全身及内、外生殖器无器质性病变存在。常表现为月经周期长短不一、经期延长、经量过多或不规则阴道流血。功血可发生于月经初潮至绝经期的任何年龄，50%患者发生于绝经前期，30%发生于育龄期，20%发生于青春期。绝经过渡期出现功血是由于卵巢功能衰退、卵泡几乎耗竭而导致的。主要健康指导内容如下：

①补充营养：注意补充铁剂、维生素C和蛋白质。推荐含铁丰富的食物，如猪肝、蛋黄、胡萝卜、葡萄干等。多食鱼虾、新鲜瓜果蔬菜等低胆固醇、高铁剂的食物。

②记录出血量：嘱患者保留卫生巾、尿垫及内裤等便于准确估计失血量，为及时补充体液和血液提供依据。严重出血时需卧床休息，及时就诊。

③预防感染：保持会阴清洁，每晚用1∶5000高锰酸钾液清洁外阴，勤换内裤，以防逆行感染。

④指导用药：告知患者用药目的、药物剂量、用药可能出现的反应等。激素替代治疗需在医生指导下进行，不得随意停药和漏服，用药期间注意观察，定期随访，告知患者及家属若有不规则阴道流血应及时就诊。

第三节 妇女常见健康问题及护理

一、痛经

凡在行经前后或经期出现下腹疼痛、坠胀，伴有腰酸或并发其他不适，如头痛、乏力、头晕、恶心等，影响生活和工作质量者称为痛经。痛经是最常见的妇科症状之一，可分为原发性痛经和继发性痛经，前者指生殖器官无器质性病变的痛经，占痛经90%以上，后者指由于盆腔器质性疾病如子宫内膜异位症、盆腔炎或宫颈狭窄等引起的痛经。本节只讨论原发性痛经的社区护理。

（一）病因

原发性痛经多见于青少年期，其疼痛与子宫肌肉活动增强所致的子宫张力增加和过度痉挛性收缩有关。原发性痛经的发生受内分泌因素、遗传因素、免疫因素及精神、神经因素等影响。

（二）临床表现

下腹痛是主要症状，多在初潮后1~2年内发病。疼痛多自月经来潮后开始，最早出现在经前12小时，行经第1日疼痛最剧烈，持续2~3日缓解；疼痛常呈痉挛性，多位于下腹部，可放射至腰骶部、外阴及肛门，少数人的疼痛可放射至大腿内侧；可伴随恶心、呕吐、腹泻、头晕、乏力等症状，严重时面色发白、出冷汗；妇科检查多无异常发现。

（三）护理措施

1．缓解症状

（1）用热水袋置于下腹部局部热敷或进食热汤、热茶、热姜糖水等热饮，加快血液循环，减轻盆腔充血与疼痛。

（2）服用止痛剂止痛，须防止成瘾，需用麻醉药物来减轻疼痛者要遵医嘱。

（3）遵医嘱服药，口服避孕药和前列腺素合成酶抑制剂是治疗原发性痛经的有效药物。告知服药目的、服药剂量、服药方式以及服药后可能会发生的反应等。

2．健康教育

（1）进行月经期保健的健康教育，包括经期清洁、卫生、经期禁止性生活，注意预防感冒，保证休息和充足睡眠，加强营养。

（2）讲解月经期可能出现的一些生理反应，如小腹坠胀、腰骶部酸胀、尿频，及有关痛经的生理知识，关心并理解患者的不适和恐惧心理。

二、妊娠期高血压疾病

妊娠期高血压疾病是妊娠期特有的疾病，以妊娠 20 周后出现高血压、蛋白尿、水肿为特征，并伴有全身多脏器的损害。严重者可出现抽搐、昏迷、脑出血、心力衰竭、胎盘早剥和弥散性血管内凝血，甚至死亡。该病严重影响母婴健康，是孕产妇及胎儿和新生儿发病和死亡的主要原因之一。

（一）病因

妊娠期高血压疾病的发病原因目前尚未阐明，根据流行病学调查发现，妊娠期高血压发病可能与以下因素有关。

1．低龄初产妇（年龄≤20岁）及高龄初产妇（年龄≥35岁）。

2．体型矮胖者，即体重指数[体重（kg）/身高（m）^{2}]>24者。

3．营养不良，如贫血、低蛋白血症者。

4．寒冷季节或气温变化过大，特别是气温升高时。

5．精神过度紧张或受刺激致使中枢神经系统功能紊乱者。

6．孕妇有糖尿病、慢性肾炎及慢性高血压等疾病史。

7．家族中有高血压史，尤其是孕妇之母有重度妊娠期高血压史者。

8．子宫张力过高者（如羊水过多、双胎妊娠、糖尿病巨大儿等）。

（二）分类

妊娠期高血压疾病可分为妊娠期高血压、子痫前期、子痫、慢性高血压并发子痫前期及妊娠合并慢性高血压。

1．**妊娠期高血压** 妊娠期首次出现高血压，收缩压≥140mmHg和（或）舒张压≥90mmHg，于产后12周内恢复正常，无蛋白尿，少数患者可伴有上腹部不适或血小板减少，产后方可确诊。

2．**子痫前期** 子痫前期分为轻度子痫前期和重度子痫前期。轻度子痫前期主要表现为妊娠20周后出现高血压，伴蛋白尿≥300mg/24h或随机尿蛋白（+），可伴上腹不适、头痛等症状。重度子痫前期表现为收缩压≥160mmHg 和（或）舒张压≥110mmHg；蛋白尿≥2.0g/24h 或随机尿蛋白≥（++）；血肌酐>106mmol/L；血小板<$100×10^9$/L；微血管病性溶血（血低密度脂蛋白升高）；谷丙转氨酶（ALT）或谷草转氨酶（AST）水平升高；持续性头痛或视觉障碍或其他脑神经症状；持续性上腹部不适。

3．子痫　子痫前期基础上发生不能用其他原因解释的抽搐。

4．慢性高血压并发子痫前期　慢性高血压孕妇妊娠前无蛋白尿，妊娠后出现蛋白尿≥300mg/24h；或妊娠前有蛋白尿，妊娠后蛋白尿明显增加，血压进一步升高或血小板减少<$100×10^9$/L。

5．妊娠合并慢性高血压　妊娠20周以前诊断出高血压，妊娠前无明显加重；或妊娠20周以后首次诊断为高血压并持续到产后12周后。

（三）护理措施

1．休息　保证充足的睡眠，不少于10小时。取左侧卧位，以减轻子宫对腹主动脉、下腔静脉的压迫，使回心血量增加，改善子宫胎盘的血液供应。

2．镇静　对于精神紧张、睡眠不佳者可遵医嘱服用镇静剂。

3．饮食　保证充足的蛋白质及热量，不限盐和液体，对于全身水肿者应适当限制盐的摄入。

4．监测母儿情况　每日测量体重及血压，定期检测血液、胎儿发育状况和胎盘功能。

5．预防意外伤害　子痫患者应避免声、光等刺激，昏迷时应禁食，取头低侧卧位，保持呼吸道通畅。抽搐发作时应防止从床上摔下，增加床档，把压舌板或竹筷置于上下磨牙之间，预防咬伤。

6．定期随访　子痫患者在血压尚未正常时，应坚持药物治疗，定期随访。

三、产后抑郁症

产后抑郁症（postpartum psychosis）是指产妇在分娩后出现抑郁症状，是产褥期精神综合征中最常见的一种类型，表现为易激惹、烦躁、悲伤、焦虑、沮丧和对自身及婴儿健康过度担忧，常失去生活自理及照顾婴儿的能力，甚至自杀或伤害婴儿。

（一）病因

造成产后抑郁症的因素很多，包括遗传、生理、心理、社会因素，其中社会心理因素被认为是主要因素。

1．生理因素　产后雌、孕激素水平突然下降及不平衡是产褥期抑郁症的可能原因。

2．遗传因素　有精神疾病家族史特别是有抑郁症家族史的产妇易患产后抑郁症。过去有情感障碍、经前或产前抑郁者容易发生产后抑郁症。曾发生过产后抑郁症的产妇再次妊娠分娩，复发率较高。

3．心理因素　具有敏感、情绪不稳定、自我为中心、内向性格等个性特征的产妇容易发生产后心理障碍。对母亲角色有认同缺损的产妇，对自己的母亲角色产生冲突和适应不良，无法应对初为人母的角色期望所带来的压力，容易发生产后抑郁症。另外，妊娠期间情绪压力大、人际关系紧张等也易造成产妇产后精神异常。

4．社会因素　社会支持，尤其是丈夫与家人的情感和物质支持对产妇的身心健康有重要影响。支持系统不力、夫妻关系不和、产后亲属关心较少等因素是促发产后抑郁的危险因素。

(二)临床表现

1. 情绪问题　产妇情绪淡漠、心情压抑、沮丧、易怒,有时表现为孤独、不愿见人。

2. 自我评价降低　自暴自弃、自责、自罪,对身边的人充满敌意,对自身和新生儿健康过度担忧。

3. 创造性思维受损　注意力无法集中、健忘、工作效率和处理问题的能力下降。

4. 对生活缺乏信心　对事物缺乏兴趣,出现厌食、失眠、伴有头痛、便秘等躯体症状,严重者甚至有自杀和杀婴倾向。

(三)护理措施

1. 一般护理　保证产妇充足的休息和睡眠,合理安排饮食,使产妇具有良好的哺乳能力。

2. 心理护理　产褥期产妇面临身体形象的改变、家庭关系的改变、经济来源的需求以及为人母的情绪调整等,可能会产生一些心理障碍,社区护士应为产妇提供相应指导,帮助产妇协调与家人、朋友的关系。

3. 指导新生儿照护　帮助产妇掌握母乳喂养、照顾新生儿及产后自我护理的技巧,使其树立信心,尽快适应母亲角色。

4. 用药指导　督促产妇按时服药,监测药物副作用。

5. 防止暴力行为发生　注意安全保护,谨慎安排产妇生活和居住环境,个别产后抑郁症产妇有可能发生自杀、杀婴、自伤等意外事件。

四、围绝经期综合征

在绝经过程中,由于卵巢功能衰退、雌激素缺乏常可导致一系列自主神经功能紊乱和精神、神经等症状,称为围绝经期综合征(perimenopause syndrome)。围绝经期综合征是妇科最常见的疾病之一,发病率逐年上升。

(一)临床表现

1. 月经紊乱及闭经　绝经前约70%妇女出现月经紊乱,从月经周期缩短或延长、经量增多或减少,逐步演变为周期延长、经量减少至闭经。仅少数妇女直接表现为闭经。

2. 精神、神经症状　常表现为兴奋型和抑郁型。兴奋型主要表现为情绪烦躁、多疑、易激动、失眠、注意力不集中、多言多语等;抑郁型主要表现为内心不安、记忆力减退、缺乏自信、行动迟缓、对外界冷漠等。

3. 血管舒缩症状　常见的血管舒缩症状为阵发性潮热、出汗、心悸、眩晕等,这是卵巢功能减退的信号。潮热多起自胸部,皮肤阵阵发红,继而涌向头颈部,伴烘热感,随之出汗,持续时间为几秒或数分钟不等,后自行消失。潮热发作严重影响妇女的工作、生活和睡眠,是绝经后期妇女需要激素治疗的主要原因。

4. 乳房及泌尿、生殖道的变化　乳房萎缩、下垂;外阴萎缩、干燥有烧灼样痛;阴道变短、干燥、弹性减弱、黏膜变薄,性交疼痛,易发生感染;尿道缩短、黏膜变薄,尿道括约肌松弛,常有尿失禁。

5. 骨质疏松　绝经后妇女骨矿盐丢失,骨小梁减少,易发生骨质疏松。

（二）护理措施

1. **指导用药** 告知患者补充性激素的目的、用药后的效果及可能出现的不良反应如阴道少量出血、乳房胀痛、恶心等，并告知不良反应多自行消失。不良反应未见好转，应及时到医院就诊。

2. **潮热的处理** 避免情绪过于激动引发潮热。少食调味重、辛辣食品，以免诱发潮热。建议患者穿多件式纽扣的衣服，当潮热时可以随时脱下衣服散热，当感到寒冷时又能方便地再穿上衣服。

3. **预防阴道干涩** 告知患者维持性生活的方式，有助于加强阴道的血液循环，并可维持组织的伸缩性，预防阴道干涩。同时也可使用水溶性的润滑剂润滑阴道壁，必要时也可使用雌激素软膏。

4. **预防骨质疏松** 适量外出沐浴阳光，增加摄入含钙丰富食品如鱼虾、牛奶、深绿色和白色蔬菜、豆制品、坚果等。围绝经期妇女每天从食品中摄取钙量应是 800~1000mg；钙片应在饭后 1 小时或睡前服用；必要时服用降钙素，有助于防止骨丢失。

五、尿失禁

妇女绝经后逐渐步入老年期，泌尿系统也在逐渐发生变化，耻骨肌、筋膜、韧带等松弛，支持组织的功能下降不能维持正常的尿道位置和膀胱张力，容易发生尿失禁，压力性尿失禁是女性最常见的尿失禁类型。国际尿控协会把压力性尿失禁定义为：平时无尿失禁状态，当腹压骤增大于最大尿道压时，在无逼尿肌收缩的状态下，尿液不自主从尿道口流出。

（一）危险因素

压力性尿失禁通常是分娩后发生，尤其是多次分娩的女性，也可以由肥胖、手术或其他创伤引起。女性发生压力性尿失禁的危险因素包括：

1. **分娩史** 多次分娩的女性，尤其是分娩时采用了会阴切开术或器械助产。
2. **盆底组织功能退化** 绝经后盆底肌肉松弛，盆底肌肉薄弱，盆底器官脱垂导致膀胱、子宫和尿道低于正常位置，常低于盆底。
3. **激素变化** 绝经后雌激素下降，导致尿道和阴道黏膜萎缩。
4. **盆腔手术史** 如子宫切除术。

（二）护理措施

1. **心理护理** 尿失禁者一般会产生一定的心理压力，社区护士应尊重患者，提供必要的疏导，消除紧张、焦虑、自卑等情绪。
2. **皮肤护理** 保持会阴部清洁干燥，勤换衣裤、床单，床上可使用尿垫。
3. **指导接尿** 必要时指导患者及其家属使用接尿装置。
4. **用药指导** 雌激素替代治疗对女性绝经后雌激素低下引起的尿失禁具有疗效。指导患者及其家属正确用药，告知用药目的、方法及药物可能造成的反应等。
5. **盆底肌肉锻炼** 反复收缩耻骨、尾骨肌可以增强盆底肌肉组织的张力，减轻或防止尿失禁。方法为做缩紧提肛动作，每次缩紧不少于 3 秒钟，然后放松，连续做 15~30 分钟，每天进行 2~3 次，需锻炼 4~6 个月。
6. **膀胱功能训练** 针对留置导尿管的患者，可以指导患者进行膀胱功能训练。指导患者记录每天的饮水和排尿情况，有意识地延长排尿间隔，最后达到 2～3 小时排尿 1 次。拔管后也要坚持锻炼，注意与盆底肌肉锻炼相配合。

（肖　霖）

思考题

一、单项选择题

1．以下哪种情况可以结婚（　　）

　　A．直系血亲

　　B．男女双方均患有精神分裂症

　　C．肝炎恢复期患者

　　D．男女双方均重度智力低下

2．关于孕期卫生保健指导中正确的是（　　）

　　A．孕妇在整个孕期都可洗盆浴或淋浴

　　B．孕妇睡眠时应采取侧卧姿势，最好是右侧卧位

　　C．孕妇刷牙时应用软毛牙刷，动作应轻柔

　　D．孕期应保持乳房清洁，沐浴时应肥皂水清洗乳房

3．社区护士对产妇进行初次产后访视应在（　　）

　　A．产后第 1 天

　　B．产妇出院后 7 天内

　　C．产后 10 天

　　D．产后 14 天

4．围绝经期综合征妇女的精神、心理状态改变常表现在（　　）

　　A．紧张、焦虑

　　B．情绪低落

　　C．个性及行为改变

　　D．易激动

二、多项选择题

1．妇幼保健的行政机构包括（　　）

　　A．妇幼卫生司

　　B．妇幼保健院

　　C．妇幼卫生处

　　D．妇幼卫生科

　　E．妇幼保健所

2．婚前医学检查的常规检查项目包括（　　）

　　A．血常规

　　B．尿常规

　　C．梅毒筛查、乙肝表面抗原检查

　　D．胸透

E．染色体检查
　3．围绝经期常出现的疾病有哪些？（　）
　　　A．骨质疏松
　　　B．子痫
　　　C．生殖系统感染
　　　D．泌尿道感染
　　　E．压力性尿失禁
　4．妊娠期高血压疾病的临床表现包括（　）
　　　A．蛋白尿
　　　B．高血压
　　　C．水肿
　　　D．胎位异常
　　　E．抽搐

三、简答题

1．简述妊娠期妇女的生理变化。
2．简述对产褥期妇女进行日常生活保健指导的主要内容。
3．简述促进母乳喂养的方法。

四、病例分析题

　　某产妇，37岁，2周前剖宫产生下一个儿子，因子宫复旧不良并发产后出血，经过抢救后脱离危险。产后母乳喂养不顺利，改为人工喂养。产后1周左右，产妇出现焦虑情绪，易激惹，有时暗自伤心落泪，伴有失眠、便秘等躯体症状。产后2周时产妇的情绪越来越低落，回避他人，对自己缺乏信心，并因自己不会照顾小孩而有负罪感，有自杀念头。结合案例，请回答以下问题：

1．根据产妇的症状，产妇最可能发生的健康问题是什么？
2．社区护士应提供的护理措施有哪些？

第八章　社区老年人群保健与护理

随着社会经济的发展，人们的生活质量和健康水平在不断提高，人均寿命逐渐延长，人口老龄化已成为社会发展的必然趋势，给个人、家庭和社会带来巨大的挑战。老年期是人生的特殊发展阶段，随着年龄的增长，人到老年时生理、心理和社会功能都会面临各种各样的变化，由此会带来各种健康问题及保健与护理需求。老年期保健和健康促进的意义就在于帮助老年人适应老年期的各种变化，促进老年人保持理想的健康状态，将疾病或生活不能自理推迟到生命的最后阶段，提高老年人的生活质量，减轻家庭和社会的负担，促进社会的和谐发展。

第一节　社区老年人保健概述

一、老年人基本概念及其养老模式

（一）老年人相关概念

目前对于老年人年龄的界定还没有统一的标准，根据世界卫生组织的规定，65岁以上者为老年人，许多发达国家均采用这一标准。中华医学会老年医学分会根据我国的具体情况，提出将60岁作为我国划分老年期的标准。人口老龄化是指老年人口占总人口的比例不断上升的过程。按照联合国公布的年龄构成标准，当65岁以上人口占总人口的比例达到7%以上，或60岁以上人口占总人口10%以上时称为人口老龄化。1990年，世界卫生组织在世界老龄化大会上把"健康老龄化"作为应对人口老龄化的一项发展战略。"健康老龄化"是指在年龄增长的同时，通过一系列的积极措施来推迟生物性老龄化（身体功能的受损）和社会化老化（社会参与的活力退化）。"健康老龄化"不只是促进老年人的身体健康，更注重生活质量的提高，"健康老龄化"观点的提出对国民健康的促进和社会的发展具有重要意义。1999年，欧盟召开的国际会议提出了"积极老龄化"的理念。积极老龄化是指人到老年时为了提高生活质量，使健康、参与和保障的机会尽可能发挥最大效应的过程。"积极老龄化"表达比"健康老龄化"具有更广泛的意义，"积极老龄化"强调老年人不只是被关怀照顾的对象，也是社会发展的参与者和创造者，其目的在于使所有年龄组的人们，包括那些体弱者、残疾和需要照料者，延长健康预期寿命和提高生活质量。

随着社会经济的逐步发展，我国老年人口的总数和所占比例均呈现逐年增长的趋势，人口老龄化形势日益严峻。截止到2016年年底，我国60岁及以上人口达到2.31亿，占总人口的16.7%。根据全国老龄工作委员会办公室发布的《中国老龄事业发展统计公报（2013）》资料显示，我国人口结构的内部变动呈现以下特征：一是80岁以上高龄老年人口继续增长，二是失能老年人口持续增加，三是慢性病老年人持续增多，四是失独老年人开始增多。以上问题将进一步加剧人口老龄化的严峻性，给老年人家庭乃至整个社会的养老体系建设带来巨大的挑战。

(二)老年人养老模式

养老模式是由社会生产力发展水平及与此相适应的社会经济制度、思想观念和社会习俗等因素决定的有关养老的内在规定性及其运行原则的理论概括。养老模式是由特定时期的社会经济条件决定的。目前国内常见的养老模式类型有家庭养老模式、机构养老模式和社区居家养老模式3种。2013年10月23日,国务院发布《关于加快发展养老服务业的若干意见》,提出我国的养老服务体系的发展目标是要建成以居家为基础、社区为依托、机构为支撑,功能完善、规模适度、覆盖城乡的养老服务体系。2015年11月18日,国务院办公厅转发卫计委等部门《关于推进医疗卫生与养老服务相结合的指导意见》的通知,提出针对老年人医疗卫生服务需求和生活照料需求叠加的状况,加快推进医疗卫生与养老相结合的服务,把保障老年人的基本健康养老需求放在首位,通过医养有机融合,确保人人享有基本健康养老。应通过资源整合和服务网络构建,把机构养老、社区居家养老和家庭养老服务有效衔接,形成多元化、多层次、上下相接、左右贯通、医养护一体化的健康养老服务模式。

1. **家庭养老模式** 家庭养老模式是指养老资源由家庭提供,并且依靠配偶、子女等家庭成员提供生活照顾、居住在家里的养老方式。一般认为家庭养老的主要内容包括经济供养、生活照料和精神慰藉3个方面。随着我国经济的发展和社会保障制度的逐步完善,城市老年人在经济上逐渐摆脱了对子女的依赖,生活照料和精神慰藉开始成为家庭养老的主要内容。受传统观念的影响,在未来相当长的时间内家庭养老将仍然是我国老年人首选的养老模式,对于解决老龄化社会的养老问题具有不可替代的作用。但同时,随着家庭结构的变化和家庭养老功能的逐渐弱化,传统的家庭养老模式将难以独立应对老龄社会的严峻挑战,家庭养老的内涵在发生着不断的变化,家庭需要更多的社会资源提供必要的支持。

2. **机构养老模式** 机构养老模式是指老年人居住在专门的养老机构中,由专业机构提供综合化养老服务的养老方式。养老机构包括养老院、敬老院、老年公寓、养老社区、老年护理院、临终关怀机构等。机构养老的特点是养老设施较为完善,可以为老年人提供更为专业、规范和多样化的护理和照顾服务。但目前,一方面我国机构养老资源不足,养老机构的成本普遍较高,普通老年人往往承担不起高昂的费用,另一方面受传统观念影响,很多老年人不愿意离开家庭环境,因此大多数养老机构的平均入住率并不高。

3. **社区居家养老模式** 社区居家养老模式是指居住在家庭,以社区为依托,为居住在家的老年人提供社会化服务的养老模式。社区居家养老集合了家庭养老和机构养老的优势,老年人不需要离开熟悉的家庭和社区环境,原有的设施和环境都可以充分利用,由政府、社区、家庭、市场、志愿者提供的社会化资源为老年人提供高质量的个性化服务,具有经济性、方便性、可及性、灵活性等特点。但在现实发展中,由于受到人力、财力、设施条件等的限制,社区居家养老还面临诸多挑战,如何充分组织、利用社区内外的社会资源,发挥市场化机制为老年人提供服务是这一模式的重点。驿站式养老是一种新型的社区居家养老模式,为社区老人按需制定特色居家养老服务项目,可为社区周边老人提供就餐送餐、日间照料、短期托养、生活服务、居家服务、精神慰藉、康复护理等多项需求率高的居家养老服务项目,满足老年人的各项生活需求,并不提供长期养老床位,所有服务项目都可以实现上门服务,让老年人可以就近养老,居家养老。

3种养老模式的差异比较见表8-1。

表 8-1 3种养老模式的差异比较

项目	家庭养老	机构养老	社区居家养老
养老主体	家庭	政府、社会	政府、社区、家庭、志愿者
养老资源	全部由家庭提供	养老机构提供	多元主体，需要整合
经济性	强	弱	强
便利性	强	弱	强
专业性	弱	强	强
情感性	强	弱	强

4．医养结合养老服务模式　医养结合养老服务模式是指充分融合医疗与养老服务，以最大化地利用社会资源，为老年人提供最优质的养老服务。这种模式的优势在于解决了其他养老服务中医疗元素和养老元素相分离的问题，将养老照顾、医疗护理、保健活动等内容融为一体，形成体系，为老年人晚年各类医疗和养老需求提供充分和针对性的保障。在政府相关政策的引导下，我国各地对医养结合框架下的养老服务模式进行了一定的尝试，但均处于探索阶段。社区卫生服务机构拥有向周边社区辐射医疗资源的天然优势，在承担居家老年人的医疗卫生服务方面具有专业性强和可及性高的特点。社区护士是与居家老年人联系最为紧密的医疗卫生专业人员，在医养结合社区居家养老服务体系中扮演着重要的角色，发挥着不可替代的作用。社区护士参与"医养结合"居家养老服务是解决居家养老医疗服务需求的必然趋势。

二、社区老年人保健原则及健康需求

（一）老年人保健原则

1．安全性原则　随着年龄的增长，老年人会逐渐出现患病率增高，感知觉下降，动作反应时间延长，认知能力减退等问题，加上老年人往往有不服老、不愿意麻烦别人的心理，希望自己动手去处理生活琐事，这些都增加了老年人发生意外伤害的危险性和可能性，如跌倒、烫伤、进食意外等。老年人保健应以安全性为首要原则，加强老年人的风险防范措施，保证老年人的安全。

2．全面性原则　老年人保健的全面性包括3个层面。一是指老年保健与护理的对象应该是全体老年人；二是指老年人健康包括生理、心理和社会的健康，老年人保健应该是多维度、多层次的，不仅应当从传统的身体疾病着手，而且应当重视老年人的心理卫生和精神健康，以及老年人的社会适应和生活质量方面的问题；三是指老年保健是多阶段的，不仅要包括对疾病或障碍的治疗，还应当包括对疾病或障碍的预防和康复，以及健康促进。

3．独立性原则　虽然随着年龄的增长，老年人的生理功能和各方面的能力都处于逐渐衰退的过程中，但是老年人保健应遵循独立性原则，鼓励老年人坚持力所能及的活动，最大限度地维持老年人的功能，防止废用综合征的出现，这有助于保持老年人的自理能力和功能，维护老年人的自尊和价值感，提高其生活质量。

4．参与性原则　应当指导老年人正确评价自己的健康状况，鼓励老年人积极参与保健计划的制订，积极参与各种社会活动，保持融入社会。

5．平等性原则　老年人保健是每个老年人应当享有的健康权利，应当在平等享用卫生资源的基础上，充分利用现有的人力、物力，以维护和促进老年人健康为目的，发展老年保健事业，使老年人得到基本的医疗、护理、康复和保健等服务。

（二）老年人健康需求

1．居家老年人的健康需求

（1）促进居家养老功能：居家养老逐渐成为现代老年人首选的养老模式。老年人由于老化、疾病和伤残而降低了活动和独立生活能力，妨碍了正常的社会交往；实际收入的减少、参与社会和经济生活机会减少、社会地位降低，可能导致老年人情感空虚，出现孤独感、多余感。促进居家养老功能是提高老年人健康水平的重要手段，也是居家老年人的主要健康服务需求。应建立和完善居家养老服务体系，加强相关人员的专业养老护理培训，充分发挥社区在居家养老服务中的依托作用，为老年人提供医疗卫生、生活照料、精神慰藉等服务，满足居家老年人的养老需求。

（2）获得便捷的医疗保健服务：老年人身体各器官系统功能退化、对疾病的抵抗能力下降，各种慢性病患病率增高，需要不同程度的医疗、护理和保健指导。社区卫生服务机构应切实了解老年人的健康需求，加强常见慢性病的预防与控制，为老年人提供多形式、全方位、方便、快捷、可及的医养结合的健康服务，积极开展多种形式的健康教育，增加老年人的预防保健知识，减少老年人发病的诱发因素，定期为老年人进行健康体检，早期发现健康问题，建立老年人健康档案，提供家庭医生签约服务，为有需求的老年人提供居家医疗护理服务。

（3）提供有针对性的心理支持：结合老年人心理变化和常见心理问题的特点，关注老年人的心理健康，加强有针对性的心理支持，针对老年期常见心身疾病的相关因素，加强老年人的心理保健，采取综合干预的方法，解决老年人常见的心理卫生问题。

2．养老机构老年人的健康需求

（1）关注老年人的综合健康：研究显示，养老机构的老年人慢性病的患病率接近100%，约70%的老年人多病并存；且随着年龄的增长，老年人认知障碍的发生率亦逐年增高，对外界刺激的反应能力下降，因此他们对医疗护理服务的需求更高。提供专业的医疗照护服务是养老机构老年人第一位的健康需求。养老机构应关注老年人生理、心理、社会等方面的综合健康，制定医护人员的岗位专业标准和操作规范，定期组织专业化的培训，逐步提高养老服务队伍的业务水平，努力改善老年人的健康状况，以保证老年人的生活质量。

（2）关注老年人的情感需求：居住在养老机构的老年人活动范围和社会接触面相对较小，生活圈子小，生活相对单调乏味，更渴望得到家庭的温暖、渴望与家人交流，需要与朋友互相沟通信息。应鼓励养老机构老年人的子女尽量多去探望老年人或经常以电话的形式给予老年人精神上的慰藉。养老机构的护理人员也要多理解老年人的心理，尽量多与他们沟通交流，多组织一些活动让老年人参加，在活动中增加老年人与他人沟通交流的机会，缓解老年人孤独、抑郁的情绪，满足老年人爱与归属的需要。

（3）提供专业的生活照护服务：入住养老机构的老年人往往生活自理能力存在不同程度的障碍，养老机构应在尽可能维护和促进老年人自理能力的前提下，根据老年人的需求提供专业化的生活照料服务。内容包括个人清洁卫生服务、饮食服务、修饰服务、衣着服务、皮肤清洁服务、如厕服务、便溺护理等，以满足老年人的生理需求，维护老年人的个人尊严。

第二节 社区老年人群保健指导

一、社区居家老年人保健指导

(一)日常生活保健指导

1. **居家环境** 老年人的居家环境应以保证老年人的安全舒适为前提,家庭环境通风良好、光线充足、温湿度适宜,避免噪声、异味等;室内布置尽量简洁,避免堆放过多杂物,方便老年人行走,避免磕碰和绊倒;家具的选择和布置要适合老年人的特点,高矮合适,转角处尽量圆滑;地面避免湿滑,最好选用防滑的地板或地砖,必要时在马桶、洗浴设备处安装扶手,易留有水渍的地面可放置防滑垫。

2. **营养与饮食** 营养是保证人体健康的重要条件,老年人消化功能的衰退影响了老年人维持良好营养状态的能力,易出现营养不良、营养过剩等健康问题,社区护士应按照老年人身体所需营养物质,设计适合个体的平衡膳食计划并对老年人进行指导,如保持膳食平衡、注意食物多样化、合理安排一日餐饮、注意食品的加工和卫生、营造良好的就餐环境等。

3. **运动指导** 尽管运动对老年人的健康有益,但不当运动会对身体造成危害。老年人在运动前应进行综合评估,包括老年人现存的活动能力、身体状况、目前用药情况、活动前后的反应及活动的耐受力等,根据老年人的具体情况,安排适合老年人的活动量、活动种类和活动强度,避免在存在禁忌证的情况下进行运动。老年人在运动中和运动后应做好自我监护,最简便的监测方法是以运动后心率作为衡量标准,即运动后的最适宜心率=(170-年龄)次/分;同时还要结合自我感觉综合判断,若运动后达到最适宜心率,且在运动后3~5分钟恢复运动前心率,加之运动时全身有热感或微微出汗,运动后自觉精神充沛、睡眠好、食欲佳,则表明运动量适宜。

4. **休息与睡眠** 老年人应养成良好的作息规律,注意休息的质量。每天睡眠时间以8小时左右为宜,中午可午睡一小时左右;应选择良好的睡眠环境,睡前避免饮浓茶、咖啡及服用中枢兴奋药物,以促进睡眠质量;白天适当的活动也可促进夜间的睡眠。

5. **个人卫生** 保持口腔卫生,每次进食后应刷牙漱口,有义齿的老年人应经常清洁义齿;做好头发、皮肤的清洁和保养;修剪指甲应在沐浴后或用热水浸泡10分钟后进行,以便于修剪。

(二)心理健康保健指导

1. **积极调整心态** 指导老年人积极进行自我心理调适,保持身心健康。老年人离退休前要做好离退休计划和心理准备。离退休后积极调整心态,努力培养适应新事物、新环境的能力。保持心理健康要做到知足常乐、助人为乐、自得其乐。

2. **营造良好环境** 为老年人营造坦然面对离退休生活的良好环境,引导老年人进入离退休的角色,尽快融入离退休生活;子女要尽量利用空余时间陪伴老年人,尤其要特别关注老年人的精神状态;社区和单位要关心照顾老年人,特别是子女长期不在身边或长期患病、经济困难的老年人,更需要得到社会的照顾和关注,帮助他们解决生活中的实际困难和心理问题。

3. **丰富退休生活** 鼓励老年人发挥余热,培养业余爱好,丰富离退休生活。鼓励老年人积极参加社区、老年活动中心等组织的文娱体育活动，或参与适合自己特点的棋牌类、球类、健身操、太极拳等活动。

4. **建立良好社会支持系统**　离退休后，社区是老年人除家庭外的第二活动场所，要切实发挥社区的纽带作用，经常组织各种有益于老年人身心健康的活动，让老年人感到老有所为、老有所乐。此外，还应为社区中可能患有离退休综合征或其他疾病或经济困难的老年人提供特别的照顾。

二、养老机构老年人保健指导

（一）提高自我保健意识

养老机构的老年人由于身体机能下降、社会角色缺失、负性情绪增多和自我价值感降低，在健康保健方面往往处于比较被动的状态，常存在自我保健信心与能力不足的问题。专业人员要针对老年人自我保健的影响因素，提供全面的健康教育和指导，鼓励老年人逐渐树立起为自己的健康负责的观念，提高自我保健的意识，根据自己的身体状况在日常生活中注意调整生活方式，努力管理好自我健康。

（二）保持良好的心理状态

入住养老机构后，老年人离开自己熟悉的家人和环境，生活在一个近似封闭的环境中，容易产生不良情绪。因此应多给予社会支持和精神上的尊重，开导老年人逐渐转变传统的养老观念，及时调整负性情绪，保持积极的心理状态。

（三）积极参加各种活动

养老机构会定期组织各种文娱、健身等活动，老年人要积极参加这些活动，活跃身心，促进交流和沟通，使老年人生活得更开心。

第三节　老年人常见健康问题及护理

一、老年综合征

老年综合征（geriatric syndrome，GS）是指常见于老年人群尤其是老年衰弱人群的、由多种疾病或原因造成的、与老年人重要疾病发病或不良结局有关的一个或一组症状的描述。老年综合征关注的是老年人群常见的健康问题，而不是具体的疾病分类。亚太地区老年医学会于2013年发表共识，指出常见的老年综合征包括痴呆、尿失禁、谵妄、跌倒、听力受损、视力受损、肌减少症、营养不良、衰弱、卧床、步态不平衡和压力性溃疡等。老年综合征可能发生于任何老年人中，对老年人的身心健康造成严重影响，由此导致的医疗费用也明显提高，是影响老年人日常生活质量和健康老龄化的主要医学问题。因此应积极开展老年综合征的评估管理，有效预防老年综合征的发生发展，提高老年人的生活质量，降低医疗、康复和护理成本。

（一）评估内容

老年综合评估（comprehensive geriatric assessment，CGA）不同于传统的只针对疾病的评价方式，是采用多学科的方法评估老年人的躯体健康、功能状态、心理健康和社会环境状况等，筛查影响老年人疾病预后和增加死亡率的老年综合征，以保护老年人健康和功能状态为目的，最大限度地提高老年人的生活质量。正确认识和评估老年综合征，正确使用老年综合评估技术，有针对性地做好相关防治应对策略，对维护老年人的健康并提高生活质量，具有重要意义。老年综合评估的内容比较广泛，主要包括一般医学评估、躯体功能评估、精神心理评估、社会评估、环境评估、生活质量评估和常见老年综合征或问题的评估等。

1．一般医学评估　一般医学评估即传统意义上的医学诊断，是一种以疾病为中心的诊疗模式，评估的目的在于确定患者是什么系统或什么脏器的疾病以及疾病的严重程度，评估的方法是通过病史的采集、查体、医学影像学检查、实验室检查和其他特殊检查，最后得出诊断的过程。

2．躯体功能评估　躯体功能评估包括日常生活活动能力评估、营养状况评估、平衡与步态评估、关节活动度评估、视力和听力评估等，其中最常用的是日常生活活动（activities of daily living，ADL）能力评估。ADL可分为基本ADL和工具性ADL两种。基本ADL是指维持人体最基本的生存和生活需要的每日反复进行的活动，包括自理和功能性移动两种活动。其中自理活动包括进食、卫生、洗澡、穿衣、如厕、交流；功能性移动活动包括床上活动、转移、坐、站、行走。工具性ADL是指人维持独立生活所必需进行的一些与日常生活相关联的应用活动，是人们独立生活所需的高级技能，常需要使用各种工具才能完成，包括家务活动和外出活动两种。其中家务活动包括做饭、打电话、服药、打扫卫生、整理衣服、管理财务等；外出活动包括购物、社交、交通、处理其他个人事务等。评定基本ADL的常用工具为Barthel指数，评定工具性ADL的常用工具为功能活动问卷FAQ。

（1）Barthel指数：Barthel指数（the Barthel index，BI）是目前临床上应用最广泛的一种日常生活活动能力评定工具（附表3-1）。该工具评定简单，可信度和灵敏度高，可以用于预测干预结果、住院时间和预后。量表共10项，总分100分。100分表示被测者基本的日常生活活动功能良好，不需他人帮助；61～99分者日常生活活动能力为良，表示有轻度功能障碍，但是生活基本自理，能独立完成部分日常活动，需要部分帮助；41～60分者日常生活活动能力为中，表示有中度功能障碍，需要极大的帮助方能完成日常生活活动；21～40分者日常生活活动能力为差，表示有重度功能障碍，大部分日常生活活动不能完成或需要他人服侍；20分及以下者为完全功能障碍，生活完全依赖他人帮助。

Barthel指数量表为他评量表，在判断老年人的自理程度时主要通过由护士、亲属或老人本人所提供的信息和通过与老人交谈来确定，记录老人24小时内所完成的情况。要注意的是只要老人无需任何人帮助，即使使用辅助器也可列入自理类。Barthel指数的各条目评分标准见附表3-2。

（2）功能活动问卷：功能活动问卷（functional activity questionaire，FAQ）的评定内容更侧重于社会适应能力，对于老人能否在社会上独立生活至关重要，主要用于评定社区老年人的独立性和功能活动能力（附表3-3）。

FAQ量表采用0～2的三级评分法，0分表示没有任何困难，能独立完成，不需要他人指导或帮助；1分表示有些困难，需要他人指导或帮助；2分表示本人无法完成，完全或几乎完全由他人代替完成；9分表示项目不适用，如老人一向不从事这项活动则记为9分，得分不计入总分。该量表为他评量表，如被试者无法完成或不能正确回答问题，应向了解被试者情况的知情者询问。评定时，每一道问题只能选择一项进行评定，不要重复评定，也不要遗漏，作出最适合反映老人活动能力的评分，如"参加需技巧性的游戏或活动"，仅评定其中一项即可，如下棋，不需要对其中提到的每一项进行评定。完成量表评定大约需要5分钟。FAQ只有两项统计指标：总分（0～20）和单项分（0～2）。FAQ总分≥5分，有2个或2个以上单项功能丧失（2分），或1项功能丧失同时2项以上有功能缺损（1分），以上三种情况均表示社会活动功能受损。

3. 精神心理评估　主要是对老年人的认知功能和情绪状态等的评估。认知功能的常用评估工具包括简易精神状态量表（mini-mental status examination，MMSE）、画钟试验（clock drawing test，CDT）等。在痴呆和谵妄的评估中，进行认知功能的评估是一种非常重要且十分有效的方法。情绪状态的评估主要包括抑郁的评估、焦虑的评估等。

4. 社会评估　社会评估是对老年人的社会适应能力、社会关系或社会支持、社会服务的利用、经济状况、特殊需要、角色和文化背景等方面的评估。在社会评估中，社会工作者应发挥重要的作用，应重视老年人的个人价值观、精神寄托和宗教信仰等问题。

5. 环境评估　环境评估是对老年人生活的物理环境、社会环境、精神环境和文化环境等的评估。在对物理环境的评估中，老年人的居家安全评估是最主要的，对预防老年人的跌倒和其他意外事件的发生具有极其重要的意义。

6. 生活质量评估　生活质量评估是对老年人生活质量的综合评估，对衡量老年人的幸福度具有重要意义。国际上有许多生活质量评定量表，常用的生活质量评定量表有SF-36量表、WHO-QOL-100量表等，本节重点介绍SF-36量表（附表3-4，附表3-5，附表3-6）。

SF-36量表共包含36个条目，分为生理功能、生理职能、躯体疼痛、总体健康、活力、社会功能、情感职能、精神健康和健康变化9个维度，其中生理功能、生理职能、躯体疼痛、总体健康反映生理健康综合测量指标；活力、社会功能、情感职能、精神健康反映心理健康综合测量指标；健康变化反映健康自觉变化，不参与生活质量评分。SF-36量表的评分是将各维度所有条目得分相加得原始得分，由于反映各维度的条目不同，所得分值不一致，为便于进行各维度间的比较，需将各个维度的原始得分转换成百分制的标准分，计算公式为：标准分 = [(原始分数 − 最低可能分数) / (最高可能分数 − 最低可能分数)] ×100%。转换后的标准分得分范围为0～100分，得分越高生活质量越高。SF-36量表的各条目采用的评分方法不同，条目1、6、9a、9d、9e、9h、1b、11d为逆向条目，计分时需进行正向转换；条目7、8的计分转换方法见附表9、附表10，其余条目的得分为其选项的值。

7. 常见老年综合征或问题的评估

（1）针对单个老年综合征的评估：目前针对单个老年综合征的评估量表较多，如对衰弱的评估。衰弱是一种重要的老年综合征，指一组由机体退行性改变和多种慢性疾病引起的机体易损性增加的综合征。衰弱常见的表现有虚弱、体重下降、肌肉无力、渐进性的功能障碍，并伴随心理、情绪和社会适应等多方面的问题，最终使不良健康结局发生的危险增加。衰弱是老年人失能的前兆，衰弱的老年人相对健康老年人更容易出现失能、住院时间延长、医疗负担加大、并发症增加及死亡。随着人口老龄化的不断加剧，衰弱的老年人将占用大量的卫生服务资源，加重社会的负担。

衰弱的评估能够预测跌倒的发生、住院时间和次数、是否需要照料和总体死亡率，对衰弱老年人进行早期干预能明显改善其预后。目前衰弱的评估缺少统一的金标准，在临床评估和研究中多采用Fried衰弱诊断标准（附表3-7）、Tilburg衰弱评估量表等。2001年，Fried

首先提出通过临床表型（衰弱表型）定义衰弱，制定了5条诊断标准，包括体重减轻、疲乏、握力下降、走路速度减慢和身体活动量下降。若同时存在上述指标中3个或以上阳性指标则评定为衰弱，1~2个阳性指标则评定为衰弱前期。这一标准简单易行，能反映潜在的病理生理变化，有效预测不良健康结局，因此被广泛应用。但它仅从生理层面界定衰弱，未考虑与功能衰退和失能相关的其他临床重要因素，因此应用受到一定的限制。Tilburg衰弱评估量表属于一个自我评估量表，它从身体、心理、社会3个维度测评老年人的身心状况，其中生理衰弱维度包括身体健康、自然的体重下降、行走困难、平衡、听力问题、视力问题、握力、疲劳感8个条目，心理衰弱维度包括记忆力、抑郁、焦虑、应对能力4个条目，社会衰弱维度包括独居、社会关系、社会支持3个条目，共计15个条目，分值范围为0~15分，得分越高代表其衰弱程度越重。

（2）老年综合征的系统评估：目前系统、全面地评估多种老年综合征的量表较少。SPICES量表（附表3-8）是由美国哈特福德老年护理研究所、纽约大学护理系Terry Fulmer博士设计，用于评定需要护理干预的老年综合征的评估量表，其中S代表睡眠障碍（sleep disorders）、P代表进食问题（problems with eating or feeding）、I代表失禁（incontinence）、C代表意识模糊（confusion）、E代表跌倒（evidence of falls）、S代表皮肤缺损（skin breakdown），该量表可对健康及虚弱老年人进行初步评估，简单易行。但该量表仅提供了一个评估框架，没有给出具体的评价指标。

（二）护理措施

社区护士应依据CGA的评估结果，通过多学科整合管理团队的协调，共同针对老年人存在的健康问题为老年人制定一套个体化的综合的诊疗、康复、照护和支持策略。该策略关注老年人的自身需求和期望目标，尽可能减少老年残疾的发生，提高老年人的综合质量。积极的预防和干预衰弱将对老人、家庭和社会产生很大益处，尤其在衰弱早期的"窗口期"进行干预，可以有效逆转和阻止衰弱的发生。早期识别衰弱老年人或衰弱高危老人、及早干预、防止衰弱进展和负性事件的发生，有助于维持或提高老年人的功能状态，提高生活质量。

1. 运动锻炼　运动可对神经系统、免疫系统、内分泌系统和运动系统产生生理效应。多项研究结果表明，运动有助于改善衰弱症状，提高躯体运动功能，改善认知状况和情绪，降低跌倒发生率，对衰弱的老年人有益。但要运动前应全面评估老年人的运动功能和肢体活动情况，针对老年人存在的躯体问题，制订指导计划并实施。

2. 营养干预　与营养相关的衰弱危险因素包括不良饮食习惯、过量饮酒、膳食营养素缺乏等。针对衰弱老年人的营养干预建议包括调整膳食结构、增加营养补充剂、纠正不良的饮食习惯等。

3. 综合护理干预　建立个体化的综合干预策略非常重要，应根据衰弱老年人的具体情况和主要症状，整合多学科资源，将多种非药物干预措施结合起来，同时用于延缓或逆转社区老年人的衰弱状况，不同干预措施可以相互促进和补充，最终干预效果叠加可以取得更好的效果。

4. 关注治疗基础疾病　多种疾病共存是衰弱的潜在危险因素，应关注潜在的、未控制的、终末期疾病继发的衰弱，如心衰、糖尿病、慢性感染、恶性肿瘤、抑郁和痴呆等。即使没有基础疾病，也要去除可纠正的危险因素，如减少多重用药、住院、手术、其他应激等因素。对衰弱老年人来说，各种侵入性的检查和治疗会带来更多的并发症，甚至有时会增加患者的负担并损害其生活质量。因此对中重度衰弱的老年人应该仔细评估其情况，避免过度医疗行为。

5. **合理使用药物** 评估衰弱老年人的用药，并及时纠正不恰当的药物使用，不仅可以减少医疗费用，还可以避免药物不良反应对老年患者的伤害。研究表明，对性腺功能减退的老年男性补充睾酮可以增加肌力及肌容积，联合运动干预效果更明显，对衰弱症状改善可能会起到一定作用；激素类似物、性激素受体调节剂、血管紧张素转换酶抑制剂、抗氧化物、维生素 E、维生素 D、多不饱和脂肪酸等药物对防治肌少症可能有利。

二、老年人跌倒

跌倒是指突发的、不自主的、非故意的体位改变，倒在地上或更低的平面上。跌倒是老年人最常见、最严重的健康问题之一，是我国伤害死亡的第四位原因，而在 65 岁以上的老年人中则为首位。约有 1/3 的社区老年人每年跌倒 1 次或 1 次以上，且其发生率随着年龄的增长而增加。跌倒可能会导致老年人出现软组织损伤、骨折或脱臼甚至死亡，同时跌倒也可影响到心理层面，如因为害怕再次跌倒而减少活动和外出，使其活动范围受限，生活质量下降。跌倒严重威胁着老年人的身心健康、日常活动及独立生活能力，也增加了家庭和社会的负担。研究结果显示，老年人发生跌倒的主要场所是家中，其发生比例为 41.78%～61.54%，更有 80% 不能独立活动的老人跌倒发生在家中。老年人跌倒是可以预防和控制的，预防能在一定程度上减少老年人跌倒的发生，在制订护理干预措施前，应先就跌倒史、危险因素和老年人的活动能力等进行综合评估。

（一）评估内容

跌倒风险评估可以早期识别可改变的危险因素并给予干预措施，从而减少老年人跌倒的发生。跌倒风险的评估包括既往史评估、体格检查、功能评估、实验室检查和环境评估等多个方面。

1. **既往史评估** 既往史包括跌倒史、用药史、疾病史等。询问老年人既往发生跌倒的情况。如发生过跌倒，进一步了解跌倒的环境、跌倒前身体状况和跌倒时的症状、跌倒的次数以及受伤情况和严重程度。跌倒日记可以监测跌倒发生的情况及带来的伤害，有助于确定跌倒原因及带来的后果。回顾所使用的药物治疗情况，关注有无改变或者调整用药。了解老人的患病史，是否患有与跌倒有关的疾病，如骨质疏松、帕金森病、脑卒中、血压异常等。老年人跌倒风险评估表见附表 3-9。

2. **功能评估** 功能评估包括对基本日常生活活动能力评估、工具性日常生活活动能力的评估、身体能力测试等。通过对这些活动的评估判断老年人是否有跌倒的危险。此外，评估老年人是否存在害怕跌倒的心理，测评老年人在进行日常活动时对跌倒的自我效能和对不发生跌倒的自信程度。

3. **环境评估** 了解老年人的居住安排，是否有照顾者以及老年人与社会联系的水平，识别判断环境中易发生跌倒的潜在危险因素（附表 3-10）。

（二）护理措施

1. **个人干预措施** 进行跌倒风险评估，了解自己跌倒的风险级别。根据评估结果纠正不健康的生活方式和行为，规避或消除环境中的危险因素，防止跌倒的发生。具体干预措施包括：①增强防跌倒意识，加强防跌倒知识和技能的学习。②坚持参加规律的体育锻炼，以增强肌肉力量、柔韧性、协调性、平衡能力、步态稳定性和灵活性，以减少跌倒的发生。③请医生检查自己服用的所有药物，按医嘱正确服药，不要随意乱用药，更要避免同时服用多种药物，并且尽可能减少用药的剂量，了解药物的不良反应，注意观察用药后的反应，预防跌倒的发生。④选用适当的辅助工具，将拐杖、助行器及经常使用的物品放在触手可及的位置。⑤熟悉生活环境，如道路、厕所、路灯以及紧急时哪里可以获得帮助等。⑥衣服要舒适，尽量穿合身宽松的衣服，避免穿高跟鞋、拖鞋、鞋底过于柔软以及穿着时易于滑倒的鞋。⑦调整生活方式：避免走过陡的楼梯或台阶，上下楼梯、如厕时尽可能使用扶手；转身、转头时动作要慢；走路时步态平稳，尽量慢走，避免携带沉重物品；避免去人多及湿滑的地方；使用交通工具时等车辆停稳后再上下；放慢起身、下床的速度，避免睡前饮水过多以致夜间多次起床；晚上尽量床旁放置小便器；避免在他人看不到的地方独自活动。⑧有视、听及其他障碍的老年人应佩戴老花镜、助听器或其他补偿设备。⑨防治骨质疏松。⑩将经常使用的物品放在不需要梯凳就能够很容易拿到的位置，尽量不要在家里登高取物。

2. 家庭干预措施　①合理安排室内家具的高度和位置，家具的摆放位置不要经常变动，日用品固定摆放在方便取用的位置，使老年人熟悉生活空间。②家居环境应坚持无障碍观念：移走可能影响老年人活动的障碍物；将常用的物品放在老年人方便取用的高度和地方；尽量设置无障碍空间，不使用有轮子的家具；尽量避免地面的高度差，去除室内的台阶和门槛；将室内所有的小地毯拿走，或使用双面胶带固定小地毯防止滑动；尽量避免物品随处摆放，电线要收好或固定在角落，不要将杂物放在经常行走的通道上。③居室内地面设计应防滑，保持地面平整、干燥，过道应安装扶手；选择好拖地的时间，若是拖地板须提醒老年人等干了再行走。特别注意卫生间的防滑、干燥；卫生间内多安装扶手，使用坐便器而不是蹲厕；浴缸或淋浴室地板应放置防滑橡胶垫。④改善家中的照明，使室内光线充足。在过道、卫生间、厨房等容易跌倒的区域应特别安排"局部照明"；在老人床边放置容易伸手摸到的台灯。⑤如家中养宠物将宠物系上铃铛，以防宠物在老年人不注意时绊倒摔跤。⑥没有自理能力的老年人需要有专人照顾，从心理上多关心老年人，避免其有太大的情绪波动，消除老年人害怕跌倒的心理障碍。

三、阿尔茨海默病

阿尔茨海默病（Alzheimer disease，AD）由德国精神科医师阿尔茨海默于1906年首先发报道，是导致痴呆的最主要病因，占所有痴呆的60%以上，又称老年性痴呆。阿尔茨海默病是致命的脑部神经退行性疾病，它破坏脑细胞，导致记忆、认知、思考和行为能力出现异常，严重影响患者的工作和日常生活，直到机体丧失功能。该病的症状主要表现在3个方面：一是患者的认知功能下降，包括记忆力、计算能力、判断力、注意力、语言理解和表达能力、思考能力和执行能力等减退；二是患者出现精神和行为问题，比如抑郁、幻觉、妄想、失眠、徘徊、攻击行为等；三是患者的工作和生活能力下降，严重影响其日常生活和社会功能，患者逐渐需要他人照料，直至生活完全不能自理。阿尔茨海默病已成为危害老年人身心健康、致残严重的公共卫生和社会问题，给老年人、家庭和社会均带来了巨大的压力，是影响国民经济持续发展的重要因素，全社会和政府部门都应给予更多的关注。

（一）评估内容

阿尔茨海默病或其他类型的痴呆，都需要通过全面的检查和测验才能进行诊断和确认，通常完成的评估过程包含以下内容。

1. 了解患者的详细病史以及家族史　应仔细询问患者或者家属，来收集现在和过去的疾病信息，列出患者所有的症状及其变化情况，并了解是否有阿尔茨海默病或者其他类型痴呆的家族史。按照阿尔茨海默病的发展进程，该病可分为早期、中期和晚期 3 个阶段。

（1）早期阶段：是疾病的轻度状态，该阶段可能会延续 2～4 年，甚至更长的时间。记忆力下降是早期阶段的典型症状，患者特别容易忘记最近发生的事情，甚至经过他人提醒也无法记起。除了记忆力下降外，患者还会出现以下问题：做先前熟悉的事情有困难，需要更多的时间去做以前能轻松熟练完成的事情，或者甚至干脆忘了怎么做；语言表达有困难，经常想不出某个词语应该如何说，哪怕是很简单的用词；失去对时间和空间的认知力，常常搞不清今天是几月几号，容易迷路；判断力、警觉性下降，如过马路不看红绿灯；抽象思维出现问题，对数字的计算能力下降；丢三落四，经常找不到东西；出现异常行为，如拿了超市的东西却不知道要付钱；情绪和个性的改变，容易变得心烦意乱，常出现多疑、抑郁、惊恐或焦虑；退出社交活动，逐渐远离自己的爱好、工作、运动等。

（2）中期阶段：即疾病的中度状态，该阶段可能会延续 2～10 年的时间。在这个阶段，患者会出现比较严重的记忆混乱和丧失，语言表达和理解更加困难，有时会无法辨认亲人和朋友，身体的协调能力也在下降，还会出现一些异常的行为和精神症状，如易怒、多疑、幻觉、攻击、徘徊等。

（3）晚期阶段：也就是疾病的重度状态，该阶段可能会持续 1～3 年时间。患者已经完全失去自理的能力，生活的各个方面都需要帮助和照顾，直至完全卧床。

2. 认知功能评估　认知功能的下降是阿尔茨海默病的典型症状，认知功能评估是早期发现与诊断阿尔茨海默病的重要手段之一，MMSE 量表常用于其认知功能的评估。

MMSE 是目前神经心理评估方面最常用的简易精神状态筛查量表（附表 3-11），该量表由不同的神经心理测验中抽调出的项目组合而成，包括定向力（10 分）、执行功能（3 分）、注意和计算（5 分）、回忆（3 分）和语言（9 分）5 个认知域，满分为 30 分。正常与不正常的分界值与受教育程度有关：文盲（未受教育）组 17 分；小学（受教育年限≤ 6 年）组 20 分；中学或以上（受教育年限 >6 年）组 24 分。分界值以下为存在认知功能障碍。以平均水平来讲，一个人如果患有阿尔茨海默病，MMSE 测试的分值每年会下降 2～4 分。MMSE 测试简单、实用，能够对认知功能进行检查，并且在临床上对于严重认知损伤也能够进行有效的评估，临床上可以将其作为痴呆诊断的重要工具。但 MMSE 在诊断轻度认知功能障碍时敏感性和特异性相对较低，同时，MMSE 在检测过程中更多地强调患者的语言功能，而对非语言项目的检查相对较少，并且对于项目的命名也相对简单，这种项目内容的影响因素较多，如受检者文化水平等，因此，该量表仍存在局限性。

3. 其他评估　除了评估患者的症状和认知功能状态，还需评估患者日常生活自理能力，并进行神经学测试和身体检查。日常生活自理能力的评估有助于判断疾病的进展程度，有助于帮助制订合理的照护计划。神经学测试包括反射、协调和平衡能力、肌肉力量、眼睛活动能力、感觉、语言等方面的测试，其目的是评价大脑和神经系统功能，以识别出症状是由阿尔茨海默病还是其他脑功能障碍引起的。

（二）护理措施

1. 提供相对稳定的生活模式　生活环境布局要简单，患者常用的东西放在固定的位置，房间内的摆设尽量不搬动，不要经常变换布局，减少辨认环境的困难度。房间内可以摆放一些能引起患者回忆的老照片、奖状和布娃娃等患者年轻时常用的物品，让患者生活在熟悉的环境中。不要频繁、随意的更换看护者，若必须更换看护者应有衔接。患者所使用的物品、卫生间、卧室等应有明显的标示。对在家里也找不到自己床或卫生间的重度痴呆老人，应经常协助老人确认现实的环境与布局，如房间、厕所、餐厅。

2．保证患者的安全　　随着患者认知能力和身体功能的逐步下降，必须采取必要的措施保证患者的安全。居室内要合理摆放家具和家居用品，把落地灯、杂志架、小茶几等占据空间的小件物品拿走，腾出更多的空间，保证患者经常走动的区域畅通无阻。要有专人陪伴，不要让患者独自外出或呆在家中，远离不安全的环境，如火源、电源、开水等，以免发生意外和走失。在患者的衣服上做好标记，注明老人的名字、主要疾病、家庭住址、联系人姓名、联系人电话等，以便患者走失时备用。厕所选用坐式马桶，并设有扶手架，地面要平坦干燥，地砖要防滑，防止患者跌倒。患者使用的床比标准要矮，同时配备床档，防止坠床。老人在家里应穿戴合适的衣、裤、鞋，鞋底最好为防滑的软底；穿脱袜子、鞋、裤应坐着进行。居室日常用品应选用不易打碎的物品并定点放置，移开所有存在安全隐患的物品，严禁放置危险物品，如热水瓶、刀、剪等，要避免选用玻璃或镜面玻璃的家具，避免碰撞或划伤老人。

3．坚持认知功能和自理能力训练　　根据患者的病情和文化程度可教他们记一些数字，由简单到复杂反复进行训练；亦可把一些事情编成顺口溜，让患者记忆背诵；或者利用玩扑克牌玩智力拼图、练书法等，以帮助患者扩大思维和增强记忆。在室内反复带患者辨认卧室和厕所，提供明显的标示；要经常和患者聊家常或讲述有趣的小故事以强化患者的回忆和记忆；要手把手地教患者做些力所能及的家务，如扫地、擦桌子、整理床铺等以期生活能够自理。但是切记不要让他们去做超出能力范围的事情，否则可能导致患者或他人受伤。

4．提供必要的生活照顾和基础护理　　阿尔茨海默病患者一般都有不同程度的进食障碍和吞咽困难。要随时评估患者的吞咽功能及进食、饮水是否有呛咳。饮食要考虑量和质的平衡，保证蛋白质、脂肪的摄入量，要选用容易消化、容易吞咽的食物，以防噎食的发生。进食时要保持环境安静，尽量取坐或半卧位，不要讲话或者做其他事情，缓慢进食，避免发生误吸、呛咳，引起窒息的危险。对吞咽困难者必要时应给予鼻饲，进食后不宜立即翻身，应保持坐位或半卧位30分钟以上，以防反流及呛咳。

对早期患者要尽可能帮助其保持日常生活习惯和卫生习惯。起居、穿衣、刷牙、洗脸等，即使做得不规范，也要尽可能鼓励患者去做。因为这也是防止疾病进一步发展所不可忽视的环节。对卧床不起的患者，看护者必须给予护理，清洁口腔，要定时给患者洗澡、洗头，要勤换衣服。患者时常出现大小便失禁，当排便、排尿后要及时清洗干净，更换干净衣裤，保持皮肤的清洁干燥，以防感染。

对疾病晚期长期卧床的患者，在改善全身营养状态的同时，要求2小时变换一次体位，可以用棉垫、枕头、泡沫软垫枕于臀部、肘部等好发部位，注意观察皮肤变化情况，保持皮肤清洁，用温水清洗，不能使用乙醇、消毒剂清洗。此阶段患者身体各方面机能下降，机体防御感染的能力也随之下降，尤其是当患者出现营养不良、大小便失禁、压疮时，很容易并发肺炎。所以要尽可能避免上述情况的发生，一旦并发感染应及时治疗。

根据患者的合作程度，采取各种措施，如解释、劝说、哄骗及强制的方法，保证药物按时服下，并注意观察药物不良反应。随时观察患者躯体情况的变化和行为习惯的改变，及时发现躯体并发症和痴呆病程的进展情况。

5. **提供必要的心理支持** 要理解患者的症状是由于疾病导致的，应关心爱护患者，注意尊重患者的人格，交谈要有耐心和爱心，避免使用呆傻愚笨等指责、侮辱性词语。同时，要根据不同患者的心理特征采用安慰、鼓励、暗示等方法给予开导。对情绪悲观的患者，看护者和亲属应该耐心解释，并用充满信心和坚定的语调，向患者作出保证，以唤起患者战胜疾病的勇气和信心。根据患者的文化修养和兴趣爱好选择性地给患者播放一些爱听的乐曲，以活跃其精神情绪。鼓励患者参加一些学习和力所能及的社会家庭活动，如绘画、手工制品、下棋、做操等活动，以分散患者的不良情绪和注意力，唤起其对生活的信心。

6. **做好照顾者的健康教育** 向照顾者讲解阿尔茨海默病的病因、临床表现、治疗、护理等疾病相关知识，教会家属如何识别精神和行为症状，同时教给照顾者护理患者的技巧和方法，以降低照顾者的疲惫感和无助感。请照顾者参与对患者症状的评估，共同制订护理计划，并定期进行反馈和修订。

四、老年抑郁

抑郁症是老年期常见的精神障碍，据统计老年人中罹患抑郁症的比例可高达10%～30%，且女性患病率高于男性。目前老年抑郁的病因尚不明确，可能与遗传、大脑解剖结构和病理改变、生化和社会心理因素有关。典型的抑郁发作表现为情绪低落、思维迟缓及言语活动减少等，同时可伴有失眠、疼痛、心血管异常等躯体症状，且精神症状和躯体症状可周期性发作，时重时轻。随病情的发展，特别是精神障碍也会越来越明显，具体表现为：强烈的孤独感和沮丧感，记忆力、判断力、决断力和学习能力大大下降，爱哭泣，不愿见人（即便是至爱亲朋），还可能有越来越强烈的自杀企图甚至开始实施轻生计划，最后极可能酿成灾难性后果。

（一）评估内容

1. **老年抑郁前期征兆的评估** 老年人的抑郁症状与中青年的抑郁症状不同，往往出现更多的躯体症状，要关注老年抑郁症的前期征兆，早期发现、早期干预。

（1）头痛头昏：有50%以上的老年抑郁患者早期会出现头痛头昏的症状，头痛性质为胀痛、钝痛或跳痛，但一般能忍受。疼痛部位无特殊固定位置，特点是晨轻午重，但晨起感觉头沉发胀或头重脚轻。

（2）失眠多汗：约有48%的抑郁症患者以失眠为首见症状；遇情绪激动或稍事活动便易出汗，以头部、躯干、手足多汗最具特征性，甚至在热闹的场合多说话也易出汗。

（3）心血管症状：常见烦躁不安、情绪紧张、心悸、胸闷气短，有呼吸不畅感，常疑为冠心病。平时周身怠倦无力，说话语气低微。

（4）胃肠道症状：食欲减退，胃部饱闷、打嗝，食而无味，饭后胃脘胀痛，自觉腹中有气上冲，嘴里发腻，出现恶心呕吐症状。

（5）怕冷：一些患者出现四肢、肩部、膝关节、背部、腰部疼痛酸楚，检查又无异常，但总觉浑身不适，双足及小腿发凉、发冷，常用保暖措施和药物处理均不见效。

（6）视觉疲劳或眼花：总感视物模糊、目眩耳鸣，眼科检查一般正常。在休息或睡前，或在紧张嘈杂之后耳内出现各种声音，患者因此烦躁不安，久难治愈。

2. 抑郁状态评估　老年抑郁量表（the geriatric depress scale，GDS）是专门用于老年人群的抑郁筛查量表（附表3-12），通过测评老年人最近一周内各种症状的出现情况，判断老年人的抑郁水平，从而更敏感地检查老年抑郁患者所特有的躯体症状。量表包括30个条目，代表了老年抑郁的核心症状，包含情绪低落，活动减少，容易激惹，退缩，痛苦的想法，对过去、现在与未来的消极评价，每个条目要求被测者回答"是"或"否"，回答"是"计为1分，"否"计为0分。其中10个条目（1、5、7、9、15、19、21、27、29、30）是反向计分题（回答"否"表示存在抑郁倾向），其余20个条目为正向计分题。计算总分时先将反向计分题的分值进行转换（0分转换为1分，1分转换为0分），再将30个条目的得分相加。总分范围为0～30分，得分越高，表示抑郁倾向越严重。0～10分为正常状态，11～20分为轻度抑郁，21～30分为中重度抑郁。

GDS量表是56岁以上者的专用抑郁筛查量表，而非抑郁症的诊断工具，若测评分数超过11分应做进一步的检查。该量表是自评量表，在告知指导语后，由老年人自己阅读和填写；如老年人填写有困难，可由调查者逐条询问老年人，根据老年人的口头回答代为填写。注意测评时应强调评定的是"最近一周内"的情况，避免在同一周内进行两次或多次测评。由于抑郁带有一定程度的负性色彩，为避免老年人有意回避或拒绝测试，调查问卷中不要出现"抑郁"一词，可用"感受""情绪状态""心理状态"等词汇代替。在测评过程中，如果老年人出现强烈的情绪反应，如哭泣、哽咽等，应立即停止测评，待其情绪平复后再测。

（二）护理措施

1. 充分接纳和理解患者　社区护士应以接纳、理解、包容、支持的态度与患者及其家属建立良好的护患关系，取得患者及其家庭的信任是社区护士开展工作的第一步。

2. 做好患者及家属的健康教育　向患者及家属讲解抑郁症的病因、临床表现、治疗、预后等相关疾病知识，告诉患者及家属服药及维持治疗的重要性；向患者及家属讲解服药的注意事项及可能发生的不良反应及对策，提高患者的服药依从性；对蓄意藏药的患者，指导家属在给药时检查患者口腔，确保药物全部服下，并注意避免患者服药后再暗自将药物吐出的行为。教会患者及其家属识别先兆症状和发作前症状，如早醒、精力下降、食欲减退等，若上述症状超过一周，要尽快去医院就诊。

3. 做好患者的心理护理　认真倾听患者的表达，不随意打断患者的谈话，接受患者的感受，并用肯定的语言告诉患者，若积极配合治疗是可以治愈的；鼓励患者从事一些简单、可行的事情，以增加患者的自信心和成就感，消除自卑心理；鼓励患者表达合理的自我需求，用语言的形式释放压抑情绪，使抑郁状态得到改善；教会患者识别反复自动出现的负性消极观念，并与这些不合理的观念辩论，最终帮助患者以合理的积极信念替代不合理的消极信念，以带动患者的情绪和行为改变。

4. 对有自杀倾向的患者的干预　密切观察患者的病情变化，掌握患者的心理活动；患者的活动应在照顾者的视线范围内，尤其是夜间、清晨、节假日等容易发生自杀的时间段，更要加强防范，必要时应有专人看护；患者居住的房间应定期进行安全检查，发现不安全隐患及时清除，各种危险物品如刀、剪、药品、玻璃制品、绳索等要妥善保管；用肯定的语气告诉患者，只要其愿意接受帮助，积极配合治疗，这种状况会得到改变；改善患者的情绪和睡眠，鼓励患者坚持体育锻炼，根据自己的兴趣积极参与娱乐或社交活动；与患者直接讨论自杀的话题，如自杀的动机、自杀想法是什么时候产生的、是否有充分准备、采取什么方式、是什么事情影响患者没有实施自杀行为等，从中发现可以利用的资源及防护的环节；与患者达成协议，一旦自杀观念固定持续存在时，及时告诉家人和护士，以寻求帮助；当自杀观念强烈时，应及时转入专科医院进行系统的治疗和护理；一旦发生自杀自伤行为，及时将患者送往医院治疗。

（侯淑肖）

思考题

一、单项选择题

1. 我国老年人的年龄界定标准是（　　）
   A. 55 岁
   B. 60 岁
   C. 65 岁
   D. 70 岁

2. 下列属于基本性日常生活活动的是（　　）
   A. 购物
   B. 服药
   C. 打扫卫生
   D. 穿衣

3. SPICES 量表中 P 代表的是（　　）
   A. 睡眠障碍
   B. 失禁
   C. 进食问题
   D. 跌倒

二、多项选择题

1. 下列符合人口老龄化标准的是（　　）
   A. 65 岁以上人口占总人口 7% 以上
   B. 60 岁以上人口占总人口 7% 以上
   C. 65 岁以上人口占总人口 10% 以上
   D. 60 岁以上人口占总人口 10% 以上
   E. 65 岁以上人口占总人口 8% 以上

2. 下列对阿尔茨海默病患者的护理措施正确的是（　　）
   A. 生活环境布局要简单
   B. 不要频繁更换看护者
   C. 不要让患者独自外出或呆在家中
   D. 坚持认知功能训练
   E. 经常变化家具的摆放位置

3. 下列属于老年综合征的是（　　）
   A. 尿失禁

B．谵妄
C．跌倒
D．营养不良
E．衰弱

三、简答题

1．简述老年人保健的原则。
2．简述跌倒风险评估的主要内容。

四、病例分析题

王奶奶，86岁，丧偶，有一女儿定居国外。王奶奶平时与保姆一起生活，居住在北京市海淀区的一处两居室，为6层楼房的一层。王奶奶患糖尿病多年，口服二甲双胍治疗，血糖基本控制在正常范围内，无其他慢性病，生活基本能够自理。某天凌晨，保姆发现王奶奶在卫生间跌倒，当时王奶奶意识清楚。保姆将王奶奶扶起来到卧室休息，后经医院检查未发现问题。为预防王奶奶再次跌倒，在她的居室布置上有哪些需要注意的地方？

第九章　社区慢性病患者的护理与管理

随着我国社会经济的迅速发展，居民生活方式的巨大改变，城市化、工业化等进程的不断推进，以心脑血管疾病、糖尿病、癌症及慢性呼吸系统疾病等为代表的慢性病患病率逐年上升。由于其病程长、流行广、费用贵、致残致死率高，不仅是影响我国社会经济发展的重要公共卫生问题，也是当前世界面临的重大健康威胁。慢性病不仅影响患者的健康状况和生活质量，也给家庭、社会带来了巨大的经济负担。慢性病患者大多数时间在家庭和社区居住和生活，在社区中开展慢性病患者的护理和管理，利于提高社区慢性病患者群体的自我管理能力，对控制慢性病的发病率，降低其致残率及死亡率，改善和提高患者的生活质量具有重要的作用。

第一节　慢性病概述

一、慢性病的概念及分类

（一）慢性病的概念及特点

1. **慢性病的概念**　慢性非传染性疾病（noninfectious chronic disease，NCD）简称慢性病（chronic disease），是发病隐匿、病程长且病情迁延不愈、缺乏明确的传染性生物病因证据、病因复杂或病因未完全确认的一类疾病的概括性总称。WHO 将慢性病定义为病情持续时间长，发展缓慢的疾病。我国国家卫生服务调查强调判断是否患有慢性病的依据是必须有医生明确的诊断，即调查之前半年内患有经过医务人员明确诊断的各类慢性疾病，包括慢性传染性疾病（如结核等）和慢性非传染性疾病（如冠心病、高血压等）；或半年以前经医生诊断有慢性病，并在调查之前半年内时有发作，以及采取了治疗措施，如服药、理疗，或者一直在治疗以控制慢性病的发作等。

2. **慢性病的特点**　慢性病严重影响患者的生活质量，从其发生和发展过程来看，慢性病主要有以下几方面的特点。

（1）病因复杂、起病隐匿：慢性病病因复杂、没有明确的病因，常由遗传、年龄、不良的生活方式以及生态环境等多种因素共同作用、交互影响所致。发病早期一般无明显症状，缺乏特异性，易被忽视，患者常在体检或某些症状急性发作、反复迁延并逐渐加重时就医才被确诊。

（2）病程迁延、并发症多：慢性病的病理改变是一个长期的过程，病情逐渐发展，反复发作，容易造成多器官功能受损，发生多种并发症。尽管目前的医疗技术可以控制疾病发展或缓解症状，但这需要通过长期甚至是终身的治疗、护理及康复才能完成。

（3）可防可控、不可治愈：慢性病病因复杂或不明，治疗及预后也较为复杂与多样化，病理过程不可逆转，很难治愈，一般是终身患病。但通过对环境、生活方式等可改变因素的干预能够预防或减缓其发病。

（4）康复缓慢、负担沉重：由于疾病本身或长期卧床的影响，可致患者身体出现不同程度的功能障碍，使其日常生活能力降低甚至生活不能自理。患者可能需要长期用药或康复治疗与护理，需要进行自我健康管理或他人的照顾及护理，给个人、家庭及社会造成沉重的负担。

（二）慢性病的分类

可按国际疾病系统进行分类亦可按疾病起病情况及慢性病对患者产生影响的程度进行分类。

1. 按疾病系统分类

（1）精神行为障碍：老年痴呆、精神分裂症、神经衰弱、神经症（焦虑、抑郁、强迫）等。

（2）呼吸系统疾病：慢性支气管炎、肺气肿、慢性阻塞性肺病（COPD）等。

（3）循环系统疾病：高血压、冠心病、脑血管疾病、心肌梗死、肺心病等。

（4）消化系统疾病：慢性胃炎、消化性溃疡、胰腺炎、胆石症、胆囊炎、脂肪肝、肝硬化等。

（5）内分泌、营养代谢疾病：血脂异常、糖尿病、痛风、肥胖、营养缺乏等。

（6）肌肉骨骼系统和结缔组织疾病：骨关节病、骨质疏松症等。

（7）恶性肿瘤：肺癌、肝癌、胃癌、食管癌、结肠癌、子宫癌、前列腺癌、白血病等。

2. 按疾病起病情况分类

（1）急发性：起病突然，但病理变化已经有相当长时间，如脑卒中、心肌梗死等。

（2）渐发性：发病缓慢，出现临床症状后经过或长或短的一段时间才能确诊的疾病，如帕金森病、风湿性关节炎等。

3. 按慢性病对患者产生影响的程度分类

（1）致命性慢性病：包括胰腺癌、乳腺癌转移、恶性黑色素瘤、肺癌、肝癌、后天免疫不全综合征、骨髓衰竭、肌萎缩侧索硬化等。

（2）可能威胁生命的慢性病：血友病、镰状细胞贫血、脑卒中、心肌梗死、肺气肿，慢性酒精中毒、老年痴呆、胰岛素依赖型成人糖尿病、硬皮病等。

（3）非致命性慢性病：痛风、支气管哮喘、偏头痛、胆结石、季发性过敏、帕金森病、风湿性关节炎、慢性支气管炎、骨关节炎、胃溃疡、高血压、青光眼等。

二、慢性病的危险因素及影响

（一）慢性病的危险因素

慢性病的种类很多，发生的原因也相当复杂。常见的慢性病危险因素包括以下几个方面。

1. 生物遗传因素　慢性病可发生于任何年龄。年龄越大，机体器官功能老化越明显，发生慢性病的概率也越大。许多慢性病，如高血压、糖尿病、乳腺癌、消化性溃疡、精神分裂症、动脉粥样硬化性心脏病等都有家族聚集倾向，这可能与遗传因素或家庭共同的生活习惯有关。遗传基因是慢性病致病的内因，具有遗传基因缺陷者，在不利的环境因素作用下易得慢性病，可能出现其发病年龄提前或病情加重。

2. 不良的生活方式和行为习惯　不良的生活方式和行为习惯是慢性病的主要危险因素，也是个体、家庭和社区慢性病防治的重点。主要包括不合理的膳食结构，如膳食中含糖类、脂肪、胆固醇、盐过多，而蔬菜、水果及粗粮过少等；不良的饮食习惯，如偏食、挑食、暴饮暴食、进食不规律、长期食用烟熏和腌制的鱼肉与咸菜等；久坐不动、以车代步、体育锻炼过少和日常活动（如步行、上楼梯、做家务等）较少；吸烟、过量饮酒、饮浓茶和浓咖啡等。世界卫生组织指出，通过生活方式的调整可预防80%的心脑血管病和2型糖尿病，55%的高血压，以及40%的肿瘤。

3．精神心理因素　工作节奏过快，生活压力太大，会导致紧张、恐惧、失眠，甚至精神失常。长期处于精神压力下，可使血压升高、血中胆固醇增加，还会降低机体的免疫功能，增加慢性病发病的可能。如人际关系不协调、各种挫折等导致的长期消极情绪，可引发抑郁症，也是肿瘤、心血管病发病的重要心理因素；而情绪激动、重大生活事件等则常是急性心肌梗死、出血性脑卒中的诱发因素。

4．环境因素　自然环境中空气污染、噪声污染、水源土壤污染等，都与恶性肿瘤或肺部疾病等慢性病的发生密切相关。2016年世界卫生组织统计显示，全球每年有430万人死于因烹饪燃料造成的空气污染，300万人死于室外污染，18亿人饮用被污染的水，31亿人主要依靠有污染的燃料做饭。社会环境中社会经济发展水平、社会组织健全程度、教育普及程度、居民居住条件、医疗保健服务体系等都会直接或间接地影响慢性病的发生，影响人群的健康水平。

（二）慢性病的流行病学特点

统计资料显示，慢性病的患病、死亡与经济、社会、人口、行为、环境等因素密切相关。随着人们生活质量和保健水平不断提高，人均预期寿命不断增长（2015年我国人均预期寿命已达76.34岁）我国慢性病患者的基数以及生存期也在不断增加、延长。整体来看，一些常见慢性病如高血压的知晓率、治疗率、控制率呈上升趋势，但依旧处于较低水平。慢性病仍然具有发病率高、死亡率高、知晓率低、控制率低和疾病经济负担重等特点。

1．慢性病发病率高、死亡率高　《中国居民营养与慢性病状况报告（2015年）》显示，2012年全国18岁及以上成人高血压患病率为25.2%，糖尿病患病率为9.7%，与2002年相比，患病率呈上升趋势。40岁及以上人群慢性阻塞性肺病患病率为9.9%。2012年全国居民慢性病死亡率为533/10万，占总死亡人数的86.6%。根据2013年全国肿瘤登记结果分析，我国癌症发病率为235/10万，肺癌和乳腺癌分别位居男性、女性发病首位，十年来我国癌症发病率呈上升趋势。在未来20年里，40岁以上人群中，慢性病患者的人数将增长2～3倍。

2．危险因素流行日益严重　流行病学调查发现，吸烟、过量饮酒、身体活动不足、工作生活压力大和高盐、高脂等不健康饮食是慢性病发生、发展的主要危险因素，而全球化和城市化对不健康的生活方式和环境变化又起到了推动作用。这些常见的危险因素可以表现或发展为更直接的慢性病危险因素或中间危险因素，如高血压、高血糖、血脂异常、肥胖和肺功能障碍；而中间危险因素又促使糖尿病、恶性肿瘤等慢性病的发生，从而导致慢性病在世界范围内日益流行。根据2016年10月WHO"对饮食实行财税政策和预防非传染性疾病"的报道，2014年，全世界超过1/3（39%）的18岁以上成年人超重。1980—2014年，全世界肥胖流行率增加了一倍以上。糖尿病患者人数也呈上升趋势，1980—2014年，从1.08亿人增至4.22亿人。仅在2012年，就有150万人死于糖尿病。《中国居民营养与慢性病状况报告（2015年）》显示，2012年我国吸烟人数超过3亿，15岁以上人群吸烟率为28.1%，非吸烟者中暴露于二手烟的比例为72.4%，每年归因吸烟和二手烟的死亡人数超过100万。如果不能有效控烟，2030年因烟草导致的死亡人数将上升至300万人。全国18岁及以上成人的人均年乙醇摄入量为3升，饮酒者中有害饮酒率为9.3%。成人经常锻炼率仅为18.7%。世界卫生组织简报2013年第91期报道，缺乏锻炼已成为全球第四大死亡风险因素（仅次于高血压、烟草使用和高血糖），据估算，目前全球因缺乏锻炼致死人数高达年均320万，比2002年的190万增长68.4%；约21%~25%的乳腺癌和直肠癌、27%的糖尿病和30%的缺血性心脏病可归因于缺乏身体活动。

3．医疗费用居高不下　慢性病一般是终身性疾病，不仅严重影响患者的身体健康和生活质量，而且给家庭和社会带来了沉重的经济负担。《中国疾病预防控制工作进展（2015年）》报告显示，近年来，由于慢性病导致的疾病负担占总疾病负担的近70%，而一半慢性病负担发生在65岁以下人群。慢性病发病年龄也有提前的趋势，严重影响了劳动力人口的健康。

4．医疗服务需求显著增加　人均期望寿命代表了生命的长度，健康期望寿命象征着生命的质量。我国人均预期寿命已从建国初期的35岁提高到76.3岁，但并没有使人们所期待的健康预期寿命延长；我国健康期望寿命只有67岁，人们有九年时间与疾病相伴，3/4的老年人"带病生存"，因而对卫生服务的需求明显增加。近些年门诊量增加50%（77亿）、住院人次增加一倍（2亿），慢性病及其失能残障使得医疗服务需求更为复杂。

（三）慢性病社区管理的意义

1．控制疾病发展、提高治疗效果　不健康的生活方式是造成慢性病的主要原因。社区慢性病管理，可以有针对性地改善患者的生活方式，可改变慢性病发生的危险因素，从根本上延缓慢性病的发展，提高慢性病的治疗效果。

2．降低医疗费用、增强居民健康　疾病导致的过早死亡、生产力低下和劳动力不足，将会抵消经济发展和高速增长带来的经济利润。在社区开展个体、家庭及社区群体慢性病健康管理，可针对全体人群和不同疾病程度的人群，预防和控制一组慢性病的共同危险因素，是一项投资小、产出大、效益高的防治措施。不仅可减少患者家庭的经济负担，还可缓解国家不断增长的相关医疗费用。

3．发挥社区优势、合理利用资源　社区卫生服务机构在防治慢性病方面具有诸多优势，如机构在居民居住区域，方便居民就诊；社区居民相对稳定，机构熟悉居民情况；机构具有相对完备的设施和人力资源，且服务价格低廉。这些都便于和居民进行充分的沟通，便于持续追踪患者和病情，使慢性病患者得到持续、稳定的治疗、康复和护理，促进防治效果。同时，也分流了一些不需要到大医院就诊的患者，分级诊疗也达到合理利用卫生资源的目的。

三、慢性病患者社区管理模式

慢性病防治工作已引起社会各界高度关注，健康支持性环境的持续改善，群众健康素养的逐步提升，为有效管理社区慢性病患者奠定了良好的基础。要有效应对新时期复杂多变的健康影响因素和多重健康问题叠加的挑战，就必须改变重治疗、轻预防、高成本的传统医疗模式，建立以预防为主、防治结合的激励机制与制度保障。

（一）慢性病患者管理原则和策略

《中国防治慢性病中长期规划（2017—2025年）》提出的基本原则和管理策略主要包括以下几个方面：

1．慢性病患者管理原则

（1）坚持统筹协调：统筹各方资源，健全政府主导、部门协作、动员社会、全民参与的慢性病综合防治机制,将健康融入所有政策,调动社会和个人参与防治的积极性,营造有利于慢性病防治的社会环境。

(2)坚持共建共享:倡导"每个人是自己健康第一责任人"的理念,促进群众形成健康的行为和生活方式。构建自我为主、人际互助、社会支持、政府指导的健康管理模式,将健康教育与健康促进贯穿于全生命周期,推动人人参与、人人尽力、人人享有。

(3)坚持预防为主:加强行为和环境危险因素控制,强化慢性病早期筛查和早期发现,推动由疾病治疗向健康管理转变。加强医防协同,坚持中西医并重,为居民提供公平可及、系统连续的预防、治疗、康复、健康促进等一体化的慢性病防治服务。

(4)坚持分类指导:根据不同地区、不同人群慢性病流行特征和防治需求,确定针对性的防治目标和策略,实施有效防控措施。充分发挥国家慢性病综合防控示范区的典型引领作用,提升各地区慢性病防治水平。

2.慢性病患者管理策略

(1)加强健康教育,提升全民健康素质:主要包括开展慢性病防治全民教育和倡导健康文明的生活方式。

(2)实施早诊早治,降低高危人群发病风险:主要包括促进慢性病早期发现和开展个性化健康干预。

(3)强化规范诊疗,提高治疗效果:主要包括落实分级诊疗制度和提高诊疗服务质量。

(4)促进医防协同,实现全流程健康管理:主要包括加强慢性病防治机构和队伍能力建设、构建慢性病防治结合工作机制和建立健康管理长效工作机制。

(5)完善保障政策,切实减轻群众就医负担:主要包括完善医保与救助政策和保障药品生产供应。

(6)控制危险因素,营造健康支持性环境:主要包括建设健康的生产生活环境、完善政策环境和推动慢性病综合防控示范区创新发展。

(7)统筹社会资源,创新驱动健康服务业发展:主要包括动员社会力量开展防治服务、促进医养融合发展和推动互联网创新成果应用。

(8)增强科技支撑,促进监测评价和研发创新:主要包括完善监测评估体系、推动科技成果转化和适宜技术应用。

此外,还要注意坚持综合和整合的策略:综合策略就是将全人群策略和高危人群策略有机结合起来,把健康管理和疾病管理结合起来,提高慢性病干预的可行性和可持续性;整合策略就是针对多种疾病的共同危险因素(如吸烟、不合理膳食和体力活动少)或者是一种疾病的多种危险因素而采取措施(如降压、减肥和控制血脂预防冠心病),提高慢性病干预的效率。

(二)慢性病患者社区管理的任务与模式

1.慢性病患者社区管理的任务 慢性病患者社区管理的任务主要包括健康调查、健康评价和健康干预三方面内容。

(1)健康调查:收集影响社区居民健康的信息和资料。

(2)健康评价:根据所收集的健康信息和资料,评估、分析社区居民健康状况及影响社区居民健康的危险因素。

(3)健康干预:针对社区居民的健康状况和危险因素,制订合理的健康改善计划并按计划实施干预，以达到控制危险因素、促进健康的目的。

2．慢性病患者社区管理的模式　慢性病患者社区管理大多采用团队管理的方式进行，团队由全科医师、社区护士、公共卫生医师、康复技师等专业人员与患者、照护者、家属及志愿者等非专业人员组成。可以发挥团队成员各自的优势，相互协作，共同承担控制慢性病的健康服务。社区护士是团队中的关键成员，在社区卫生服务机构、社区居委会与社区居民中起到重要的桥梁和纽带作用。目前，社区慢性病管理的模式主要有知己健康管理模式、家庭护理流程化管理模式、家庭访视关键流程加重点干预模式、社区家庭康复协作网护理模式、以家庭为单位的自我管理模式、社区远程康复服务模式、家庭签约医生制的社区康复服务模式等。

（三）慢性病社区管理流程

慢性病社区管理流程一般是：首先对社区人群进行筛查；其次，根据筛查结果对人群进行分类；再次，针对各类人群进行健康教育等日常管理，包括随访等；最后进行效果评价。其具体慢性病社区管理流程图见图9-1。

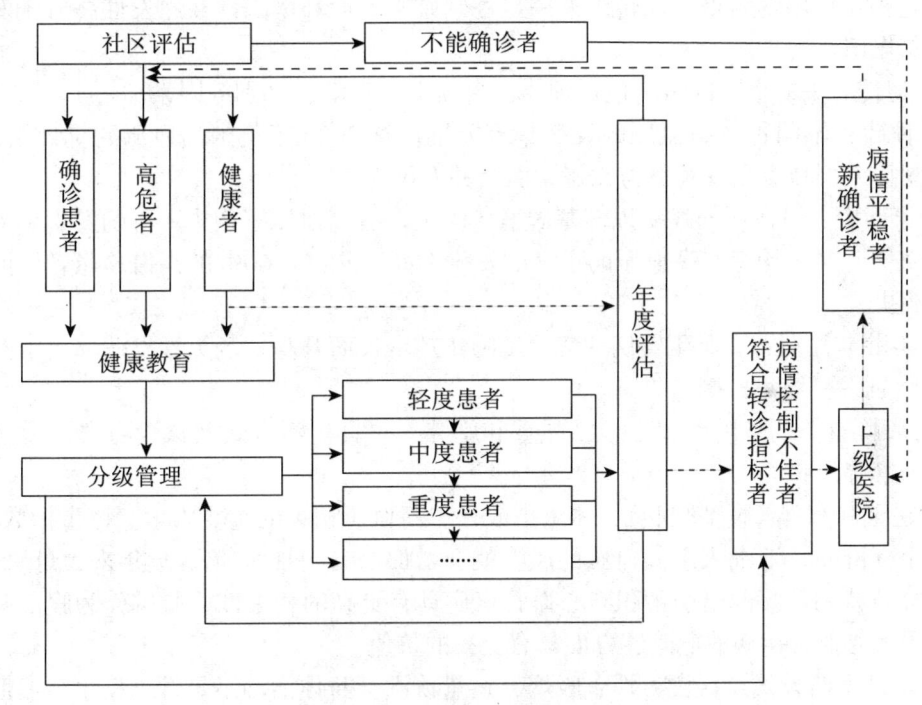

图9-1　慢性病社区管理流程图

第二节　常见慢性病患者社区护理与管理

一、高血压患者的社区护理与管理

高血压（hypertension）是常见的心血管疾病，以体循环动脉血压持续性增高［收缩压（SBP）≥140mmHg 和（或）舒张压（DBP）≥90mmHg］为特征的临床综合征，分为原发性高血压和继发性高血压两类。其中原发性高血压（primary/essential hypertension）又称高血压病，以血压升高为主要临床表现，其病因尚未明确，占所有高血压患者的90%以上，是社区居民中最常见的高血压类型；继发性高血压（secondary hypertension）又称症状性高血压，常见病因为肾疾病（慢性肾衰竭、肾血管性高血压等）、内分泌疾病以及神经性疾病等。高血压是心脏病、脑卒中、肾病、糖尿病发病和死亡的最大的危险因素。

据WHO统计，全世界每5个成人中就有1例高血压患者，全球每年约700万人死亡与高血压有关，且80%的死亡是由心血管疾病引起的。2015年，WHO世界高血压患病率调查研究表明，我国18岁以上的成年人中，被诊断为高血压的男性、女性分别为21.5%、16.8%。2013年发布的中国高血压患者教育指南中指出，我国高血压患者的总体知晓率、治疗率和控制率仍分别低于40%、35%和10%。高血压患者又普遍存在着不长期规律服药、不坚持测量血压、不重视非药物治疗（饮食调节与运动）等情况。因此，检测、治疗和控制高血压是全球重要的卫生优先事项。同时，高血压也被列为我国社区慢性病管理和预防的重点疾病。

（一）原发性高血压的危险因素

原发性高血压的病因尚未明确，目前认为原发性高血压是可改变的环境因素和不可改变的遗传因素相互作用的结果，遗传因素决定基础血压，而环境因素在原发性高血压发病中起到更重要的作用。

1. 与遗传有关的危险因素　包括种族、家族史、年龄、性别等因素。

（1）种族：不同种族高血压的发病率有差别。据2006年美国高血压的统计结果显示，美国的非洲籍人群高血压发病率为56%，而白种人仅为27%。

（2）家族史：高血压的发病以多基因遗传为主，有高血压家族史人群的发病率为无家族史人群的2倍，父母均患有高血压的子女的发病率高达46%，60%的高血压患者可询问到有高血压家族史。

（3）年龄与性别：高血压发病的危险度随年龄增长而升高，且男性发病率高于女性，但60岁以后性别差异缩小。

2. 与环境有关的危险因素　包括超重和肥胖、不良生活方式及饮食习惯、地理区域和社会心理因素等。

（1）超重和肥胖（腹型肥胖）：体重指数是与高血压相关的重要因素。体重指数（BMI）每增加一个标准差，亚洲人患高血压的风险就会增加1.55~1.68倍。近年来大量研究表明，体内脂肪分布特别是腹部脂肪蓄积与心血管疾病具有更高的相关性，腰围作为腹部脂肪的评价指标在预测心血管疾病的危险性方面具有更高的价值。

（2）不良生活方式及饮食习惯：吸烟、过量饮酒、身体活动不足等不良生活习惯及高盐高脂等不健康饮食，已成为我国慢性病发生发展的主要行为危险因素。①高钠低钾的膳食结构与血压水平呈显著相关。②长期大量饮酒是高血压的重要危险因素之一。③吸烟是公认的心脑血管疾病发生的重要危险因素。香烟中的尼古丁可使血压一过性升高。④缺少体力活动是造成超重和肥胖的重要原因之一。2010年全球疾病负担研究结果显示，我国主要行为危险因素，如吸烟、饮酒、不合理膳食及身体活动不足所导致的心血管和循环系统疾病的负担构成比分别高达63.5%、17.3%、79.9%、67%。

（3）地理区域：在不同国家或同一个国家不同地理位置高血压的发病率不同，在许多发展中国家，农村高血压发病率低于城市。

（4）社会心理因素：美国一项研究指出，持续暴露抑郁压力紧张者与从未暴露者相比，增加收缩压 1.8mmHg 和舒张压 1.5mmHg，但这种影响在男性中较明显。此外，社会经济地位和文化程度也在一定程度上影响血压。

（二）原发性高血压的诊断与评估

1. 原发性高血压的易患人群　如存在以下 6 项指标中的任一项高危因素，即为原发性高血压的易患人群：血压高值 [收缩压 130～139mmHg 或（和）舒张压 85～89mmHg]；超重或肥胖，和（或）腹型肥胖（超重：28 kg/m^2＞BMI≥24 kg/m^2；肥胖：BMI≥28kg/m^2，腰围：男≥90cm（2.7 尺），女≥85cm（2.6 尺））；有高血压家族史（一、二级亲属）；长期高盐饮食；长期过量饮酒（每日饮白酒≥100ml）；年龄≥55 岁。

2. 原发性高血压的诊断标准　高血压的诊断标准为首次发现血压增高的患者，在去除可能引起血压升高的因素后，应在未服用抗高血压药物的情况下，非同日测量 3 次血压为收缩压≥140mmHg（18.7kPa）和（或）舒张压≥90mmHg（12kPa），可诊断为高血压。此外，患者既往有高血压史，目前正在服用抗高血压药，血压虽低于 140/90mmHg，也应该诊断为高血压。收缩压≥140mmHg 和舒张压≥90mmHg 为收缩期和舒张期（双期）高血压；收缩压≥140mmHg 而舒张压＜90mmHg，为单纯收缩期高血压；收缩压＜140mmHg 而舒张压≥90mmHg 为单纯性舒张期高血压。同时，还应该进行相关检查，排除继发性高血压的可能后，才能确诊为原发性高血压。确诊后按血压增高水平分为 1、2、3 级，详见表 9-1。

表 9-1　血压水平的定义和分级（mmHg）

级别	收缩压		舒张压
正常血压	＜120	和	＜80
高值血压	120～139	和/或	80～89
高血压	≥140	和/或	≥90
1 级高血压（轻度）	140～159	和/或	90～99
2 级高血压（中度）	160～179	和/或	100～109
3 级高血压（重度）	≥180	和/或	≥110
单纯收缩期高血压	≥140	和	＜90

摘自：《中国高血压基层管理指南（2014 年修订版）》；若患者的收缩压与舒张压处于不同级别时，以高级别为准。

3. 心血管危险水平分层　从指导治疗和判断预后的角度，主张对高血压患者做心血管危险水平分层。按血压分级和影响预后的因素（包括心血管的危险因素、靶器官损伤及并存临床情况）的合并作用，将高血压患者的心血管危险水平分为低危、中危、高危、很高危四层，分别表示 10 年内将发生心脑血管病事件的概率为 15% 以下、15%～20%、20%～30%、30% 以上。

（1）影响高血压预后的因素：影响高血压患者预后的因素包括心血管的危险因素、靶器官损害以及并存临床情况，见表 9-2。对初诊患者可能通过全面询问病史、体格检查及各项辅助检查，找出影响预后的因素。

表 9-2 简化危险分层项目内容

项目	内容
高血压分级	1、2、3 级高血压
危险因素	年龄、吸烟、血脂异常、早发心血管病家族史、肥胖或腹型肥胖
靶器官损害	左心室肥厚、颈动脉内膜增厚或斑块、血肌酐轻度升高
临床情况	脑血管病、心脏病、肾脏病、周围血管病、视网膜病变、糖尿病

摘自：《中国高血压基层管理指南（2014 年修订版）》

（2）高血压患者心血管危险分层：根据患者血压水平、现存的危险因素、靶器官损害、并存的临床情况进行心血管总体危险量化，估计预后并进行危险分层。①低危：1 级高血压，且无其他危险因素。②中危：2 级高血压，不伴有其他危险因素；或 1~2 级高血压同时有 1~2 个危险因素。③高危：3 级高血压，不伴有其他危险因素；或 1~2 级高血压同时有 3 种或更多危险因素或兼患糖尿病或靶器官损伤。④很高危：3 级高血压伴有至少 1 种危险因素或靶器官损害，危险分层标准详见表 9-3。

表 9-3 高血压患者心血管危险分层标准

其他危险因素和病史	高血压		
	1 级	2 级	3 级
无	低危	中危	高危
1~2 个其他危险因素	中危	中危	很高危
≥3 个其他危险因素或靶器官损害	高危	高危	很高危
临床并发症	很高危	很高危	很高危

摘自：《中国高血压基层管理指南（2014 年修订版）》

4．排除继发性高血压 5%~10% 的高血压患者为继发性高血压。常见继发性高血压病因有慢性肾病、肾动脉狭窄、原发性醛固酮增多症、嗜铬细胞瘤、皮质醇增多症、大动脉疾病、睡眠呼吸暂停综合征、药物等。以下几种情况应警惕继发性高血压的可能性，及时转上级医院进一步检查确诊：①发病年龄＜30 岁；重度高血压（高血压 3 级以上）。②降压效果差，血压不易控制。③夜尿增多，血尿、泡沫尿或有肾疾病史。④夜间睡眠时打鼾并出现呼吸暂停。⑤血压升高伴肢体肌无力或麻痹，常呈周期性发作，或伴自发性低血钾。⑥阵发性高血压，发作时伴头痛、心悸、皮肤苍白或多汗等。⑦下肢血压明显低于上肢，双侧上肢血压相差 20mmHg 以上，股动脉等搏动减弱或不能触及。⑧长期口服避孕药等。

（三）高血压患者的社区管理

根据《国家基本公共卫生服务规范（第三版）》的要求，高血压患者的社区管理流程主要包括以下 5 个方面。

1．高血压筛查 高血压的检出是提高人群高血压知晓率、治疗率和控制率的第一步，只有检出高血压，早期预防与治疗，才能保护心脑肾靶器官，降低心血管事件的发生。要求对辖区内 35 岁及以上常住居民，每年为其免费测量一次血压。而健康成年人每年至少测量 1

次血压。对第一次发现收缩压≥140mmHg（18.7kPa）和（或）舒张压≥90mmHg的居民在去除可能引起血压升高的因素后预约其复查，非同日3次血压高于正常，可初步诊断为高血压，如有必要，建议转诊到上级医院确诊，2周内随访转诊结果，对已确诊的原发性高血压患者纳入高血压患者健康管理。对可疑继发性高血压患者，及时转诊，高血压筛查流程图见图9-2。

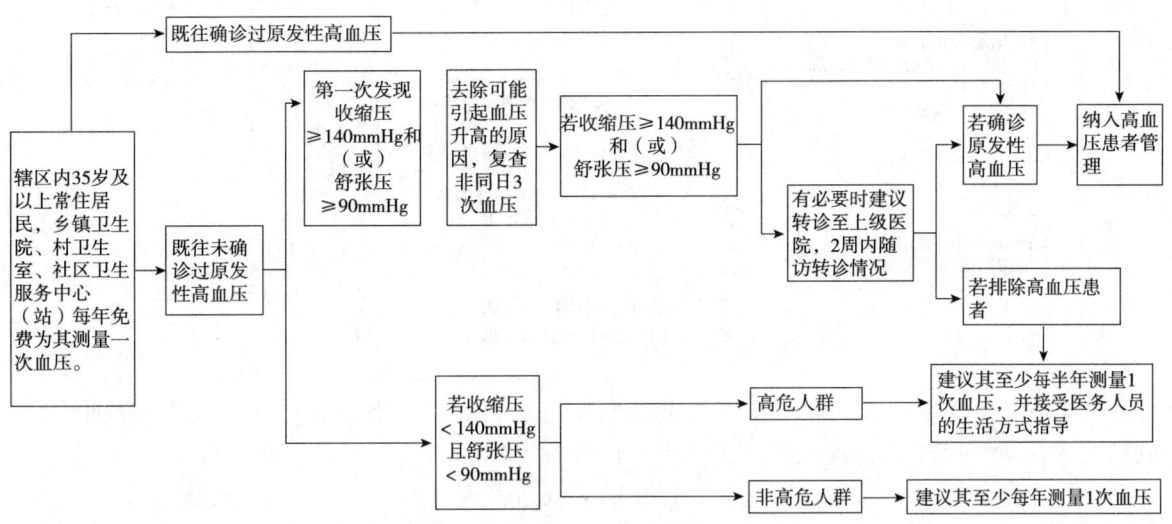

图9-2 高血压患者筛查流程图
来源：《国家基本公共卫生服务规范（第三版）》

2．**高血压患者随访评估** 对原发性高血压患者，每年应提供至少4次面对面的随访。高血压患者随访流程图见图9-3，随访内容包括以下5个方面。

（1）评估是否存在危急情况：如存在危急情况应在处理后紧急转诊，以下状况可视为危急情况：①测量血压如收缩压≥180mmHg和（或）舒张压≥110mmHg；②患者有意识改变、剧烈头痛或头晕、恶心、呕吐、视物模糊、眼痛、心悸、胸闷、喘憋不能平卧等症状；③处于妊娠期或哺乳期同时血压高于正常者；④存在不能处理的其他疾病时。对于紧急转诊者，乡镇卫生院、村卫生室、社区卫生服务中心（站）应在2周内主动随访转诊情况。

（2）若不需要紧急转诊，询问上次随访到此次随访期间的症状。

（3）测量体重、心率、计算体重指数（BMI）。

（4）询问患者疾病情况和生活方式，包括吸烟、饮酒、运动和摄盐等情况。

（5）了解患者服药情况。

3．**分类干预** 对血压控制满意（收缩压＜140mmHg且舒张压＜90mmHg），无药物不良反应，无新发并发症或原有并发症无加重的患者，预约进行下一次的随访时间。对第一次出现血压控制不满意，或出现药物不良反应的患者，结合其药物依从性，必要时增加药物剂量、更换或增加不同种类的降压药物，2周内随访。对连续两次出现高血压控制不满意或药物不良反应难以控制以及出现新的并发症或原有并发症加重的患者，建议其转诊到上级医院，2周内主动随访转诊情况。对所有的患者进行有针对性的健康教育，与患者一起制定生活方式改进目标并在下一次随访时评估进展，指导患者出现异常时应立即就诊。

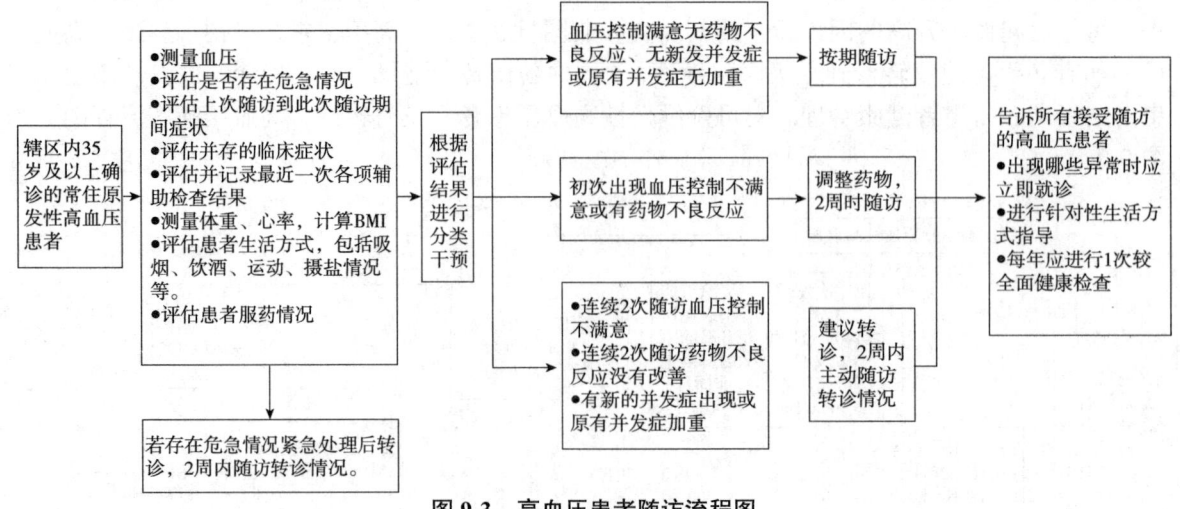

图 9-3 高血压患者随访流程图
来源:《国家基本公共卫生服务规范(第三版)》

4．特殊人群高血压处理　特殊人群高血压包括：老年高血压、单纯性收缩期高血压、妊娠高血压等。高血压特殊人群大多数为心血管病发生的高危人群，应根据自身特点，选用合适的降压药，平稳有效地控制血压，以预防心脑血管事件的发生。老年（65岁及以上）高血压易发生直立性低血压，一旦发生高血压急症应立即呼叫120急救车，转送上级医院治疗。

5．健康体检　对原发性高血压患者，每年应进行1次全面的健康检查，可与随访相结合，内容包括体温、脉搏、呼吸、血压、身高、体重、腰围、皮肤、浅表淋巴结、心脏、肺部、腹部等常规体格检查，并对口腔、视力、听力和运动功能进行判断。

（四）高血压患者的健康指导

1．疾病知识指导　让患者了解自己的病情，包括高血压水平、危险因素及存在的临床疾患等，告知患者高血压的风险和有效治疗的重要性。对患者和家属进行疾病知识指导，使其了解治疗方案，提高其配合度。

2．血压监测指导　推荐使用符合国际标准的上臂式电子血压计。指导内容主要包括监测频率、血压控制目标、血压测量方法及注意事项。

（1）监测时间：①上午6～10点和下午4～8点，这两个时间段的血压是一天中最高的，测量这两个时间段的血压可以了解血压的高峰。特别是每日清晨睡醒时，此时的血压水平可以反映服用的降压药物的降压作用是否能持续到次日凌晨。②服药后，在药物的降压作用达到高峰时测量。短效制剂一般在服药后2小时测量；中效药物一般在服药后的2～4小时测量；长效药物一般在服药后的3～6小时测量。③血压不稳定或更换治疗方案时，此时应连续测量2～4周，掌握自身血压规律、了解新方案的疗效。

（2）操作规范：通常使用水银柱血压计且以坐姿测量血压时，至少安静休息5～10分钟，取坐位，袖带绑缚于上臂，并放在桌子上。测压时，保持安静，不讲话，不活动，可测2次取平均值，2次血压之间间隔1分钟，并如实记录测量结果。

（3）降压目标：①普通患者血压降至140/90mmHg以下；②年轻患者、糖尿病患者及肾病患者血压降至130/80mmHg以下；③老年人收缩压降至150mmHg以下，如能承受，还可以进一步降至140/90mmHg以下。尤其是老年高血压患者的血压值降至140/90mmHg以下，可促进患者保持正常的认知功能，从而提高生命质量。

3．药物治疗的指导　高血压确诊后，患者应长期坚持药物治疗，五大类降压药及复方制剂可作为高血压药物治疗的选择，包括钙离子通道阻滞剂、血管紧张素转换酶抑制剂、血管紧张素Ⅱ受体拮抗剂、噻嗪类利尿药、β受体阻滞剂。药物治疗指导的主要内容包括以下几个方面。

（1）监测服药与血压的关系：指导患者及家属测量血压，并记录血压与服药的关系。

（2）强调长期药物治疗的重要性：用降压药使血压降至理想水平后，应继续服用维持量，以保持血压相对稳定，忌突然换药或忽服忽停，对无症状者更应强调。

（3）要求遵医嘱服药：要求患者必须遵医嘱定时定量服药，忌根据自己感觉来增减药物、忘记服药或试着在下次吃药时补服上次忘记的药量。

（4）强调不能擅自突然停药：经治疗血压得到满意控制后，可逐渐减少剂量，甚至可考虑停药；但如果突然停药，可导致血压突然升高，出现停药综合征，冠心病患者突然停用β受体阻滞剂可诱发心绞痛、心肌梗死等。

4．饮食指导　针对高血压易患因素其预防措施主要是降压、减重、限酒和低盐。具体包括：①超重者应注意限制热量和脂类的摄入，控制体重，BMI＜24kg/m^2，男性腰围＜90cm，女性腰围＜85cm，减少油脂性食物摄入，限制总能量；②合理膳食，营养均衡，总脂肪占热量的比例＜30％，蛋类每周3～4个，鱼类每周3次左右，少吃糖类，新鲜蔬菜每日400～500g，水果每日100g，适当增加膳食纤维摄入；③降压食物有芹菜、胡萝卜、番茄、黄瓜、木耳、海带、香蕉等，降脂食物有山楂、平菇、大蒜、洋葱、海带、绿豆等，防止心脑血管疾病有较好效果的食物有香菇、平菇、木耳、银耳等，禁忌食物有腌制食品、蛤贝类、虾米、皮蛋、浓茶、咖啡及辛辣刺激性食品；④减少食盐摄入，每人每日低于5g，少食腌制品，烹调时尽可能使用量具，用代用盐、食醋等替代产品；⑤限制饮酒量尽量做到少饮酒或不饮酒，白酒＜50毫升/天（1两/天），葡萄酒＜100毫升/天，啤酒＜250毫升/天，宣传饮酒的危害，酗酒者逐渐减量，必要时可借助药物戒酒，特别是超重的高血压患者更应该戒酒；⑥戒烟，提倡科学戒烟，避免被动吸烟，宣传吸烟危害，采用放松、运动等方法改变生活方式，辅助防止复吸。

5．运动指导　提倡健康生活方式，增加体育锻炼，规律运动。选择中等强度的运动方式，每周5～7次，每次约30分钟，运动形式可根据喜好来选择，根据医嘱选择适宜的运动方式。

6．直立性低血压的预防和处理指导　首先告诉患者直立性低血压表现为乏力、头晕、心悸、出汗、恶心、呕吐等，在联合用药、服用首剂药物或加量时应特别注意。指导患者预防方法：①避免长时间站立，尤其在服药后最初几小时；②改变姿势，特别是从卧、坐位起立时动作宜缓慢；③服药时间可选在平静休息时，服药后继续休息一段时间再下床活动；④如在睡前服药，夜间起床排尿时应注意；⑤避免用过热的水洗澡，更不宜大量饮酒。还应指导患者在直立性低血压发生时取头低足高位平卧，可抬高下肢超过头部，屈曲腹部肌肉和摇动脚趾，以促进下肢血液回流；老年患者活动时应有亲属搀扶，避免摔伤；保持室内温度适宜，避免过热导致周围血管过度扩张。

7．患者自我管理　提倡高血压患者自我管理，在专业人员的指导下，可以自发组织自我管理小组，学习健康指导知识和防治知识，提高高血压的管理效果。要认识高血压的危害，学会自测血压，重视非药物治疗高血压，坚持世界卫生组织提出的健康4大基石，16字箴言（合理膳食、适当运动、戒烟限酒、心理平衡），提高与医生沟通的能力和紧急情况下寻求医疗帮助的能力。

8. 高血压患者心理调适指导　指导患者减轻精神压力，保持心理平衡，保持乐观性格，减轻心理负担，缓解心理压力，还可通过心理咨询，音乐疗法及自律训练等达到心理调试的目的。

二、糖尿病患者的社区护理与管理

糖尿病（diabetes mellitus，DM）是由遗传和环境因素相互作用引起的一组以慢性高血糖为特征的代谢异常综合征，是一种慢性、终身性疾病，包括1型糖尿病、2型糖尿病、妊娠糖尿病和其他特殊类型糖尿病这4种类型。随着病情延长可出现眼、肾、神经、心脏、血管等多器官或系统损害，引起功能缺陷及衰竭。据WHO的《全球糖尿病报告》相关数据，在2014年，全球估计有4.22亿成人患有糖尿病，糖尿病已成为威胁人类健康的世界性公共卫生问题，糖尿病的防治及其管理是社区卫生服务面临的重要任务。

（一）糖尿病的危险因素

糖尿病的病因和发病机制极为复杂，至今未完全阐明。目前普遍认为，糖尿病的发生主要与不可改变的遗传因素和可改变的环境因素等有关。

1. 与遗传有关的危险因素　包括遗传因素、年龄、先天的子宫内营养环境不良等。

（1）遗传：国内外报道普遍认为糖尿病有遗传倾向，表现为糖尿病有明显的家族聚集现象，有糖尿病家族史者的患病率比无糖尿病家族史者高，其中2型糖尿病的遗传倾向更为明显。

（2）年龄：随着年龄增长，糖尿病的发病率逐渐增加。

（3）先天的子宫内营养不良：因子宫内营养不良所致低体重儿若在成年后发生肥胖，则其发生糖尿病及胰岛素抵抗的机会增加。

2. 与环境有关的危险因素　包括不合理膳食：饮食中高脂肪、高胆固醇、高蛋白、高糖、低纤维素的食物比例过高；超重或肥胖；静坐生活方式，缺乏活动；吸烟与饮酒；不合理用药；血压高；心境不佳等。

（二）糖尿病的诊断与评估

1. 糖尿病的诊断标准　我国目前采用国际上通用的WHO糖尿病专家委员会（1999）提出的诊断标准，见表9-4。糖尿病诊断是基于空腹、任意时间或葡萄糖耐量试验（oral glucose teleronce test，OGTT）中2小时血糖值。①糖尿病症状指多尿、多饮、多食和体重减轻；②任意时间指不考虑上一次进餐时间及食物摄入量，一天内任何时间；③空腹是指至少8小时内无任何热量摄入；④空腹血浆葡萄糖正常为3.9～6.0mmol/L（70～108mg/dl）；⑤任意时间血浆葡萄糖水平与口服葡萄糖耐量试验（OGTT）中2小时葡萄糖水平相同，均以≥11.1mmol/L（200mg/dl）为诊断标准；⑥对无糖尿病症状，仅1次血糖值达到糖尿病诊断标准者，必须在另一天复查以确定诊断，如复查结果未达到糖尿病诊断标准，应定期复查；严重疾病或应激情况下，可发生应激性高血糖，但这种代谢紊乱常为暂时性和自限性，因此在应激时，不能据此时血糖诊断糖尿病，必须在应激消除后复查。

表 9-4　糖尿病诊断标准

诊断标准	静脉血浆葡萄糖水平（mmol/L）
（1）糖尿病症状加随机血糖	≥ 11.1
或	
（2）空腹血糖	≥ 7.0
或	
（3）OGTT 2 小时血糖	≥ 11.1

2. **糖调节受损的诊断标准**　糖调节受损（impaired glucose regulation，IGR）是指诊断标准中划出的处于正常血糖与糖尿病血糖水平之间的状态，即血糖水平已高出正常，但尚未达到目前界定的糖尿病诊断水平，包括空腹血糖受损和（或）糖耐量受损。糖调节受损的判断以空腹血糖和（或）口服葡萄糖耐量试验（OGTT）2 小时血糖为准。

3. **基本临床表现及并发症**　糖尿病患者的基本临床表现及并发症包括代谢紊乱症候群、急性并发症、慢性并发症等。

（1）代谢紊乱症候群：糖尿病患者可无明显症状，仅于健康检查时发现高血糖；也可表现为典型的"三多一少"症状，即多尿、多饮、多食和体重减轻。除典型症状之外，患者常伴有疲劳、乏力、皮肤瘙痒、易感染、伤口长时间不愈合、便秘、腹泻等症状。

（2）急性并发症：包括低血糖、酮症酸中毒。

1）低血糖：一般将实验室检测血糖 ≤ 2.8mmol/L（50mg/dl）作为低血糖的诊断标准，而糖尿病患者血糖值 ≤ 3.9mmol/L 就属于低血糖范畴，但因个体差异，有的患者血糖不低于比值也可出现低血糖症状。低血糖多由进食量过少、药物应用剂量过大、用法不当、不适当的运动等引起，轻者表现为肌肉颤抖（如手抖）、心悸、出汗、无力、饥饿感、紧张、焦虑、面色苍白、四肢冰凉等，严重时发生抽搐、昏迷甚至死亡。

2）糖尿病酮症酸中毒：是最常见的糖尿病急性并发症，多发生于代谢控制不良、伴发感染、胰岛素治疗中断或不适当减量等各种应激情况，常见于 1 型糖尿病患者。糖尿病酮症酸中毒的早期表现为糖尿病症状加重，随后出现极度口渴、呕吐伴头痛、嗜睡、烦躁、呼吸深快有烂苹果味（丙酮味）等症状，后期出现严重失水、尿量减少、皮肤弹性差、眼球下陷、血压下降、四肢厥冷、血糖高于 16.7mmol/L、尿酮体（+～+++）等，如果没有及时得到控制，病情将进一步恶化，重者出现神志不清、昏迷。

（3）慢性并发症：包括糖尿病微血管病变、糖尿病大血管病变、糖尿病神经病变、糖尿病足等。

1）糖尿病微血管病变：是糖尿病的特异性并发症，可累及全身各组织器官，主要表现在视网膜、肾、神经和心肌组织，其中以糖尿病肾病和视网膜病变尤为重要。①糖尿病肾病：是一个逐渐发展的过程，是 1 型糖尿病的主要死因。在 2 型糖尿病中，其严重性仅次于心、脑血管疾病。早期一般无症状，尿常规检查正常或只有微量蛋白尿，经过合理治疗大多可以逆转；而一旦出现大量蛋白尿、全身水肿、高血压、贫血等症状时，往往已经进入晚期阶段，此时病情已经不可逆转，最后逐渐发展至肾衰竭。②糖尿病性视网膜病变：多见于糖尿病病程超过 10 年者，是糖尿病患者失明的主要原因之一。早期往往没有任何症状，需要通过眼底检查才能发现。

2）糖尿病大血管病变：是糖尿病最严重而突出的并发症，主要表现为动脉粥样硬化。动脉粥样硬化主要侵犯主动脉、冠状动脉、脑动脉、肾动脉和肢体动脉等，引起冠心病、缺血性或出血性脑血管病、肾动脉硬化、肢体动脉硬化等。

3）糖尿病神经病变：以多发性周围神经病变最为常见，常为对称性，下肢较上肢严重。表现为肢端感觉异常，呈袜套状分布，伴麻木、针刺、灼热感，继之出现肢体隐痛、刺痛或烧灼痛，夜间及寒冷季节加重，后期累及运动神经可出现肌力减弱、肌萎缩和瘫痪。

4）糖尿病足：是指下肢远端神经异常和不同程度周围血管病变相关的足部溃疡、感染和（或）深层组织破坏。下肢血管病变的早期表现是足部皮肤干燥、汗少、肢体发凉、怕冷、下肢疼痛、间歇性跛行，严重供血不足可致肢端坏疽。糖尿病足是糖尿病最严重和治疗费用最高的并发症之一，是糖尿病非外伤性截肢的最主要原因。

5）其他：除上述并发症外，糖尿病患者还容易出现骨质疏松、牙周炎、皮肤感染、甲状腺功能亢进、性功能障碍等问题。

（三）糖尿病患者的社区管理

1. 糖尿病患者的社区管理内容　根据《国家基本公共卫生服务规范（第三版）》的要求，糖尿病患者的社区管理包括以下内容。

（1）糖尿病筛查：社区卫生服务机构应对辖区内 35 岁及以上常住居民中 2 型糖尿病患者进行规范管理。对工作中发现的 2 型糖尿病高危人群进行有针对性的健康教育，建议其每年至少测量 1 次空腹血糖，并接受医务人员的健康指导。

（2）糖尿病患者随访：对确诊的 2 型糖尿病患者，社区卫生服务机构每年提供 4 次免费空腹血糖检测，至少进行 4 次面对面随访。

1）评估是否存在危急情况：如存在危急情况应在处理后紧急转诊。以下状况可视为危急情况：血糖 ≥ 16.7mmol/L 或血糖 ≤ 3.9mmol/L；收缩压 ≥ 180mmHg 和（或）舒张压 ≥ 110mmHg；有意识或行为改变、呼气有烂苹果样丙酮味、心悸、出汗、食欲减退、恶心、呕吐、多饮、多尿、腹痛、有深大呼吸、皮肤潮红；持续性心动过速（心率超过 100 次 / 分钟）；体温超过 39℃或有其他的突发异常情况，如视力骤降、妊娠期及哺乳期血糖高于正常；或存在不能处理的其他疾病。对于紧急转诊者，乡镇卫生院、村卫生室、社区卫生服务中心（站）应在 2 周内主动随访转诊情况。

2）若不需紧急转诊，询问上次随访到此次随访期间的症状。

3）测量体重，计算体重指数（BMI），检查足背动脉搏动。

4）询问患者疾病情况和生活方式，包括心脑血管疾病、吸烟、饮酒、运动、主食摄入情况等。

5）了解患者服药情况。

（3）分类干预：根据患者的具体情况，对处于不同健康状况的糖尿病患者给予不同的有针对性的干预措施。

1）对血糖控制满意（空腹血糖值 < 7.0mmol/L），无药物不良反应、无新发并发症或原有并发症无加重的患者，预约下一次随访；

2）对第一次出现空腹血糖控制不满意（空腹血糖值 ≥ 7.0mmol/L）或药物不良反应的患者，结合其服药依从情况进行指导，必要时增加现有药物剂量、更换或增加不同种类的降糖药物，2周时随访；

3）对连续两次出现空腹血糖控制不满意或药物不良反应难以控制以及出现新的并发症或原有并发症加重的患者，建议其转诊到上级医院，2周内主动随访转诊情况；

4）对所有的患者进行针对性的健康教育，与患者一起制订生活方式改进目标并在下一次随访时评估进展。告诉患者出现异常时应立即就诊。

（4）健康体检：对确诊的2型糖尿病患者，每年进行1次较全面的健康体检，体检可与随访相结合。内容包括体温、脉搏、呼吸、血压、空腹血糖、身高、体重、腰围、皮肤、浅表淋巴结、心脏、肺部、腹部等常规体格检查，并对口腔、视力、听力和运动功能等进行判断。

2．糖尿病患者的社区管理流程　糖尿病患者的社区管理流程见图9-4。

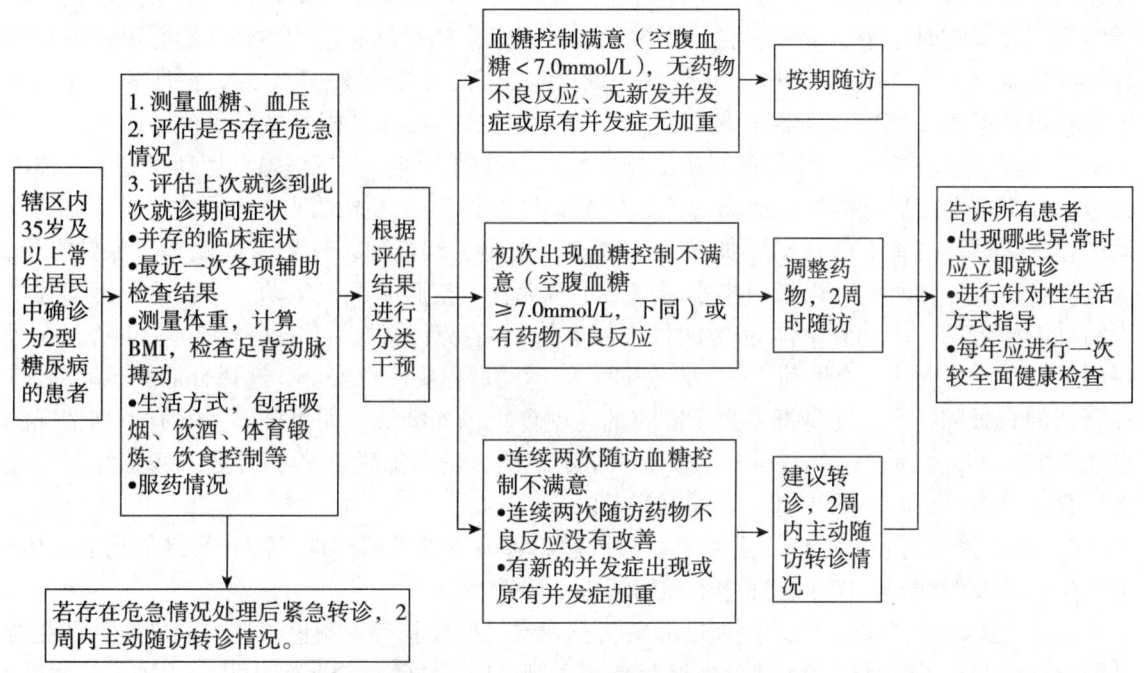

图 9-4　糖尿病患者的社区管理流程
来源：《国家基本公共卫生服务规范（第三版）》

（四）社区糖尿病患者的健康指导

1．疾病知识指导　采用多种方法，如讲解、放录像、发放宣传资料等，让患者和家属了解糖尿病的病因、临床表现、诊断与治疗方法，提高患者对治疗的依从性。指导患者外出时随身携带糖尿病病情卡，卡上注明姓名、诊断、联系电话等，以便发生紧急情况时，他人能迅速了解病情、紧急施救并通知家人。

2．自我监测与检查指导　糖尿病患者应进行病情的自我监测与定期复查，及时了解血糖控制情况，为药物治疗和非药物治疗的调整提供依据；也有助于早期发现糖尿病并发症，早期治疗，减少因并发症而导致的严重后果。指导患者每3~6个月复检糖化血红蛋白（HbA1c），血脂异常者每1~2个月监测一次，如无异常每6~12个月监测一次；体重每

1～3个月测一次；每年全面体检1～2次。

3. **药物治疗的指导** 糖尿病患者药物治疗包括口服降糖药物治疗和胰岛素治疗。指导患者口服降糖药及胰岛素的名称、剂量、给药时间和方法，教会其观察药物疗效和不良反应；使用胰岛素的患者，应教会患者或其家属正确的注射方法及注意事项。遵医嘱服药，定时定量，不要擅自更改降糖药物及其剂量，尤其胰岛素注射的患者，注射过早、过量很容易引起低血糖。如发生食欲减退、进食量少或呕吐、腹泻时，应相应减少药物剂量；活动量增加时，要减少胰岛素的用量并及时加餐。

4. **饮食指导** 合理饮食可以更好地控制血糖，是糖尿病治疗的一项基础措施，糖尿病患者必须坚持严格控制饮食。糖尿病饮食的目的是降低餐后血糖，减轻胰岛负荷，纠正代谢紊乱，达到良好的代谢控制，使血糖、血脂达到或接近正常水平，维持理想体重。糖尿病饮食控制的总原则：①控制总热量，均衡营养，食物组成以高糖类、低脂肪、适量蛋白质、高纤维为宜；②定时定量，少量多餐；③多饮水，戒烟限酒，切忌空腹饮酒（乙醇可刺激身体分泌胰岛素，容易引起低血糖）；④限盐，糖尿病非高血压患者每日＜5g，糖尿病合并高血压患者每日＜3g；⑤严格限制各种甜食（具体饮食治疗方法参见相关书籍和教材）。

5. **运动指导** 运动治疗是糖尿病治疗的另一项基础措施。糖尿病患者运动指导的具体内容包括：①运动前后均需评估血糖的控制情况，根据患者的具体情况决定运动方式、时间及运动量。②尽量选择有氧运动，如散步、快走、慢跑、爬楼梯、气功、太极拳、保健操等。③选择合适的运动时间，以饭后半小时或1小时为宜，空腹时不宜运动。④合适的运动强度为活动时患者的心率达到个体60%的最大耗氧量，简易计算法为：心率=170－年龄。一般每周运动3～5次，每次运动30～40分钟。⑤运动过程要注意安全，选择合适的运动场地、穿合适的衣服和鞋子，随身携带易于吸收的含糖食物，如糖块、甜果汁等。⑥有下列情况的患者不宜运动：血糖＞14mmol/L，血糖不稳定或明显的低血糖症者；有糖尿病急性并发症者；合并严重心、脑、眼、肾、足并发症者。

6. **足部护理指导** 在日常生活中，糖尿病患者应重视足部护理，防止足部外伤的发生，若发生，能及时处理，防止足部感染和病情进一步发展。

（1）足部皮肤检查：每天检查足部皮肤，观察足部皮肤有无颜色改变、温度改变及足背动脉搏动情况；了解足部有无感觉减退、麻木、刺痛感；注意检查足部皮肤有无破损、水疱、小伤口、鸡眼、胼胝等，尤其要注意足趾之间有无红肿、变形。如发现皮肤有破损、水疱等，应去医院处理；如有胼胝、鸡眼等，应在医护人员指导下处理。

（2）洗脚及修剪趾甲：坚持每天用温水洗脚并定期修剪趾甲。水温以不烫脚为宜，一般不超过40℃；泡脚时间以10分钟左右为宜。洗前用手腕掌侧测试水温，对温度不太敏感者应让家人代劳；洗完后用柔软的浅色毛巾（便于观察）擦干，尤其是脚趾间；皮肤干燥者，可涂抹适量的润肤乳，以保持足部皮肤润滑，防止发生皲裂；宜选在洗脚后用趾甲刀横向直剪；趾甲长度与趾尖同一水平即可，并挫圆趾甲边缘尖锐部分；另外，对于足部感觉减退的患者，剪趾甲的时候需注意避免剪刀的两刃之间夹住皮肤。

（3）选择合适的鞋袜：糖尿病患者一定要非常注意鞋袜的选择。袜子以浅色、吸汗、透气、弹性好及散热好的棉毛质地为佳，大小适中、无破洞，袜口不要太紧，以免影响血液循环。应选择轻巧柔软、透气性好、前端宽大、圆头、有带或鞋袢的鞋子，鞋底要平、厚，以合脚的棉质布鞋或真皮皮鞋为宜。患者应尽量选择中午或黄昏去买鞋，新鞋开始穿的时间不宜过久,第一天可穿半小时,然后逐渐延长时间。

(4) 防止足部损伤：糖尿病患者在生活中应注意保护足部,不要赤脚走路,外出时不可穿拖鞋,冬天应注意足部保暖,但严禁用热水袋、电热毯、烤灯或火炉等取暖谨防烫伤,每次穿鞋前注意检查鞋内有无异物等,避免发生冻伤、烫伤和一切外伤。

(5) 定期到专科门诊复查：一般糖尿病病程在5年以上的患者,至少应每年到医院检查一次足部血管、神经,以便早期发现血管、神经病变,早期治疗。

7. 低血糖的预防指导　低血糖是糖尿病治疗过程中常见的急性并发症,尤其是接受胰岛素或长效磺脲类药物治疗的患者、老年患者及肾功能不全者,更易发生低血糖。社区护士应从饮食、运动、用药等方面指导糖尿病患者加强低血糖的预防,熟悉相关症状,若发生低血糖能及时处理。当患者出现饥饿感、乏力、头晕、心慌、出虚汗、双手颤抖、手足口唇麻木、视物模糊、面色苍白等症状,应高度怀疑低血糖。有血糖检测条件者,立即测定血糖以明确诊断；无血糖检测条件时,应先按低血糖处理。低血糖紧急处理包括：①清醒的患者,应尽快补充糖分,如口服糖水、含糖饮料或吃一些糖果、饼干、面包等；②意识不清的患者,则应将患者侧卧,并拨打急救电话,尽快送医院抢救,有条件者可先静脉推注50%葡萄糖20～40ml。切忌给患者喂水或饮水,以免引起窒息。

8. 糖尿病患者心理调适指导　糖尿病是一种终身性疾病,漫长的病程、严格的饮食控制及多器官、多组织结构功能障碍使患者易发生焦虑、抑郁等心理反应,对治疗缺乏信心,不能有效应对,治疗的依从性差。因此,加强糖尿病患者的心理护理,使患者保持良好的心态,积极应对糖尿病,是社区糖尿病患者管理的重要内容。糖尿病患者心理调适指导的内容包括：①提供糖尿病的相关知识指导,使患者及其家属能够正确认识糖尿病,协助其建立应对糖尿病的信心；②认真倾听患者的叙述,给予其充分的理解与支持,及时肯定患者取得的进步；③鼓励患者家属积极参与糖尿病控制,使患者感受到家人的支持与关心；④教给患者一些心理调适的技巧,如宣泄、音乐疗法等。

(五) 糖尿病中医适宜技术

中医学理论将糖尿病归纳于"消渴病"的范畴,是由于先天禀赋不足,复因饮食不洁、情志失调等导致机体阴虚燥热,为本虚标实之证,以阴虚为本,燥热为标,两者互为因果,有上、中、下三消之分。中医护理以辨证论治和脏腑理论为指导,通过饮食养生、情志调节、健康保健等形式对糖尿病患者进行干预。糖尿病中医适宜技术适用于稳定型的无严重并发症的患者,操作过程中患者如有不适,应立即就医。

1. 按摩　全足按摩的方法,重点推拿足部垂体、肾、肾上腺、胰腺、胃、十二指肠、脾等反射区和涌泉、三阴交、太冲、足三里、承山等穴位,按摩力度应柔和、平稳,以患者微感疼痛但能耐受为宜,每次操作20分钟,双足共40分钟。

2. 艾灸　2型糖尿病伴乏力、抵抗力降低、下肢无力者可灸足三里：将艾条一端点燃,对准足三里,约距0.5～1寸,进行熏灸,每侧10～15分钟。畏寒肢冷,或男子阳痿,抵抗力降低者可灸关元：艾条一端点燃,对准关元穴,约距0.5～1寸,每次10～15分钟。

3. 足浴　用中药活血祛风湿药足浴,将中药方加水煎熬,熬出的药水凉至38～40℃,倒入容器中,水深以浸没两足内外踝关节上20cm为宜,每次30分钟,建议选择19:00～21:00进行,防止糖尿病周围神经病变及下肢血管病变。

4. 耳穴贴敷　取耳穴贴用镊子送至选取的耳穴,贴紧后加压,以患者局部有酸痛或发热感为度。每周敷贴 2 次，左右耳交替，每次敷贴时间为 2 天，嘱患者每天晨起、睡前、午餐和晚餐前 20 分钟各 1 次用拇指、示指压按 5 分钟，至局部发红或有酸痛感，按压时聚精会神，心无旁骛。耳廓上常用穴位或反应点有食道、胃、十二指肠、肝、脾、大肠、神门、交感、三焦、皮质下、内分泌等。

5．养生运动方法　适合糖尿病患者练习的养生运动方法有太极拳、八段锦等。

第三节　安宁疗护

生老病死是生命发展的自然规律，死亡是生命过程的最后阶段。有人认为所谓医疗的失败并不是患者的死亡，而是未能协助患者安详地度过有生之年。安宁疗护的理念就是通过由医生、社区护士、志愿者、社工、理疗师及心理师等人员组成的服务团队，为生命临终阶段的患者及其家庭提供缓解性照料，在减少患者身体上疼痛的同时，更加关注患者的内心感受，给予患者"灵性照护"，让患者有尊严地走完人生最后一段旅程，而不是无谓地对患者进行高科技的医疗消费及痛苦的医疗干预。目前，发达国家比较重视安宁疗护的发展，因疾病无法治愈而获得安宁疗护已被视为一项基本人权。

一、安宁疗护概述

（一）概念

1．安宁疗护的定义　安宁疗护一词译自英文 palliative care，其英文同义词是 hospice care。我国香港地区将其译为"舒缓医学"，台湾地区译为"安宁照顾"，也有学者将其译为安宁缓和疗护。1990 年，世界卫生组织（WHO）首次提出安宁疗护的定义：是对那些患无法治愈疾病的患者提供积极的、功能整体性的护理服务，主要是通过有效控制疼痛及其他躯体症状，处理心理、社会和精神方面的一系列问题，达到姑息护理的目标，即最大可能地提高患者及其家属的生活质量。2002 年，WHO 对安宁疗护定义进行了重新修订：安宁疗护是一种通过早期识别、积极评估、控制疼痛和缓解其他痛苦症状，如躯体、社会心理和精神的困扰，预防和缓解身心痛苦的支持性照护方法，目的是为了改善面临威胁生命疾病的患者及其亲属的生活质量。

2．安宁疗护的特点

（1）安宁疗护的主要目标是提高生活质量，同时也干预疾病进程。

（2）安宁疗护强调照护的对象包括患者及其家属。

（3）服务多由学科团队共同协作完成，提供的是全人、全家、全程、全队的照顾。主要是控制和缓解疼痛和其他症状（包括躯体、社会心理和精神等全方位的照料），而且更重视预防。

（4）服务的方式是积极的，可以用于疾病过程早期，也可以和治愈性的医疗措施或其他延长生命的措施，如放疗、化疗等联合运用，而不是接受安宁疗护就必须放弃根治性治疗。

（5）提高患者生活质量，让患者尽可能的过日常生活；真诚关心患者，对患者进行全方位的照顾；患者及其家属是参与决策的合作者，他们有自主权和选择权；开放性联系和协作，以提供充分的令患者满意的多样化专业性的服务。

（6）肯定生命的价值，而且将死亡视为一个自然的过程，既不刻意加速死亡，也不拖延死亡的到来。提供患者及其家人全方位的支持照顾，帮助患者尽可能以积极的态度活着，直到有尊严地辞世；协助家属进行心理调适，使患者亲人能正确看待患者的疾病过程和离世。

（二）安宁疗护的服务对象

1. 慢性及进行性心、肝、肾、肺和神经系统疾病终末期患者；
2. 治疗无效的晚期癌症患者；
3. 不能控制的终末期反复严重感染患者；
4. 导致不可避免死亡的不能愈合的严重创伤患者；
5. 救治无效的多器官功能衰竭患者；
6. 严重晚期、死亡不可避免的精神病患者。

（三）安宁疗护的服务内容

1. **评估患者及家属的需求**　对患者的病情、精神状态、疼痛和其他症状、治疗方式和不良反应、现有功能状态以及家属的需求等进行持续动态的全面评估，以便制订尽可能合理的照护计划，包括药物治疗、行为干预以及补充性干预等，并随疾病的进展持续修改计划和目标。

2. **身体方面的照护**　身体的舒适是安宁疗护的核心特点。疼痛和其他不适症状的管理是安宁疗护的基础，同时还可以提升心理、社会和精神状态。

3. **心理和精神方面的照护**　心理精神照护注重心理关怀和精神诊断相结合。基本要求是在评估、诊断、治疗方式的选择，以及患者死亡后的居丧过程中要充分与患者家属以及所有照护者进行有效沟通，尊重患者及家属的价值观、精神及选择，尊重他们的照护目标。

4. **社会和文化方面的照护**　社会文化方面的照护主要是由多学科团队与患者及其家属来共同发挥作用，提供社会文化方面的支持。此外，还应注意灵性照顾，灵性照顾不是心理或者精神方面的治疗，一般指心灵归属感，感受生命意义的完整性。

5. **伦理法律方面的照护**　特别关注预前照顾计划和预前指示的实施，（预前指示又称预先指示，是指有决策能力的患者对将来丧失决策能力时希望得到的医疗护理形式事先做出的一种安排和申明），主要包括生前预嘱、伦理以及法律3个方面的照护。

6. **患者临终及丧亲照护**　患者临终的照护应该与安宁疗护相结合，患者死后对其家属提供居丧照护和支持也是安宁疗护的一项重要内容。

二、生理心理护理

（一）患者的躯体症状护理

终末期患者最常见的症状有疼痛、恶心、呕吐、躁动、呼吸困难、气促、尿失禁、尿潴留、便秘、压疮，其他症状还有厌食、疲乏、腹泻、谵妄、失眠、发热、抑郁等。针对临终患者出现的各种症状，进行有效的护理，可以保持临终患者的尊严与舒适，提高患者临终前的生命质量。

1. **疼痛**

（1）常见原因与治疗：疼痛可能由疾病本身引起，如恶性肿瘤、心力衰竭等；也可能由治疗和检查引起，如化疗药物静脉注射时局部刺激产生静脉炎以及药物渗漏导致局部组织溃烂等引起疼痛；还可能由与治疗无关的其他原因引起，如患者对死亡的恐惧可降低疼痛的阈值而引起疼痛加重的主观感受。根据引起疼痛的不同病因及其疼痛的类型和强度进行个性化的治疗。药物和非药物治疗都可以作为起始治疗，非药物治疗包括理疗、冰敷、热疗、按摩、针灸、催眠、放松训练和分散注意力，以及疼痛的介入治疗等；在药物治疗方面，WHO 于 1990 年设计了一套简单有效的、可合理安排的癌症疼痛治疗方案，即三阶梯治疗方案。目前已成为在国际上被广为接受的癌症疼痛的药物治疗方法。该方案提出根据患者疼痛轻、中、重不同程度分别选择第一、第二及第三阶梯止痛药物。第一阶梯是以阿司匹林为代表的非阿片类药物；第二阶梯是以可待因为代表的弱阿片类药物；第三阶梯是以吗啡为代表的强阿片类药物。非阿片类药物可以增强阿片类药物的止痛效果；针对疼痛不同性质均可以加辅助用药。WHO 还推荐了止痛药应用的 5 个要点：口服、按时、按阶梯、个体化、注意细节。口服给药方便、经济，既可免除创伤性给药的不适，又能增加患者的独立性。按时给药即按照规定的间隔时间给药，这样可以使止痛药物在体内保持稳定的血药浓度，保证疼痛得到持续缓解。按阶梯给药，即遵循三阶梯止痛原则，根据疼痛强度选择不同阶梯的止痛药。个体化给药指个体对麻醉性止痛药物的敏感度差异较大，所以阿片类药物没有标准用量。美国临终关怀和姑息护理协会（hospice and palliative nurses associatim，HPNA）认为，应当把关注点放在缓解疼痛上，而不必担心长期使用止痛药可能会带来药物依赖或者药物滥用的问题，这样可以为临终者提供舒适和安慰，从而提高患者临终前的生命质量。

（2）护理措施：①疼痛评估。疼痛评估是进行有效疼痛控制的首要环节，社区护士在评估临终患者疼痛程度时，应注意全面考虑多种因素对患者的影响，避免机械地用评估工具测量具体的指标，要密切注意临终患者的心理精神状态和社会支持系统。选用简单易懂且信度和效度较高的疼痛评定量表，可使评估更加准确和科学，疼痛程度更加接近实际。目前公认和常用的疼痛测评工具有视觉模拟评分、数字评分量表、文字描述评分量表、面部表情量表等。社区护士在选择疼痛评估测评工具时，应遵循简便、实用和省时的原则。急性疼痛每 2～4 小时评估一次，慢性疼痛、不严重或已得到较好控制的急性疼痛可每 8 小时评估一次。②用药效果观察。在临终患者疼痛控制过程中，社区护士的作用是协助医生为患者缓解疼痛，并对疼痛治疗效果进行观察和记录，密切注意患者是否有用药后的不良反应。社区护士如有条件应在用药 24 小时内对患者进行多次个性化疼痛评估，并记录止痛效果，及时与医生讨论止痛效果，使临终患者的疼痛程度维持在满意水平。③营养支持。疼痛会影响患者对营养物质的消化、吸收，导致利用率降低。因此，社区护士应识别导致患者营养状态下降的相关因素，增加营养的摄取以适应新陈代谢需要。④保证睡眠。由于疾病困扰、疼痛以及镇痛药的不良反应，往往易干扰临终患者的正常睡眠。社区护士要注意患者有无难以入睡和难以维持正常的睡眠状态（常醒或早醒、昼夜颠倒的睡眠情况）等情况，必要时使用镇痛药物，保证患者的睡眠。⑤心理护理。对于疼痛的心理护理一般采用认知 - 行为疗法，如疼痛加剧时指导患者进行缓慢的深呼吸、全身肌肉放松、听音乐，采取暗示疗法、鼓励法、与患者共同讨论感兴趣的问题等方法以分散患者的注意力，转换思维方式，去除患者的烦躁、忧虑，减轻患者的疼痛和心理痛苦，从而淡化临终患者角色。

2. 恶心与呕吐

（1）常见原因和治疗：恶心一般由化疗药物引起。另外，消化道梗阻、电解质紊乱也可出现恶心呕吐症状，如果是不明原因的恶性呕吐或者是喷射性呕吐需排除肿瘤脑转移，某些部位的放疗也可导致恶性呕吐，服用阿片类止痛药也可发生恶心呕吐。治疗重点在于找到病因，识别引起恶心、呕吐的可能原因，再控制症状。如果是由于服用阿片类止痛药导致的恶心呕吐，在初次使用阿片类止痛药的第1周内，应同时服用甲氧氯普胺等止吐药，直到症状消失。由消化道梗阻和电解质紊乱引起的恶心呕吐，对症治疗后症状即可缓解。其他原因引起的轻度的恶心呕吐可以服用甲氧氯普胺、氯丙嗪或者氟哌啶醇；对于重度恶心呕吐应按时服用止吐药，必要时可用恩丹西酮或格拉西酮。

（2）护理措施：①评估患者恶心、呕吐的程度，记录呕吐次数、呕吐物的性质、颜色和量。②找出引发患者恶心、呕吐的原因，协助医师明确病因，正确执行治疗相关的护理措施。③留置鼻胃管患者，做好鼻腔、口腔护理，定时冲洗鼻胃管，保证引流通畅，观察并记录每日引流液的颜色、形状和量。④胃的充盈程度和患者的呕吐程度有关，所以护理人员要注意患者的饮食状况。建议患者食用清淡易消化的高营养食物，并且遵循少食多餐原则，最好每天吃5～6餐，患者还应该多喝温水。而对于那些恶心、呕吐明显的患者，可以暂时禁食。⑤严重呕吐可导致电解质失衡和脱水，社区护士应了解相应的临床表现和体征，注意血压、脉搏及体重变化，记录每日液体出入量，准确记录液体丢失，监测血电解质变化情况，以及时调整补液的速度和量。⑥终末期患者虚弱卧床，应嘱其头偏一侧，以免呕吐时发生吸入性肺炎，观察患者有无呼吸频率加快、心动过速、发热、咳嗽、痰多等症状和体征，一旦发现，及时通知医师治疗。

3．呼吸困难

（1）常见原因和治疗：患者到了终末期意识障碍，咳嗽及吞咽反射消失，经常不能自主清理呼吸道分泌物从而导致呼吸困难，使患者产生气促和恐惧感。因此，治疗的目的在于减慢呼吸频率和焦虑程度，治疗方法包括①非药物疗法：可以体位引流，是利用重力作用促使呼吸道分泌物流入气管、支气管排出体外的方法，可以打开窗户和风扇，给病床周围留出足够的空间，也可应用安慰治疗及认知疗法。②药物治疗：阿片类药物是治疗症状性呼吸困难和焦虑最好的药物选择，只要正确滴定剂量，一般不会引起呼吸抑制。如患者有明确的焦虑症状，抗焦虑药物也通常用来治疗。糖皮质激素也可以用来治疗呼吸困难伴支气管痉挛、化疗后的肺超敏反应。当患者意识丧失时可考虑停止用药。

（2）护理措施：①评估患者的意识和自主清除呼吸道分泌物的能力，意识清楚者可协助其采取合适的体位，教会患者正确咳嗽和自主清理呼吸道的方法。②社区护士要遵医嘱正确给药，尽量减少口服给药，可根据痰液的分度采取最适合的气道湿化方法，并及时评价操作后的效果。③吸痰操作要轻柔，同时给予一定的安慰性语言，以减轻患者恐惧，避免呼吸道痉挛。④间歇给氧，监测血氧饱和度。

4．躁动

（1）常见原因和治疗：终末期患者的躁动可以有许多原因，包括疼痛、尿潴留、便秘、恶心、易激动、焦虑和恐惧、代谢紊乱以及药物不良反应，乙醇或安定类药物停药引起的躁动等，这些都是可逆转的。因此，明确引起躁动的原因，针对病因治疗可以迅速减轻症状。如确定疼痛引起的躁动可及时控制疼痛，尿潴留可导尿，便秘可通便治疗，代谢紊乱也可及时纠正；在一些脑肿瘤或肿瘤颅内转移并发脑水肿的患者在终末期，可以引发严重的头痛以及躁动，可给皮质类固醇激素治疗。在治疗躁动中常用苯二氮䓬类药物如地西泮和抗精神病药氟哌啶醇等。

（2）护理措施：①了解引起终末期患者躁动的常见原因，全面评估相关症状和体征，观察患者的意识、生命体征变化以及瞳孔的动态变化。评估有无疼痛、尿潴留、便秘、缺氧、代谢紊乱等，协助医师明确病因，及时处理。②做好治疗相关的护理，保持呼吸道通畅，密切监测血氧饱和度的变化，可遵医嘱正确使用镇静剂。对于留置导尿的患者注意保持尿管的通畅。便秘的患者及时给予排便处理。③做好安全护理，对于躁动的患者防止意外发生，应专人守护，加床栏，将手、脚及胸部适当采取约束，约束带的松紧要适宜，按时检查约束带处皮肤的情况，并观察肢体血液循环的情况。④确定有无引起患者躁动的其他相关因素，允许患者亲属陪伴，及时给与心理咨询和干预，必要时请多学科专家会诊。

5. 尿潴留和尿失禁

（1）常见原因和治疗：超过50%的患者在生命最后48小时出现排尿形态紊乱的问题，主要表现为尿潴留和尿失禁。引起尿失禁的原因主要有神经调节紊乱、肿瘤压迫膀胱、泌尿系统感染或肿瘤使膀胱处于易激惹状态。终末期患者有躁动症状时，应考虑有无尿潴留，下腹部肿瘤侵犯膀胱也易引起排尿困难。插尿管导尿是最快的对症治疗方法。

（2）护理措施：①评估患者的症状和体征，了解引起排尿异常的相关因素，协助医师明确原因，及时处理。②留置导尿的护理。导尿操作严格执行无菌原则；导尿和引流袋固定良好，避免打折或脱出；一周两次更换引流袋（防反流尿袋可一周更换一次）；引流袋放置低于患者会阴部，防止尿液反流；做好会阴部清洁；观察尿的颜色、性状，记录每日尿量。③对长期尿失禁的患者，可采用留置导尿，以免尿液浸湿皮肤引起压疮。而对尿潴留患者的护理，可为其提供隐蔽的排尿环境，遮挡屏风或挂窗帘，关闭门窗，使患者能安心排尿，或通过热敷，按摩来放松肌肉促进排尿。④医护人员应尊重患者的人格，满足患者的心理需求，如留置导尿可以减轻尿潴留带来的痛苦，从而提高患者的舒适度，但是对终末期患者，如果患者感觉该操作带来更大痛苦，则不考虑。

6. 便秘

（1）常见原因和治疗：便秘在慢性疾病晚期很常见，与肠道动力减退和消化道水分丢失有关。水和食物的摄入不足、缺乏活动、阿片类药物、其他慢性疾病等均是导致便秘的危险因素。治疗可给予口服缓泻药物，慢性便秘的患者可选用蓖麻油、番泻叶、酚酞（果导）、大黄等接触性泻剂。也可使用简易的通便剂，常用的有开塞露、甘油栓等。对接受阿片类药物治疗的患者都应采取预防便秘的措施，可以应用粪便软化剂、促动力药物，还可以多食用蔬菜、水果、粗粮等高纤维的食物促进肠蠕动来预防便秘。

（2）护理措施：①注意连续评估患者的排便情况，在患者出现排便次数改变或排便困难时及时给予处理，不要等到患者症状加重或出现体征时再去处理；②评估内容包括患者以往正常的排便习惯，最后一次排便时间、颜色及量，有无排气、出血、排便困难，有无腹部不适、痉挛、恶心、呕吐、气体过多、直肠胀满，是否使用缓泻剂，饮食形态，液体摄入量，服用哪些药物等；③社区护士在向临终患者做健康教育时，应使其了解影响排便的因素和有关排便的知识。帮助患者养成良好的排便习惯，指导家属合理安排患者的饮食，指导患者适当增加活动量，根据患者的心理状况开展心理护理，消除紧张因素，克服不良情绪，使其保持良好的精神状态。

7. 压疮

（1）常见原因和治疗：压疮是严重的皮肤病症，压疮一旦形成会迅速扩展，不仅增加患者的痛苦和营养消耗，而且还会加重病情，引发感染，危及生命。压疮产生的原因有局部组织长期受压、营养不良、皮肤表面潮湿、排泄物和分泌物的刺激以及临终患者皮肤老化等因素。

（2）护理：评估患者出现危险因素系数是预防压疮发生的重要措施。目前使用的评估工具有 Norton 评分表和 Braden 评分表。对于有压疮高危的患者，护理方面应及早采取预防措施，定时翻身是预防的关键，协助患者变换合适的体位，建立翻身卡或翻身记录督促连续执行等。社区护士还应对社区内临终患者的家属或陪护者就压疮预防和护理的相关知识进行健康教育，除了使其了解压疮好发部位、临床表现和家庭护理重点；还应对临终患者营养支持的相关知识进行宣教，制定每日进食高蛋白、高热量、高膳食纤维食物的数量以及微量元素的摄入量，以改善机体营养状况，促进压疮愈合。

（二）与临终患者的心理沟通及护理

沟通是临终患者护理的重要内容。临终患者随着病情恶化会出现各种各样的心理情绪的改变，心理护理的目的就是通过一定的沟通技巧，有效控制临终患者的焦虑和抑郁症状，以促进临终患者心理健康发展，真正帮助他们面对困境和死亡。

1. 如何沟通交流　关于如何与临终阶段的患者及其家属交流，具有代表性的是巴克曼（Buckman）编写的"七步重要信息交流法"，其内容是基于 Buckman 的传递坏消息的办法，其 7 个具体步骤如下。

（1）讨论前的准备：全面深入细致地了解患者的病情及有关社会生活环境状况，如实评估报告患者的预后及生存前景，选择合适的谈话时间、地点和环境；

（2）明确患者对病情及处理的了解程度；

（3）选用恰当的方式告知病情；

（4）告知真实病情，并给患者足够的时间来宣泄情绪；

（5）对患者的情感反应予以回应，从患者的角度来考虑他的感受；

（6）不回避患者提出的问题，允许患者提出观点和参与决策，最后护患双方对医疗护理目标的选择达成一致；

（7）与患者及家属一起制定具体的、确切的、实际的、个体化的医疗护理计划。

2. 心理护理方法　美国精神医学专家库伯勒·罗斯（Kubler-Ross）指出，临终患者常有较大的情绪反应，其心理变化通常会经历五个阶段：否认期、愤怒期、协议期、抑郁期及接受期。患者对待死亡的心理反应常受年龄、性别、性格、信仰、教育程度以及个人经历等的影响而存有较大差异。这 5 个阶段也不一定按顺序进行和发展。护理中应注意评估患者的心理反应，掌握患者的情绪变化并且提出问题追踪这种情绪。可采用一种"NURSE"的方法来管理患者情绪，进行心理护理。

（1）Name：和患者及家属讨论这一情绪；

（2）Understand：理解这种情绪并传达给患者；

（3）Respect：通过尊敬和称赞患者，平等坦率地同临终患者及家属发展人际关系，建立共同的感情纽带，同时也可以减弱后者的防御性，最终达到促进心理健康发展的目的；

（4）Support："陪伴人生最后阶段的旅程"是现代临终心理护理的基本方法之一。要让患者及家属明白他们并不孤独，社区护士将会陪伴他们走到最后，会陪护在他们身边倾听其诉说，与其共同体验生命和死亡的意义；

（5）Explore：让患者更多地了解病情，如果患者对你说"请告诉我更多些"，那么社区护士对患者的告知将会减少其恐惧和担心。对于患者家属，社区护士应多与之交流，努力建立诚信、伙伴式的医患关系，及时给予心理疏导和支持，帮助患者减轻心理压力，倾听、分享人生阅历和感悟，帮助患者找寻生命价值，同时关注患者及家属身心健康，恰当沟通技巧应用可以使社区护士成为患者最好的支持者，也会使患者及家属的焦虑、恐惧程度得到大幅度减轻。

三、死亡教育与临终患者家属的护理

（一）死亡教育

死亡教育（education for death）是指引导人们科学、人道地认识死亡，对待死亡，以及利用医学死亡知识服务于医疗实践和社会的教育。大多数患者和家属没有科学的死亡观，不能理性面对死亡的现象，对死亡持否认态度，或忌讳谈论死亡，或极度恐惧死亡，甚至导致有的患者在绝望和恐惧中选择了自杀，有的患者在绝望和恐惧的精神痛苦中离开了人世，给自己和家属留下了遗憾。死亡教育的目的在于帮助临终患者克服对死亡的恐惧，学习"面对死亡，接受死亡，准备死亡"，帮助患者家属适应患者病情的变化和死亡，帮助他们减轻悲痛程度，缩短悲痛过程。死亡教育一般包括如下内容：

1．尊重患者的权利　这是护理伦理的基本原则，患者享有知情权、参与权和选择权，包括在充分知情状况下，为自己的治疗做决定的权利。医护人员应了解并尊重患者的权利，特别是在患者临终阶段，医护人员应在全面评估的前提下告知患者病情信息，并且尊重患者对临终或濒临死亡阶段的治疗和抢救措施的意见，引导患者坦然对待死亡，而不应该采取回避或敷衍的态度。

2．实施针对性的教育　临终患者心理变化的5个阶段不一定按顺序发展，有时交错，有时重叠。社区护士应该根据患者具体情况，准确评估其对死亡的心理反应，针对不同心理阶段进行死亡教育，适时给予辅导和支持。

3．提供文化照顾　文化照顾是指社区护士根据患者的价值观、信念及表达方式，帮助支持个体（群体）维持健康、改善生活方式或面对残疾与死亡。死亡的态度与患者个人因素及其家庭的文化背景密切相关。医护人员应尊重患者的文化、风俗习惯和宗教信仰等，理解患者对死亡的态度和价值观，使用患者的语言谈论死亡，而不是取笑或刻意去纠正患者的说法，这样才能达到有效教育的目的。

4．评估患者意愿　全面评估患者是否准备好接受死亡的话题，是否有意愿谈论死亡。有些患者并没有在心理上做好准备接受坏消息，当他问"我是不是要死了？"这样的问题时，实际上希望医护人员的回答是否定的。这时，医护人员不应该勉强与患者谈论死亡。

5．根据患者情况告知信息　告知患者的信息内容取决于患者的实际想法与愿望和患者希望知道的信息以及以往应对危机的能力。对于在心理上准备好接受"死亡临近"这一消息的患者，医护人员应运用适当的沟通技巧，引导他们提出问题，鼓励他们说出对死亡的顾虑和担忧，讲出他们的心愿和需求，并结合患者的具体情况给予充分的解释，使他们认识到死亡是生命的一个自然阶段，消除笼罩在临终者及家庭上的恐惧、悲伤及无奈等负面情绪，引导他们正视现实并树立良好的生活愿望，从心理上战胜自我，珍视生命的价值。

6．教育对象应包括患者家属　家属与患者一样在忌讳谈论死亡的传统文化的熏陶下，对死亡多有恐惧的心理。家庭背景不同对死亡的价值观也不同，在患者临终时会呈现出各种各样的心理反应。有些家属自身对死亡持有恐惧心理而在患者濒死期有可能疏远患者；有些家属认为亲人的死亡可能归咎于自己关心照顾不够而自责；一些家属则一意孤行要求医师抢救而不顾患者的意见；一些家属则不停地对患者说"你会好起来的"而阻止患者提及死亡。家属的这些心理反应和行为阻止了患者表达自己的愿望，使他们不能自己选择离世的方式。因此，及时评估家属对于死亡的真实想法，指导他们正确面对死亡并克服自身的恐惧，给予他们心理支持和精神安慰，才能使他们有效地支持患者。如果患者愿意讨论自己死亡相关的问题，家属不要回避，生前叮嘱对于患者和家属都有很重要的意义。在患者濒死期，告诉家属可以坐下来陪伴、触摸、倾听，以表达他们对亲人的爱，并保证患者离开后他们会好好活着，让患者安详地毫无牵挂地离开。

（二）临终患者家属的护理

对临终患者家属及居丧期家属提供相关的护理，帮助家属接受事实，顺利渡过悲伤期，也是安宁疗护的重要任务之一。

1．患者进入临终阶段　患者进入临终阶段，应该与家属保持连续性沟通，适时提供关于疾病的治疗情况，以及持续准确的病情变化信息；评估患者及其家属的文化背景和信仰，理解他们对死亡的态度和应对方式；评估此时家属对患者的死亡存在的顾虑和担忧，对家属提出的具体问题应认真回答；重视家属的预感性悲伤（预感性悲伤是指个人感知到有可能失去对自己有意义、有价值的人或事物时，在改变自我概念过程中所出现的理智和情感的反应和行为），评估家属的悲伤程度，鼓励家属倾诉，并及时提供心理情绪支持；协助家属帮助患者完成心愿，同时向家属表示医护人员一定会尽力让患者舒适安详地离开，帮助家属面对即将到来的亲人的死亡。

2．患者濒临死亡阶段　社区护士应通知家属死亡已经临近，让家属在心理上有准备，这一缓冲时间通常可以减轻亲人突然逝去已成事实时家属的过度悲伤；家属在此阶段一般都会茫然不知所措，或不相信，或表现得情绪很激动，可能会重复问许多问题，社区护士应耐心给予解答并给予必要的安抚、支持和指导；允许家属接近患者，必要时给予单独相处的机会；提醒家属通知其他希望在场的亲属和朋友及时赶到，不要给生者留下遗憾；提醒家属做一些必要的准备，如照片、寿衣、对患者有重要意义的物件或家属希望陪伴亲人的饰物等。此外，还应提前评估家属的健康状况。

3．居丧阶段　丧亲之后，家属一般会出现一系列急性悲伤反应，如突然发生晕厥、心脑血管意外等急症。社区护士应根据之前评估情况将有可能发生意外的家属安排到安静的房间，陪伴和抚慰他们。在尸体料理过程中，允许逝者的亲属或朋友参与，尽量遵照他们的习俗和意愿料理，以减轻家属愧疚和自责的感觉。根据国外的经验，对家属的居丧辅导工作一般需持续一年。居丧照护主要的内容可包括以下几个方面。

（1）耐心倾听与陪伴：通常悲伤者需要一位善解人意和具有同情心的"听众"，因此社区护士应该适时引导其说出内心的悲伤和痛苦，并用同理心耐心倾听、陪伴。如有的家属反复讲述逝者生前的事情，有的可能会出现一些寻找行为，希望回到熟悉的场所重新体会与逝者生前共同度的时光，社区护士应认真倾听，表示理解，并尽量满足家属的要求，以减轻其悲伤。

（2）协助办理丧事：协助家属筹备葬礼，向家属传达关怀与爱，肯定死者的社会地位和影响，帮助家属接受"死者已逝"的事实，为家属提供表达内心悲痛的机会。家属通常可以在办理丧事的过程中，宣泄内心的悲痛。

（3）协助表达内心悲痛：哭泣是悲伤者最平常的情感表达方式。社区护士应协助家属自由、痛快地哭泣，以纾解和释放压抑在家属内心的悲伤情绪。有时社区护士还应协助家属表达愤怒情绪和罪恶感，社区护士既要给予家属表达罪恶感的机会，同时还应适当纠正家属非理性和不切实际的想法。

（4）协助解决实际问题：亲人去世后居丧者家中会有许多实际问题需要处理和解决，社区护士应深入了解其具体困难，联合相关部门给予积极的支持和帮助。同时还应帮助其适应新生活，鼓励其积极参与社交活动，重建人际关系网络。

此外，还可以通过参加逝者的葬礼、电话随访、信件、抚慰卡片、访视、发放悲伤抚慰的通讯等形式与居丧期家属保持联系，给予恰当的支持和辅导，帮助他们顺利度过居丧悲伤期。另外，还可以利用各种支持系统，如护工、心理咨询服务组织、悲伤互助小组，这些社会服务网络通常可以帮助家属提高应对能力，使他们变得更有能力和更加坚强，以安排未来的生活。

案例分析

徐某，男，47岁，农民。妻子，45岁，农民，两人均务农。徐某两周前因情绪激动突然出现剧烈头痛、头晕、烦躁、胸闷、心悸、恶心、呕吐伴视物模糊急诊入院，收住于神经内科，花费约1.5万元。经过医护人员十天的积极治疗和精心护理，其病情得以控制，十天后出院继续服药治疗。目前，在接受社区护士家访时，了解到患者有高血压病史3年，间断服用降压药物治疗，平日血压波动在150~170/80~90mmHg。徐某性格开朗，吸烟10~20支/天，饮酒300~400ml/d，喜好吃咸菜。徐某有一个儿子，24岁，在小学任教，未婚。徐某及妻子每月有1300元收入，医疗保险可报销65%的住院费用，余下费用由徐某及其儿子共同分担。

【社区护理评估】
（1）徐某的身高、体重、血压：173cm，70kg，BMI=23.39，血压135/78mmHg。
（2）徐某的日常饮食、运动情况：患者三餐正常，食欲尚可，每天吸烟5支，目前未饮酒，每日散步半小时，未劳作。
（3）日常生活活动（ADL）能力评定：患者生活基本自理。
（4）询问患者及其家属高血压的相关知识，以及血压突然升高的处理办法：患者及其家属对疾病相关知识了解较少。
（5）评估患者有无经济方面的压力：患者目前可承担高血压治疗的相关费用。

【社区护理诊断】
（1）潜在并发症：高血压急症。
（2）知识缺乏：患者及其家属缺乏高血压疾病相关危险因素以及相关护理知识与技能。

【制订社区护理计划】

1．确定护理目标

（1）总目标：1年内患者的病情稳定，体重控制在正常范围以内，每周适量运动；保持情绪平稳，避免大的情绪波动；延迟或减轻高血压引起的心、脑、肾等相关脏器的损害。

（2）短期目标：出院半个月以内随诊一次；1个月内教会其家人如何测量血压，督促其每天固定时间测量血压并记录，遵医嘱定量定时服用降压药物，逐渐减少咸菜类食物的食用量；3个月内患者及家属能够掌握高血压疾病相关危险因素以及相关护理知识与技能，了解有关降压药物的名称、剂量、用法、作用及副作用，不吃或少吃咸菜类食物，限制盐的摄入，每天应低于5g，养成良好的饮食习惯，每天固定时间测量血压并记录；6个月内患者血压基本稳定，坚持每月随诊，如血压控制不满意或出现心动过缓等不良反应随时就诊，就诊时携带所记录的每日测得血压。

2．实施护理计划：通过家庭访视，评估可利用的内、外部资源，制订实施计划。

（1）潜在并发症（高血压急症）方面：指导患者调整心态，学会自我心理调节，避免情绪激动，以免诱发血压增高。让妻子召集儿子，并告诉目前照顾患者方面的注意事项，家属应对患者充分理解、宽容和安慰。

（2）健康教育方面：社区医务人员在患者及家属（包括儿子）共同参与下，提供健康教育，让患者了解自己的病情，包括高血压、危险因素及同时存在的临床情况，了解控制血压的重要性和终身治疗的必要性。教会患者和家属正确的测量血压方法，每次就诊携带记录，作为医生调整药量或选择用药的依据。进行饮食、运动、生活起居、用药等方面的指导。①合理饮食。指导限制钠盐摄入，每天应低于5g；保证充足的钾、钙摄入，多食绿色蔬菜、水果、豆类食物，油菜、芹菜、蘑菇、木耳、虾皮、紫菜等食物含钙量较高；减少脂肪摄入，补充适量蛋白质，如蛋类、鱼类等；增加粗纤维食物摄入，预防便秘，因用力排便可使收缩压上升，甚至造成血管破裂；戒烟限酒；控制体重（BMI控制在 $18.5 \sim 22.9 kg/m^2$），控制总热量摄入。②日常生活指导。改变不良生活方式，适当运动，合理休息和娱乐；患者起床、起坐或低头系鞋带等体位变换时动作宜缓慢，转头不宜过急，洗澡时间不宜过长；气候变化时注意保暖，防治感冒。指导患者根据年龄和血压水平选择适宜的运动方式，对中老年人应包括有氧、伸展及增强肌力3类运动，具体项目可选择步行、慢跑、太极拳、气功等。运动强度因人而异，常用的运动强度指标为运动时最大心率达到170减去年龄，运动频率一般每周3～5次，每次持续30～60分钟。注意劳逸结合，运动强度、时间和频度以不出现不适反应为度，避免竞技性和力量性运动。③指导患者正确服用药物。强调长期药物治疗的重要性，用降压药物使血压降至理想水平后，应继续服用维持量，以保持血压相对稳定，对无症状者更应强调；告知有关降压药物的名称、剂量、用法、作用及不良反应，并提供书面材料。嘱患者必须遵医嘱按时按量服药，如果根据自觉症状来增减药物、忘记服药或在下次吃药时补服上次忘记的药量，均可导致血压波动；不能擅自突然停药，经治疗血压得到满意控制后，可以逐渐减少剂量，但如果突然停药，可导致血压升高，冠心病患者突然停用β受体阻滞剂可诱发心绞痛、心肌梗死等。

3．社区护理评价计划

（1）患者及家属是否掌握了高血压患者的护理相关知识与技能；

（2）患者的疾病自我管理能力是否提高；

（3）评价患者的疾病康复情况，病情是否稳定，有无发生高血压急症及心、脑、肾等相关脏器的损害。

（张金梅）

思考题

一、单项选择题

1. 慢性病患者管理原则是（   ）
    A. 坚持医防协同，坚持共建共享，坚持早诊早治，坚持分类指导
    B. 坚持统筹协调，坚持共建共享，坚持预防为主，坚持分类指导
    C. 坚持医防协同，坚持共建共享，坚持预防为主，坚持分类指导
    D. 坚持统筹协调，坚持人人参与，坚持早诊早治，坚持分类指导

2. 指导社区高血压患者监测血压时，监测时间描述不正确的是（   ）
    A. 上午6～10点
    B. 每日清晨睡醒时
    C. 服药后
    D. 下午2～4点

3. 社区护士对社区高血压患者进行随访时，发现其存在危急情况并处理后紧急转诊，对于紧急转诊者，乡镇卫生院、村卫生室、社区卫生服务中心（站）应在（   ）主动随访转诊情况
    A. 1周内
    B. 2周时
    C. 1周时
    D. 2周内

4. 下列不属于WHO推荐的止痛药应用要点的是（   ）
    A. 口服
    B. 按时
    C. 按阶梯
    D. 定量

5. 下列关于临终关怀的说法错误的是（   ）
    A. 临终关怀的服务目标是提高生活质量，同时也干预疾病进程
    B. 临终关怀服务对象包括患者及其家属
    C. 预防和缓解身心痛苦的治疗性照护方法
    D. 服务的方式是积极的，一般采用多学科-整体性-姑息照护模式进行

二、多项选择题

1. 我国国家卫生服务调查强调判断是否患有慢性病的依据包括（   ）
    A. 调查前半年内有经过医务人员明确诊断的慢性非传染性疾病
    B. 调查前半年内有经过医务人员明确诊断的慢性传染性疾病
    C. 半年以前经医生诊断有慢性病，并在调查前半年内时有发作，以及采取了治疗措施

D．半年以前经医生诊断有慢性病，并在调查前半年内时有发作，且一直在治疗以控制慢性病的发作

E．调查之前半年内患有经过医务人员明确诊断的各类慢性疾病

2．下列属于原发性高血压的易患人群的有（　　）

A．收缩压 130～139mmHg 或/和舒张压 85～89mmHg

B．28 kg/m2＞BMI≥24 kg/m^2

C．女腰围≥80cm

D．年龄≥50 岁

E．肥胖：BMI≥28 kg/m^2

3．对于社区糖尿病患者，下列哪些情况可判断为危急情况（　　）

A．血糖≥16.7mmol/L

B．有意识或行为改变、呼气有烂苹果样丙酮味、心悸、有深大呼吸、皮肤潮红

C．视力骤降

D．妊娠期及哺乳期血糖高于正常

E．血糖≤3.9mmol/L

4．下列对社区糖尿病患者分类干预描述正确的是（　　）

A．对血糖控制满意（空腹血糖值＜7.0mmol/L），无药物不良反应、无新发并发症或原有并发症无加重的患者，预约下一次随访

B．对第一次出现空腹血糖控制不满意（空腹血糖值≥7.0mmol/L）或药物不良反应的患者，结合其服药依从情况进行指导，必要时增加现有药物剂量、更换或增加不同类的降糖药物，2 周内随访

C．对连续两次出现空腹血糖控制不满意或药物不良反应难以控制以及出现新的并发症或原有并发症加重的患者，建议其转诊到上级医院，2 周时主动随访转诊情况

D．对所有的患者进行针对性的健康教育，与患者一起制订生活方式改进目标并在下一次随访时评估进展

E．告诉患者出现哪些异常时应立即就诊

5．临终关怀的服务内容包括以下哪些选项（　　）

A．评估患者及家属的需求

B．身体方面的照护

C．心理和精神方面的照护

D．患者临终及丧亲照护

E．伦理法律方面的照护

三、简答题

1．简述社区高血压患者随访内容。

2．简述糖尿病患者运动指导的具体内容。

第十章　社区伤残患者的康复与护理

随着我国国民经济的迅速发展和人民生活水平的提高，康复医学已经渗透到医学的各个学科并贯穿于健康管理的全过程，尤其是在提高患者生活质量方面起到了重要的作用。

第一节　社区康复护理概述

一、社区康复的基本知识

(一)基本概念

1．康复　世界卫生组织（WHO）对康复（rehabilitation）的定义是：康复是综合协调地应用各种措施，最大限度地恢复和发展与病、伤、残者的身体、心理、社会、职业、娱乐、教育和周围环境相适应的潜能，以减少病、伤、残者身体、心理和社会的障碍，使其重返社会，提高生活质量。经过康复，患者可以达到个体的最佳生存状态。

2．康复护理　康复护理（rehanilitaion nursing）是指对残疾者、慢性病伴功能障碍者进行适合康复医学要求的专门的护理和各种功能训练，以预防残疾的发生、发展及继发性残疾，减轻残疾的影响，最终使患者达到最大限度的康复并重返社会。

3．社区康复　社区康复（community-based rehabilitation，CBR）是以社区为基础开展残疾人康复的一项工作。2004年，世界卫生组织（WHO）在《社区康复联合意见书》中对社区康复的界定是："社区康复是社区内所有残疾人的康复、机会均等及社会包容的一种社区整体发展战略。社区康复通过残疾人和家属、残疾人组织和残疾人所在社区，以及相关的政府和民间的卫生、教育、职业、社会机构和其他机构共同努力贯彻执行"。

4．社区康复护理　社区康复护理（community-based rehabilitation nursing）是将现代整体护理融入社区康复，在康复医师的指导下，在社区层次上，以家庭为单位，以健康为中心，以人的生命为全过程，社区护士依靠社区内各种力量，即残疾人家属、医务工作者和所在社区的卫生、教育、劳动就业和社会服务等部门的合作，对社区的伤残者进行的护理。

(二)社区康复的目标及原则

1．社区康复的目标

（1）确保病、伤、残者能够得到身心康复：通过康复训练技术及辅助用具的帮助，使病、伤、残者能够最大限度地恢复日常生活活动能力，能够独立使用辅助用具（如拐杖或轮椅等）在住所周围活动，能够与他人沟通和交流。

（2）确保病、伤、残者能够获得同等的服务与机会：依靠政府及社会的力量，确保病、伤、残者能与正常人群一样享受入学、就业等各种社会服务与机会。

（3）确保病、伤、残者能够完全融入所在社区与社会中：对社区群众、残疾人及家属进行宣传教育，使残疾人不受歧视、孤立与隔绝，并能得到医疗、交通、住房、教育、就业等方面必要的条件和支持，能够参与社会的各项活动。

2．社区康复护理实施原则

（1）功能训练贯穿全程的原则：功能训练是康复护理的基本内容，早期功能训练能有效预防残疾的发生、发展及继发性残疾，后期功能训练能最大限度地保存并恢复机体的功能。社区康复护理人员应在总体康复治疗计划下，根据护理工作的特点，坚持对患者进行康复功能训练，促进其功能恢复。

（2）功能训练与日常生活活动相结合的原则：康复护理训练应注重实用性，将训练内容与日常生活活动训练相结合，帮助患者最大限度地恢复自理能力，最终实现自我康复护理。

（3）重视心理康复的原则：患者由于自身缺陷的出现，常会出现悲观、失落、自卑、抑郁等消极情绪。在实施康复护理过程中，要注意观察患者的情绪变化，引导其接受现实，通过积极的康复训练发挥残存功能，使其具备回归社会的能力，最大限度地适应生活，更好地融入社会。

（4）提倡相互协作的原则：良好的协作关系是帮助患者取得最大康复疗效的关键，康复护理人员需要与康复小组的其他人员保持良好的人际关系，并进行良好的沟通交流，及时解决康复中遇到的问题。

二、社区康复护理管理

（一）社区康复管理模式

社区康复管理模式是以政府为领导，多部门协作，依靠残疾人联合会（简称残联）和相关康复医疗机构作为康复指导中心，街道、乡镇等基层单位成立康复站的模式。

1．社区服务保障模式　主要由民政部门负责，结合基层社会保障，对社区内老、幼、伤残者进行收容和康复。这种模式虽能解决伤残者的实际生活困难，但受到经济发展限制，每位伤残者谋到一个自食其力的工作很难，容易造成单纯依赖福利照顾的倾向。

2．卫生服务模式　主要由卫生机构的医务人员负责，以伤残者为服务对象，利用初级卫生保健组织网络，从普查残疾人开始，以家庭为基地，开展康复预防、治疗服务。这种模式对职业康复和社会康复方面的训练相对关注较少，不利于伤残者回归社会。

3．家庭病床模式　主要由社区医疗卫生服务机构为患者开设家庭病床，由医务人员定期上门进行基本的康复治疗、康复护理和康复训练。由于社区医疗卫生服务机构中的医务人员专业康复知识的缺乏，强调身心功能训练不够，并且缺乏职业、社会康复等服务内容，康复受益覆盖面就不够广泛。

4．社会化模式　在社区康复中政府起主导作用，强调各部门各级人员参与，针对社区内需要康复的老年人、伤残人和慢性病患者进行医疗、职业和社会等方面的康复，这种模式既有利于康复对象重返社会，也有利于整个社区健康发展。

（二）社区康复护理对象及服务内容

1．社区康复护理的对象

（1）残疾人：残疾人是指生理、心理、精神和解剖结构功能异常或丧失，部分或全部失去以正常方式从事个人或者社会生活能力的人，如肢体残疾、语言残疾、听力残疾、智力残疾、精神残疾、多重残疾和其他残疾的人。我国残疾人数量有逐年增加的趋势。根据《国际残损、残疾和残障分类》，可将残疾分为以下3种：

1）残损（impairment）：又称结构功能缺损，指由于各种原因造成身体结构、外形、器官或系统生理功能以及心理功能的损害，造成身体和（或）精神与智力活动受到不同程度的限制，对独立生活或工作和学习有一定程度的影响，但个体仍能完成日常生活自理，是生物器官系统水平上的功能障碍。

2）残疾（disability）：又称个体能力障碍，指由于残损使个人活动能力受限或缺乏，个体不能按正常的方式和范围进行活动，但可借助辅助设施解除活动受限，是个体水平上的功能障碍。

3）残障（handicap）：又称社会能力障碍，指由于残损或残疾限制或阻碍个体完成正常情况下（按年龄、性别、社会、文化等因素）应能完成的社会活动，是社会水平上的功能障碍。

残损、残疾和残障是器官、个体和社会3个不同水平上的功能障碍。三者之间存在着紧密的联系，没有绝对界限，如果残损得不到合理的治疗可能会发展为残疾甚至残障，而残障也可以通过康复的介入而转化为残疾或残损。

（2）老年人：按照自然规律，老年人经历着身心功能逐渐衰退的过程，出现行动迟缓、视听功能减退等情况，且机体的老化常伴随着各种慢性病，特别是高血压、冠心病、慢性骨关节疾病引起的功能障碍而致残疾。因此，老年残疾人存在着不同程度的康复需求。年老体弱者的社区康复护理服务备受关注，康复护理的措施有利于延缓衰老的过程，提高年老体弱者的生活质量。

（3）慢性病患者：许多慢性病患者病程进展缓慢或反复发作，使相应的脏器与器官出现功能障碍，加重了原发病的病情。同时，疾病和环境可造成患者心理创伤，进而导致心理障碍。因此，在社区中，对康复护理的需求更为明显。慢性病患者更多的时间是在社区家庭中生活，社区护士可帮助慢性病患者进行功能恢复等锻炼，同时也防止原发病的恶化和并发症的发生。

（4）急性病、创伤及手术后患者：急性病、创伤及手术后患者无论早期、恢复期还是后遗症期，只要存在功能障碍，就是康复护理的对象。其中，早期康复主要是在专科或综合性医院住院期间进行，恢复期及后遗症期康复主要是出院后在社区或康复中心进行。

2. 社区康复护理的工作内容　社区康复护理的主要任务是纠正不良行为，预防伤残和慢性病及其并发症的发生，最大限度地发挥伤残者的自理和自立能力，加强伤残者的生活应对能力和适应能力，促进伤残者康复。社区护士在社区工作中，应依靠社区的力量，并与伤残者保持良好的沟通和交流，保证其在社会和法律上得到帮助。

（1）社区人群残疾普查：依靠社区各方面的力量，在本社区范围内开展社区状况及社区病、伤、残者普查，了解残疾的人数、程度、分布等，做好登记，进行残疾总数、分类、残疾原因等的统计分析，为残疾预防和康复护理计划提供依据。

（2）预防残疾发生：协调和依靠社区各方面力量，进行健康教育，落实各项残疾预防措施，积极开展残疾的三级预防工作，尽量避免或减少残疾的发生。如针对儿童的计划免疫，预防脊髓灰质炎等疾病的发生；进行健康生活方式指导、妇女保健及优生优育保健指导；开展环境卫生、营养卫生、精神卫生、保健咨询、安全防护、卫生宣传教育等工作。

（3）康复功能训练与康复指导：在家庭、社区卫生服务中心、服务站或康复机构对需要进行功能训练的残疾人开展必要的、可行的、有针对性的康复功能训练和康复指导，包括教育康复、职业康复、社会康复及独立生活等方面的指导。对疑难的、复杂的病例则需要转诊到区、县、市以上的医院、康复中心等有关的专业机构进行康复诊断和治疗。

（4）残情动态观察：观察患者的残疾情况以及康复训练过程中残疾程度的变化，并注意矫正患者的姿势，预防继发性残疾和并发症。

（5）提供心理支持：残疾人和慢性病患者有其特殊和复杂的心理活动，甚至会有行为异常、精神及心理障碍。康复医护人员应同情和理解患者，时刻掌握其心理动态，及时、耐心地做好心理护理工作。通过心理支持与治疗，使其以积极的态度面对现实，配合康复治疗。

三、社区常用康复护理评定与方法

（一）康复护理评定

康复的最终目的是提高残疾人和疾病后遗症者的生活质量，要实现康复目标，康复护理人员必须运用科学的工作方法并具有相关的专业知识，即社区康复护理程序。

1. 社区康复护理评估　社区康复护理评估是社区康复护理程序的第一步。社区康复护理评估是指收集社区康复护理对象（个体、家庭、社区）的相关资料，对资料进行整理和分析，其目的是发现影响本社区人群的主要社区健康问题，并找出导致这些问题的相关因素，为社区康复护理诊断和社区康复护理计划提供依据。

（1）社区评估：包括社区的地理环境和社会环境、社区残疾人和疾病后遗症者人口学特征、社区健康状况及康复状况等。

（2）家庭评估：包括残疾人和疾病后遗症者的家庭结构、家庭功能、家庭环境、家庭资源及家庭资料分析等。

（3）个人评估：包括个人病史、体格检查、康复功能检查、康复评定报告等。

（4）个人康复评定方法

1）肌力评定：肌力评定是测定受试者在主动运动时肌肉或肌群产生的最大收缩力量。通过肌力评定可以判断有无肌力低下以及肌力低下的范围和程度，找出导致肌力低下的原因，为制订治疗、康复训练计划提供依据。肌力评定分手法检查和器械检查两种。常用的是徒手肌力检查（manual muscle testing，MMT 分级标准）（附表 4-1）。

2）肌张力评定：肌张力是指肌肉组织在静息状态下的一种不随意的、持续的、微小的收缩，即在做被动运动时，所显示的肌肉紧张度。肌张力评定主要通过手法检查完成，首先观察并触摸受检肌肉在放松、静止状态下的紧张度，然后通过被动运动来判断。肌张力临床分级是一种定量评定方法，检查者根据被动活动肢体时所感觉到的肢体反应或阻力将其分为 0～4 级（附表 4-2）。

3）关节活动范围评定：关节活动范围（range of motion，ROM）是指关节的运动弧度或关节由远端向近端运动，远端骨所达到的最终位置与开始位置之间的夹角，即远端骨所移动的角度。关节活动范围评定就是测量远端骨所移动的角度，可分为主动关节活动范围和被动关节活动范围。测量工具有通用量角器、电子角度计、皮尺、两脚规等，根据测量部位和测量需要的不同，选择不同的测量工具进行测量。主要关节 ROM 的测量方法见附表 4-3。

4）认知功能筛查量表：简易精神状态量表（mini mental state examination，MMSE）（附表 3-11）作为认知障碍的筛查量表，应用范围广，还可以用于社区痴呆人群的筛检。

MMSE总分范围0~30分。正常与异常的分界值与受教育程度有关：文盲（未受教育）组17分，小学（受教育年限≤6年）组20分，中学或以上（受教育年限＞6年）组24分；分界值以下为有认知功能障碍，以上为正常。

5）日常生活活动能力评定：日常生活活动能力评定是用特定的方法，从实用的角度出发，对患者独立生活能力及残损状况进行测定，评定患者日常生活基本功能的定量和定性指标。在康复护理中，常用Barthel指数进行评定。该法实施简单、可信度高、灵敏性高，是目前临床应用最广、研究最多的一种ADL的评定方法，它不仅可以用来评定治疗前后的功能状况，还可用于预测治疗效果、住院时间及预后。

6）偏瘫恢复功能评价：常采用Brunnstorm六阶段功能评定法（附表4-4）。Brunnstorm六阶段功能评定法是评价脑卒中患者偏瘫肢体运动功能最常用的方法之一，根据脑卒中患者恢复过程中的变化，将上肢、手及下肢运动功能分为6个阶段或等级，应用其能精细观察肢体完全瘫痪之后，先出现共同运动，以后又分解成单独运动的恢复过程。

2．社区康复护理诊断　社区康复护理诊断是对个人、家庭或社区现存的或潜在的康复问题及其原因的一种护理判断，是制订康复护理计划的基础。通过康复护理诊断明确疾病所致功能丧失的情况，评估功能障碍的性质、程度、范围以及原因，了解患者的心理状态、生活方式、职业和社会环境等，进行综合分析确定诊断，并按照问题的轻重缓急以一定的先后顺序排列。

3．社区康复护理计划　根据社区康复护理评估获得的主客观资料和社区康复护理诊断判定的不同护理问题，确定康复护理目标，选择适宜的康复训练项目，制定社区康复护理措施，以预防、缓解和解决护理诊断中确定的健康问题。

4．社区康复护理实施　实施社区康复护理措施就是社区护士将护理计划付诸行动，实现预期目标的过程。在实施过程中，社区护士既要能够确定患者对护理需要的程度，以帮助患者康复，也要注意最大限度地发挥患者的主观能动性，帮助患者恢复自理能力。实施阶段需要社区护士具有扎实的护理知识、精湛的操作技能、良好的沟通和人际交往能力。

（1）实施内容：①将护理措施进行分配、实施。包括协助日常生活活动的措施、预防性措施、治疗性措施、弥补不良反应的措施、抢救性措施等。②执行医嘱，将医疗与护理有机结合，保持护理措施与医疗活动协调一致。③解答患者及家属咨询的问题，进行健康教育，指导其共同参与社区康复护理计划的实施活动。④及时评估社区康复护理计划实施的质量、效果，观察病情发展变化，处理突发急症。⑤继续收集患者的资料，及时、准确完成护理记录，不断补充、修订和完善社区康复护理计划。⑥与其他医护人员保持良好、有效的合作关系。

（2）实施步骤：①准备。包括进一步审阅修订计划，分析实施计划所需要的护理知识与技术，预测可能会发生的并发症并制订预防措施，组织实施计划所需的资源。②实施。在执行社区康复护理计划过程中，熟练运用各项护理操作技术，同时与其他医护人员相互协调配合，并充分发挥患者及家属的积极性，注意密切观察执行计划后患者的反应，有无新的问题发生，及时收集资料，迅速、正确处理一些新的健康问题与病情变化。③记录。实施各项护理措施后，应准确进行记录。记录内容包括实施社区康复护理措施后患者和家属的反应及护理人员观察到的效果，患者出现新的健康问题与病情变化，所采取的临时性治疗、护理措施、患者身心需要及其满足情况，各种症状、体征，器官功能的评价，患者的心理状态等。

5．社区康复护理评价　社区康复护理评价指将实施康复护理计划后所得到的患者康复状况的信息与预定护理目标进行有计划、系统的比较，按照评价标准对护士执行护理程序的效果、质量作出评定。主要包括评价患者的功能改善情况，有无继发性残疾，护理措施是否有效，康复目标是否达到，分析未能达到目标的原因，并根据现在的功能和心理等情况，制订出新的护理计划，使康复护理日益完善，直至最终达到患者的最佳健康状态。

（二）社区康复护理环境与常用技术

社区康复护理是一种面向基层的康复服务方式，社区护士应根据康复护理评定的结果，以患者功能训练为中心，采用适当的康复护理技术，使其最大程度地恢复功能，争取早日重返社会。

1．环境改造　理想的康复环境有利于实现康复目标，无障碍设施是建造良好康复环境的最基本要求。由于残疾人行动不便，常需借助各种辅助工具，因此，社区护士应了解康复环境和设施的基本要求，重视康复环境的建立和选择。

（1）社区环境：环境应有利于功能障碍者，设斜坡楼梯、平台等无障碍通道，以便轮椅的顺利通行；人行道应设置缘石坡道，宽度应至少1.2m；公共卫生间应设有残疾人厕位，并安装坐式便器等。

（2）居室环境：在家庭环境中，房间需光线充足且通风情况良好；地面应平坦、防滑；床、椅的高度在60cm左右；各种开关、桌面、窗户和窗台的高度均应调整至合适高度；房间、卫生间等房门应采用推拉门或折叠门，不设门槛，门把手宜采用横执把手；在楼道、走廊、卫生间、浴室和房间的墙壁上距地面1m高处应安装扶手；厨房要有足够空间供轮椅或助行器转向，厨具放置要便于取用；浴室安装长把水龙头开关、坐式便器、坐式淋浴，铺设防滑地面。

2．体位及其变换　基本的体位有健侧卧位、患侧卧位、仰卧位、俯卧位、床上坐位、立位。体位变换包括移动、翻身、坐立转换等，其目的是防止压疮和肢体挛缩，保持关节良好的功能位置。

（1）体位摆放

1）健侧卧位：即健侧肢体在下方，患侧肢体在上方的侧卧位。取健侧卧位时，患者头下给予适宜高度的软枕。患侧上肢下垫枕，使患侧肩充分前伸，患侧肘关节伸展，腕、指关节伸展放于枕上，掌心向下。患侧髋关节和膝关节前屈90°左右，置于另一软枕上，注意患侧踝关节不能内翻悬空，以防造成足内翻下垂。健侧上肢可置于舒适位置，下肢平放于床上（图10-1）。

2）患侧卧位：即患侧肢体在下方，健侧肢体在上方的侧卧位。取患侧卧位时，患者头下给予适宜高度的软枕，躯干稍向后旋转，后背用枕头支撑。患侧上肢前伸，前臂外旋，将患侧肩拉出以避免受压和回缩，手指伸展，掌心向上。患侧髋关节伸展，膝关节轻度屈曲，放置舒适位，患侧踝关节应屈曲90°位，防止足下垂。健侧上肢放在身上，健侧下肢屈曲置于软枕上（图10-2）。患侧卧位对偏瘫患者的康复来说是最重要的体位，又称第一体位或首选体位。

3）仰卧位：患者面朝上仰卧，患侧肩下垫一厚软垫，使肩部上抬前挺，患侧上臂外旋稍外展、肘关节、腕关节伸直，掌心朝上，手指自然伸直分开，整个患侧上肢放置于软垫上。

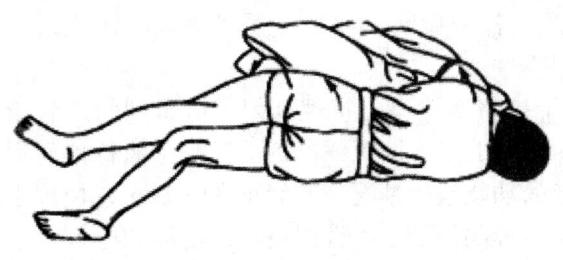

图 10-1　健侧卧位

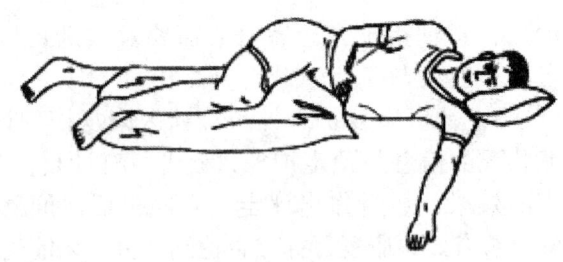

图 10-2　患侧卧位

在患侧髋部、臀部、大腿外侧下放一枕头，以防下肢外旋畸形。膝关节稍垫起使微屈向内（图 10-3）。

4）俯卧位：如患者心、肺功能及骨骼情况允许，可采用俯卧位。患者俯卧位时，头偏向一侧，两臂屈曲置于头两侧，胸部、髋部、踝部下方给予适宜高度的软枕。俯卧位可使患者髋关节充分伸展，并可缓解身体后部骨隆突处受压组织部位的压力。

5）床上坐位：当病情允许时，应鼓励患者尽早在床上坐起。为保持躯体平衡，可在患者背后放置软枕垫实，使脊柱伸展，髋关节屈曲 90°左右，达到直立坐位的姿势，患侧上肢抬高，放置于软枕上（图 10-4）。长期卧床的患者坐起时，易发生直立性低血压，宜先从半坐位开始，患者耐受后，逐渐过渡至坐位。

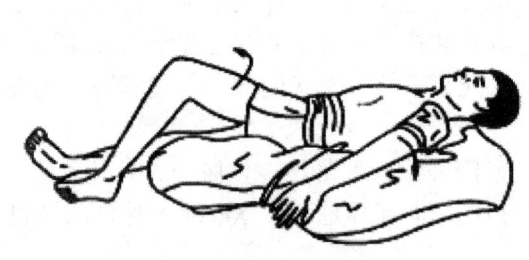

图 10-3　仰卧位

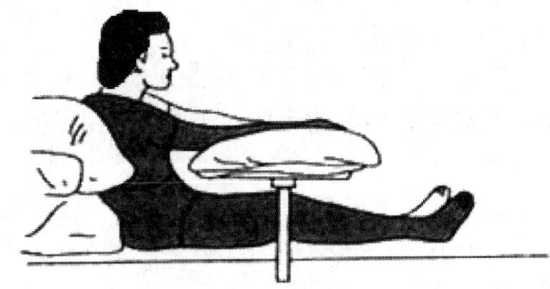

图 10-4　床上坐位

6）立位：患者能够自行坐稳且下肢肌力允许时，可进行起立动作及立位平衡训练，逐渐从扶床站立、依扶站立（扶人、扶拐、扶双杠）到自己站立。患者立位时，护理人员要给予必要的协助，要注意扶持，保护患者，以防意外。

（2）体位变换

1）床上移动：健侧足伸到患侧足下方，勾住患侧足向一侧移动，健侧足和肩支起臀部，然后将下半身移向该侧，接着臀部向该侧移动，最后头向该侧移动。患者完成困难时，护理人员可一手放于患者膝关节上方，一手抬起患者臀部，帮助其向一侧移动。

2）床上翻身：包括主动翻身法和被动翻身法。①主动翻身法：患者两手十指交叉相握，在健侧上肢的辅助下，双上肢伸肘，肩关节前屈并上举，屈膝，健侧上肢带动患侧上肢摆向健侧，利用摆动的惯性向患侧翻身。向健侧翻身时，患者屈肘，健侧手前臂托住患侧肘，健侧腿插入患侧腿下方，旋转身体，同时以健侧腿搬动患侧腿、健侧肘搬动患侧肘翻向健侧。

②被动翻身法：护理人员一手置于患者颈部下方，一手置于患侧肩胛骨周围，将患者头部及上半部躯干转为侧卧位。然后一手置于患侧骨盆将其转向前方，另一手置于患侧膝关节后方，将患侧下肢旋转并摆放于自然半屈位。向患侧翻身时，帮助患者将患侧上肢外展置于90°体位，患者自行将身体转向患侧。若患者完成有困难，护士可采用向健侧翻身的方法，帮助患者完成动作。

3）坐立体位转换：当患者身体状况允许时，护士应鼓励患者进行坐立体位转换。患者坐稳后，开始时以健侧足进行，双足开立，腰部向前倾，用健侧手抓住扶手，使上半身前倾，使重心移至健侧足上，同时站起。站稳后再尝试将重心移向患侧肢体，作轮流负重训练。护士可协助患者进行扶站、独立站立，也可给予单拐或双拐辅助器辅助。

（3）日常生活活动能力训练：日常生活活动（activities of daily living，ADL）是指人们为了维持生存以及适应生存环境而每天必须反复进行的、最基本的、最具有共性的活动。日常生活活动能力训练的目的是帮助病伤残者维持、促进和恢复自理能力，以改善健康状况，提高生活质量，使残疾者在家庭和社会中尽量不依赖或部分依赖他人而完成各项功能活动，为回归社会创造必要的条件。日常生活活动能力训练内容主要包括个人卫生训练、穿脱衣训练、进食训练、排泄功能训练、移动训练、轮椅使用训练等。

1）个人卫生活动训练：包括洗手、洗脸、刷牙、梳头、洗澡等。根据患者残疾情况，尽量训练其自己洗漱。洗漱用品应放在患者方便取用的位置；根据患者实际情况，可设计辅助器具，如加粗牙杯手柄直径和改良牙刷以方便抓握、用长柄弯头的海绵沐浴球帮助清洗背部等。

2）穿、脱衣训练：患者能够保持坐位平衡后，可指导其进行穿脱衣裤、鞋袜等训练。训练患者穿脱衣物时，应遵循先穿患侧、先脱健侧的原则。如患者关节活动范围受限，穿脱普通衣服困难，可设计特制衣服，如宽大的前开襟衣服。如患者手指协调性差，不能系、解衣带或纽扣时，可使用拉链、摁扣、搭扣等。①穿脱套头上衣：穿衣时，患者取坐位，整理好上衣方向，用健侧手将患侧手臂套进衣袖并拉至肘关节以上，再穿健侧，最后套头。脱衣的顺序相反。②穿脱开襟上衣：穿衣时，患者取坐位，用健侧手将患侧手臂套进衣袖内，将上衣提至肩部，健侧手转到身后将另一侧衣袖拉至健侧斜上方，穿入健侧手臂，系好纽扣（图10-5）。脱衣的顺序相反。③穿脱裤子：穿裤子时，患者取坐位，将患侧腿放在健侧腿上，套上裤腿，拉至膝关节以上，放下患侧腿，穿健侧裤腿，拉到膝关节以上，站起后向上提至腰部，整理穿好裤子（图10-6）。脱裤的顺序相反。④穿脱鞋袜：患者取坐位，将患侧腿抬起置于健侧腿上，用健侧手为患侧足穿袜子或鞋。将患侧腿放下，重心移至患侧，将健侧腿放在患侧腿上方，用健侧手穿好健侧足的袜子或鞋。脱袜子和鞋的顺序相反。

3）进食训练：根据患者的功能状态选择合适的体位，选择适当的餐具，餐具使用等进餐姿势的训练。①进餐体位选择：进餐时可选择半坐位或半卧位。根据患者残疾程度不同，选择适当的方法，指导患者用健侧手和肘部的力量坐起，或由他人帮助和使用辅助设备等坐起，维持坐位平衡训练，做到坐好并坐稳。②进食动作训练：食物及餐具放在患者便于取用的位置上。丧失抓握能力、协调性差或关节活动范围受限的患者常无法使用普通餐具，应将餐具加以改良，以便于患者抓握和使用。先训练患者手部动作，再训练进餐动作。有吞咽困难的患者在进餐前，应先做咀嚼和吞咽动作的训练，在确定无误咽危险并能顺利喝水时，可先用流质类饮食，逐步从流质过渡到半流质再到普食，从少量饮食过渡到正常饮食。

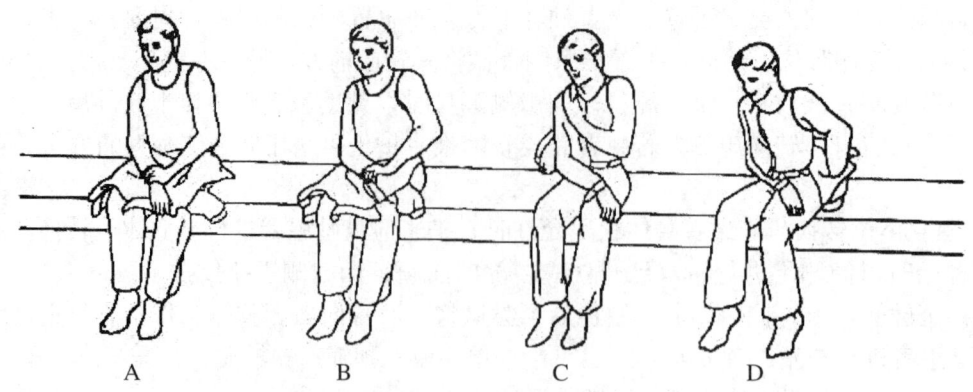

图 10-5 穿开襟上衣训练

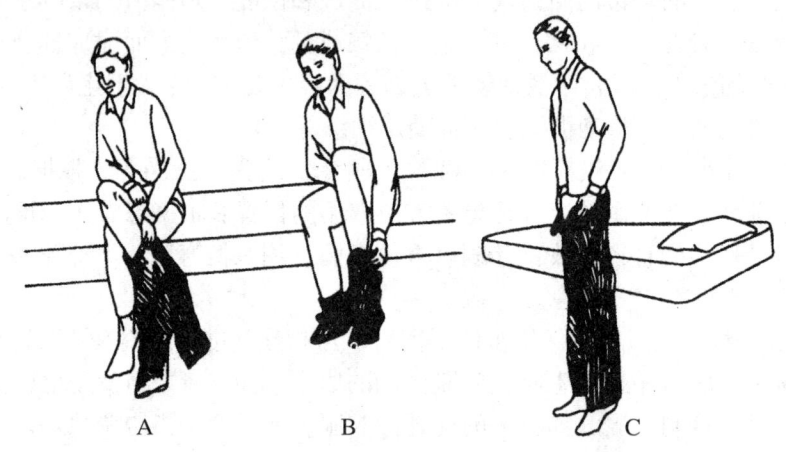

图 10-6 穿裤训练

4）排泄功能训练：指导患者做好膀胱排尿功能训练和肠道排便功能训练。①膀胱排尿功能训练：常用的训练方法包括盆底肌肉训练、排尿习惯训练、诱导排尿反射、屏气法、手压法等。训练时应循序渐进，每 2～5 小时训练 1 次，每次 10～15min。通过膀胱排尿功能训练，可促进患者恢复排尿反射，重新建立排尿规律，预防泌尿系统感染，保护肾与膀胱功能。②肠道排便训练：通过调节饮食结构、按摩腹部、训练定时排便等方法，帮助患者建立正常的排便规律，在一定时间内排净大便，消除或减少由于大便失禁造成的心理负担，预防因腹泻、便秘、大便失禁所导致的并发症，从而提高患者的生活质量。排便费力时可配合使用缓泻剂，必要时给予灌肠。对于无力排便的瘫痪患者，可戴手套用示指蘸润滑剂，伸入肛门做环形刺激。

5）移动训练：当患者能平稳站立时，应进行移动训练。移动训练是帮助患者学会移动时所需的各种动作，以能够独立完成日常生活活动。①扶持行走训练：护士站在患者的患侧进行扶持，一手扶住患者患侧手，使其掌心向前，另一手从患侧腋下穿出置于胸前，手背靠在胸前处，与患者一起缓慢向前步行。②拐杖行走训练：拐杖训练是用于使用假肢或瘫痪患者恢复行走能力的重要锻炼方法。拐杖长度应按患者的身高及上肢长度而定，拐杖末端着地与同侧足尖中位距离15cm左右，上臂外展与人体中轴线之间的角度为30°。进行拐杖训练前应先锻炼两上臂、肩部、腰背部及腹部肌力，并训练起坐和立位平衡，然后再进行拐杖行走训练。单拐行走训练：健侧臂持拐杖行走时，重心先放在健侧腿上，拐杖与患侧下肢同时向前迈出，健侧下肢和另一臂向前摆动。或先将健侧臂前移，然后移患侧腿，再移健侧腿。双拐行走训练：将两拐杖置于足趾前外侧15～20cm，屈肘20°～30°，双肩下沉，将上肢的肌力落在拐杖的横把上，将两拐杖置于两腿前方，向前行走时，提起双拐置于更前方，将身体重心置于双拐上，用腰部力量摆动身体向前。③独立行走训练：患者可以先借助平衡杠练习健侧下肢与患侧下肢交替支持体重，矫正步态，改善行走姿势。行走时，一侧下肢先行迈出，身体前倾，重心随之转移，两下肢交替迈出，整个身体前进。④上下楼梯训练：能够熟练在平地上行走后，可先尝试在坡道上行走，再进行上下楼梯训练。扶栏杆上下楼梯训练：上楼梯时，患者健侧手扶栏杆，先将患侧肢伸向前方，用健侧足踏上一级，然后将患侧肢足踏上与健侧肢并行；下楼时，患者健侧手扶栏杆，患侧足先下一级，然后健侧足再下与患侧足并行。使用拐杖上下楼梯训练：上楼时，先将拐杖立在上一级台阶上，健侧肢蹬上，然后患侧肢跟上与健侧肢并行；下楼时，先将拐杖立于下一级台阶上，健侧肢先下，然后患侧肢再下。

6) 轮椅训练：轮椅具有轻便、坚固耐用、易收纳搬动、便于操纵控制的特点，是残疾者使用最广泛的辅助性支具，轮椅的使用应根据不同患者残损的程度及保留的功能等具体情况而定，应按处方要求配置和使用轮椅。指导患者使用轮椅，帮助其积极投入社区活动，融入社会，改善生活质量。①轮椅处方。座位高度：坐下时，膝关节屈曲90°时足跟至腘窝的距离一般为40～45cm。座位宽度：轮椅座位宽度应为两侧臀部最宽处之间的距离再加上5cm，为座位的最佳宽度，即坐下后臀部侧边各有2.5cm的空隙。座位长度：座位长度为后臀部向后最突出部至小腿腓肠肌后缘之间的水平距离减去5～7cm。靠背高度：轮椅的背高要求尽可能低，为座面至腋窝的距离减去10cm，但颈椎高位损伤者应选用高靠背，高度为座面至肩部的距离。扶手高度：坐下时，上臂垂直，前臂平放于扶手上，椅面至前臂下缘的高度再加上2.5cm即为扶手高度。如使用座垫，还应加上座垫高度。脚托高度：与座位高度有关。为安全起见，脚托至少应与地面保持5cm的距离。坐垫：为预防压疮，可在靠背上和座位上放置坐垫，坐垫应选择透气性好的材料。其他辅助配件：为满足特殊患者需要而设计，可增加手柄摩擦面、扶手安装臂托和轮椅桌，以方便患者饮食、阅读和书写。②轮椅驱动训练。自行操作轮椅的患者，向前推时先将轮椅闸松开，身体重心后移坐稳，双目正视前方，双上肢向后伸，屈肘，双手紧握轮环后半部分。推动时，上身前倾，双上肢同时向前推并伸直肘关节，当肘关节完全伸直时，放开轮环，如此反复进行。若是偏瘫患者，可利用健侧肢体操纵轮椅。后退时注意观察后方环境，身体稍前倾，缓慢后退，操纵动作与前进时相反。训练时要指导患者熟练掌握轮椅闸的使用，以确保安全。③床与轮椅之间的转移。从床移到轮椅：将轮椅置于患者健侧床边，轮椅面向床尾，与床呈30°角，打开踏板，关好轮椅闸。患者用健侧手抓住床档，双足尽量靠近轮椅下方，躯干前倾，然后健侧手和下肢用力支撑身体，站立起来。健侧手扶住轮椅远侧扶手，以健侧腿为轴旋转身体，然后弯腰缓慢而平稳坐在轮椅上。调整好位置后，用健侧足抬起患侧足，用健侧手将患侧腿放在脚踏板上，松开轮椅闸，轮椅后退离床。从轮椅移到床上：移动轮椅至床旁，使患者健侧靠近床边，与床呈30°角，关好轮椅闸。患者用健侧手提起患侧足，将脚踏板移向一侧，身体向前倾斜并向下撑使臀部

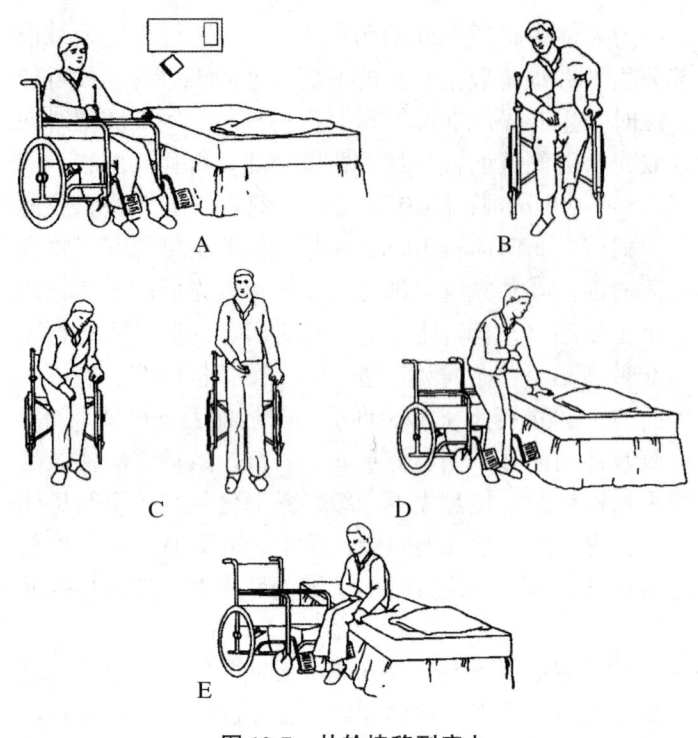

图10-7 从轮椅移到床上

向前移至轮椅前缘，双足踏于地上，使健侧足略后于患侧足。健侧手抓住床扶手，身体前屈，用健侧上、下肢支撑身体站立起来，健侧手撑在床边，以健侧腿为轴转身缓慢坐在床上（图10-7）。④乘轮椅如厕训练：坐便器两侧须安装扶手。训练时，患者身旁须有人保护，以免发生意外。患者先将轮椅靠近厕座，关好轮椅闸，旋开脚踏板，身体移向轮椅座前缘，解开裤子，用健侧手扶轮椅扶手站起，然后握住墙上扶手，转身坐于坐便器上。如厕完毕后，用健侧手提起裤子站起整理，再坐到轮椅上返回。

第二节 常见伤、残、精神障碍者的社区康复护理

一、脑卒中患者的社区康复护理

（一）脑卒中患者常见功能障碍及护理评定

1. 常见功能障碍 脑卒中患者由于病变性质、部位、大小等不同，可能单独发生一种或同时发生多种障碍，偏瘫和失语是脑卒中患者最常见的功能障碍。

（1）运动功能障碍：是最常见功能障碍之一，常表现为软瘫，是残疾的重要原因。其功能恢复一般经过软瘫期、痉挛期、相对恢复期和后遗症期。

（2）感觉功能障碍：约65%的脑卒中患者有不同程度的感觉功能障碍，主要有痛觉、温度觉、触觉、本体觉和图形觉的减退或消失。

（3）共济障碍：又称共济失调，是四肢协调动作和行走时的身体平衡发生障碍。

（4）认知功能障碍：约35%的脑卒中患者会发生认知功能障碍，主要表现为注意力、定向力、计算力、处理问题能力等水平下降。

（5）言语功能障碍：40%～50%的脑卒中患者会发生言语功能障碍，包括失语症、构音障碍和言语失用症。

（6）摄食和吞咽能力障碍：脑卒中患者由于运动功能障碍，口腔周围肌群协调能力、摄食和吞咽运动控制失调，表现为流口水、喝水呛咳，食物在口腔中难以下咽。

（7）日常生活活动能力障碍：脑卒中患者由于运动功能、感觉功能、认知功能等多种功

能障碍并存，导致日常生活能力下降或丧失。

（8）心理障碍：脑卒中患者由于脑组织受损，常导致情绪障碍、行为障碍、躯体化不适主诉增多、社会适应不良和日常生活无规律等心理问题。

（9）其他：可因面神经功能障碍而出现额纹消失、口角歪斜及鼻唇沟变浅等表情肌运动障碍，可影响发音和饮食；还可出现大小便功能障碍和自主神经功能障碍。

2. 康复护理评定　对卒中患者进行康复护理的前、中、后期，应定期进行详细康复护理评定，根据脑卒中患者的各种功能障碍及其程度制订康复护理方案。

（1）脑损伤严重程度评定：可采用格拉斯哥昏迷量表（Glasgow coma scale，GCS）进行评定。

（2）运动功能评定：常用Brunnstrom运动功能评定法、上田敏评定法、Fugl-Meyer运动功能评定等方法对患者的运动模式、肌张力、肌肉协调能力进行评定。

（3）平衡功能评定：可采用三级平衡检测法和Berg平衡评定量表进行评定。

（4）ADL评定：常用Barthel指数进行评定。

（5）生存质量评定：可采用访谈法、自我报告、观察法及量表评定法进行评定。

（6）其他功能障碍的评定：包括感觉功能评定、认知功能评定、失语症评定、构音障碍评定和心理评定等。

（二）社区康复护理措施

根据脑卒中患者疾病发展的不同期提供相应的社区康复护理，以达到防止并发症、减少后遗症及继发残疾，以及功能恢复的目的，加速提高日常生活活动能力。

1. 软瘫期的康复护理　软瘫期是指发病1~3周内（脑出血2~3周，脑梗死1周左右），患者生命体征平稳，意识清楚或有轻度意识障碍，患肢肌力、肌张力低下，腱反射减弱或消失。在不影响临床抢救、不造成患者病情加重的前提下，应及时做好康复护理，预防并发症及继发性损害的发生。

（1）良肢位：又称抗痉挛体位，是为防止或对抗痉挛模式的出现，保护肩关节以及早期诱发分离运动而设计的一种治疗性体位，能预防上肢屈肌和下肢伸肌的典型痉挛模式，是早期抗痉挛治疗的重要措施之一。主要有患侧卧位、健侧卧位及仰卧位。

（2）被动运动：如患者生命体征平稳、病情稳定，在发病后3~4日，虽无主动肌力收缩，无法完成主动运动，但应对其患肢所有关节做全范围的关节被动运动，以防关节挛缩。每日2~3次，从大关节到小关节缓慢进行，要循序渐进，直至主动运动恢复。

（3）主动运动：能完成主动运动的患者，可通过徒手操和器械练习等，促使肩胛带和骨盆带的功能恢复。此期所有主动训练应在床上进行，幅度由小到大，要循序渐进，活动范围应在达到最大可能范围后再稍用力超出，以轻度疼痛作为终止信号，然后稍作停顿，再还原。

1）翻身训练：指导患者学会两侧翻身，以免长期固定于一种姿势，出现肺部感染、压疮等并发症。

2）桥式运动：在床上进行翻身训练时，须加强患侧伸髋屈膝肌的练习，可有效避免患者以后行走时出现偏瘫步态。具体方法：患者仰卧位上肢放于体侧；双下肢屈髋屈膝；双足平踏于床面，伸髋，使臀部抬离床面，维持该姿势5~10秒。若髋外旋外展无法支持时，护士可帮助其将患侧膝稳定。进一步训练逐渐让患者将健侧足抬离床面，单用患侧负重进行上述运动。

（4）按摩：按摩患肢可促进血液和淋巴回流，防止和减轻水肿，同时也是一种运动-感觉刺激，利于患者运动功能的恢复。

2．痉挛期的康复护理　在软瘫期2～3周左右，肢体开始出现痉挛并逐渐加重，常持续3个月左右。此期的康复护理目标是通过摆放抗痉挛姿势来控制异常的运动模式和预防痉挛模式，促进分离运动恢复，加强偏瘫侧肢体的主动活动并与日常生活活动相结合。

（1）抗痉挛训练：患者患侧上肢大多以屈肌痉挛占优势，下肢大多以伸肌痉挛占优势。上肢可采用卧位抗痉挛训练，采用Bobath式握手法（双掌心相对，十指交叉握手，患侧拇指在健侧拇指上方）上举上肢，使患侧肩胛骨向前，患侧肘伸直；下肢可采用仰卧位双腿屈曲，采用Bobath式握手抱住双膝，将头抬起，前后摆动使下肢更屈曲。此外，桥式运动也有利于抵制下肢伸肌痉挛。

（2）患侧肢体功能训练：①被动运动肩胛带和肩关节。患者仰卧，采用Bobath式握手用健侧手带动患侧手上举，伸直和加压患侧臂；②下肢控制能力训练，可通过髋、膝屈曲训练，踝背屈训练及下肢内收和外展控制训练进行。

（3）坐位、立位及平衡训练：详见本章第一节相关内容。

3．恢复期康复护理　一般在发病后的4～6个月。该期肢体肌肉痉挛已基本消失，分离运动平衡，协调性良好，但速度较慢。因此，该期的康复护理目标是指导患者进一步进行选择性主动运动和运动速度的恢复，掌握日常生活活动技能，提高患者生活质量。

（1）上肢和手功能训练：进一步加大痉挛阶段中各种训练的难度，抑制共同运动，提高运动速度，促进恢复手的精细动作。

（2）下肢功能训练：抑制痉挛，促进患者下肢运动的协调性，进一步增加其下肢的负重能力，提高其步行效率。

（3）ADL训练：详见本章第一节相关内容。

4．后遗症期康复护理　一般在发病后1～2年左右。脑损伤导致的功能障碍，受损的功能在相当长的时间内不会有明显的改善，主要表现为偏瘫侧上肢运动控制能力差和手功能障碍、构音障碍、失语、运动姿势异常等。此期康复护理目标为指导患者继续进行训练和利用残余功能，使用健侧肢体代偿部分患侧肢体的功能，同时指导家属尽可能改善患者的周围环境，以实现患者最大程度的生活自理。包括帮助患者及家属进行家庭起居用品的设置和改造，保证患者活动无障碍；继续维持各项功能训练，防止患者异常肌张力和挛缩进一步加重；进行各种代偿性功能训练，包括矫形器、轮椅等的使用，以补偿患者的患肢功能。

5．其他

（1）心理护理：脑血管意外患者因偏瘫、失语等后遗症，生活不能完全自理，往往表现出焦虑、忧郁、悲观、恐惧、暴躁、易怒等心理反应。特别在与他人交流困难时，会显得焦虑不安。社区护士应尊重、同情和理解患者，耐心细致地与患者交谈和沟通，积极进行心理疏导。指导患者正确认识自身疾病，对患者提出的各种问题进行合理解释，鼓励患者以简单语言或手势或用笔写来表达。同时，鼓励家属关心体贴患者，多与患者交流，创造良好的家庭气氛，使患者解除心理障碍，树立康复信心。

（2）健康教育：指导患者保持患者卧室安静舒适，尽量避免引起血压及颅内压增高的诱因；戒烟戒酒，控制血糖和血脂在正常范围；积极治疗疾病，密切观察病情变化，如有异常变化应及时就诊，避免复发或加重病情。

二、脊髓损伤患者的社区康复护理

(一)常见功能障碍及护理评定

1. **常见功能障碍** 脊髓损伤部位及损伤程度的不同,可导致不同的功能障碍。

(1)运动功能障碍:主要表现为肌力、肌张力和反射的改变。肌力改变主要表现为脊髓损伤平面以下肌力减退或消失,造成自主运动功能障碍。肌张力改变主要表现为脊髓损伤平面以下肌张力的增高或降低,影响运动功能。反射功能改变主要表现为脊髓损伤平面以下反射消失、减弱或亢进,出现病理反射。

(2)感觉功能障碍:主要表现为脊髓损伤平面以下感觉(痛温觉、触压觉及本体觉)的减退、消失或感觉异常。感觉障碍呈不完全性丧失,病变范围和部位差异明显成为不完全性损伤;损伤平面以上可有痛觉过敏,损伤平面以下感觉完全丧失,包括肛门周围的黏膜感觉也丧失,称为完全性损伤。

(3)括约肌功能障碍:脊髓损伤水平不同,膀胱功能损伤程度也不同。通常将脊髓损伤后神经源性膀胱分为两类,一类为痉挛性或反射性膀胱,是指膀胱充盈时,自动反射会触发其排空;另一类为无力性或非反射性膀胱,是指膀胱对刺激无反射或反射减弱。当膀胱充盈时,患者无法感知,往往出现膀胱壁的过度扩张或延伸,造成尿液反流至输尿管和肾。除了膀胱受损,患者也可能出现肛门括约肌功能障碍。因结肠反射缺乏,肠蠕动减慢,导致排便困难,称为神经源性大肠功能障碍;当排便反射破坏,发生大便失禁,称为弛缓性大肠功能障碍。

(4)自主神经功能障碍:表现为排汗功能和血管运动功能障碍,出现高热、心动过缓、直立性低血压、皮肤脱屑及水肿、角化过度等。

(5)并发症:泌尿系统感染、异位骨化、深静脉血栓、关节挛缩、压疮及疼痛等。

2. **康复护理评定** 脊髓功能的全面、正确评定,对选择康复治疗方法、制订康复护理方案和评定疗效具有重要的意义。

(1)损伤评定:包括损伤平面的评定和损伤程度的评定。

(2)运动功能评定:采用徒手肌力测定法测定肌力。

(3)感觉功能评定:采用 ASIA 的感觉评分来评定感觉功能。

(4)ADL 评定:截瘫患者可用改良 Barthel 指数评定,四肢瘫患者可用四肢瘫功能指数(QIF)评定。

(5)心理、社会功能评定:采用相应的量表评定患者和家属的焦虑、抑郁状态及社会支持程度。

(二)社区康复护理措施(以截瘫为例)

截瘫往往是由于创伤、退行性变、肿瘤、结核等引起脊髓损伤所致的脊髓损伤平面以下感觉、运动及反射活动丧失,若全部丧失则为完全性截瘫,部分丧失则为部分性截瘫,颈椎损伤所致的为高位截瘫。应根据瘫痪的程度,以及患者运动、感觉障碍的程度,有无并发症,以及个体日常生活自理能力状况,给予不同的社区康复护理。

1. **早期康复护理**

(1)放置正确体位:肩关节应置于外展位、肘伸直、前臂外旋、腕背伸、拇指外展背伸,手指微曲。髋关节伸展,踝关节保持 90° 垂直,以预防肢体挛缩。

(2）各关节被动活动：应帮助患者进行各关节被动活动，每次每个关节活动20次左右，每天进行2~3次，以防关节挛缩、畸形。

(3）预防并发症：做好皮肤护理和体位变换，预防压疮，患者床单要保持干燥、平整、柔软，身体各骨突部位要垫软垫加以保护，指导家属定时帮助患者翻身，对受压部位给予按摩，以促进血液循环；防止泌尿系统感染，患者伤后1~2周内留置导尿，定期开放导尿管，指导患者多饮水，每日饮水量应保持在3000ml；防止呼吸道感染，指导患者每日做深呼吸练习，注意保暖，避免受凉及呼吸道感染，痰液黏稠者给予稀释痰液的药物，教会家属给患者拍背以帮助排痰；防止便秘，指导患者多饮水，食用富含纤维的食物，必要时给予腹部按摩和使用润滑剂、缓泻剂和灌肠治疗。

2．恢复期康复护理

(1）增强肌力：促进运动功能训练。脊髓损伤患者多需使用轮椅、拐杖和助步器，因此上肢肌力锻炼尤为重要，应指导进行肩胛肌训练、上肢支撑力训练、肱二头肌和肱三头肌训练及握力训练。

(2）坐位训练：卧床时先摇起起床头至30°，逐渐过渡到80°，患者不出现直立性低血压，然后进行坐位平衡训练。

(3）站立训练：患者在经过坐位训练、无直立性低血压等不良反应后，可进行站立训练，训练前应给患者佩带腰围，保持脊柱的稳定性。

(4）转移训练：转移训练是脊柱损伤者必须掌握的技能，主要是将患者从床上转移至轮椅，再从轮椅转移至床上。从床到轮椅：将轮椅放置于患者健侧，并与床形成30°~45°夹角，刹住轮椅脚，移开脚托，患者移向床旁，双脚着地，腱侧手扶住轮椅并站起，待站稳后，缓慢转动身体，背朝轮椅缓慢坐下。从轮椅到床：健侧靠近床，健侧手扶住轮椅扶手站立，站稳后健侧手转向前面并放在床上，缓慢转动身体至背靠床，缓慢坐下。

(5）乘坐轮椅训练：患者疾病允许脊柱稳定，可以乘坐轮椅时，应帮助其选择合适的轮椅，轮椅应垫有软垫，软垫应定期更换，保持干燥，每次乘坐时间不宜过长，每15~30min应撑起躯干抬臀以免臀部压疮发生，教会患者操控轮椅。

(6）步行训练：在完成上述训练后，可借助平衡杠进行训练。先在平衡杠内站立，然后可进行行走训练。平稳后可移至杠外用双拐代替平衡杠训练。

(7）心理护理：脊髓损伤者因伤后造成生活、工作以及活动能力的障碍后，会产生一系列的心理问题，影响其康复。因此，护理人员应加强患者对自身疾病的认识，并对患者由于家庭环境、经济状况而致情绪不稳或抑郁进行针对性心理护理，帮助患者树立正确对待生活的态度，使患者处于良好的身心状态，配合康复锻炼。

(8）健康宣教：对患者和家属讲解与健康相关的知识，指导其学习自我护理和协助护理方法，预防各种并发症。

三、精神障碍患者的社区康复护理

精神卫生服务是对心理和精神疾病进行治疗和预防的一种社会服务，具有促进心理健康、改善精神状态、形成正确的行为动机和健康人格等功能。

（一）精神障碍

精神疾病是一个全球性的社会卫生问题。随着经济社会的快速发展和转型，人们的心理面临着巨大的冲击和压力。精神疾病护理不仅要关心与解决患者的躯体、心理、社会功能的问题，而且要更加关注其如何真正从医院重返社会，因此社区精神障碍者的护理和对其家属的支援显得尤为重要。

1. 精神障碍　精神障碍（mental disorder），也称精神疾病，是指在各种因素的作用下（包括各种生物学因素、社会心理因素等）造成大脑功能失调，而出现感知、思维、情感、行为、意志以及智力等精神运动方面的异常，需要用医学方法进行治疗的一类疾病。

2. 社区精神卫生保健（community mental health care）是以社区为服务单位，以社区居民为工作对象，针对社区群体的特点，开展一系列组织性与系统性的心理卫生服务，利用精神医学、心理学、社会学等多方面知识，为社区群体和需要人群提供多元化、人性化的心理卫生服务。

（二）社区康复护理措施

社区精神障碍者的康复护理涉及多个方面的内容，主要包括基础护理、心理护理、安全管理、用药指导、帮助患者自我护理和回归社会等方面。

1. 精神障碍者的社区康复护理措施

（1）协助患者做好生活基础护理：协助患者做好生活基础护理。①日常生活技能训练。鼓励患者加强生活技能的训练，帮助其制订适宜的作息时间表，逐步开始有规律的生活，做一些力所能及的家务。通过对患者进行个人卫生、饮食、衣着、个人物品管理等方面的训练，矫正其仪表不整、生活懒散等行为退缩的表现。②睡眠护理。精神障碍者的睡眠状况往往直接影响病情的变化。为患者提供安静、舒适的睡眠环境；制订适宜的作息时间；睡前忌服酒、浓茶、咖啡等兴奋性饮料；有失眠现象发生时，应查明原因，及时给予安慰和帮助。

（2）心理护理：加强心理支持，对患者进行有针对性的心理疏导，同时帮助家庭成员适应角色转变，建立正确的应对方式。关心体贴患者，与其建立良好的信任关系，给予患者支持、鼓励、安慰，通过与患者交谈，了解患者对疾病的认识、对治疗的接受程度，做到心中有数，对于患者的需求，应尽量给予帮助。同时还要劝导患者面对现实，增强其自信心及战胜疾病的决心，并教会其调整心态、控制情绪、友好地与人交往等，以促进其社会功能的恢复。

（3）用药指导：做好精神障碍者用药管理和用药指导是预防疾病复发的重要措施。①积极开展健康教育，讲解精神疾病知识。告知患者及家属维持用药是巩固疗效，防止病情复发的主要保证。突然停药、少服、漏服，不仅会使病情复发，而且会发生戒断症状等意外。让患者提高自觉意识，主动坚持服药，安心接受治疗。②认真检查，避免患者藏药行为。药物应由亲属保管，服药应有专人督促检查。给药时要认真观察患者，以防患者藏药。服药后应立即检查患者口腔、舌下、颊部，并防止患者服药后吐出。③服药方式因人而异，不用或少用暗服药方法。患者一旦发现暗服药，极易产生与家属的敌对情绪，对其后期服药、治疗更为不利，严重时甚至会发生伤害家属的行为。④患者坚持拒绝服药时，可采取其他方式给药。患者拒绝服药时，应指导家属应耐心劝说，可找患者信任或有权威性的人进行劝说服药。对多次有拒服药行为者可与医生联系调整给药方式，如给予长效制剂等。⑤认真观察患者服药后的疗效和不良反应。家属要及时掌握患者病情变化及药物反应，发现不良反应须及时与医生联系，协助患者获得最佳的适应状态，使患者能继续服从治疗，确保药物治疗效果。

（4）安全管理：精神障碍者受疾病的影响会产生幻觉和妄想等，可能出现毁物、伤害自己、攻击他人等行为。因此，做好患者的安全管理显得十分重要。①做好环境及危险物品管理。为患者提供一个安全的社区、家庭环境。避免患者接触一切对患者生命有威胁的危险物品，如金属类的刀具、各种玻璃制品、火、绳带、药物等。②做好患者管理。要有专人看护患者，尽量避免让其单独留在家中，注意观察患者的情绪变化及异常言行，尤其是有严重自杀企图和外走念头的患者。若患者表现异常困扰，不能自控，对自己或他人构成威胁时，要进行控制和约束。病情严重时，建议并协助家属将患者送医院治疗。

（5）帮助患者自我护理和回归社会：让精神障碍者回归社会，像健康人一样生活、工作和学习是精神疾病康复工作的主要目的。督促和协助患者进行日常生活料理，培养患者养成良好的卫生习惯，使患者具有更好地适应社会的能力。营造良好的社区氛围，理解、接纳和支持患者，鼓励其适当参加社会交往和社会活动，防止社会功能的衰退；开展生活技能、职业技能、人际交往能力的训练，促进患者早日回归社会。

2．精神障碍者的社区管理　精神疾病的预防、治疗、康复和社会适应的统筹安排管理是精神障碍者社区管理的重点。

（1）社区管理：精神障碍者的治疗和康复，仅依靠医院或机构化管理是不够的，建立以社区为依托的社区精神卫生管理保健体系，可以及早发现精神障碍者的发病征兆，及时采取有效治疗措施，对于精神障碍者的康复有重要意义。加强对精神障碍者的管理工作，建立有效的社区防治监控网络，不仅是精神卫生工作的重点，也是预防和避免精神障碍者暴力行为出现的最重要手段。当前社区精神障碍者的社区组织管理方式为市级、区县级和基层的三级管理模式，包括市精神卫生保健所（中心）、区县级精神卫生保健所、基层街道医院或乡镇卫生院设置的精神科等在内的专业性服务机构。

（2）家庭管理：在促进和推动精神障碍者康复的过程中，家庭管理对于精神障碍者康复是至关重要的。家庭是精神障碍者病情好转后生活、活动的主要场所，家属是其最主要的接触对象。通过家庭支持，让患者密切接触社会，有利于改善其精神状态。社区护士通过定期随访对精神障碍者及家属进行指导，以巩固治疗，预防复发。

（3）"去机构化"管理："去机构化（deinstitutionalization）"管理是欧美等国于20世纪60年代提倡和推广的精神障碍者治疗和管理体系。去机构化管理是指逐步关闭大规模封闭管理式的精神病医院，将慢性精神病患者转移至社区，在社区环境中疗养，帮助其早日回归社会。

（李　强）

【知识链接】

精神卫生领域的去机构化管理

美、英、意大利等欧美国家在20世纪60—90年代关闭了绝大多数大型精神病医院，大量精神障碍患者回到社区。虽有多数患者获得全面康复，但由于多数家庭和社区所需消耗的资源巨大、对患者看护与管理难以跟上，患者虽不在传统的大型公立精神病院长期住院，却在不同的社区康复机构之间不断流转，得不到必要的治疗，病情复发后肇事肇祸、流浪街头，并未真正回归社会。

因此，"去机构化"不应仅着重于关闭机构，还应聚焦于服务的灵活性和多元化，强调积极地个人成长、在自由中提升生活质量及拓展开放、具有弹性和非结构式的整体化全程照顾。真正反省传统"机构化"处理中的冷漠、单调、去人格化、角色剥夺等不人性的服务模式，才是"去机构化"的本质。

来源：赵环.从"关闭医院"到"社区康复"美国精神卫生领域"去机构化运动"反思及启示.社会福利，2009（7）：57-58.

思考题

一、单项选择题

1. 康复的主要目的是（　　）
   A. 以社会为导向，进行康复
   B. 以健康为导向，采取各种措施
   C. 以疾病治疗为导向
   D. 最大水平地提高功能，回归社会

2. 全面康复是指帮助患者达到（　　）
   A. 全身功能全部恢复
   B. 身体、心理、职业、社会生活的整体恢复
   C. 器官功能的全部恢复
   D. 肢体功能的全部恢复

3. 社区康复护理原则的重点是训练康复治疗者达到（　　）
   A. 完全自理
   B. 协同护理
   C. 专业水平护理
   D. 自我护理

4. 下列为残疾者进行社区环境和家庭环境改造的陈述中，正确的是（　　）
   A. 创造舒适、美观的居住环境
   B. 营造融洽、温暖的家庭环境
   C. 创造利于残疾者康复锻炼的环境
   D. 改变对残疾者活动造成障碍的设施

5. 残疾者使用最广泛的辅助性支具是（　　）
   A. 拐杖
   B. 推车
   C. 轮椅
   D. 助视器

二、多项选择题

1. 根据康复的概念，说法正确的是（　　）
   A. 综合协调地应用各种措施
   B. 以疾病为导向的康复
   C. 以提高功能水平为主线
   D. 以提高生活质量为目标

E．对病、伤、残者的康复
2．对社区康复护理概念的理解，说法正确的是（　　）
    A．利用先进的康复仪器和设备
    B．紧密配合康复医师和康复技师
    C．依靠残疾者家属
    D．主要在家庭进行
    E．包括一般的基础护理技术
3．以下对康复评定方法的陈述中，说法正确的是（　　）
    A．MMT分级标准用于徒手肌力检查等肌力评定
    B．MMSE是简易智力状态检查
    C．ADL能力用于意识状态评价
    D．Barthel指数法用于日常生活活动能力的评定
    E．Brunnstrom评定用于偏瘫恢复功能评定
4．符合WHO对社区康复工作要求的内容是（　　）
    A．病伤残者应享受均等的康复机会
    B．社区康复是在社区水平的康复
    C．康复主要依靠社会救助参与
    D．康复需要家庭参与
    E．主要依靠残疾人自己和家属努力
5．社区康复护理的基本内容中，说法正确的是（　　）
    A．预防并发症和畸形
    B．日常生活能力训练
    C．心理护理
    D．指导患者辅助具和矫形器的使用
    E．以被动护理为主

三、简答题

1．社区康复护理工作的对象有哪些？
2．简述社区康复护理工作的内容。
3．简述社区康复护理的原则。
4．社区精神障碍者康复护理的内容有哪些？
5．如何做好精神障碍者的用药指导？

四、病例分析题

患者，男性，60岁，高血压病史10余年，2个月前因脑卒中入院，住院期间接受了系统治疗与护理，病情基本得到控制，由于经济困难，患者及家属要求出院回家康复。目前，患者在家里卧病在床，神志清，有偏瘫及感觉功能减退等症状。作为社区护士，应如何指导患者进行日常生活活动能力训练？

第十一章 社区传染病的护理与管理

20世纪以来，随着医学科学和社会的进步，传染病对人类健康的威胁受到了极大的遏制，许多重大传染病已经得到有效控制。近几十年来，由于各种因素的影响，一些已被控制的传染病又死灰复燃，如肺结核、性传播疾病等。同时还出现了一些新发的传染病，其中一些给人类造成了巨大灾难和恐慌，如获得性免疫缺陷综合征、传染性非典型肺炎、人感染高致病性禽流感、埃博拉出血热等。因此，传染病的预防和控制依然要高度重视。作为基层卫生机构的重要成员，社区护士在传染病的预防和控制中具有不可替代的作用。

第一节 传染病与社区护理

一、传染病流行与预防

（一）传染病的流行

传染病（infectious diseases）是由病原微生物（病毒、立克次体、细菌、螺旋体、衣原体、真菌等）和寄生虫（原虫、蠕虫、昆虫）感染人体或动物后引起的具有传染性的一类疾病。在一定条件下可在人群中传播并导致流行。传染病流行3个基本条件是传染源、传播途径和易感人群。

1. **传染源** 是指病原体已在体内生长繁殖并能将其排出体外的人或动物。包括传染病患者、隐性感染者、病原携带者和受感染的动物。

（1）患者：包括急性期和慢性期患者。急性期患者可借助咳嗽、腹泻等促进病原体播散；慢性期或轻型患者症状较轻而不易被发现，故作为传染源意义更大。

（2）隐性感染者：在某些传染病中，隐性感染者是重要传染源，如脊髓灰质炎、流行性脑脊髓膜炎等。

（3）病原携带者：是指没有临床症状，但能排出病原体的人，在伤寒、细菌性痢疾等某些传染病中有重要的流行病学意义。

（4）受感染的动物：一些动物间传播的疾病，也可以传给人类。常见有狂犬病、鼠疫等。动物作为传染源的危险程度，主要取决于人与受感染动物接触机会和接触的亲密程度。

2. **传播途径** 是指病原体从传染源体内排出后，经不同方式到达易感者的路径。传播途径由外界环境中的各种因素组成。

（1）呼吸道传播：包括空气、飞沫、尘埃传播，是呼吸道传染病的主要传播途径。如传染性非典型肺炎、流行性感冒、麻疹、白喉和肺结核等。当患者讲话、咳嗽、打喷嚏时，可从鼻咽部排出含有病原体的飞沫到周围空气中漂浮。坠落地上的飞沫和痰液，外层干燥后形成蛋白膜而随尘埃飞扬在空气中，被易感者吸入而感染。

（2）消化道传播：包括经水传播和经食物传播，常引起消化道传染病。患者进食被病原体污染的食物、水源或患病动物的肉、乳、蛋等，如伤寒和细菌性痢疾（简称菌痢）等。另外，通过与疫水接触，病原体经皮肤或黏膜侵入人体，如血吸虫病、钩端螺旋体病等。

（3）接触传播：包括直接接触传播和间接接触传播。传染源与易感者直接接触不需要任何外来因素称为直接接触传播，如性病、狂犬病等。间接接触传播是传染源的分泌物或排泄物通过污染日常生活用具（如餐具、玩具）等传播疾病，如伤寒、菌痢等。

（4）虫媒传播：包括吸血节肢动物传播和机械携带传播，如疟疾、流行性斑疹伤寒、地方性斑疹伤寒等。

（5）血液、体液传播：经输血、使用被污染的血制品或医疗器械所引起的传播，如乙型病毒性肝炎、丙型病毒性肝炎、获得性免疫缺陷综合征等。

3．易感人群　对传染病缺乏特异性免疫力的人称为易感者。人群中易感者的多少，对传染病的发生和流行有很大影响。如新生人口增加、外来人口增加、免疫人口的死亡，均可使社区内易感人群数量增加。

（二）传染病的社区预防与控制

1．管理传染源

（1）患者：对于患者要做到早发现、早诊断、早报告、早治疗，及时有效地控制传染病的蔓延。传染病患者一经确定，应按《中华人民共和国传染病防治法》规定实行分级管理。疑似患者应尽早明确诊断。甲类传染病的疑似患者必须在指定场所进行单独隔离治疗。疑似患者的密切接触者，在指定场所进行医学观察和采取其他必要的预防措施。拒绝隔离治疗或者隔离期未满擅自脱离隔离治疗的，可以由公安机关协助医疗机构采取强制隔离治疗措施。

（2）病原携带者：对病原携带者应按病种进行有目的的检查、治疗、建立健康登记卡、调整工作岗位及随访观察等。要求在食品行业、服务行业及幼托机构工作的病原携带者须暂时调离工作岗位，久治不愈的伤寒或病毒性肝炎的病原携带者不得再从事食品、托幼职业。HIV感染者、乙型肝炎病毒携带者严禁献血。

（3）密切接触者：凡与传染源有过接触并有受感染可能者都应接受检疫。检疫期限为最后接触日至该病的最长潜伏期。包括隔离观察、医学观察、应急接种和药物预防。

（4）动物传染源：对危害较大的病畜或野生动物应予捕杀、焚烧或深埋，如患狂犬病的狗、患炭疽病的家畜。危害不大而且有经济价值的病畜，可予隔离治疗。此外要做好家畜和宠物的预防接种和检疫。

2．切断传播途径　是指采取一定的措施，阻断病原体从传染源转移到易感宿主的过程，从而防止疾病的发生，主要包括消毒和隔离。

（1）隔离：是指将传染源安置到指定地点进行治疗和护理，将他们与其他人群隔开，暂时避免接触，并对其分泌物、排泄物、用具等进行必要的消毒处理，以防止病原体向外扩散。隔离种类有：严密隔离、呼吸道隔离、消化道隔离、血液-体液隔离、接触隔离、保护性隔离等。

（2）消毒：是用化学、物理、生物的方法杀灭或消除环境中的致病微生物，达到无害化，分为疫源地消毒和预防性消毒。疫源地消毒是指对目前或曾经是传染源所在地进行的消毒，分为随时消毒和终末消毒。预防性消毒是指未发现传染源，对可能被污染的物品、场所或人体进行的消毒，如日常餐具的消毒。

3．保护易感人群　通过加强身体锻炼、合理膳食、改善居住条件等提高人群的非特异性免疫力；通过有计划地进行预防接种等提高人群主动和被动的特异性免疫力。加强个人防护和药物预防对预防某些传染病也有一定的作用。

（三）传染病管理中社区护士的职责

社区护士作为基层卫生机构的重要成员，对辖区内的幼托机构、学校、机关团体、餐饮服务业、娱乐场所较为熟悉，有利于通过日常护理干预措施帮助居民提高对传染病防治的认识。

1．开展健康教育　通过健康教育可以改变人们的不良卫生习惯和行为，切断传染病的传播途径。加强社区传染病的护理管理，社区护士应根据不同的季节，有计划、有目的宣传常见传染病的症状及防治方法，改变人们的不良习惯，提高社区居民的自我防范意识与能力。督促社区内公共场所从业人员定期到相应卫生机构进行体检。在家庭访视或执行各种护理活动时，及时发现传染病的危险因素并予以去除。

2．实施社区预防接种　开展全面、有效的人群免疫是预防、控制和消灭传染病的基础。社区护士必须明确社区内传染病的易感人群，应根据不同季节、不同人群实施预防接种，如督促儿童家长及时到社区卫生服务中心，为适龄儿童接种疫苗。在传染病流行期间建议年老体弱等重点人群接种疫苗，进行人工免疫，有效降低人群易感性，防止传染病的发生。

3．社区传染病疫情和突发公共卫生事件的处理　在疾病预防控制机构和其他专业机构指导下，社区卫生服务中心（站）协助开展传染病疫情和突发公共卫生事件风险排查、收集和提供风险信息，参与风险评估和应急预案制（修）订。突发公共卫生事件是指突然发生，造成或者可能造成社会公众健康严重损害的重大传染病疫情、群体性不明原因疾病、重大食物和职业中毒以及其他严重影响公众健康的事件，具体处理详见第十二章。

（1）社区传染病患者的管理：按照有关规范要求，对传染病患者、疑似患者采取隔离、医学观察等措施；书写医学记录及其他有关资料并妥善保管，按规定做好个人防护和感染控制，严防疫情传播。

（2）传染病密切接触者和健康危害暴露人员的管理：协助开展传染病接触者或其他健康危害暴露人员的查找、追踪，对集中或居家医学观察者提供必要的基本医疗和预防服务。

（3）流行病学调查：协助对本辖区患者、疑似患者进行的流行病学调查，收集和提供患者、密切接触者、其他健康危害暴露人员的相关信息。

（4）疫点疫区处理：做好医疗机构内现场控制、消毒隔离、个人防护、医疗垃圾和污水的处理工作。协助对被污染的场所进行卫生处理，开展杀虫、灭鼠等工作。

（5）应急接种和预防性服药：协助开展应急接种、预防性服药、应急药品和防护用品分发等工作。

（6）宣传教育：根据辖区传染病和突发公共卫生事件的性质和特点，开展相关知识技能和法律法规的宣传教育。

二、法定传染病的类型和报告

按照传染病及突发公共卫生事件报告和处理服务规范要求，社区卫生服务中心（站）要在疾病预防控制机构和其他专业机构指导下，协助开展传染病疫情风险排查、收集和提供风险信息，参与风险评估和应急预案制（修）订。因此，社区护士应掌握辖区内发生的法定传染病疫情进展，及时报告并采取有效措施控制疾病的蔓延。

(一)法定传染病类型

我国法定的传染病分为甲、乙、丙3类,共39种。

1. **甲类传染病** 为强制管理传染病,包括鼠疫、霍乱。
2. **乙类传染病** 为严格管理传染病,包括传染性非典型肺炎、获得性免疫缺陷综合征、病毒性肝炎、脊髓灰质炎、人感染高致病性禽流感、麻疹、流行性出血热、狂犬病、流行性乙型脑炎、登革热、炭疽、细菌性和阿米巴痢疾、肺结核、伤寒和副伤寒、流行性脑脊髓膜炎、百日咳、白喉、新生儿破伤风、猩红热、布鲁菌病、淋病、梅毒、钩端螺旋体病、血吸虫病、疟疾、甲型H1N1流感。
3. **丙类传染病** 为监测管理传染病,包括手足口病、流行性感冒、流行性腮腺炎、风疹、急性出血性结膜炎、麻风病、流行性和地方性斑疹伤寒、黑热病、棘球蚴病、丝虫病,除霍乱、细菌性和阿米巴痢疾、伤寒和副伤寒以外的感染性腹泻病。

对乙类传染病中传染性非典型肺炎、肺炭疽和人感染高致病性禽流感,采取甲类传染病的预防、控制措施。其他乙类传染病和突发原因不明的传染病需要采取甲类传染病的预防、控制措施的,由国务院卫生行政部门及时上报,经国务院批准后予以公布、实施。

(二)不同类型传染病的报告要求

根据我国《传染病信息报告管理规范(2015版)》,各级各类医疗机构、疾病预防控制机构、采供血机构均为责任报告单位;其执行职务的人员和乡村医师、个体开业医师均为责任疫情报告人。社区护士应当严格遵守传染病报告制度,履行法定职责。

根据《中华人民共和国传染病防治法》及其实施细则,甲类传染病属于强制管理传染病,发现甲类和乙类中的肺炭疽、传染性非典型肺炎、脊髓灰质炎、人感染高致病性禽流感患者或疑似患者,或发现其他传染病和不明原因疾病暴发时,应于2小时内用传染病报告卡通过网络上报;未实行网络直报的责任报告单位应于2小时内以最快的通讯方式(电话、传真)向当地县级疾病预防控制机构报告,并于2小时内寄送出传染病报告卡。对其他乙、丙类传染病患者、疑似患者和规定报告的传染病病原携带者,在诊断后,实行网络直报的责任报告单位应于24小时内进行网络报告;未实行网络直报的责任报告单位应于24小时内寄送出传染病报告卡。县级疾病预防控制机构收到无网络直报条件责任报告单位报送的传染病报告卡后,应于2小时内通过网络直报。

第二节 常见传染病患者的社区护理与管理

一、手足口病患者的社区护理与管理

手足口病(hand-foot-mouth disease,HFMD)是由多种人肠道病毒引起的一种儿童常见传染病,是我国法定报告管理的丙类传染病。大多数患者症状轻微,以发热和手、足、口腔等部位的皮疹或疱疹为主要症状。少数患者可出现无菌性脑膜炎、脑炎、急性弛缓性麻痹、神经源性肺水肿和心肌炎等,个别重症患儿病情进展快,可导致死亡。发病高峰主要为5~7月份。传染源是患者、隐性感染者及带病毒者。手足口病的传播途径主要通过粪-口和呼吸道飞沫传播,也可经接触被病毒污染的手、毛巾、玩具、奶具或患者皮肤、黏膜疱疹液等引

起感染。因此，做好患儿、家庭、学校和托幼机构的卫生是预防手足口病的关键。

（一）手足口病的疫情报告

1. 个案报告　按照《中华人民共和国传染病防治法》等相关法律、法规的规定，对手足口病病例实行网络直报的医疗机构应于24小时内进行网络直报，未实行网络直报的医疗机构应于24小时之内寄送出传染病报告卡。

2. 聚集性病例报告　1周内，同一托幼机构或学校等集体单位发生5例及以上手足口病病例；或同一班级（或宿舍）发生2例及以上手足口病病例；或同一自然村发生3例及以上手足口病病例；或同一家庭发生2例及以上手足口病病例。均属于聚集性病例，应以最快的方式向县（区）级疾病预防控制机构报告。

3. 突发公共卫生事件报告　局部地区或集体单位发生流行或暴发时，按照《突发公共卫生事件应急条例》《全国突发公共卫生事件应急预案》《突发公共卫生事件与传染病疫情监测信息报告管理办法》及有关规定，及时进行突发公共卫生事件信息报告。

（二）家庭访视管理

乡镇卫生院/社区卫生服务中心、村卫生室/社区卫生服务站等负责本辖区居家治疗的手足口病患儿的随访工作。社区医护人员接到网报后48小时内要对居家患儿及时进行初访，家长或监护人应在社区（村）医生的指导下，密切关注患儿的病情变化，如发现神经系统、呼吸系统、循环系统等相关症状时，应立即送医院就诊。同时，要尽量避免与其他儿童接触。其衣被要进行暴晒消毒，房间每天要定时开窗通风，保持空气新鲜、流通。水杯、餐具要单独使用。

发病后第7日进行复访，重点了解患儿病情转归情况，消毒隔离落实情况，有无并发症等。

（三）社区预防性护理措施

1. 散居儿童的预防控制措施

（1）饭前便后、外出回家后要用肥皂或洗手液等给儿童洗手；看护人接触儿童前、替幼童更换尿布、处理粪便后均要洗手。

（2）婴幼儿的尿布要及时清洗、曝晒或消毒；注意保持家庭环境卫生，居室要经常通风，勤晒衣被。

（3）婴幼儿使用的奶瓶、奶嘴及儿童使用的餐具使用前后应充分清洗、消毒；不要让儿童喝生水、吃生冷食物。

（4）本病流行期间不宜带儿童到人群聚集、空气流通差的公共场所；避免接触患病儿童。

（5）儿童出现发热、出疹等相关症状要及时到医疗机构就诊。

（6）居家治疗的患儿避免与其他儿童接触，以减少交叉感染；父母要及时对患儿的衣物进行晾晒或消毒，对患儿粪便及时进行消毒处理。

2. 托幼机构预防控制措施

（1）每日进行晨检，发现可疑患儿时，要采取立即送诊、居家观察等措施；对患儿所用的物品要立即进行消毒处理。

（2）出现重症或死亡病例，或1周内同一班级出现2例及以上病例，建议病例所在班级停课10天；1周内累计出现10例及以上或3个班级分别出现2例及以上病例时，经风险评估后，可建议托幼机构停课10天。

（3）教育、指导儿童养成正确洗手等良好的卫生习惯；老师要保持良好的个人卫生状况。

(4)教室和宿舍等场所要保持良好通风;定期对玩具、儿童个人卫生用具(水杯、毛巾等)、餐具等物品进行清洗消毒。

(5)定期对活动室、寝室、教室、门把手、楼梯扶手、桌面等物体表面进行擦拭消毒。

(6)托幼机构应每日对厕所进行清扫、消毒,工作人员应戴手套,工作结束后应立即洗手。

(7)托幼机构应配合卫生部门采取手足口病防控措施。

3．医疗机构的预防控制措施

(1)各级医疗机构应加强预检分诊,专辟诊室(台)接诊发热、出疹的病例。增加候诊及就诊等区域的清洁消毒频次,室内清扫时应采用湿式清洁方式。

(2)医务人员在诊疗、护理每一位病例后,均应认真洗手或对双手消毒,或更换使用一次性手套。

(3)诊疗、护理手足口病病例过程中所使用的非一次性仪器、体温计及其他物品等要及时消毒。

(4)对住院患儿使用过的病床及桌椅等设施和物品必须消毒后才能继续使用。

(5)患儿的呼吸道分泌物和粪便及其污染的物品要进行消毒处理。

二、病毒性肝炎患者的社区护理与管理

病毒性肝炎简称肝炎,是由多种肝炎病毒引起的以肝功能损害为主要特征的一组传染性疾病。其流行范围广、发病率高、传染性强,属于法定乙类传染病。按其感染病毒的种类不同,可分为甲型肝炎、乙型肝炎、丙型肝炎、丁型肝炎和戊型肝炎。甲型及戊型主要表型为急性肝炎,乙型、丙型及丁型可转化为慢性肝炎并可发展为肝硬化,且与肝癌的发生有密切关系。社区常见的是甲型肝炎和乙型肝炎。

(一)家庭访视管理

1．初访与复访　所在社区发现传染病患者,社区护士应于24小时内进行初访,并要了解患者病毒性肝炎的传染源,评估患者目前的健康状况、是否有其他并发症等。及时填写访视记录,存入健康档案。1周后进行复访,重点了解患者病情进展或康复情况。对于慢性肝炎患者,每年至少要访视2次。

2．居家护理　原则是合理休息与饮食、适量运动、不乱用药、定期复查。

(1)休息:急性肝炎患者急性期应卧床休息,肝功能正常后可循序增加活动量,以不感到疲劳为宜,半年内不宜参加体力劳动。慢性肝炎患者应采取动静结合疗养措施。慢性重度患者以静养为主,慢性轻度患者可适当从事力所能及的轻型工作。

(2)饮食:急性肝炎患者饮食以适当热量、清淡饮食为宜。各型肝炎患者要绝对禁止饮酒。

(3)用药指导和病情监测:遵照医嘱按时服药,不要擅自滥用药物,以免增加肝负担,不利于疾病恢复。督促患者到正规医疗机构按时复诊。及时了解患者的心理状态,发现由于疾病引发的心理问题,认真倾听并解答。

(4)居家隔离与消毒:通过健康教育使患者和家属明确病毒性肝炎的传播途径、隔离措施、消毒方法及家属的个人防护等,密切接触者应进行预防接种。甲型病毒性肝炎为消化道传播,从起病至第3周,按肠道传染病进行隔离和消毒。患者在家中要使用专门的餐具,进餐时实行分餐制。患者的食具、毛巾、衣服、床单等要单独使用。餐具可以用250～500mg/

L的含氯消毒剂浸泡15～30分钟再用清水冲净药液。室内空气、居室表面和家具表面消毒可用0.2%过氧乙酸溶液或有效氯为200～400mg/L含氯消毒溶液喷雾消毒，作用时间不少于15分钟。污染的手可在流动水下用肥皂洗刷1～2分钟或0.2%托克络辛钠浸泡2分钟后洗净。患者痊愈后，其接触过的一切用品以及室内地面、墙壁，都要做一次终末消毒。乙型病毒性肝炎为血液和体液传播，患者的剃须刀、牙具、指甲剪和修脚剪等应为专用。

（二）社区预防性护理措施

1．管理传染源　按病原学进行传染病报告，专册登记和统计。及时做好各类患者的隔离消毒工作。特殊行业（饮食、托幼、水源管理等）人员应定期体检，发现患者立即隔离治疗。献血员每次献血前应进行体检，乙型肝炎表面抗原（HBsAg）或抗-丙型肝炎抗体（HCV）阳性者不得献血。乙型肝炎e抗原（HBeAg）阳性的婴幼儿不应入托。

2．切断传播途径

（1）甲型和戊型肝炎：把好"病从口入"关，重点是加强个人和环境卫生措施，如水源保护、饮水消毒、食品消毒及卫生、粪便管理、饭前便后洗手等。

（2）乙型、丙型、丁型肝炎：重点在于防止血液及体液的传播。应加强消毒防范措施，提倡使用一次性医疗用品。实行一人一针一管一用一消毒，严格医疗器械消毒处理，加强血制品和献血员的管理，做好血制品HBsAg和抗-HCV检测，防止医源性传播。服务行业所用的理发、刮脸、修脚、穿刺和纹身等器具也应严格消毒，注意个人卫生，牙刷、剃须刀等洗漱用具要专用。

3．保护易感人群

（1）甲型肝炎预防：甲肝疫苗主要用于幼儿、学龄前期儿童及其他高危人群。人血丙种球蛋白主要用于接触甲型肝炎患者的易感者，注射时间不宜迟于接触后14天。

（2）乙型肝炎预防：乙肝疫苗纳入计划免疫管理，主要用于新生儿预防、阻断母婴传播、意外事故的被动免疫和其他高危人群。新生儿在出生后24小时内应接种乙肝疫苗。对乙肝病毒感染母亲的新生儿及暴露于乙肝病毒的易感者，可采用HBIG（高效价乙型肝炎免疫球蛋白）及时接种。密切接触者（如夫妻）需进行血液抗体筛查，凡HBsAg、乙型肝炎表面抗体（抗-HBs）、乙型肝炎核心抗体（抗-HBc）阴性者（包括仅有低滴度抗-HBs者），应接种乙肝疫苗。对于意外接触乙肝病毒感染者的血液和体液者，应及时进行血清学检测，在3个月和6个月后复查，并根据具体情况做好主动免疫和被动免疫。

（三）集体单位中患者的处理

传染病患者处理的目的主要是切断传播途径、保护易感人群。因此，首先要做好隔离和消毒，同时与集体单位的管理人员及时沟通，了解密切接触者的同事情况，建议密切接触者进行主动免疫和被动免疫。

1．一般单位中发现病毒性肝炎患者，必须住院或回家疗养。

2．特殊行业的患者或可疑患者要离开单位隔离治疗。自发病之日起至少隔离40天。慢性肝炎患者一律调离直接接触入口食品、食具及照护婴幼儿的工作。

3．患者曾接触到的物品、用具（包括门把手、电话机、桌椅、计算机键盘等），可根据材料采用浸泡法、喷雾法或擦拭法消毒。

三、细菌性痢疾患者的社区护理与管理

细菌性痢疾,简称菌痢,是由痢疾杆菌引起的肠道传染病,属于法定乙类传染病,常年散发,夏秋季多见。主要临床表现为腹痛、腹泻、里急后重和排黏液脓血便,可伴有发热及全身毒血症症状。菌痢的传染源是患者和带菌者,部分慢性菌痢可持续或间歇排菌数年,在流行病学上有较大意义。

(一)家庭访视管理

1. 初访与复访 所在社区发现菌痢患者,社区护士应于24小时内进行初访,3天后复访。评估患者情况,有无发热、腹泻、里急后重、排黏液脓血样大便等。如有突然高热、反复惊厥、嗜睡、昏迷及抽搐,迅速发生循环衰竭和呼吸衰竭,而肠道症状轻,有可能是中毒性菌痢,应引起高度重视。及时填好访视记录,存入健康档案。

2. 居家护理
(1)休息:有高热、严重腹泻、软弱无力者应卧床休息。
(2)饮食:急性期以少渣、易消化的流质或半流质为宜,切忌早期给予多渣、多纤维或刺激性的食物。不宜饮牛奶,以减少腹胀,补充足量维生素,鼓励多饮水,病情好转后给予普食。
(3)局部皮肤:注意保持肛门周围皮肤清洁。便后用柔软的卫生纸擦拭后可用温水清洗,肛门周围涂上凡士林油膏或抗生素类油膏。
(4)按时服药:坚持按医嘱服药7~10天。严禁过早停药,造成细菌产生耐药性,使疾病转为慢性。大部分急性菌痢患者在1~2周内痊愈,少数患者可能转为慢性或带菌者。
(5)居家隔离与消毒:按肠道传染病隔离,隔离期为临床症状消失,大便培养连续2~3次阴性或粪便正常后1周;急性期患者应住院或在家中隔离治疗。患者的食具、用具要单独使用,要有专用便盆。食具、用具消毒同甲型肝炎。注意饮食卫生,勤洗手,必须做到饭前便后用肥皂及流动水洗手。患者使用过的食具应煮沸消毒。污染了的衣服、内裤要用0.3%~0.5%的托克络辛钠浸泡15分钟后再洗净。

3. 家庭成员健康管理 通过健康教育帮助家庭成员养成良好的卫生习惯。要求家属处理患者排泄物后,要用消毒水泡手2分钟,再用流水冲洗干净。其次,要注意饮食卫生,不到卫生条件差的街头摊点就餐,在外尽量少吃凉拌菜。家庭饮食卫生,注意饭菜要做熟。生吃蔬菜水果要洗净。不吃变质、超过保质期的食品。生、熟食品要分开存放和加工。如用专门的熟食案板和刀具,不与生肉刀具和案板混用。

(二)社区预防性护理措施

菌痢的预防应采取综合预防措施,重点是切断传播途径,同时做好传染源的管理。

1. 管理传染源 主要针对急、慢性病患者及带菌者。其中非典型患者、慢性病患者及带菌者由于症状轻或无症状而易忽视,在流行病学上具有重要意义。早期发现患者和带菌者,隔离并彻底治疗尤为重要。

2. 切断传播途径 菌痢经粪-口途径传播,因此做好社区健康教育,养成良好的卫生习惯是关键。饭前、便后洗手,不喝生水,不吃生冷、变质、不洁食物,不随地大小便。抓好"三管一灭"(管好饮食、水源、粪便,消灭苍蝇、蟑螂等),搞好环境卫生及粪便无害化处理。饮食行业工作人员在工作前必须洗手,严格执行食品卫生管理法及有关制度。

3．保护易感人群　多见于学龄前儿童，其次是青壮年。病后免疫力短暂且不稳定，故易于反复感染而出现多次发病。在疾病流行期间，易感者口服多价痢疾减毒活疫苗，如"依链"株菌苗，免疫期可维持6～12个月。

（三）集体单位患者的处理

1．在集体单位中发现急性期患者，要住院或在家中隔离治疗。待患者离开集体单位后，要进行一次全面彻底的消毒（同甲型肝炎消毒的要求）。

2．凡从事饮食、托儿所和水源管理等重要行业人群，必须定期做大便培养，发现带菌者应立即调离原工作岗位并给予彻底的治疗。待症状消失、大便镜检阴性、停药后粪便培养连续2～3次阴性，方可恢复工作。

四、肺结核患者的社区护理与管理

结核病是由结核分枝杆菌引起的传染病，可侵犯许多器官，以肺部结核感染最为常见，属于法定乙类传染病。典型肺结核起病缓慢，病程较长，有低热、乏力、食欲减退、咳嗽和少量咯血。肺结核的传播途径主要为呼吸道传染，其次通过被结核杆菌污染的食物或餐具而引起肠道感染。若能及时诊断，并给予合理治疗，大多可以痊愈。国家基本公共卫生服务规范中，明确规定了肺结核患者健康管理服务规范。

（一）家庭访视管理

1．筛查及推介转诊　对辖区内前来就诊的居民或患者，如发现有慢性咳嗽、咳痰≥2周，咯血、血痰，或发热、盗汗、胸痛或不明原因消瘦等肺结核可疑症状者，在鉴别诊断的基础上，填写"双向转诊单"。推荐其到结核病定点医疗机构进行结核病检查。1周内进行电话随访，了解是否前去就诊，督促其及时就医。见图11-1。

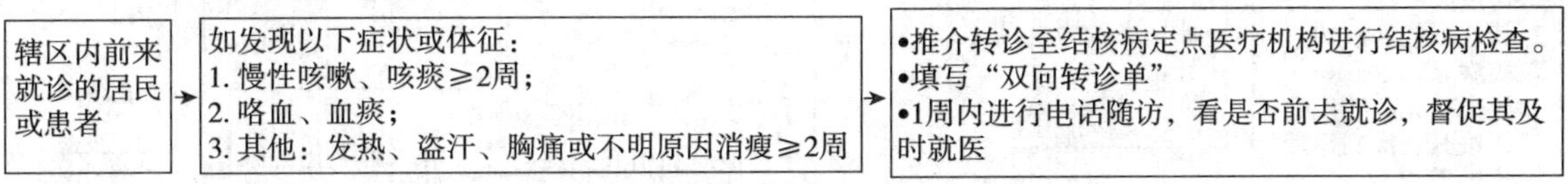

辖区内前来就诊的居民或患者	如发现以下症状或体征： 1. 慢性咳嗽、咳痰≥2周； 2. 咯血、血痰； 3. 其他：发热、盗汗、胸痛或不明原因消瘦≥2周	•推介转诊至结核病定点医疗机构进行结核病检查。 •填写"双向转诊单" •1周内进行电话随访，看是否前去就诊，督促其及时就医

图11-1　肺结核患者筛查与推介转诊流程图

2．第一次入户随访　接到上级专业机构管理肺结核患者的通知单后，要在72小时内访视患者。具体内容如下：

（1）确定督导人员，督导人员优先为医务人员，也可为患者家属。若选择家属，则必须对家属进行培训。同时与患者确定服药地点和服药时间。按照化疗方案，告知督导人员患者的"肺结核患者治疗记录卡"或"耐多药肺结核患者服药卡"的填写方法、取药的时间和地点，提醒患者按时取药和复诊。

（2）对患者的居住环境进行评估，告诉患者及家属做好防护工作，防止传染。

（3）对患者及家属进行结核病防治知识宣传教育。

（4）告诉患者出现病情加重、严重不良反应、并发症等异常情况时，要及时就诊。若72小时内2次访视均未见到患者，则将访视结果向上级专业机构报告。

3．督导服药和随访管理

（1）督导服药：医护人员督导是指在患者服药日，医护人员对患者进行直接面视下督导服药。家庭成员督导是指患者每次服药要在家属的面视下进行。

（2）随访评估：对于由医护人员督导的患者，医护人员至少每月记录1次对患者的随访评估结果；对于由家庭成员督导的患者，基层医疗卫生机构要在患者的强化期或注射期内每10天随访1次，巩固期或非注射期内每1个月随访1次。①评估是否存在危急情况，如有则紧急转诊，2周内主动随访转诊情况；②对无需紧急转诊的，了解患者服药情况（包括服药是否规律，是否有不良反应），询问上次随访至此次随访期间的症状。询问其他疾病状况、用药史和生活方式。

（3）分类干预：①对于能够按时服药，无不良反应的患者，则继续督导服药，并预约下一次随访时间。②患者若未按定点医疗机构的医嘱服药，要查明原因。若是不良反应引起的，则转诊；若其他原因，则要对患者强化健康教育。若患者漏服药时间超过1周及以上，要及时向上级专业机构进行报告。③对出现药物不良反应或并发症的患者，要立即转诊，2周内随访。④提醒并督促患者按时到定点医疗机构进行复诊。

肺结核患者督导服药与随访管理流程见图11-2。

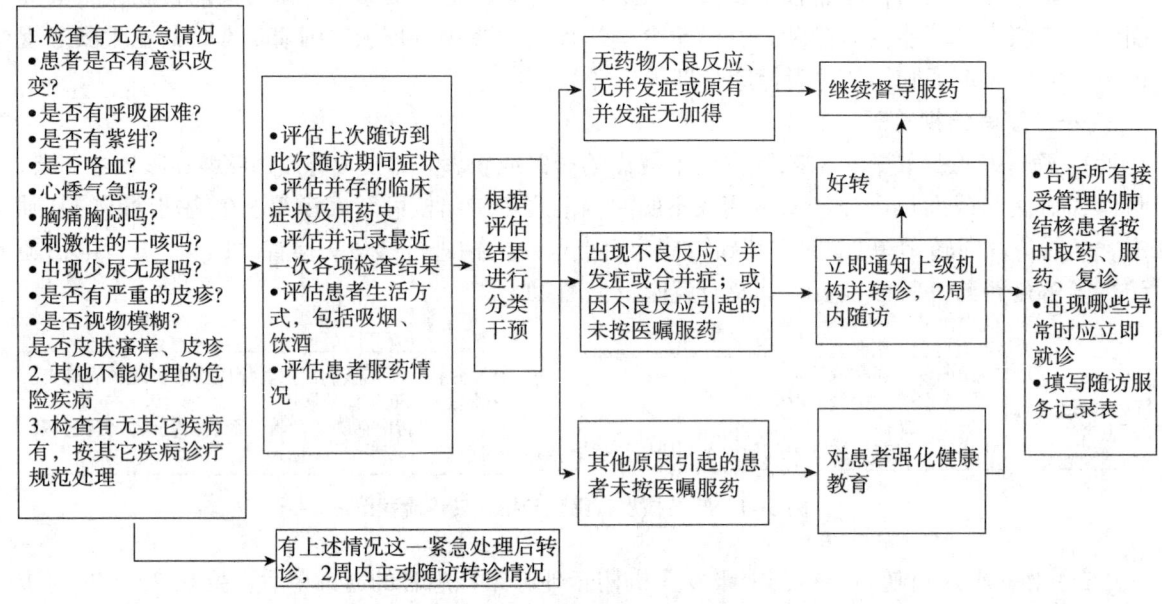

图11-2 肺结核患者督导服药与随访管理流程图

4．结案评估 当患者停止抗结核治疗后，要对其进行结案评估，包括：记录患者停止治疗的时间及原因；对其全程服药管理情况进行评估；收集和上报患者的"肺结核患者治疗记录卡"或"耐多药肺结核患者服药卡"。同时将患者转诊至结核病定点医疗机构进行治疗转归评估，2周内进行电话随访，了解是否前去就诊及确诊结果。

(二)社区预防性护理措施

1．管理传染源 发现患者应及时隔离与治疗。患者应独居一室，居室要阳光充足，注意开窗通风。饮食、食具、器皿均应分开，定期消毒。餐具用后可煮沸消毒，被褥用物可在阳光下曝晒消毒。抗结核药物治疗对结核的控制起着决定性的作用，用药原则是早期、联用、适量、规律和全程。

2. 切断传播途径　主要通过呼吸道传染,其次通过被结核杆菌污染的食物或餐具而引起肠道感染。故患者外出时应戴口罩,打喷嚏或咳嗽时,不要朝向其他人,不可随地吐痰,应将痰液吐于纸中,集中消毒或用火焚烧灭菌。

3. 保护易感人群　儿童应接种卡介苗。患者要到结核病专科医院住院隔离治疗,减少对家人及他人的传染。如果家属直接接触患者应戴口罩,注意要及时洗手消毒。

(三)集体单位中患者的处理

1. 在集体单位中发现患者,要及时将患者送到专科医院住院隔离治疗。待患者离开后,要进行一次全面彻底的消毒(同甲型肝炎消毒的要求)。

2. 对集体单位人员要密切观察,学校中如有结核患者,至少在患者所在的班级或全年级对全体学生做结核菌素试验,对强阳性者也要预防性化疗。

五、获得性免疫缺陷综合征患者的社区护理与管理

获得性免疫缺陷综合征(acquired immune deficiency syndrome,AIDS),简称艾滋病,是人体感染了人类免疫缺陷病毒(human immunodeficiency virus,HIV)而引起的慢性致命性传染病。属于法定乙类传染病。艾滋病的传播途径主要为性接触、血液和母婴传播。HIV主要侵犯并破坏辅助性T淋巴细胞,并使机体多种免疫细胞受损,最终并发各种严重的机会性感染和肿瘤。具有传播迅速、发病缓慢、病死率高的特点。

(一)家庭访视管理

1. 初访和复访　已确诊的中晚期艾滋病患者需住院治疗,HIV感染者或艾滋病早期的患者应给予访视管理。访视中社区护士应评估患者疾病发展情况,并调查疾病来源,依据艾滋病的传播特点判断患者感染的途径,为有效控制传染源提供依据。认真填写社区艾滋病病例管理相关资料,并存入健康档案,同时做好保密工作,不得泄露患者信息。

2. 居家护理

(1)休息:提供良好的休息环境,保证充足的休息和睡眠,无症状患者可从事适度工作,避免劳累。

(2)饮食:为患者提供高热量、高蛋白、高维生素、富有营养的食物,使其保持良好营养状态,增强机体抗病能力。

(3)健康行为:不吸毒、不吸烟、不过量饮酒。洁身自好,使用安全的性行为方式,正确使用安全套。不与他人共用注射器、牙刷、剃须刀等。吸毒者应尽早戒毒,即使短期不能戒除毒瘾,也不要采取静脉注射的吸毒方式,同时积极帮助其寻求戒毒援助。艾滋病女性患者避免妊娠、哺乳。

(4)防止感染:感染HIV后很长一段时间无症状,因此要尽量为患者提供正常生活。注意卫生环境,尤其口腔卫生和皮肤的护理,减少继发感染的发生。对患者的一般性感染应予以积极治疗,以免产生严重并发症。

(5)心理支持:HIV感染者的参与和合作是艾滋病预防和控制的一个重要组成部分。不要歧视他们,对他们的歧视不仅不利于预防和控制艾滋病,还会使之成为社会不安定因素。要关心HIV感染者及家属,应替患者做好保密工作,理解其痛苦,帮助他们获得社会支持,使其回归正常生活(学习、工作、娱乐及与他人交往)。因此,社区护士要加强与患者的良好

沟通，给予患者和家属心理支持，缓解精神压力，建立乐观的生活态度。为患者参加艾滋病的社会支持团体提供帮助，以便患者获得更多的支持。

（6）居家隔离与消毒：采取血液体液隔离措施。处理患者的血液、体液及污染物品时必须戴手套，或使用镊子、毛巾、纱布、纸张等其他方法避免直接接触。患者生活用具（牙刷、剃须刀等）应单独使用；处理污染物、锐器时要做好个人防护防止皮肤刺伤，处理污染物后必须严格洗手；使用安全套是性生活中最有效地预防性病和艾滋病的措施之一，每次性生活都应使用避孕套。

被患者血液、体液、排泄物污染的一切物品应随时严密消毒。饮食器具消毒可进行高温消毒，一般煮沸 30 分钟。女性患者行经期间用过的卫生纸、纸巾、处理伤口的敷料或被血液污染的废物应收放在收纳袋内，尽快焚烧。环境、物体表面可用 3% 的漂白粉或过氧乙酸溶液喷洒和擦涂，护理患者或接触患者物品后，应先用 0.2% 过氧乙酸溶液、0.5% 聚维酮碘溶液浸泡双手，再用肥皂和流动清水洗涤干净。

3．家庭成员健康管理　患者家属常因害怕被传染而恐惧、焦虑。因此，将患者病情如实告知家庭成员，同时积极开展艾滋病的健康教育，使家庭成员及时了解艾滋病基本知识、传播方式、预防措施及自我健康监控方法。使他们知道与艾滋病患者及病毒感染者，如握手、拥抱、共同进餐、共用工具和办公用品等日常生活和工作接触都无感染的危险，消除家庭成员的恐惧。鼓励家庭成员给予患者精神上的支持和帮助，协助患者建立积极的生活态度。并建议可能感染者及时到专业医疗机构确认病情，对于其性伴侣，指导其与患者进行正常安全的交往。

（二）社区预防性护理措施

1．管理传染源　健全艾滋病的监测网络，对新发现的患者及 HIV 感染者应依法报告疫情。重点监测献血员、性病患者和吸毒者等高危人群，并对接触者进行检疫。患者应隔离治疗，HIV 感染者每半年左右到指定医院检查健康状况。对患者的血液、分泌物、排泄物应进行严格消毒。

2．切断传播途径

（1）加强艾滋病知识的宣传教育，尤其应加强性道德教育。控制 HIV 经性传播，洁身自爱，提倡性生活时使用避孕套。

（2）加强血液及血制品管理，严禁 HIV 感染者捐献血液、器官、精液等。严格无菌操作，推广使用一次性注射用品，不共用针头、注射器。胃镜、肠镜、血液透析器械等应严格消毒，防止医源性感染。不借用或共用牙刷、剃须刀等个人用品。

（3）减少母婴传播，已感染的育龄妇女应避免妊娠、哺乳。

3．保护易感人群　医疗机构应建立完善的制度与有效的隔离消毒措施，以保障医护人员的安全。对密切接触者给予具体医学指导，加强个人防护。密切接触者或怀疑接触艾滋病者要做病毒感染检查，定期（3 个月、6 个月及 1 年）进行血液检测。

案例分析

李先生，45 岁。于 2 年前开始经常感冒，咳嗽。时常感觉低热，测体温 37.5～37.8℃，每次服抗生素及对乙酰氨基酚见好转。近半年食欲和体力明显减退，活动后胸闷，夜间时常盗汗。近 1 周感冒，上述症状加重，故到社区卫生服务中心就诊。查体：体温 37.8℃，脉搏

90次/分，呼吸20次/分，血压120/90mmHg，身高175cm，体重58kg，痰涂片阳性，X线胸部检查发现右上肺野有一直径3cm的空洞，洞壁较厚，外周有浸润病灶。……在鉴别诊断的基础上，填写"双向转诊单"。推荐李先生到结核病定点医疗机构进行结核病检查。

【社区护理评估】

（1）病史：近半年食欲和体力明显减退，活动后胸闷，夜间时常盗汗。近1周感冒，上述症状加重。

（2）查体：体温37.8℃，脉搏90次/分，呼吸20次/分，血压120/90mmHg，身高175cm，体重58kg。

（3）实验室检查：痰涂片阳性，胸片X线检查发现右上肺野有一直径3cm的空洞，洞壁较厚，外周有浸润病灶。

（4）询问患者及其家属发现其对肺结核的相关知识了解甚少。

【社区护理诊断】

（1）营养失调：与结核感染机体消耗增加有关。

（2）知识缺乏：与因各种原因未能获得疾病的相关知识及医护人员指导不足等有关。

【社区护理计划】

1. 确定护理目标

（1）长期目标：1年内患者的病情稳定，增加体重，周围无新的感染病例发生。

（2）短期目标：接到上级专业机构管理肺结核患者的通知单后，要在72小时内访视患者。1个月内患者及家属能够掌握肺结核疾病相关危险因素以及相关护理知识与技能，了解有关抗结核药物的名称、剂量、用法、作用及不良反应，遵医嘱定量定时服用抗结核药物；6个月内患者病情基本稳定，坚持每月随诊。

2. 实施护理计划：通过家庭访视，评估可利用的内、外部资源，制订实施计划。

（1）营养失调方面：指导患者调整心态，学会自我心理调节，避免情绪激动，指导患者家属加强对患者的饮食护理。

（2）知识缺乏方面：社区医务人员在患者及家属共同参与下，提供健康教育。对患者及家属进行结核病防治知识宣传教育。①对患者的居住环境进行评估，告诉患者及家属做好防护工作，防止传染。②告诉患者出现病情加重、严重不良反应、并发症等异常情况时，要及时就诊。③与患者确定服药地点和服药时间。按照化疗方案，告知督导人员患者的"肺结核患者治疗记录卡"或"耐多药肺结核患者服药卡"的填写方法、取药的时间和地点，提醒患者按时取药和复诊。

3. 护理评价计划：

（1）患者及家属是否掌握了肺结核患者的护理相关知识与技能。

（2）患者的疾病自我管理能力是否提高。

（3）评价患者的疾病康复情况，病情是否好转。

（李彩福）

思考题

一、单项选择题

1. 发现甲类及按甲类管理的疾病，未实行网络直报的责任报告单位应于（　　）内以最快的通讯方式（电话、传真）向当地县级疾病控制机构报告。

   A．1小时

   B．2小时

   C．3小时

   D．24小时

2. HIV感染人体后主要导致（　　）系统损害。

   A．消化

   B．免疫

   C．循环

   D．骨骼

3. 关于病原携带者的描述，正确的是（　　）

   A．所有的传染病均有病原携带者

   B．病原携带者不是重要的传染源

   C．无临床症状但能排除病原体的人或动物

   D．处于潜伏期感染就是病原携带者

二、多项选择题

1. 传染病信息报告人包括（　　）

   A．患者

   B．传染病防治执行职务的人员

   C．乡村医生

   D．个体开业医生

   E．社区居民

2. 乙肝的传播途径有（　　）

   A．血液传播

   B．医源性传播

   C．母婴传播

   D．性接触传播

   E．空气传播

3. 预防肠道传染病的综合措施中，应以（　　）为主。

   A．隔离治疗患者

   B．切断传播途径

   C．做好"三管一灭"

   D．预防接种

   E．口服药物预防

4．引起手足口病传播途径的有（　　）
   A．粪-口途径
   B．通过患儿咳嗽及唾液传播
   C．间接接触被污染的玩具、毛巾等
   D．血液传播
   E．接触患儿皮肤疱疹液

三、简答题
1．简述传染病流行的3个基本条件。
2．简答传染病管理中社区护士的职责。

第十二章 社区灾害事件应急管理与护理

近年来,全球范围内各种灾害事件频发,给人类生命财产安全、区域经济发展、社会安全稳定等造成了重大损失和严重威胁。我国是世界上自然灾害最为严重的少数国家之一,灾害种类多、分布地域广、造成损失大,且突发公共卫生事件也同样威胁着人们的健康生活。社区通常是灾害事件发生的第一现场,快速高效地应急处理可以防止灾害损失的进一步扩大,减轻或避免次生灾害及衍生灾害的发生。

第一节 社区灾害概述

一、灾害基本知识

(一)灾害的概念与特点

1. 灾害相关概念

(1)灾害(disaster):目前灾害的定义尚未取得一致性意见。世界卫生组织(WHO)将灾害定义为:任何能引起设施破坏、经济严重受损、人员伤亡、人的健康状况及社会卫生服务条件恶化的事件,当其破坏力超过了所发生地区所能承受的程度而不得不向该地区以外的地区求援时,即可称之为灾害。灾害具有两个共性要素:①灾害是突发破坏性事件;②灾害的规模和强度超出受灾地区的自救能力或承受能力。

(2)社区灾害:指在社区发生的,所有危及人们生命安全或导致人员伤亡的突发性灾难事件,主要是由各种自然灾害或人为因素造成,通常无法预测。

(3)灾害护理(disaster nursing):世界灾害护理学会将灾害护理定义为"系统、灵活地应用护理学独特的知识和技能,同时与其他专业领域合作,为减轻灾害对人类的生命或健康所构成的危害而开展的活动"。

2. 灾害特点

(1)突然性:尽管灾害的形成有其必然性,但其发生则具有偶然性。灾害的预测难度大,尤其自然灾害更是难以预测甚至不可预测,因此,一旦发生,往往使人措手不及,无法按照正常工作程序或办法来处理。

(2)紧迫性:灾害的一个重要特征是处理时间的紧迫性。由于灾害的突发性导致灾害发生发展迅速,在其发生初始就已经造成了一定危害性后果,如建筑物倒塌、人员伤亡等,要求人们必须在第一时间做出及时、准确、有效的灾害应对决策,以防事态升级、损失扩大。

(3)公共性:又称为群体性,指的是灾害事件涉及面广,危害公共利益和群体活动,打乱公共秩序和社会生产活动规律,往往需要政府实施干预。

(4)复杂性:灾害种类繁多,原因复杂,各致灾因子间存在错综复杂的相互联系与影响,甚至出现共存现象,共同酝酿成更大灾害。灾害也受到气候变化、区域发展模式、人类生产活动等因素的综合影响,导致其蔓延范围、发展速度、发展趋势与结局难以确定。

（5）破坏性：灾害事件成灾快、来势猛，给正常社会生产与生活带来破坏，对自然资源、生活环境、社会建筑、公共设施、人的生命财产安全产生严重威胁。一旦灾害发生，往往需要较长时间的恢复与重建。

（二）灾害救援中护士应具备的能力

社区护士是社区灾害救援中的主要力量之一，在灾前备灾、现场急救与转运、远期康复等方面发挥着重要作用。然而，灾害救援工作时间紧、任务重、环境差、情境复杂，这些特点又决定了护士必须具备良好的业务素质、身体素质、心理素质才能胜任工作。

1. 灾害救援中护士的基本角色

（1）灾前备灾的教育者：健康教育是社区护士的重要工作方法，同时也是提高社区居民备灾、减灾、防灾知识的有效途径。社区护士可以通过社区宣传栏、教育手册、知识讲座等方式为居民进行灾害教育，也可以与相关部门或人员合作开展防灾、救灾实战演练，比如设置灾害模拟现场，教授居民相应的自救与互救技术等。

（2）灾害现场的救援者：社区医护人员工作在社区，他们往往是到达灾害现场的第一批救援者。社区护士是灾害救援的全程参与者，在伤情判断、预检分诊、现场急救、安全转运、卫生防疫、心理疏导等救援过程中发挥着不可替代的重要作用。

（3）受灾人员的照顾者：社区医院或社区卫生服务中心可以承担起战地医院的职能，成为受灾伤病员的一线集中救护区，而社区护士则成为受灾人员的一线照顾者，配合医生与其他医技人员对伤病员进行专业救治与护理。

（4）灾后康复、心理重建的实施者：灾后康复是一个漫长的过程，社区护士在这一过程中发挥独特的作用。当大量伤病员回归社区之后，需要在社区中接受后续的康复指导、心理护理等专业照顾，社区护士将承担起护理者、教育者、管理者、联络者、家访者等多重角色，成为灾后躯体康复、心理重建的重要实施者。

2. 灾害救援对护士的素质要求

（1）业务素质：包括灾害救护技术、现场急救技术、基础护理技术和管理协调技术4个方面。

1）灾害救护技术：护士能做到准确判断伤情、快速检伤分类、协助安全转运。在集中救治过程中，护士能正确应用相关技术对伤情做出准确判断，并依据快速检伤分类原则迅速对伤病员进行分类，以尽可能确保重症伤员得到优先救治，待伤情稳定后得到优先转运，并在转运途中进行病情观察和必要护理。

2）现场急救技术：护士能熟练应用基本急救技能对伤病员进行现场救治，如止血、包扎、固定、清创、心肺复苏术、气管插管或切开的配合技术等。必要时能够就地取材、完善护理用具，如利用有颜色的布条制作分类标识、用树枝等制作夹板、用布条制作绷带等。

3）基础护理技术：基础护理技术是护士的基本功。灾害情境下，静脉输液是抗感染、抗休克的生命通道，是药物、血液和营养素的供给线，因此护士熟练掌握穿刺技巧十分重要。吸痰、吸氧、体位摆放、导尿术等也是经常用到的救护技术。另外，护士还需掌握常用急救药品的剂量和观察要点，熟练使用及维护各种救护仪器，如心电监护仪、呼吸机、除颤仪等。

4）管理协调技术：灾害救援是一种群体合作的活动，护理人员需要沟通与协调的人群包括医生、司机、患者、家属、后勤人员等，并处理好各部门间的关系，协调好这些关系对医学救援群体内部的向心力、凝聚力和救护工作的秩序有较大影响，是伤病员得到及时救治、受灾群众得到妥善安置的重要保障。

（2）身体素质：良好的身体素质是对灾害救援护士的最基本要求。灾区一线环境恶劣、工作任务重、生活条件差，在医疗器械和物资相对缺乏的情况下，医护人员每天要处理大批量的伤病员，不能按时休息，生活没有规律，且更有自身被感染的危险。因此，如果没有良好的身体素质，则根本无法承担灾害救援的重任。

（3）心理素质：要求护士必须具备积极、稳定的情绪，能够做到有效的情绪管理和自我控制，并具有良好的挫折应对能力。灾害现场往往场面惨烈，救援人员的负性情绪易与受灾群众产生共鸣和相互渗透，对救援工作造成不利影响，而坚定的意志、积极向上的情绪则会感染周围同事和受灾者，对医疗救护产生积极影响。另外，护士还要具有高尚的医德，发扬人道主义精神，全力救助并关怀伤病员。

二、社区灾害风险管理

社区作为社会的基本单元，是人们重要的活动场所，也是防灾、减灾、救灾的前沿阵地，不仅第一时间直面灾害，也在第一时间应对灾害。国内外重大灾害的应对实践证明，社区在灾前预防、灾中应急和灾后重建过程中扮演着重要角色。从"国际减灾十年"行动开始，灾害管理理念就已经从强调传统的灾害应对转变为高度重视综合减轻灾害风险。

（一）社区灾害风险管理的相关概念

1. 风险（risk）：是指导致负面效应的某一危险因素或其给人们健康和安全造成潜在损失和危害的可能性。

2. 社区灾害风险：是指社区内存在的对社区居民生命财产、经济活动等可能造成损失的危险。

3. 社区灾害风险管理（community-based disaster risk management，CBDRM）：是指社区积极参与灾害风险的识别、分析、处置、监控和评估，以减少社区的脆弱性，并提升社区应对灾害能力的灾害风险管理过程。

知识链接：

2015—2030年仙台减少灾害风险框架

《2015—2030年仙台减少灾害风险框架》于2015年3月18日在日本仙台举办的第三次联合国世界减少灾害风险大会上通过。该框架是《2005—2015年兵库行动框架（Hyogo framework for action，HFA）：构建国家和社区的抗灾力》的后续公约。HFA的酝酿来自对以下战略的进一步推动：1989年针对"国际减轻自然灾害十年"的"国际行动框架"，以及1994年通过的《建立更安全世界的横滨战略：自然灾害预防、备灾和减灾指南及其行动计划》和1999年的《国际减灾战略》。

仙台框架借鉴了HFA中确保国家和其他利益攸关方工作连续性的要素，并根据磋商会和谈判过程中的呼吁推出了众多创新成果。其中最重要的转变是强调灾害风险管理而非灾害管理，此外还规定了以下内容：七大全球目标的定义；根据预期成果来减少灾害风险；一个重点关注预防产生新风险、减少现有风险和加强抗灾力的目标；一套指导原则，包括国家在防灾和减灾上承担主要责任、采用全社会和全国家机构齐心协力参与的方法。同时，大幅扩大了减灾的范围，同时关注自然和人为灾害以及相关的环境、技术和生物灾害与风险。而且对卫生抗灾力的大力推动也贯穿始终。

来源：联合国（中文版）《2015～2030年仙台减少灾害风险框架》前言 http://www.unisdr.org/files/43291_chinesesendaiframeworkfordisasterri.pdf

（二）社区灾害风险管理的步骤

1. 防灾教育与培训　在社区内开展灾害宣传教育活动、组织培训，构建灾害管理志愿者、灾害社会工作者、灾害信息员队伍等，提高人们的防灾意识和应对能力。

2. 评估社区灾害风险　吸纳利益攸关者，使社区居民与风险评估专家共同参与讨论社区所面临的灾害风险，分享知识经验、分析风险发生的可能性及后果，绘制社区灾害风险分布图、致灾因子图等，最终完成灾害风险评估及灾害风险管理计划的制订。

3. 建立社区物质储备库　社区确定在风险管理中所需的资源，分析现有资源，包括现有人力、原材料、设备、设施、知识、组织管理、资金等各方面，对比分析不同灾害类型下需要补充的物质储备，从而建立有针对性的物质储备库。

4. 制订社区级预案　因地制宜，制订社区级灾害应急响应预案，并将预案进行社区宣传、演练，帮助社区居民明确灾前、灾中、灾后的应对措施，以及如何降低灾害损失。

5. 加强社区防灾减灾基础设施建设　社区防灾减灾基础设施的建设需要与当地发展规划相结合，实现在发展中减轻社区脆弱性，如在社区内建设避灾场所，平时可作为公园、体育场馆等，灾害发生时，则可转为避难所、应急指挥中心等。

（三）社区灾害风险管理的特点

1. 自上而下与自下而上相结合的减灾机制　自上而下是指依靠国家行政组织层级结构设立相应风险管理机构，负责本辖区内的灾害风险管理与防灾减灾工作；自下而上强调的是以社区为基本单位，充分发挥受灾社区群众的主动性，加强灾害风险管理工作，以提高社区的防灾减灾能力。

2. 决策制定和实施以社区居民为中心　社区居民是灾害风险管理活动的决策与实施核心，他们全程参与决策制定和实施过程，同时强调应由社区居民来决定自己的优先需要和减少灾害风险的措施。

3. 社区居民的广泛参与　社区居民参与灾害风险管理的程度直接影响灾害损失程度、恢复重建进度和社会的安全稳定。鼓励居民广泛参与，可以应对单纯依靠政府救灾所存在的不足，提高社区自身防灾、减灾、救灾的能力，实现灾害风险管理成效的持久性。

4. 以弱势群体为关注点　社区妇女、儿童、老年、伤残人士等是抵御灾害的弱势群体，其脆弱性高，易受灾害的威胁和影响，是社区灾害风险管理中的重点关注对象，应鼓励其参与风险管理并优先满足他们的需求。

5. 灾害风险管理与社区发展相结合　将灾害风险管理纳入社区发展规划，不仅可促使社区发展目标与灾害管理目标相结合，而且有利于加强减灾公共基础设施建设，有效降低社区作为灾害承载体的脆弱性，提高社区的灾害风险意识。

三、社区灾害的应急管理

灾害造成的损失与应急管理的有效性和及时性成反比，而应急管理水平又与国家的灾害应急管理体制密切相关。当前我国灾害应急管理体系建设已经从注重单一灾害的防灾减灾工作转变为注重"综合减灾"的应急管理体系。

(一)社区灾害的组织保障体系

灾害应急管理离不开健全的组织保障体系。我国目前初步建成了一套以党中央为领导、国务院各部门具体负责、社会各组织积极参与的灾害应急组织体系,在面对灾害事件时,可实现不同职能部门的协调运作,优化整合各种社会资源,尽可能降低灾害带来的生命财产损失。

1．组织体系　组织体系主要由领导机构、办事机构、工作机构、地方机构及专家组构成。国务院是最高行政领导机构,国务院办公厅下设的国务院应急管理办公室是办事机构,其他负责相关类别灾害事件的各部门是工作机构,地方各级人民政府是本行政区各灾害应急管理工作的行政领导机构,专家组是由国务院和各应急管理机构根据实际需要聘请的各类专家所组成,为应急管理提供决策建议等。

2．运行机制　目前我国应急体系的运行机制包括预测和预警、应急处置、恢复重建、信息发布4个方面。要求各地区、各部门要尽量完善灾害预测预警机制,建立预测预警系统,开展风险分析,做到早发现、早报告、早处置。应急处置包括信息报告、先期处置、应急响应、应急结束。恢复重建包括善后处置、调查评估与重建。信息发布要求及时、准确、客观、全面。

3．支持保障　包括人力资源保障、财力保障、物资保障、医疗卫生保障4个方面。

(1)人力资源保障:包括公安消防、医疗卫生、地震救援、矿山救护、森林消防、防洪抢险、环境监测、危险化学品事故救援等多种类别的抢险救援队伍。中国人民解放军和中国人民武警部队是应对灾害的骨干和突击力量。

(2)财力保障:保证灾害应急准备和救援工作所需资金,对受灾影响较大的行业、企事业单位和个人要及时研究提出相应的补偿或救助政策,对财政应急保障资金的使用和效果进行监管和评估。

(3)物资保障:建立健全应急物资监测网络、预警体系和应急物资生产、储备、调拨及紧急配送体系,完善应急工作程序,确保应急所需物资和生活用品的及时供应、及时补充、及时更新。

(4)医疗卫生保障:各卫生部门负责医疗卫生应急专业队伍的组建,根据需要及时开展现场抢救、医疗救治、疾病预防控制等卫生应急工作;及时为灾区提供医药用品及设备。

4．法律法规　我国现有涉及灾害应对的法律有40余部、行政法规40余部、部门规章60余项,相关文件100多份。2007年正式施行的《中华人民共和国突发事件应对法》,集中体现了我国应急工作的法律要求,明确了政府、公民、社会组织在突发事件应对中的权利、义务和责任。

(二)社区灾害的管理原则和流程

1．社区灾害的管理原则

(1)统一领导原则:我国灾害应急管理体制是在党中央、国务院的统一领导下,由各级地方政府分级负责,依法按预案进行突发事件的应急管理工作。统一由党和政府领导,可以更好地发挥灾害管理中多部门协作的优势,提高灾害应对效率。

(2)综合协调原则:明确灾害管理各阶段、各环节、各组织单位的工作任务和职责,加强多部门在信息、技术、物资及救援队伍等方面的合作,保障防灾、减灾、救灾工作的顺利进行。

(3)分类管理原则:《国家突发公共事件总体应急预案》将突发事件分为四类,分别为自然灾害、事故灾害、公共卫生事件和社会安全事件。各类突发事件的发生过程、性质、机制不同，其应对技术、物资要求和专业知识需求都不同，因此，不同类型的灾害事件常规管理应依托不同的专业管理部门，实施分类管理。

（4）分级负责原则：我国现行行政体制中的层次架构为分级负责的灾害管理体制提供了基本组织保障。我国是一个幅员辽阔的大国，灾害种类多、频率高，不可能将所有灾害事件集中到某一个层级的政府来应对，因此，实施分级负责可以保证灾害管理的科学性和有效性。

（5）属地为主原则：灾害应急管理是一种非常态下的管理活动，既不可能完全按照现有行政管理构架进行，又不可能完全脱离现有行政管理构架，因此，实施属地为主的原则，由受灾区的地方政府统一组织灾害应对，同时发挥垂直指挥机构的作用，做到快速反应、协同应对。

2．社区灾害的应急处理流程

（1）启动应急预案：启动突发灾害事件应急预案，设立应急处理指挥部。

（2）应急报告制度和信息发布：卫生计生委要求，发生突发灾害事件后，应以最快方式报告，任何单位和个人都有权利通过电话报告疫情；对突发事件的信息举报和信息发布应按制度规定进行。

（3）社区灾害常规监测：虽然灾害一般是不确定的，但常规监测可提高灾害预警灵敏度，因此政府需投入大量人力、物力、财力设立监测点，开展常规监测。通常商店、街道、交警、社区所有公民都是监测的直接参与者和报告者，以确保在第一时间内开展救援和应急处理工作。

（4）控制灾情与求助：灾害发生后，应根据应急预案及时妥善地处置伤病员，稳定受灾群众情绪，并进行公共卫生管理，以尽量控制灾情蔓延；另外，灾害一旦发生，必然超过本地区的应对能力，因此只有及时取得外界援助才能有效降低灾害造成的损失。

（5）灾后恢复与重建：包括迅速恢复和重建遭受破坏的医疗卫生设施，提供正常的诊疗服务；协助政府做好受灾者躯体康复和心理康复工作；各科研机构开展科学研究，确定灾害的成因和致灾因素，总结经验与教训，为进一步完善灾害应急预案提供科学依据。

四、社区突发公共卫生事件的预警处置机制

（一）预警响应机制

社区突发公共卫生事件的应急预警是一种超前管理，目的是在事件发生前消除事件的诱因，将其控制在萌芽状态，包括突发公共卫生事件的风险评估、预警设施优化、应急预案制订等。

1．风险评估　风险评估是突发事件预警响应的核心，包括风险辨识、风险分析、风险评价，即量化突发事件的不确定程度和造成损失的程度。因此，风险评估要准确把握社区的风险种类和程度，为社区突发公共卫生事件预警指引方向。社区应建立、实施一个正式的、形成文件的风险评估过程，能够系统地识别、分析和评价突发事件对社区带来的风险。

2．预警设施优化　社区预警设施是突发事件预警响应的基础条件，预警信息需要通过预警设施及时传递到社区民众。因此需要利用科学手段，针对社区的实际情况，根据地理空间、社会因素、技术因素等，对预警设施进行优化设置，提高预警信息的可达性、准确性和可接受性。

3．应急预案制订　应急预案的制订是社区突发公共卫生事件预警响应的保障，其作用

是在突发事件发生时迅速按照既定程序进行处置。应急预案的制订也要从社区的实际情况出发，以风险评估的结论为依据，针对社区的典型突发事件和应对资源，有针对性地进行应急处置。

（二）突发公共卫生事件报告制度

依照国务院卫生行政主管部门制定的突发公共卫生事件应急报告规范，各地区有关部门建立紧急事件报告系统，将紧急情况公布于众。

1．报告时限　要求各级医疗卫生机构（含卫生院、个体诊所）初次报告必须在核实确认发生突发公共卫生事件后24小时内上报；阶段报告可按日报告，总结报告在事件处理结束后10个工作日内上报。遇到下列情形之一的，应在2小时内向上一级卫生机构及卫生局上报：①发生或可能发生传染病爆发、流行的；②发生或发现不明原因的群体性疾病的；③发生传染病菌种、毒种丢失的；④发生或可能发生重大食物和职业中毒事件的。

2．报告内容　应包括事件名称、初步判定的时间类别和性质、发生时间、发生地点、发患者数、死亡人数、主要临床症状、可能的原因、已采取的措施、报告人员及通讯方式等，并填写《突发公共卫生事件相关信息报告卡》。

3．报告方式　获得突发公共卫生事件相关信息的社区卫生服务站和责任报告人，应先以电话或传真等方式，向属地疾病预防控制中心报告，具备网络直报条件的同时进行网络直报；不具备网络直报条件的责任报告单位和责任报告人，应以最快速度将《突发公共卫生事件相关信息报告卡》报送属地疾病预防控制中心。接到《突发公共卫生事件相关信息报告卡》的专业机构，应对信息进行审核，确定真实性，并于2小时内进行网络直报，同时以电话或传真报送同级卫生行政部门。

（三）社区突发公共卫生事件的预防

社区突发公共卫生事件的共同特点是发生急、伤亡人数多、破坏正常社会秩序，这些特点决定了医疗卫生机构在突发公共卫生事件的应急管理体系中发挥举足轻重的作用。对社区突发公共卫生事件的预防包括如下几个方面：

1．提高社会防范意识　预防突发公共卫生事件，需要提高全民防范意识，落实各项防范措施，做好人员、技术、物资和设备的应急储备工作，对各种可能导致突发公共卫生事件的因素要及时分析、预警，做到早发现、早报告、早处理。

2．制订和完善应急预案　各级部门应根据不同突发公共卫生事件的特点制订相应的应急预案，并不断加以完善。实行突发公共卫生事件的分级管理，并在应急处理过程中坚持各级人民政府的统一领导和指挥，各部门按照预案规定各司其职，做好应急处理的相关工作。

3．加强社区风险评估　坚持环境监测，评估社区存在的环境卫生和安全隐患，确定可能存在的风险，并对风险加以识别、分析和评价。

4．动员社会广泛参与　社区突发公共卫生事件的预防需要全社会参与，各有关部门和单位要相互合作、资源共享，重视开展预防突发公共卫生事件的研究和培训，重视对社区人群进行公共卫生和自我保健的宣传与教育，广泛动员公众参与突发公共卫生事件的应急处理。

5．保护灾害易感人群　认识和确定社区中的灾害易感人群，在灾害或突发公共卫生事件发生前，采取有效措施对易感人群加以保护，从而可以减少突发事件的破坏和损失。

6．制订家庭防灾计划　根据政府或部门的突发公共卫生事件防治和应对预案，为社区家庭制订相应的预防和应对计划，以有效提高突发事件的应对能力。

7. 重视社区护士的作用　社区护士是突发公共卫生事件应急预案的重要执行者,其在突发事件预防中的作用不可忽视。社区护士应根据预案要求,积极落实应急设施、设备、药品和器械等物资储备,参加突发事件应急管理的相关培训及演练,以提高自身的应对能力。

第二节　社区灾害的救护

一、社区灾害的预检分诊

预检分诊(pre-examination of triage),也称检伤分类,是指评估伤员身体状况的紧急与严重程度,确定同时处理多名伤员时的先后顺序。预检分诊的目的是在有限的人力资源情况下,使尽可能多的受灾者在最短时间得到有效救护,包括伤病员的预检分诊和心理问题的预检分诊两个部分。

(一)伤病员的预检分诊

预检分诊可以将众多的伤病员分为不同等级,按伤势轻重有条不紊地开展现场医疗急救和梯队顺序后送,从而提高灾害救援效率,积极改善伤者预后。

1. 预检分诊的等级与标记　国际上惯用的分类标准是使用不同颜色将伤员分为四类。

(1)第一优先(immediate):红色标记,代表有生命危险但有救治希望,需立即救治。如肢体大动脉出血、张力性气胸等。

(2)第二优先(delayed):黄色标记,代表伤员有严重损伤但目前稳定,可暂缓治疗。如肢体单纯性骨折等。

(3)第三优先(minimal/non-urgent):绿色标记,代表伤员伤势轻微,可以组织他们自救互救。如体表擦伤、挫伤,出血较少的创口等。

(4)第四优先(black):黑色标记,代表已死亡或伤情过重无存活希望者,后者可给予姑息处理。如重型颅脑损伤、95%以上的Ⅲ度烧伤等。

2. 预检分诊的常用方法

(1)START处置程序:中文译为简单分类与快速治疗系统(simple triage and rapid treatment triage,START),是1983年美国建立的应用于较大灾害时医疗救援的快速检伤分类系统,是目前世界上运用最广泛的预检分诊方法。START通过评估伤员的行走能力、呼吸、循环和意识4个方面进行预检分诊,具体内容见表12-1,其操作流程如图12-1所示。

表12-1　START处置程序内容

优先等级	分诊结果	症状表现	颜色标记
第一优先	立即	呼吸>30次/分;桡动脉搏动不能触及,或毛细血管充盈时间>2秒;不能遵从指令	红色
第二优先	延迟	不能行走,且不符合红色和黑色标准	黄色
第三优先	轻伤	可自行行走至指定的安全地点进一步评估	绿色
第四优先	死亡	尝试开放气道也无呼吸	黑色

(李秀华.灾害护理学.北京:人民卫生出版社,2015.)

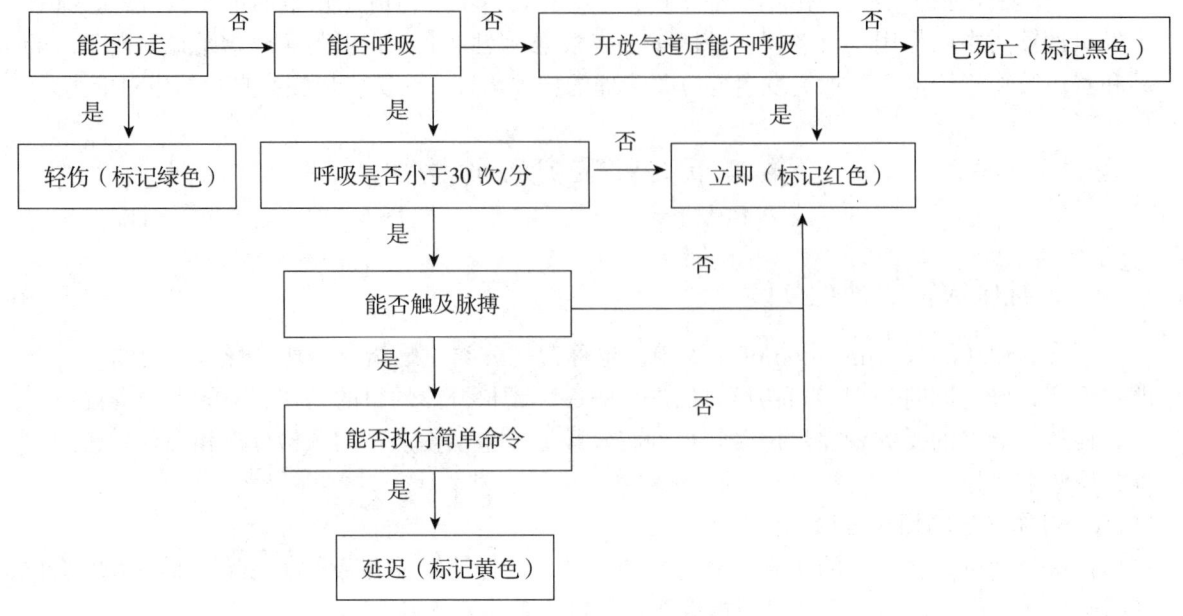

图 12-1 START 处置流程

（2）MASS 预检分诊法：该方法以 START 处置程序为基础，采取不同的评估方式，在对每一个伤员进行检查前即将其分入某一类别。MASS 分别代表 move（运动）、assess（评估）、sort（分类）、send（转运）。首先观察"运动"能力，指导能自己行走的伤员到指定区域，并为其佩戴绿色标记，不能自己行走的伤员要求他们移动一侧上肢或下肢，能任意移动肢体者挂黄色标记，不能遵嘱移动肢体者，将进入下一步"评估"，并分入"立即"组或"等待"组。评估参照 START 程序进行，同时实施主观判断，将致命伤伤员分入"等待"组，而不是直接挂黑色标记，包括 100% 面积的烧伤者等。"分类"是根据客观指标进行，并根据"分类"安排"转运"。

（3）分筛与分类法：分筛与分类（triage sieve and sort）法是一种流行于英国的预检分诊法，同样把伤病员分为四类，但包含了两个层次的评估分类工作。分筛（the sieve）主要在灾害现场使用，需要评估伤员是否能走动、是否能自主呼吸、呼吸频率、毛细血管充盈时间或者心率来进行分类；分类（the sort）则是在现场临时救治站使用修订的创伤指数对伤病员进行再次评估分检，如具体解剖生理信息等。

（二）心理问题预检分诊

心理问题的预检分诊对象主要是受灾人员、受灾者的陪护人员以及救灾人员，目的是对其精神损伤进行检伤分类后，安排其进一步接受心理干预。通常心理问题的表现包括：

1. 正常反应　表现为不安、寒战、恶心、呕吐，对简单命令可以执行。

2. 过度反应　表现为语言行为过当，如讲恐吓性故事、说不当幽默、到处乱窜等过分反应。对此类患者应尽快将其隔离现场。

3. 转换反应　多出现听力障碍、视力障碍、癔症性昏迷、麻痹等躯体症状。对此类患者应及时给予相应护理。

4. 惊吓　表现为判断力丧失。此类患者可能引发"群体恐惧心理"，应对其采取相应隔离措施。

5．外伤性抑郁　常为呆坐状态，表现类似"正常反应"，但能参与简单的救助活动。

二、社区灾害的现场救护

(一)现场救护原则与技术

1．现场救护原则

(1)先救命，再治伤：坚持生命第一原则，首先解除伤者的致命性因素，再考虑创伤治疗。

(2)先重伤，后轻伤：按照预检分诊的优先救治次序，优先救治红色标记的伤病员。

(3)先排险，后施救：灾害现场的潜在危险对救援人员和受灾群众都是巨大威胁，救援人员在开展救护工作之前应首先排除现场险情，做好必要的职业防护。

(4)先分类，再转送：预检分诊、分级救护是灾害救援中不变的核心，目的是利用有限的资源救治更多的生命。

2．现场救护技术　常用现场救治技术包括心肺复苏、保证气道通畅、提供有效呼吸、维持循环功能、控制外出血、保护受伤的颈椎、骨折固定等。救护措施按VIPCIT程序化处理，能达到降低死亡率和伤残率的目的，其中V是呼吸支持，I是建立静脉通道，P表示心脏循环功能支持，C为控制出血，I是可靠制动，T是安全转运。具体内容如下：

(1) V (ventilation)：保持气道通畅，保证正常通气和充分氧合作用。严重创伤患者常伴有呼吸道梗阻，必须及时清理口咽分泌物、呕吐物、血凝块、泥土等。

(2) I (infusion)：输血或输液，以扩充血容量及功能性细胞外液，防休克和病情恶化。尤其当现场距治疗单位超过30分钟路程，或早期出血速度在25～100ml/min时，现场静脉输液可有效防止病情进一步恶化。

(3) P (pulsation)：心泵功能的维护与监测。胸外伤患者，如在扩容和气道通畅的情况下，突然出现面色发绀、呼吸急促、血压不断下降、脉弱而不规则、颈静脉充盈、心音遥远或消失，表明心脏压塞引起心源性休克，院前最佳救治措施是心包穿刺、输液、扩容和迅速转运。

(4) C (control bleeding)：紧急控制出血。外出血者，紧急措施为加压于出血点、抬高受伤部位肢体，或在伤口处覆盖辅料加压包扎，一般不用止血带。疑有胸、腹、腹膜后大出血，可行胸或腹腔穿刺等简易诊断法，边抗休克，边转运。

(5) I (immobilization)：可靠制动。对于开放性骨折，应先止血包扎，然后固定。现场固定伤肢要求简单、快速、有效，必要时就地取材，固定时要包括伤口上下方关节。

(6) T (translation)：搬运伤员。分徒手搬运和担架搬运法，搬运过程中须保证不增加伤员痛苦和伤情，同时途中密切观察病情，必要时给予紧急治疗和护理。

(二)灾害救护现场护士的职责

护士是灾害救护现场的主力之一，充分发挥护士的救援作用，可以提高救援效率，有效降低伤亡率。灾害救护现场护士的主要职责包括：

1．快速有序的预检分诊　护士来到伤员身边的最初60秒内要完成对伤员的快速检伤，同时注意其紧急治疗需要，排除或解除威胁生命的因素后，进行系统检查，以防漏诊或在搬运途中加重损伤。

2．现场基本的创伤救治　护士配合医生以抢救生命、稳定病情、迅速转运为工作目标，于现场救护的各个环节中发挥专业优势，实施专业救护。

3．组织群众转移与撤离　在特定情况下，护士还要承担起组织受灾群众转移和撤离的任务，需要保障人员健康、安全，同时做好撤离后的环境卫生工作，降低风险。

4．受灾群众的心理护理　灾害现场救护中不仅要救治伤病员的躯体外伤，还应注意受灾群众的心理创伤，对心理问题加以疏导，逐步减轻其恐惧、紧张等心理应激反应，必要时遵医嘱给予精神类药物。

5．协调沟通及现场管理　社区护士通常是受灾现场的第一批救援者和应急预案的实施者，需要承担起灾情报告、评估、干预、记录等诸多工作任务，同时与相关部门进行有效协调，保证救护工作的顺利实施。

6．灾害应对与自我调节　社区护士奋战在灾害救援的第一现场，巨大的工作量和紧张的工作氛围易导致其身心疲劳，身体和精神都处于极限状态，救援过程中护士也要对自己身心健康状态予以了解，并适当进行自我调节，必要时可寻求专业帮助。

（三）灾害现场伤病员的转运

经过初步伤情评估、实施救护后，除不宜转运的危重伤病员暂时留置观察外，其他伤病员应迅速、安全地转送到后方医院接受进一步专科救护。

1．转运的一般要求

（1）争分夺秒：快速转运是提高救援效率的重要环节，迅速及时地转运应在保障伤病员安全的前提下进行。

（2）按序转运：伤病员转运顺序的安排应根据预检分诊的结果，既保证各类伤员都能得到相应救治，又使优质资源用到最需要的伤员身上。

（3）持续监护：转运工作是救援工作的一部分，在转运过程中要由医护人员持续监护伤者的病情，保持治疗和护理的持续性。

（4）做好交接：将伤病员转送至后方医院时，随行护士应即刻向迎接的医护人员汇报伤者的基本情况和转运途中的情况，做好交接并登记。

2．常见转运方式

（1）担架转运：是最常见、对设备要求最低、机动性最好、最基础的转运方式，但对转运人员的体力要求高、速度慢，不适合长途转运。

（2）汽车转运：是一种常用的快速转运方式，也是目前最普遍的转运方式。

（3）火车转运：转运速度快、舒适平稳度高，但受技术及硬件条件限制，只能作为伤病员从第一现场转运出来之后的后续转运措施。

（4）飞机转运：是目前大型灾害救援中使用越来越多的转运工具，速度快、效率高，可以直接进入灾区现场进行伤员转运，但对资金、技术、设备等要求比较高。

（5）轮船转运：易受风浪影响，且速度较慢，也易受技术和条件限制，一般较少应用于伤员转运。

第三节　社区灾后重建的健康管理与护理

社区灾后重建需要涉及方方面面的内容，可分为物质空间的重建、社会功能的恢复、受灾者躯体心理康复三大方面。做好社区灾后健康管理与护理，可更好地帮助受灾者实现躯体康复和心理康复。

一、灾后受灾者康复期医疗护理服务

社区是灾后伤病员康复的主要场所。社区康复是针对从综合医院康复医学科出院,但仍存在一定功能障碍的伤员需要终身康复治疗或指导的康复。康复期社区医疗护理服务可以从如下几方面进行:

1. 康复评定服务　康复医师、治疗师、护理师等专业团队,定期或不定期到伤员生活工作环境中进行康复评定,判断其康复程度,为调整康复方案提供依据。

2. 康复指导服务　伤员定期或不定期到社区康复门诊或机构进行康复咨询,医护人员可为其提供功能锻炼指导、调整康复方案、回馈康复问题等。

3. 并发症防治服务　指导伤员积极预防或治疗并发症,必要时指导其进行环境改造,以利于康复训练和并发症防治管理。

4. 心理护理服务　当进入康复期的伤员从较多社会关注下回归平淡的居家生活时,需要社区医疗机构提供持续的心理随访服务,特别是那些仍伴有功能障碍的伤员,需要社区医护人员帮助其重新调整心理状态,以适应新生活。

二、灾后社区公共卫生管理

灾后公共卫生管理是灾后重建的重中之重,内容包括重建公共卫生设施与职能,做好灾后卫生防疫工作、安全食品与饮用水供应、疾病防控、免疫接种等工作。公共卫生管理是灾后重建顺利实施的重要保证。

1. 公共卫生设施管理　灾害经常导致灾区公共卫生设施毁坏,受灾群众缺乏相应的卫生防护而致使生存脆弱性增强。因此重建灾区公共卫生设施,尽量恢复其卫生防护功能,保证受灾群众的生活安全,如排泄物和垃圾处理站、污水处理系统、安全饮用水供应系统的重建等。

2. 灾后卫生防疫管理　灾后卫生防疫工作是避免大灾之后出现大疫的重要手段,主要从控制传染源、阻断传播途径、保护易感人群三个方面着手,如移走污染源、对环境进行消毒灭菌、隔离和治疗感染者、控制传播媒介、强调个人卫生和提供预防药物等。

3. 安全食品和饮用水管理　城市社区受灾后,安全食品供应体系的重建是最紧急任务之一,食品供应的中断、就餐场所的毁坏、饮食类型及方式的改变,直接使受灾群众暴露在高风险的食品卫生环境中,甚至导致二次危害;同样,安全饮用水供应属于基础设施的生命线工程,也是灾后急需恢复和保障的主要公共服务。

4. 疾病防控管理　预防控制传染病,做好疫情监测、保证疫情信息渠道畅通,同时对重点疾病或临床症候群加以持续监测,如痢疾、霍乱、疟疾、乙脑等,在临时避难所等人群聚集区,重点监测呼吸道传染病,如百日咳、流感、手足口病等。

5. 预防接种管理　在灾后易感人群的预防接种中,应重点做好婴幼儿及儿童的免疫接种,如麻疹疫苗、白百破三联疫苗的预防接种。

6. 母婴保健管理　产妇是临时避难所中育龄妇女死亡的主要人群。产妇与婴儿的健康管理可以从健康教育和知识传授,产前、分娩和出生后健康管理,营养补充,鼓励母乳喂养,计划生育,婴儿免疫接种和体重监测等方面进行。

7. 人群健康教育管理　向受灾人群进行灾后防疫、免疫接种、食品卫生、环境卫生等方面的健康宣传，尤其做好防灾减灾的教育宣传，预防灾后的次生灾害和衍生灾害。

三、灾后重建期人群的心理干预

（一）常见心理健康问题

1. 心理应激反应　在应对突发灾难性事件时，人们通常缺乏心理准备，只能依赖于既往生活经验、思维模式和行为方式的惯性应对，但这种应对能力往往低于灾害产生的心理压力，于是出现一系列心理应激反应。

（1）灾后心理应激反应的分期：灾后心理应激反应可分为休克期、反应期和修复期3个阶段。

1）休克期：一般出现在灾后48小时内，表现为否认、恐慌、回避、害怕、怀疑、自制力丧失等负性反应。

2）反应期：发生于灾后48小时至2周内，除了休克期的表现外，还可能出现绝望、易怒、失眠、家庭暴力等过度反应。

3）恢复期：出现于灾后2周到6个月内，表现为个人的自制力逐渐恢复，家庭功能恢复并开始新的生活。

（2）心理应激反应的一般表现：个体产生的一般性心理应激反应可分为生理、认知、情绪、行为4个方面的表现。

1）生理反应：表现为失眠、噩梦、易醒、疲倦、呼吸困难、窒息感、发抖、容易出汗、呕吐、腹泻、食欲下降、口干等。

2）认知反应：表现为否认、自责、罪恶感、自怜、不幸感、无助感、敌意、多疑等。

3）情绪反应：表现为悲观、愤怒、痛苦、焦虑、抑郁、沮丧、失落、惊慌、麻木等。

4）行为反应：表现为注意力不集中、逃避、强迫、坐立不安、举止僵硬、拒绝进食或暴饮暴食、酗酒、反复回忆、过度依赖、自伤等，儿童也可能出现反常的成熟表现，如退行性行为或言语减少等。

（3）心理应激反应的影响因素

1）灾害事件的性质、强度和对个体生活的影响程度。

2）个体的易感性和心理承受能力，包括个体的性格特征、应对方式、教育水平、观念、生活信仰、健康状况等。

3）社会支持系统的强度和个体对可利用资源的利用能力。

2. 心理应激障碍　灾害产生的心理应激反应随着心理的调整与适应多在灾后一段时间后消失，人们生活逐渐恢复常态。但也有部分受灾者的心理应激状态持续存在，甚至发展为心理应激障碍。常见心理应激障碍有急性应激障碍、创伤后应激障碍和适应障碍3种。

（1）急性应激障碍（acute stress disorder，ASD）：是以急剧、严重的创伤性生活事件为直接原因的一过性精神障碍。ASD一般于受刺激后几分钟至几小时发病，症状表现为一系列生理心理反应，包括强烈的恐惧、警觉性增高、回避、易激惹、盲目行为、精神运动抑制甚至木僵等。上述症状一般持续数小时到1周，多于4周内缓解，及时进行心理干预对ASD的治疗非常重要，若没有得到及时干预，20%～50%的人会转变为创伤后应激障碍。

（2）创伤后应激障碍（posttraumatic stress disorder，PTSD）：又称延迟性心因性反应，

是指遭受强烈的或灾难性精神创伤事件后，数日至半年内出现的精神障碍。临床主要出现三大核心症状，分别是再体验、回避、高度警觉性。

1）再体验：表现为以多种形式反复重新体验创伤性事件，有挥之不去的闯入性回忆，频频出现痛苦梦境。部分患者似又重新经历了创伤性事件，出现事件发生时所伴有的各种情感，持续数秒到几天不等，称为"闪回"。

2）回避：表现为对创伤相关刺激存在持续的回避，回避对象包括具体的场景和情境、有关的想法、感受及话题等。对创伤性事件的失忆也是回避的表现之一。

3）高度警觉性：表现为持续焦虑和警觉性过高，如难以入眠或不能安眠，易受惊吓，做事无法专心等。

（3）适应障碍（adjustment disorder）：指具有易感性的个体，在应激性事件后出现的反应性情绪障碍、适应不良性行为障碍，引起个体社会功能受损。一般在事件发生后1个月内起病，病程一般不超过6个月。适应障碍主要表现为情绪障碍，也可出现某些适应不良行为和生理功能障碍。成年人多以抑郁心境为主，青少年可表现为品行障碍和社会适应不良行为，如破坏公物、逃学、打架，甚至暴力犯罪等。

3．灾后不同群体的心理行为反应

（1）幸存者的心理行为反应：心有余悸是幸存者的普遍反应。灾害发生后的初始阶段，幸存者会产生一种"不真实感"，宛若梦境，不相信眼前发生的一切是真实的；在意识到残酷的现实之后，便会转入消沉阶段，对周围事物变得麻木，其应对能力仍处于较低水平；当心理应激继续升高后便可出现ASD或PTSD，甚至产生自杀倾向。

（2）罹难者家属的心理行为反应：亲人遇难后，家属会陷入巨大悲痛中，内疚、自责是常见的心理反应，同时出现不同程度的生理、情绪、认知、行为异常，甚至出现精神崩溃、自伤、自杀等应激障碍表现。

（3）救援人员的心理行为反应：救援人员夜以继日地投入救灾，除了睡眠不足、工作强度大、体力严重透支外，目睹越来越多的伤亡者，惊骇、悲哀、无能为力和挫折感是最突出的心理反应，焦虑、茫然、悲观是常见的情绪反应。

（4）一般公众的心理行为反应：每一个见证灾难的人都会出现或多或少的心理行为反应，震惊、恐惧、忧郁、哀恸、悲伤、焦虑、失落等是常见的情绪反应；行为上可能出现躲避、失眠、酗酒、过度行为（如反复洗手）等。

（二）心理干预

1．受灾成年人的心理干预　常用心理干预措施包括陪伴与支持、情绪管理、认知 - 行为疗法等。

（1）陪伴与支持：陪伴受灾者，以理解的心态倾听其倾诉，并做适当回应，不将自身的想法强加给对方；通过积极关注、支持、解释等方式帮助受灾者建立安全感，消除其不确定感；帮助受灾者与其社会支持系统取得联系，并与相关社会部门或组织进行沟通，尽可能帮助受灾者解决实际困难。

（2）情绪管理：可通过放松训练、适度情绪释放（如放声大哭）、转移注意力、适度安排工作任务等方式减轻其负性情感体验，帮助其恢复心理平静。

（3）认知 - 行为疗法：是一组通过改变思维和行为来改变不良认知，达到消除不良情绪和行为的短程心理治疗方法。主要包括建立咨询关系、确定咨询目标、确定存在的问题、检验表层错误观念、纠正核心错误观念、改变认知、巩固新观念等步骤，是一种专业的心理干预方式。

2．受灾儿童的心理干预　儿童对灾害现实的接受能力差，相对容易出现心理伤害，从而出现各种行为异常，所以对儿童的心理保护尤其重要。儿童心理干预除了可采用部分成人干预方法外，还应注意如下方面：

（1）鼓励表达：鼓励儿童表达自己的心理感受，同时采取共情的方式认真倾听其诉说，允许他们采取哭泣、嚎叫等正常的情绪宣泄方式，不强求他们勇敢或镇静。

（2）适当解释：告诉孩子他们所有的担心、害怕、委屈都是正常的，对孩子不理解、不明白的事情要用他们能够理解的方式加以解释，同时适当鼓励，帮助其看到未来生活的希望。

（3）积极应对：及时发现、积极应对孩子的心理问题，必要时寻求精神科医生的帮助。儿童的照顾者应尽量稳定自己的情绪，用坚强的意志、坚定的信心和积极的生活态度正面影响儿童。

3．救援人员的心理干预　救援人员的心理危机不容忽视，灾后1～2周内即应开展救援人员的心理健康教育，此外还应建立健康档案进行长期随访，发现问题后及时开展心理疏导和心理治疗。常用的干预方法如下：

（1）开展心理健康教育：通过健康教育帮助救援人员学习心理健康的相关知识、正确认识所经历的应激事件，帮助其掌握基本的心理压力应对方法和自我放松训练法，辅助其进行心理调节。

（2）个体心理咨询：常用非语言交流技术、倾听技术、提问技术、语言交流技术、共情技术等咨询技术对灾后救援人员开展心理咨询服务。

（3）团体心理咨询：指在团体情境下提供心理帮助与指导。由于救援人员共同承担了灾害救援的某项任务，具有共同的经历和共同的情感体验，因此采用团体心理咨询法，通过共同探讨、训练、引导，促使团体成员了解自己与他人心理的异同，然后彼此启发、相互支持，共同促进心理康复。

案例分析

近日某地连降大雨，上午10点27分，距离社区卫生服务中心1.5千米的一处山体发生了滑坡，山下十余栋民房被山上滚下的巨石、土块砸毁。社区护士小李马上与当班的3名医生、5名护士携带了急救箱奔赴现场。他们到达现场后发现场面十分混乱，有人哀嚎、有人抽泣、有人茫然不知所措，还有十余个伤者正不断擦拭受伤部位流出来的血，隐约还能听见被砸院内传来呼救声。

【社区护理评估】

（1）环境与险情评估：社区护士首先观察环境，评估险情，排除再发山体滑坡、房屋倒塌等危险因素，保证救护环境的安全；

（2）受灾者伤情评估：评估现场受伤人数，对十余位流血伤员查看其损伤部位、出血速度、对生命体征的影响程度等。

（3）居民自救情况评估：二十多名受灾居民已经自行逃离到安全地带，但有人称仍有五六个伤者因伤势过重，还在自家院子或室内；居民已经拨打了120急救电话和119消防电话,但是救援人员尚未赶到。

【社区护理诊断】

(1)社区应对无效:与受灾人群缺乏灾害应对能力有关。

(2)有体液不足的危险:与受伤部位失血有关。

(3)恐惧:与社区居民亲身经历突发灾害性事件有关。

【社区护理计划】

(1)社区护理实施计划

1)引导群众全部撤离到安全地带。

2)安抚受灾群众,消除群众的恐惧、焦虑情绪,恢复现场秩序。

3)指挥群众开展有效的自救和互救,如相互止血、包扎,并根据险情适度指挥群众开展院内和被埋人员的抢险救援。

4)对受伤者采取预检分诊(可以按照START程序开展工作,也可按其他程序开展工作)

5)对伤者实施现场救护技术,可以按照VIPCIT程序化方式开展相关救护工作。

6)救援队伍到来之后,协助进行伤者的转运及途中护理。

(2)社区护理评价计划

1)群众全部撤离安全地带。

2)群众的情绪趋于稳定。

3)伤者根据伤情接受救护并转运到医院接受治疗。

(钟丽丽)

思考题

一、单项选择题

1. 灾害的两个共性要素是( )

    A. 破坏性和经济损失严重

    B. 经济损失严重和需向外界求助

    C. 破坏性和突发性

    D. 突发破坏性和需向外界求助

2. 我国社区灾害组织体系中的最高行政领导机构是( )

    A. 党中央

    B. 国务院

    C. 地方政府

    D. 卫生厅(局)

3. 护士在预检分诊时发现伤者呼吸在每分钟30次以上,且桡动脉不能触及,应给与伤者分类标示的颜色是( )

    A. 红色

    B. 黄色

    C. 绿色

    D. 黑色

4. 以下有关灾后心理应激分期的描述正确的是（　　）

　　A．反应期一般出现在灾后48小时以内

　　B．恢复期发生于灾后48小时至2周内

　　C．休克期的表现是否认、恐慌、回避、怀疑等

　　D．恢复期容易出现易怒、家庭暴力等过度反应

5. 对受灾儿童进行心理干预，以下做法不可取的是（　　）

　　A．鼓励儿童大声哭泣来宣泄情绪

　　B．给孩子解释灾害过程中的某些现象

　　C．告诉孩子要尽量稳定自己的情绪，保持勇敢镇静

　　D．用自己的坚强意志和积极态度感染孩子

二、多项选择题

1. 以下属于灾害特点的是（　　）

　　A．突然性

　　B．紧迫性

　　C．公共性

　　D．复杂性

　　E．破坏性

2. 以下属于社区护士在灾害救援中的基本角色的是（　　）

　　A．灾前备灾的教育者

　　B．灾害现场的救援者

　　C．受灾人员的照顾者

　　D．救灾现场的指挥者

　　E．灾后重建的实施者

3. 下列属于急性应激障碍的临床表现的是（　　）

　　A．多发生于受刺激后几分钟到几个小时

　　B．患者可出现易激惹、盲目行为甚至木僵状态

　　C．有再体验、回避、高度警觉性三大核心症状

　　D．症状一般持续数小时到1周

　　E．易在半年内出现精神障碍

三、简答题

1. 简述社区灾害的管理原则。
2. 简述灾害救护现场护士的职责。

四、论述题

请叙述应用START处置程序进行灾害现场预检分诊的具体操作。

参考答案

第一章　社区卫生服务

一、单项选择题

1．B　2．A　3．A　4．D

二、多项选择题

1．ABCD　2．CD

三、简答题

1．2017年，我国卫生计生委发布的《国家基本公共卫生服务规范（第三版）》所提出的公共卫生服务内容有几大类？请具体指出。

答：12大类。《国家基本公共卫生服务项目（第三版）》包括建立居民健康档案、健康教育、预防接种、儿童健康管理、孕产妇健康管理、老年人健康管理、慢性病患者健康管理、严重精神障碍患者健康管理、结核病患者健康管理、中医药健康管理、传染病和突发公共卫生时间报告和处理及卫生计生监督协管。

2．社区卫生服务机构是提供社区卫生服务的主体，该机构有哪些服务功能？

答：社区预防；社区保健；社区医疗；社区康复；社区健康教育；社区计划生育。

第二章　社区护理

一、单项选择题

1．D　2．B　3．C　4．B　5．A　6．B　7．A

二、多项选择题

1．ABDE　2．ABCDE　3．BC

三、简答题

1．简述社区护理的特点。

答：①以促进和维护健康为中心；②服务对象的广泛性；③服务内容的综合性；④服务时间的长期性；⑤具有高度自主性；⑥需要多学科密切协作。

2．列举常用的社区健康评价指标。

答：（1）率和比：①率；②比；③构成比。

（2）发病指标：①发病率；②罹患率；③患病率；④感染率；⑤续发率。

（3）死亡指标：①死亡率；②病死率；③生存率。

四、论述题

假设社区护士要为社区乳腺癌女性高危人群提供服务，可以应用"与社区为伙伴"模式，具体步骤如下①评估服务对象：收集影响社区女性乳腺癌发病的因素，如女性的遗传史、家族史、孕产史、哺乳史、月经史、乳腺疾病史等，生活饮食方式、工作压力、性质等，全面评估服务对象，以及社区乳腺癌发病率、五年生存率、筛查情况等信息。②确定社区护理诊断：根据社区资源的现状，分析社区的健康需求，找出社区压力源，分析压力反应的严重程度，初步确定护理诊断。社区目前没有开展乳腺癌筛查相关项目，需要满足该类群体的需求，同时加大乳腺癌筛查的宣传教育工作，增强女性对乳腺癌的重视程度，护理诊断为社区应对无效：女性对乳腺癌认知较差。③制订社区护理计划：根据护理诊断，遵循三级预防的原则制订护理计划。一级预防是通过健康教育的方式增强女性对乳腺癌预防知识的掌握；二级预防是教会女性乳腺自检方法，尤其是有家族史、乳腺疾病史者，鼓励女性参与社区定期免费开展乳腺癌筛查项目，早期发现、早期诊断、早期治疗疾病；三级预防是对于已经确认的乳腺癌疾病女性，指导其积极就医，关注其治疗过程，出院后及时随访，预防其并发症的发生。④实施社区护理计划：充分利用各种资源，积极动员个人、家庭、社区共同参与护理计划的实施，社区护士调动女性及其家人共同参与。⑤效果评价：对护理措施实施后的效果进行评价，决定护理计划的终止或者修改，通过评估女性对乳腺癌相关知识的掌握程度，早期发现疾病的情况，如果情况改善，可终止护理计划，如果情况没有缓解，可查找原因，修改护理计划。

第三章　社区健康教育与健康促进

一、单项选择题

1．D　　2．A　　3．A

二、多项选择题

1．ABD　　2．ABCD　　3．AC

三、简答题

保护动机理论认为威胁评价包括哪些因素？

答：保护动机理论认为威胁评价包括促进健康不良行为出现的因素、减少健康不良行为出现的因素。其中，促进健康不良行为出现的因素有外部奖励（如青少年吸烟行为中的同伴吸烟）和内部奖励（如青少年吸烟行为中的吸烟可缓解压力）；减少健康不良行为出现的因素有对健康威胁严重性的感知和对健康威胁易感性的感知。

四、病例分析题

答：根据行为阶段改变理论，小张的行为改变属于行动阶段，在这一阶段的个体已针对问题行为采取了行动，如参加健康教育相关课程、寻求专家帮助、探索自我改变的方法、制订行动计划等。

TTM强调将问题行为的干预拓展为不同阶段进行干预，根据干预对象的行为所处阶段提供具有针对性的行为支持技术。在第一、二阶段中（无打算改变阶段、打算改变阶段），应该通过启发，使其认识到问题行为的危害、对改变行为产生的收益与付出的成本进行权衡而产生改变行为的意向；在第三阶段（准备阶段），则应促使其做出自我决定，确定改变问题行为的策略；在第四、五阶段（本案例中的行动阶段、维持阶段），需要满足其行动需求，促进行动效果，并教会其自我强化、辅以改变环境等，避免复返现象。

第四章　以社区为中心的护理

一、单项选择题

1．D　　2．B　　3．A　　4．C　　5．D

二、多项选择题

1．ABCDE   2．ABC   3．ABCDE   4．ABDE

三、简答题

1．简述制订社区护理计划的步骤。

答：①选择适当的干预措施；②明确社区现有资源；③计划实施进度；④预算经费；⑤设置监督与评价体系。

2．简述一份完整的社区个人健康档案应包含的信息内容。

答：个人基本信息、健康体检、重点人群健康管理记录和其它公共卫生服务活动记录（除上述内容之外的接诊、会诊和转诊记录）等。

四、案例分析

答：（1）查阅二手资料：①书籍（包括雾霾形成的原理、损害人类健康的机制，以及居家防霾除霾的方法等）；②社区人口管理资料（社区人群的年龄、职业结构、）；③已就诊患者的医疗记录（了解患病过程与症状体征特点）；④本地环境监测资料（近几个月、近几年雾霾暴发的地区分布特征等）；⑤根据④的结果信息，检索已发表的科学研究，找到近似地区中相似发病案例的研究进行横向比较。

（2）问卷调查：设置并发放雾霾相关知识、态度及健康防护应对技术的问卷，对居民开展广泛调查。

（3）观察法：近期社区居民户外活动型态、外出时自觉采取呼吸系统自我健康防护行为的现况等。

第五章　以家庭为中心的护理

一、单项选择题

1．D   2．A   3．D   4．D   5．A   6．C

二、简答题

家庭功能都有哪些？

答：家庭功能包括情感功能、教育和社会化功能、生殖养育功能、经济功能、健康照顾功能。

三、病例分析题

答：1．连续照顾型家庭访视。

2．消毒物品及物品的补充；记录与总结；修改护理计划；与其他部门和人员协调合作；结束访视案例。

3．保守访问家庭的秘密；按所属单位的工作指南执行；利用专业技术、保证访视对象安全；协调合作，掌握并充分利用社区的资源；利用熟练的人际关系和沟通技巧，获得访视对象的信任；与护理对象共同制订计划、实施和评价。

第六章　社区儿童保健与护理

一、单项选择题

1．A   2．C   3．D

二、多项选择题

1．ACE　　2．ABCD　　3．ABC

三、简答题

1．简述学龄期儿童保健指导的主要内容。

答：①培养良好的卫生习惯；②培养正确姿势；③预防近视；④预防疾病；⑤劳动和体育锻炼。

2．简述维生素D缺乏性佝偻病的预防与护理。

答：①鼓励小儿多进行户外活动，生后2～3周即可带婴儿外出，冬季也应保证每日1～2小时的户外活动。如在室内活动，应开窗以利紫外线穿透照射。②提倡母乳喂养；人工喂养可选择维生素D强化配方奶粉，及时添加辅食，给予富含维生素D、钙、磷和蛋白质的食物；生后2周开始每日口服预防剂量维生素D400IU。③如已出现佝偻病早期症状如夜啼、枕秃、睡眠不安、烦躁、易激惹等，应及时就医，遵医嘱按时服用维生素D制剂，避免过量引起中毒；避免早坐、久坐、早站、久站和过早行走，以防出现脊柱后突、O形腿或X形腿等骨骼畸形或骨折发生；对已有骨骼畸形者可采取如按摩、矫形器等主动和被动运动的方法进行矫正。

3．简述预防接种中如何降低不良反应的发生和损害？

答：①告知健康状况：接种时，如实将健康状况告知医护人员，包括患病史、过敏史（食物和药物）、上次接种的情况。必要时，配合医护人员开展简单体检。②观察与休息：接种后不要匆忙离开医院，在接种现场观察30分钟。回家后继续加强观察，接种疫苗后应适当休息，多饮水，注意保暖，防止继发其他疾病，并注意接种局部的清洁，以防局部感染。

四、病例分析题

（1）婴幼儿腹泻。

（2）①注意观察病情变化，包括大便次数、性状、量等，有无脱水及全身症状，如发现病情加重应立即就医；②继续进食，可喂米汤或稀释的牛奶等流质，宜少量多餐，病情好转后逐渐恢复饮食；③每次大便后应先用柔软的纸巾擦拭、然后用温水清洗臀部，最后用纸巾擦拭并吸干。还应勤换尿布，保持会阴部及臀部干燥，必要时可使用氧化锌或5%的鞣酸软膏涂抹局部，预防尿布疹。

第七章　社区妇女保健与护理

一、单项选择题

1．C　　2．C　　3．B　　4．D

二、多项选择题

1．ACDE　　2．ABC　　3．ACD　　4．ABCE

三、简答题

1．简述妊娠期妇女的生理变化。

答：（1）生殖器官的变化：妊娠12周以后，增大的子宫渐呈均匀对称并超出盆腔，妊娠晚期子宫多呈不同程度的右旋。卵巢略有增大，阴道分泌物增多，外阴皮肤增厚，大小阴唇色素沉着。

（2）乳房：乳房增大，乳头及乳晕变大并着色，乳晕周围的皮脂腺肥大形成散在的结节状隆起，称为蒙氏结节。妊娠末期尤其接近分娩期时挤压乳房时有少量淡黄色稀薄液体溢出，称为初乳。

（3）呼吸系统：妊娠期耗氧量增加，呼吸方式由腹式呼吸转为胸腹式呼吸，呼吸道黏膜充血水肿，孕妇常感到呼吸困难。

（4）循环系统：妊娠晚期，膈肌升高，心脏向左、上、前方移位，心率每分钟增加10~15次，血容量增加35%，易出现妊娠生理性贫血。

（5）消化系统：约半数孕妇在早期有恶心、呕吐等消化道症状，在妊娠3个月时自行消失，胃肠道蠕动减慢，引起上腹饱胀感和便秘。

（6）泌尿系统：妊娠期母子代谢产物的排泄量增多，肾脏血液量及肾小球的滤过率在整个妊娠期都维持高水平，至足月时比孕前可增加30%~50%。

（7）其他：妊娠期垂体分泌促黑素细胞激素增加，孕妇面额、腹白线、外阴等处出现色素沉着。随着妊娠子宫增大，腹壁皮肤弹力纤维断裂，腹壁皮肤出现紫色或淡红色妊娠纹。

2. 简述产褥期妇女日常生活保健指导的主要内容。

答：（1）饮食与营养：合理的饮食是产妇恢复和乳汁分泌的重要保证。哺乳的产妇可不限制餐次，宜少量多餐。多摄入富含蛋白质的汤汁类食物，如鸡汤、鱼汤、排骨汤等，同时注意适当增加富含钙、铁、碘、锌及各类维生素食物的摄入。不哺乳的产妇饮食与孕前相同。

（2）清洁与舒适：每日用温开水清洗外阴，使用消毒会阴垫，保持会阴清洁，预防泌尿生殖道感染。如会阴有肿胀，可用50%硫酸镁湿热敷。产后1周内有大量褥汗排出，每日可用温水擦浴或淋浴，避免盆浴，勤换衣裤，保持皮肤清洁。

（3）休息与睡眠：指导产妇学会与婴儿同步休息，保证充足的休息和睡眠，每天睡眠不少于8小时。

（4）活动与运动：经阴道分娩的产妇，产后6~12小时内即可在床边轻微活动，产后2天可在室内随意走动。如有会阴侧切或剖宫产，应适当推迟活动时间。社区护士可指导产妇做产褥期保健操，有利于促进腹壁、生殖器官和会阴盆底肌肉张力的恢复。产褥期内，盆底组织张力尚未恢复，应避免重体力劳动，以免引起子宫脱垂及阴道壁膨出。

（5）自我监测：指导产妇自己学会观察恶露、伤口情况，如出现异常，应及时就医。

（6）性生活和避孕指导：产褥期禁止性生活，待恶露干净后可恢复性生活。但无论哺乳与否，均需注意避孕，指导夫妻选择合适的避孕措施。

3. 简述促进母乳喂养的方法。

答：（1）早接触早吸吮：能促进缩宫素和催乳素的分泌，刺激子宫收缩，减少产后出血，并促进乳汁的分泌。婴儿出生30分钟内即可俯在母亲胸前进行皮肤与皮肤的接触，并开始早吸吮。

（2）按需哺乳：在婴儿哭闹或母亲觉得奶胀时，即可喂奶，喂奶的次数与间隔时间不受限制。哺乳后，应将婴儿抱起轻拍背部，以便排出胃内空气，防止婴儿溢乳。

（3）哺乳体位：母亲取坐位或卧位，全身肌肉放松抱好婴儿。婴儿的头与身体呈一直线，脸对着乳房，鼻子对着乳头，婴儿身体紧贴母亲，若是新生儿，应托着其臀部，母亲的手呈C字形支托乳房。

（4）婴儿正确的含接：乳母在喂哺的时候先将乳头轻轻触及婴儿口唇，诱发觅食反射，当婴儿口张大的一瞬间，迅速将乳头和乳晕一起柔和的塞入婴儿口中。当含接正确时，可见婴儿的嘴及下颌部紧靠乳房，嘴张得很大，婴儿上唇上面可看到部分乳晕，但在下唇外较少见到。婴儿吸吮动作缓慢而有力，显得轻松愉快，母亲不感到乳头疼痛。

(5) 交替喂哺：每次哺乳应两侧乳房交替进行，并挤空剩余的乳汁，这样可以促进乳汁的分泌。

(6) 如何判断婴儿是否吃饱：每次哺乳时听到吞咽声，24小时内有6次以上湿尿布，并有2～4次少量软质大便，说明有足够的入量；两次喂奶之间，可见婴儿有满足感、安静，每日体重增长18～30g，每周体重增长125～210g；母乳喂养前乳房有涨满感，喂奶后松弛。

三、病例分析题

答案：

(1) 产后抑郁症。

(2) 护理措施：①一般护理，保证产妇充足的休息和睡眠，合理安排饮食，使产妇具有良好的哺乳能力。②心理护理，耐心倾听产妇的倾诉并提供相应指导，帮助产妇调整心理状态。③指导新生儿照护，帮助产妇掌握母乳喂养、照顾新生儿及产后自我护理的技巧，使其树立信心，尽快适应母亲角色。④防止自杀行为发生，注意安全保护，谨慎安排产妇生活和居住环境，预防产妇自杀。

第八章　社区老年人群保健与护理

一、单项选择题

1. C　　2. D　　3. C

二、多项选择题

1. AD　　2. ABCD　　3. ABCDE

三、简答题

1. 简述老年人保健的原则。

①安全性原则；②全面性原则；③独立性原则；④参与性原则；⑤平等性原则。

2. 简述跌倒风险评估的主要内容。

(1) 既往史评估：包括跌倒史、用药史、疾病史等。

(2) 功能评估：包括对基本日常生活活动能力、工具性日常生活活动能力的评估、身体能力测试等。

(3) 环境评估：了解老年人的居住安排，是否有照顾者以及老年人与社会联系的水平，识别判断环境中易发生跌倒的潜在危险因素。

四、病例分析题

(1) 合理安排室内家具的高度和位置，家具的摆放位置不要经常变动，日用品固定摆放在方便取用的位置，使老年人熟悉生活空间。

(2) 家居环境应坚持无障碍观念：移走可能影响老年人活动的障碍物；将常用的物品放在老年人方便取用的高度和地方；尽量设置无障碍空间，不使用有轮子的家具；尽量避免地面的高度差，去除室内的台阶和门槛；将室内所有的小地毯拿走，或使用双面胶带固定小地毯防止滑动；尽量避免物品随处摆放，电线要收好或固定在角落，不要将杂物放在经常行走的通道上。

(3) 居室内地面设计应防滑，保持地面平整、干燥，过道应安装扶手；选择好拖地的时间,若是拖地板须提醒老年人等干了再行走。特别注意卫生间的防滑、干燥;卫生间内多安装扶手,使用坐便器而不是蹲厕;浴缸或淋浴室地板应放置防滑橡胶垫。

(4)改善家中的照明,使室内光线充足。在过道、卫生间、厨房等容易跌倒的区域应特别安排"局部照明";在老人床边放置容易伸手摸到的台灯。

(5)如家中养宠物将宠物系上铃铛,以防宠物在老年人不注意时绊倒摔跤。

第九章　社区慢性病的护理与管理

一、单项选择题

1. B　　2. D　　3. D　　4. D　　5. C

二、多项选择题

1. ABCDE　　2. ABE　　3. ABCDE　　4. ADE　　5. ABCDE

三、简答题

1. 简述社区高血压患者随访内容。

答:(1)评估是否存在危急情况:如存在危急情况应在处理后紧急转诊。以下状况可视为危急情况:测量血压如收缩压≥180mmHg和(或)舒张压≥110mmHg;患者有意识改变、剧烈头痛或头晕、恶心、呕吐、视物模糊、眼痛、心悸、胸闷、喘憋不能平卧等症状;处于妊娠期或哺乳期同时血压高于正常者;或存在不能处理的其他疾病时。对于紧急转诊者、乡镇卫生院、村卫生室、社区卫生服务中心(站)应在2周内主动随访转诊情况。

(2)若不需要紧急转诊,询问上次随访到此次随访期间的症状。

(3)测量体重、心率、计算体质指数BMI。

(4)询问患者疾病情况和生活方式,包括吸烟、饮酒、运动、摄盐等情况。

(5)了解患者服药情况。

2. 简述糖尿病患者运动指导的具体内容

答:(1)运动前后均需评估血糖的控制情况,根据患者的具体情况决定运动方式、时间及运动量。

(2)尽量选择有氧运动,如散步、快走、慢跑、爬楼梯、气功、太极拳、保健操等。

(3)选择合适的运动时间,以饭后半小时或1小时为宜,空腹时不宜运动。

(4)合适的运动强度为活动时患者的心率达到个体60%的最大耗氧量,简易计算法为:心率=170－年龄。一般每周运动3~5次,每次运动30~40分钟。

(5)运动过程要注意安全,选择合适的运动场地、穿合适的衣服和鞋子,随身携带易于吸收的含糖食物,如糖块、甜果汁等。

(6)有下列情况的患者不宜运动:血糖>14mmol/L、血糖不稳定或明显的低血糖症者;有糖尿病急性并发症者;合并严重心、脑、眼、肾、足并发症者。

第十章　社区伤残患者的康复与护理

一、单项选择题

1. D　　2. B　　3. D　　4. D　　5. C

二、多项选择题

1. ACDE　　2. BCDE　　3. ABDE　　4. ABDE　　5. ABCD

三、简答题

1．社区康复护理工作的对象。

答：①残疾人，包括残损、残疾和残障者；②老年人；③慢性病患者；④急性病、创伤及手术后患者。

2．社区康复护理工作的内容。

答：①社区人群残疾普查；②预防残疾发生；③康复功能训练与康复指导；④残情动态观察；⑤提供心理支持。

3．社区康复护理的原则。

答：①功能训练贯穿全程；②功能训练与日常生活相结合；③重视心理康复；④提倡相互协作。

4．社区精神障碍者康复护理的内容？

答：①协助患者做好生活基础护理；②心理护理；③用药指导；④安全管理；⑤帮助患者自我护理和回归社会。

5．如何做好精神障碍者的用药指导？

答：①积极开展健康教育，讲解精神疾病知识。②认真检查，避免患者藏药行为。③服药方式因人而异，不用或少用暗服药方法。④患者坚持拒绝服药时，可采取其他方式给药。⑤认真观察患者服药后的疗效和不良反应。

四、病例分析题

答：①个人卫生活动训练。包括洗手、洗脸、刷牙、梳头、剃须、洗澡等。②穿脱衣训练。包括穿脱衣裤、鞋袜等训练。③进食训练。包括体位选择、进食动作训练。④排泄功能训练。包括膀胱排尿功能训练和肠道排便训练。⑤床上运动训练。包括床上移动、翻身、体位转换、独立坐位等。⑥移动训练。包括扶持行走训练、拐杖行走训练、独立行走训练等。⑦轮椅训练。包括轮椅处方、轮椅操作训练、床与轮椅之间的转移、乘轮椅如厕训练等。

第十一章　社区传染病的护理与管理

一、单项选择题

1．B　　2．B　　3．C

二、多项选择题

1．BCD　　2．ABCD　　3．BC　　4．ABCDE

三、简答题

1．简述传染病流行的3个基本条件。

（1）传染源：患者、隐性感染者、病原携带者、受感染的动物。

（2）传播途径：呼吸道和消化道传播、接触传播、虫媒传播、血液体液传播。

（3）易感人群

2．简答传染病管理中社区护士的职责。

（1）开展社区健康教育。

（2）实施社区预防接种：计划免疫。

（3）传染病疫情和突发公共卫生事件的处理：①社区传染病患者的管理和传染病密切接触

者和健康危害暴露人员的管理；②流行病学调查和疫点疫区处理以及应急接种和预防性服药。

四、病例分析题

1. 患者的主要症状有：低热、胸闷、盗汗、食欲和体力明显减退等。

初步考虑：是肺结核。

2. 作为社区护士应：在鉴别诊断的基础上，填写"双向转诊单"。推荐其到结核病定点医疗机构进行结核病检查。1周内进行电话随访，了解是否前去就诊，督促其及时就医。

第十二章 社区灾害事件应急管理与护理

一、单项选择题

1. D 2. B 3. A 4. C 5. C

二、多项选择题

1. ABCDE 2. ABCE 3. ABD

三、简答题：

1. 简述社区灾害的管理原则。

答：①统一领导原则；②综合协调原则；④分类管理原则；④分级负责原则；⑤属地为主原则。

2. 简述灾害救护现场护士的职责。

答：①快速有序的预检分诊；②现场基本的创伤救治；③组织群众转移与撤离；④受灾群众的心理护理；⑤协调沟通及现场管理；⑥灾害应对与自我调节。

四、论述题

1. 请叙述应用START处置程序进行灾害现场预检分诊的具体操作。

（答案可用START流程图来表示，亦可用文字叙述）

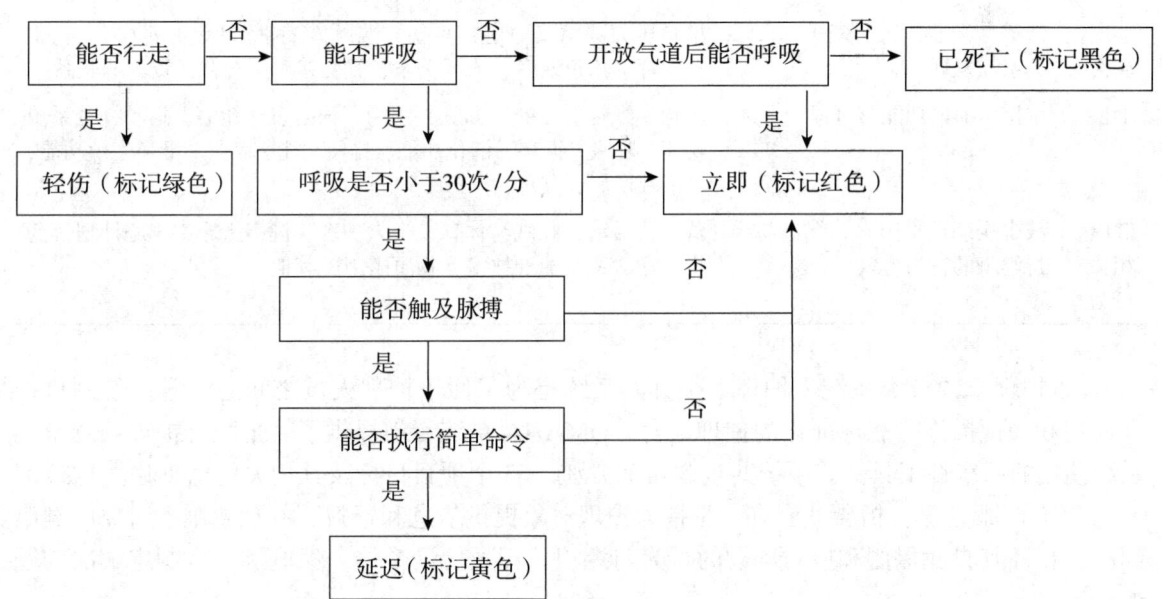

附 录

附录1 OMAHA 护理分类系统

OMAHA 系统是根据社区护理实践内容与特点而形成的社区护理分类系统，是美国护士协会认可的 12 种标准化护理语言之一，包括护理问题分类系统、护理干预分类系统和结局评价系统 3 个部分，被广泛应用于多个国家和地区的社区及家庭护理实践领域。OMAHA 系统对社区护理问题进行了有针对性的系统陈述与分类，便于社区护士制订护理计划，以及将护理资料信息记录与信息化管理。

1. 护理问题分类系统　OMAHA 护理问题分类系统将社区健康问题划分为环境、心理社会、生理和健康行为 4 个领域，共包含 44 项具体健康问题的陈述（附表 1-1）。其中，环境领域的问题总结的是存在于社区个体、家庭、邻居、整个社区内、外部存在的不健康因素；心理社会领域陈述的是沟通、人际关系、行为、发展相关的问题；生理领域概括的是维持生命活动的身体各部分功能运行现状；健康相关行为领域归纳了与维持和促进健康、早期康复相关的行为。

附表 1-1　OMAHA 护理问题分类系统

领域	内涵	问题目录
环境	生活区域、邻里、社区周边的环境与资源	住宅、邻里/工作场所的安全、卫生、收入、其它
心理社会	情感、沟通、行为模式、人际关系与发展	精神压力、情绪稳定、哀伤、照顾/忽略/虐待儿童/成人、生长发育、角色改变、人际关系、社会接触、与社区资源的联系
生理	维持生命的功能与过程	听觉、视觉、疼痛、知觉、咀嚼、语言表达能力、运动神经系统功能、呼吸、循环、消化功能、排便功能、泌尿功能、生殖功能、孕期及产后、其他
健康相关行为	减少疾病危险因素，促进与维持健康的行为模式	营养、活动、睡眠与休息、个人护理、健康指导、家庭计划、药物治疗、特定护理技术、物质滥用、其他

2. 护理干预分类系统　护理干预分类系统是为了便于护理人员之间的沟通，使制订护理计划和干预措施时有标准化的护理语言，OMAHA 系统专门提供了一个配合护理问题分类系统使用的系统性工具。该系统共包含 4 个类别、63 个项目目标及其相关信息（附表 1-2）。

（1）健康教育、指导、咨询：是指为护理对象提供信息和资料，并预测服务对象的健康问题，提高其自我保健和应对问题的行为与意识，以及协助个体、家庭和社区制定解决问题的决策。

（2）治疗和操作流程：是指为了预防疾病或缓解症状体征而实施的护理专业技术活动，

如处理伤口、采集标本、压疮护理、给药、口腔护理等。

（3）个案管理：指采取协调、倡导、赋权和转诊等措施，改进医疗服务，提高护理对象的自我护理与自我健康管理能力，协助个体、家庭合理利用医疗资源。

（4）监督：是指通过各种策略与方法监测、评估和分析服务对象的健康状况及影响因素，及其健康状况改变等。

附表1-2　OMAHA护理干预分类系统

项目	内容
类别	健康教育、指导、咨询；治疗和操作流程；个案管理；监督
目标	解剖/生理、行为矫正、膀胱功能训练、照顾/育儿技巧、沟通、应对技巧、日间照顾、长期卧床照顾、延续性护理、伤口护理、饮食管理、职业、教育、环境、运动、计划生育、喂养方式、理财、行走训练、转移与搬运、生长发育、家务家政、化验结果、相关法规、营养、营养咨询、造口护理、自我（健康）管理、药物副作用和不良反应、用药管理、药物处方、药品协调与订购、体位摆放、放松与呼吸技巧、休息和睡眠、安全、疾病筛检、疾病/损伤护理、情绪调节/控制、精神情绪症状/体征、皮肤护理、社会服务工作、采集标本、语言训练、心理健康保健、应激、压力管理、药物滥用、支持小组、支持系统、交通运输、安适状态、其他

3．护理结局评价系统　在护理干预措施实施之后，可从认知、行为和症状与体征3个方面（附表1-3）对护理服务对象健康问题的改善情况进行评分。分值越高，说明患者健康状况越佳，护理干预效果越好。护理结局评价系统可反映出护理干预的进展情况，从而为护理质量控制提供参考依据。

附表1-3　OMAHA护理结局评价系统

类别	涵义	评分				
		1分	2分	3分	4分	5分
认知	个案记忆与解释问题的能力	完全没有知识	具有一点知识	具有基本知识	认知程度相当	认知良好
行为	个案表现出的可被观察的反应或行为	完全不适当	有一些合适的行为	并非很一致的行为	通常为合适行为	一致且合适的行为
症状、体征	个案表现出的主、客观信息（症状与体征）	非常严重	严重	一般	轻微	没有

4．OMAHA系统的使用步骤　为了便于实际工作的开展，OMAHA系统已发展出一套信息化管理系统。基本操作流程为：①建立个案记录；②依据问题分类系统内容结构，将评估收集的资料录入系统；③根据资料列出护理问题；④以结局评价系统为依据确定问题的优先顺序；⑤采用护理干预分类系统内容建议，拟定以问题为导向的护理干预计划；⑥根据计划实施护理干预措施；⑦评价护理结局。

附录2 国家免疫规划疫苗儿童免疫程序表

疫苗种类	缩写	出生时	1个月	2个月	3个月	4个月	5个月	6个月	8个月	9个月	18个月	2岁	3岁	4岁	5岁	6岁
乙肝疫苗	HepB	1	2					3								
卡介苗	BCG	1														
脊灰灭活疫苗	IPV			1												
脊灰减毒活疫苗	OPV				1	2								3		
百白破疫苗	DTaP				1	2	3				4					
白破疫苗	DT															1
麻风疫苗	MR								1							
麻腮风疫苗	MMR										1					
乙脑减毒活疫苗	JE-L								1			2				
或乙脑灭活疫苗	JE-I								1, 2			3				4
A群流脑多糖疫苗	MPSV-A							1		2						
A群C群流脑多糖疫苗	MPSV-AC												1			2
甲肝减毒活疫苗	HepA-L										1					
或甲肝灭活疫苗	HepA-I										1	2				

注:
1. 起始免疫年(月)龄:免疫程序表所列各疫苗剂次的接种时间,是指可以接种该剂次疫苗的最小接种年(月)龄。
2. 起始年(月)龄达到相应疫苗的起始接种年(月)龄时,应尽早接种。建议在下述推荐的年龄之前完成国家免疫规划疫苗相应剂次的接种:
   (1) 乙肝疫苗第1剂:出生后24小时内完成。
   (2) 卡介苗:<3月龄完成。
   (3) 乙肝疫苗第3剂,脊灰疫苗第3剂,百白破疫苗第3剂,麻风疫苗,乙脑减毒活疫苗第1剂或乙脑灭活疫苗第2剂:<12月龄完成。
   (4) A群流脑多糖疫苗,甲肝减毒活疫苗或甲肝灭活疫苗第1剂,百白破疫苗第4剂:<18月龄完成。
   (5) 麻腮风疫苗:<2周岁完成。
   (6) 乙脑减毒活疫苗第2剂或乙脑灭活疫苗第3剂,甲肝灭活疫苗第2剂:<24月龄完成。
   (7) A群C群流脑多糖疫苗第1剂:<4周岁完成。
   (8) 脊灰疫苗第4剂:<5周岁完成。
   (9) 白破疫苗,A群C群流脑多糖疫苗第2剂,乙脑灭活疫苗第4剂:<7周岁完成。
3. 选择乙脑减毒活疫苗接种时,采用两剂次接种程序。选择乙脑灭活疫苗接种时,采用四剂次接种程序;乙脑灭活疫苗第1,2剂间隔7~10天。
4. 选择甲肝减毒活疫苗接种时,采用一剂次接种程序。选择甲肝灭活疫苗接种时,采用两剂次接种程序。

附录3 老年健康综合评估工具

附表 3-1　Barthel 指数评定内容与计分

ADL 项目	自理	稍依赖	较大依赖	完全依赖
进食	10	5	0	0
洗澡	5	0	0	0
修饰（洗脸、梳头、刷牙、剃须）	5	0	0	0
穿衣	10	5	0	0
控制大便	10	5	0	0
控制小便	10	5	0	0
上厕所	10	5	0	0
床椅转移	15	10	5	0
行走（平地45m）	15	10	5	0
上下楼梯	10	5	0	0

附表 3-2　Barthel 指数各条目评分标准

项目	表现	分数
进食	可独立进食，能在合理的时间内（约10秒钟吃一口）使用合适的餐具（包括筷子、勺子或叉子等）取食准备好的食物；若需辅助工具时，应可以自行穿脱。	10
	需部分帮助（夹菜、盛饭等）	5
	需极大帮助或完全依赖他人	0
洗澡	准备好洗澡水后，可独立完成（不论是淋浴或盆浴）	5
	在洗澡过程中需他人帮助	0
修饰	可独立完成洗脸、洗手、刷牙及梳头	5
	需要他人帮助	0
穿衣	可自行穿脱衣服、鞋子及辅具，包括系扣子、拉拉链、系鞋带等	10
	能自己穿脱，但需他人帮助整理衣物、系扣子、拉拉链、系鞋带等	5
	需极大帮助或完全依赖他人	0
控制大便	能控制	10
	偶尔失禁（每周＜1次）	5
	失禁或昏迷	0
控制小便	能控制	10
	偶尔失禁（每周＜1次）或尿急（无法等待便盆或无法及时赶到厕所）或需别人帮忙处理	5
	失禁、昏迷或需要导尿	0

续表

项目	表现	分数
上厕所	可独立完成,包括进出厕所、起坐、擦净、整理衣裤、冲水等过程;使用便盆者,可自行清理便盆	10
	需部分帮助,如需他人搀扶保持姿势的平衡、整理衣物、使用卫生纸或帮忙冲水;使用便盆者,可自行取放便盆,但须依赖他人清理	5
	需极大帮助或完全依赖他人	0
床椅转移	可独立完成	15
	需要部分帮助(1人)或语言指导,或使用拐杖	10
	需要极大帮助(两个或1个强壮、动作娴熟的人帮助)	5
	完全依赖他人帮助	0
行走 (平地 45m)	可独立在平地上行走45m以上	15
	需要部分帮助(需他人搀扶,或使用拐杖、助行器等辅助工具),需稍微的扶持或口头指导方可行走45m以上	10
	需极大帮助(行走时较大程度上依赖他人搀扶);或虽无法行走,但可独立操作轮椅(包括转弯、进门、接近桌子或床沿)并在平地上移动45m以上	5
	完全依赖他人帮助	0
上下楼梯	可独立上下楼梯(允许抓扶手、用拐杖)	10
	需部分帮助,需要稍微搀扶或口头指导	5
	需极大帮助或完全依赖他人;无法上下楼梯	0

附表3-3 功能活动问卷(FAQ)(问患者家属)

项目	得分			
	0	1	2	9

1. 使用各种票证(正确使用,不过期)
2. 按时支付各种票据(如房租、水电费等)
3. 自行购物(如购买衣服、食品及家庭用品等)
4. 参加需技巧性的游戏或活动(如打扑克、下棋、打麻将、绘画、摄影、集邮、书法、木工等)
5. 做简单的事情,如点炉子、泡茶等
6. 准备和烧一顿饭菜(有饭、菜、汤)
7. 了解近期发生的事件(新鲜事物、时事)
8. 持续一小时以上注意力集中地看电视或小说,或收听收音机并能理解、评论或讨论其内容
9. 记得重要的约定(如领退休金、朋友的约会、家庭事务、领送幼儿等)
10. 能否拜访邻居,自己乘坐公共汽车

附表 3-4　SF-36 量表

评估内容	评分标准				
1. 总体来讲，您的健康状况是	非常好	很好	好	一般	差
	1	2	3	4	5
2. 跟 1 年前比您觉得自己的健康状况是	好多了	好一些	差不多	差一些	差多了
	1	2	3	4	5

3. 以下问题都与日常活动有关。请想一想，您的健康状况是否限制了这些活动？如果有限制，程度如何？

	限制很大	有些限制	毫无限制
A．重体力活动，如跑步举重、参加剧烈活动等	1	2	3
B．适度的活动，如移动一张桌子、扫地、打太极拳等	1	2	3
C．手提日用品，如买菜、购物等	1	2	3
D．上几层楼梯	1	2	3
E．上一层楼梯	1	2	3
F．弯腰、屈膝、下蹲	1	2	3
G．步行 1500 米以上的路程	1	2	3
H．步行 1000 米以上的路程	1	2	3
I．步行 100 米以上的路程	1	2	3
J．自己洗澡、穿衣	1	2	3

4. 在过去 4 个星期里，您的工作和日常活动有无因为身体健康的原因而出现以下问题？

	是	否
A．减少了工作或其他活动时间	1	2
B．本来想要做的事情只能完成一部分	1	2
C．想要干的工作或活动种类受到限制	1	2
D．完成工作或其他活动困难增多（比如需要额外的努力）	1	2

5. 在过去 4 个星期里，您的工作和日常活动有无因为情绪的原因（如压抑或忧虑）而出现以下问题？

	是	否
A．减少了工作或活动时间	1	2
B．本来想要做的事情只能完成一部分	1	2
C．干事情不如平时仔细	1	2

6. 在过去 4 个星期里，您的健康或情绪不好在多大程度上影响了您与家人、朋友、邻居或集体的正常社会交往？	完全没有影响	有一点影响	中等影响	影响很大	影响非常大
	5	4	3	2	1

续表

评估内容	评分标准					
7. 在过去4个星期里,您有身体疼痛吗?	完全没有疼痛	有一点疼痛	轻度疼痛	中等疼痛	严重疼痛	很严重疼痛
	6	5.4	4.2	3.1	2.2	1
8. 在过去4个星期里,您的身体疼痛影响了您的工作和家务吗?	完全没有影响	有一点影响	中等影响	影响很大	影响非常大	
	5	4	3	2	1	
9. 您的感觉:以下这些问题是关于过去1个月里您自己的感觉,对每一条问题所说的事情,您的情况是什么样的?	所有的时间	大部分时间	比较多的时间	部分时间	小部分时间	无感觉
A. 您觉得生活充实	6	5	4	3	2	1
B. 您是一个敏感的人	1	2	3	4	5	6
C. 您的情绪非常不好,什么事都不能使您高兴起来	1	2	3	4	5	6
D. 您的心里很平静	6	5	4	3	2	1
e. 您做事精力充沛	6	5	4	3	2	1
f. 您的情绪低落	1	2	3	4	5	6
g. 您觉得筋疲力尽	1	2	3	4	5	6
h. 您是个快乐的人	6	5	4	3	2	1
i. 您感觉厌烦	1	2	3	4	5	6
10. 不健康影响了您的社会活动(如走亲访友)	所有的时间	大部分时间	比较多的时间	部分时间	小部分时间	无感觉
	1	2	3	4	5	6
11. 总体健康状况:请看下列每一条问题,误哪一种答案最符合您的情况?	绝对正确	大部分正确	不能肯定	大部分错误	绝对错误	
A. 我好像比别人容易生病	1	2	3	4	5	
B. 我跟周围人一样健康	5	4	3	2	1	
C. 我认为我的健康状况在变坏	1	2	3	4	5	
D. 我的健康状况非常好	5	4	3	2	1	
总分与评价						

附表 3-5　SF-36 量表条目 7 的计分方法

选项内容	完全没有	有一点	轻微	中度	严重	很严重
选项取值	1	2	3	4	5	6
计分	6.0	5.4	4.2	3.1	2.2	1.0

附表 3-6　SF-36 量表条目 8 的计分方法

选项内容	完全没有	有一点	中等	很大	非常大	
选项取值	1	2	3	4	5	
计分	6.0	4.75	3.5	2.25	1.0	条目 7 未回答
	6	4	3	2	1	条目 7 选 1
	5	4	3	2	1	条目 7 选 2～6

附表 3-7　Fried 衰弱表型评估量表

1．体重下降：您在过去一年内是否非有意识地体重下降 4.5kg 或下降原来体重的 10%
2．疲乏：您在过去一周内以下情况发生几次？（下面任意问题≥2 分）即为阳性
A．我感到做任何事情都很费力；B．我觉得无法继续我的日常工作
标准：0 分 = 没有或几乎没有（＜1 天），1 分 = 少有（1-2 天），2 分 = 常有（3-4 天），3 分 = 几乎一直有（5-7 天）
3．走路速度减慢：以 4.57 米行走时间判断
男性：身高≤173cm，行走时间≥7s；身高＞173cm，行走时间≥6s
女性：身高≤159cm，行走时间≥7s；身高＞159cm，行走时间≥6s
4．握力下降：用握力计测量优势手握力 3 次，取最大握力值
男性：BMI≤24kg/m^2，握力≤29kg；BMI=24.1～26kg/m^2，握力≤30kg
BMI=26.1～28kg/m^2，握力≤31kg；BMI＞28kg/m^2，握力≤32kg
女性：BMI≤23kg/m^2，握力≤17kg；BMI=23.1～26kg/m^2，握力≤17.3kg
BMI=26.1～29kg/m^2，握力≤18kg；BMI＞29kg/m^2，握力≤21kg
5．身体活动量下降：以明达休闲时间活动问卷简表测量
男性：＜383kCal/周　　女性：＜270kCal/周

附表 3-8　SPICES 评估表

SPICES	证据
睡眠障碍	
进食问题	
失禁	
意识模糊	
跌倒问题	
皮肤破损	

附表 3-9　老年人跌倒风险评估表

项目	权重	项目	权重
运动		睡眠状况	
步态异常 / 假肢	3	多醒	1
行走需要辅助设施	3	失眠	1
行走需要旁人帮助	3	夜游症	1
跌倒史		用药史	
有跌倒史	2	新药	1
因跌倒住院	3	心血管药物	1
精神不稳定状态		降压药	1
谵妄	3	镇静、催眠药	1
痴呆	3	戒断治疗	1
兴奋 / 行为异常	2	糖尿病用药	1
意识恍惚	3	抗癫痫药	1
自控能力		麻醉药	1
大便 / 小便失禁	1	其他	1
频率增加	1	相关病史	
保留导尿	1	神经科疾病	1
感觉障碍		骨质疏松症	1
视觉受损	1	骨折史	1
听觉受损	1	低血压	1
感觉性失语	1	药物 / 乙醇戒断	1
其他情况	1	缺氧症	1
		年龄 80 岁及以上	3

来源：卫生部《老年人跌倒干预技术指南》

附表 3-10　预防老年人跌倒家居环境危险因素评估表

序号	评估内容	评估方法
地面或通道		
1	地毯或地垫平整，没有褶皱或边缘卷曲	观察
2	过道上无杂物堆放	观察（室内过道无物品摆放，或摆放物品不影响通行）
3	室内使用防滑地砖	观察
4	未养猫或狗	询问（家庭内未饲养猫、狗等动物）
客厅		
1	室内照明充足	测试、询问（以室内所有老年人根据能否看清物品的表述为主，有眼疾者除外）

续表

序号	评估内容	评估方法
2	取物不需要使用梯子或凳子	询问（老年人近一年内未使用过梯子或凳子攀高取物）
3	沙发高度和软硬度适合起身	测试、询问（以室内所有老年人容易坐下和起身作为参考）
4	常用椅子有扶手	观察（观察老年人习惯用椅）
卧室		
1	使用双控照明开关	观察
2	躺在床上不用下床也能开关灯	观察
3	床边没有杂物影响上下床	观察
4	床头装有电话	观察（老年人躺在床上也能接打电话）
厨房		
1	排风扇和窗户通风良好	观察、测试
2	不用攀高或不改变体位可取用常用厨房用具	观察
3	厨房内有电话	观察
卫生间		
1	地面平整，排水通畅	观察、询问（地面排水通畅，不会存有积水）
2	不设门槛，内外地面在同一水平	观察
3	马桶旁有扶手	观察
4	浴缸/淋浴房使用防滑垫	观察
5	浴缸/淋浴房旁有扶手	观察
6	洗漱用品可轻易取用	观察（不改变体位，直接取用）

来源：卫生部《老年人跌倒干预技术指南》

附表 3-11　简易精神状态筛查量表

项目	记录	评分
定向力（10分）		
今天是星期几？	0	1
今天是几号？	0	1
现在是几月份？	0	1
今年是哪一年？	0	1
现在是什么季节？	0	1
我们现在是在什么地方？	0	1
现在是在第几层楼？	0	1
您家住在哪条街？	0	1

续表

项目		记录	评分
您家住在哪个区（或县）？			0 1
您家住在哪个省（或市）？			0 1
即刻记忆（3分）			
请您跟着我重复一遍我说的词语（每个单词允许有1秒钟的思考，可测试6次）			
皮球			0 1
国旗			0 1
树木			0 1
测试次数（　　）			
注意力和计算力（5分）			
请您计算从100开始依次减7，每减一个7就告诉我一次答案，直到我说停为止			
100-7（93）			0 1
-7（86）			0 1
-7（79）			0 1
-7（72）			0 1
-7（65）			0 1
延迟记忆（3分）			
您能回忆起来刚才我说的词语吗？			
皮球			0 1
国旗			0 1
树木			0 1
语言能力（9分）			
命名	（出示手表）这是什么？		0 1
	（出示铅笔）这是什么？		0 1
复述	请跟我说"四十四只石狮子"		0 1
	我给您一张纸，请您按照我说的去做，现在开始：		
理解	用你的右手拿纸		0 1
	再用双手把纸对折起来		0 1
	把纸放在大腿上		0 1
阅读	把写有（闭上您的眼睛）的卡片给受试者看——"请您念一念这句话，并照着去做"		0 1
书写	请您写一句完整的、有意义的句子（必须有主语和动词）		0 1
空间视觉	（出示五角星图案）请您照着这个样子画图		0 1

附表 3-12　老年抑郁量表（GDS）

指导语：请回顾您最近一星期内的感受仔细阅读下列每句话，在符合您实际感受的选项数字上打"√"。

项目	是	否
1. 您对生活基本上满意吗？		
2. 您是否已放弃了许多活动与兴趣？		
3. 您是否觉得生活空虚？		
4. 您是否常感到厌倦？		
5. 您觉得未来有希望吗？		
6. 您是否因为脑子里一些想法摆脱不掉而烦恼？		
7. 您是否大部分时间精力充沛？		
8. 您是否害怕会有不幸的事落到自己头上？		
9. 您是否大部分时间感到幸福？		
10. 您是否常感到孤立无援？		
11. 您是否经常坐立不安、心烦意乱？		
12. 您是否希望呆在家里而不愿去做些新鲜事？		
13. 您是否常常担心将来？		
14. 您是否觉得记忆力比以前差？		
15. 您是否觉得现在活着很惬意？		
16. 您是否常感到心情沉重、郁闷？		
17. 您是否觉得像现在这样活着毫无意义？		
18. 您是否总为过去的事忧愁？		
19. 您是否觉得生活很令人兴奋？		
20. 您开始一件新的工作很困难吗？		
21. 您是否觉得生活充满活力？		
22. 您是否觉得自己的处境已毫无希望？		
23. 您是否觉得大多数人比自己强得多？		
24. 您是否常为一些小事伤心？		
25. 您是否常觉得想哭？		
26. 您集中精力有困难吗？		
27. 您早晨起来觉得很快活吗？		
28. 您希望避开聚会吗？		
29. 您做决定很容易吗？		
30. 您的头脑像往常一样清晰吗？		

附录4 个人康复评定工具

附表 4-1 徒手肌力检查（MMT 分级标准）

级别	名称	标准
0	零（zero, O）	无可测知的肌肉收缩
1	微缩（trace, T）	有轻微收缩，但不能引起关节运动
2	差（poor, P）	在减重状态下，能作关节全范围运动
3	尚可（fair, F）	能抗重力作关节全范围运动，但不能抗阻力
4	良好（good, G）	能抗重力及一定阻力，完成关节全范围运动
5	正常（normal, N）	能抗重力及充分阻力，完成关节全范围运动

附表 4-2 肌张力临床分级

级别	肌张力	标准
0	软瘫	被动活动肢体无反应
1	低张力	被动活动肢体反应减弱
2	正常	被动活动肢体反应正常
3	轻、中度增高	被动活动肢体有阻力反应
4	重度增高	被动活动肢体有持续性阻力反应

附表 4-3 主要关节 ROM 的测量方法

关节	运动	体位	量角器放置方法			正常参考值
			轴心	固定臂	移动臂	
肩关节	屈伸	坐或立位，臂置于体侧，肘伸直	肩峰	与腋中线平行	与肱骨纵轴平行	屈 0°~180° 伸 0°~50°
	外展	坐和站位，臂置于体侧，肘伸直	肩峰	与身体中线平行	与肱骨纵轴平行	0°~180°
	内旋 外旋	仰卧，肩外展 90°，肘屈 90°	鹰嘴	与腋中线平行	与前臂纵轴平行	各 0°~90°
肘关节	屈伸	仰卧或坐或立位，臂取解剖位	肱骨外上髁	与肱骨纵轴平行	与桡骨纵轴平行	0°~150°
腕关节	屈伸	坐或站位，前臂完全旋前	尺骨茎突	与前臂纵轴平行	与第二掌骨纵轴平行	屈 0°~90° 伸 0°~70°
	尺、桡侧偏移或外展	坐位，屈肘，前臂旋前，腕中立位	腕背侧中点	前臂背侧中线	第三掌骨纵轴	桡偏 0°~25° 尺偏 0°~55°
髋关节	屈	仰卧或侧卧，对侧下肢伸直	股骨大转子	与身体纵轴平行	与股骨纵轴平行	0°~125°
	伸	侧卧，被测下肢在上	股骨大转子	与身体纵轴平行	与股骨纵轴平行	0°~15°
	内收 外展	仰卧	髂前上棘	左右髂前上棘连线的垂直线	髂前上棘至髌骨中心的连线	各 0°~45°

续表

关节	运动	体位	量角器放置方法			正常参考值
			轴心	固定臂	移动臂	
膝关节	内旋 外旋	仰卧,两小腿于床缘外下垂	髌骨下端	与地面垂直	与胫骨纵轴平行	各0°~45°
	屈 伸	俯卧、侧卧或坐在椅子边缘	股骨外踝	与股骨纵轴平行	与胫骨纵轴平行	屈0°~150° 伸0°
踝关节	背屈 跖屈	仰卧,踝处于中立位	腓骨纵轴线与足外缘交叉处	与腓骨纵轴平行	与第五跖骨纵轴平行	背屈0°~20° 跖屈0°~45°
	内翻 外翻	俯卧,足位于床缘外	踝后方两踝中点	小腿后纵轴	轴心与足跟中点连线	内翻0°~35° 外翻0°~25°

附表4-4 Brunnstorm六阶段功能评定法

阶段	上肢	手	下肢
1	弛缓麻痹,无随意运动	弛缓麻痹,无随意运动	弛缓麻痹,无随意运动
2	开始出现痉挛,共同运动模式可作为联合反应的表现而引出	仅有极细微的屈指动作	出现痉挛,仅有极少的随意运动
3	痉挛加剧,可随意发起共同运动,并有一定的关节运动	能全指屈曲,钩状抓握,但不能伸指,有时可由反射引起	①随意引起共同运动。②坐位和立位时,有髋、膝、踝的协同性屈曲
4	痉挛开始减弱,出现一些脱离共同运动的模式:①手臂可触及腰骶部;②上肢前屈90°(肘伸展);③屈肘90°,前臂能旋前、旋后	能侧方抓握及拇指带动松开,手指能部分随意地、小范围地伸展	开始脱离共同运动出现分离运动:①坐位,足跟触地,踝能背屈。②坐位,足可向后滑动,使屈膝大于90°
5	痉挛减弱,基本脱离共同运动,出现分离运动:①上肢外展90°(肘伸展,前臂旋前);②上肢前平举及上举过头(肘伸展);③肘伸展位,前臂能旋前、旋后	①用手掌抓握,能握圆柱状及球形物,但不熟练。②能随意全指伸开,但范围大小不等	从共同运动到分离运动:①立位,髋伸展位能屈膝。②立位,膝伸直,足稍向前踏出,踝能背屈
6	痉挛基本消失,协调运动正常或接近正常。5级动作的运动速度达健侧2/3以上	①能进行各种抓握;②全范围的伸指;③可进行单个指活动,但比健侧稍差	协调运动大致正常。下述运动速度达健侧2/3以上。①立位,髋能外展超过骨盆上提范围;②坐位,髋可交替内、外旋,并伴有踝内、外翻

中英文专业词汇索引

A
阿尔茨海默病（Alzheimer disease，AD）181
安宁疗护（palliative care）206

C
产后抑郁症（postpartum psychosis）166
传染病（infectious diseases）237
创伤后应激障碍（posttraumatic stress disorder，PTSD）264

G
高血压（hypertension）193
公共保健（public health）37

J
急性应激障碍（acute stress disorder，ASD）264
计划免疫（planned?immunization）145
家庭发展任务（family developmental task）110
家庭访视（home visit）121
家庭功能（family function）108
家庭护理（family nursing）112
家庭护理计划（family nursing planning）118
家庭护理评估（family nursing assessment）112
家庭护理评价（family nursing evaluation）119
家庭护理实施（family nursing implementation）119
家庭护理诊断（family nursing diagnosis）118
家庭结构（family structure）107
家庭生活周期（family life cycle）109
简单分类与快速治疗系统（simple triage and rapid treatment triage，START）259
健康促进（health promotion）75
健康家庭（healthy family）106
健康教育（health education）65
健康素养（health literacy）65
健康咨询（health counseling）81
居家护理（home care）124

K
康复（rehabilitation）218
康复护理（rehabilitation nursing）218

L
老年综合征（geriatric syndrome，GS）176
流行病学（epidemiology）52

M
慢性病（chronic disease）188
慢性非传染性疾病（noninfectious chronic disease，NCD）188

S
社区（community）35
社区妇女保健（community women health）152
社区护理（community nursing）48
社区护理计划（community nursing plan）93
社区护理评估（community nursing assessment）87
社区护理评价（community nursing evaluation）94
社区护理实施（community nursing implement）94
社区护理诊断（community nursing diagnosis）91
社区健康（community health）36
社区健康档案（community health record）96
社区健康教育（community health education）65
社区康复（community-based rehabilitation，CBR）218
社区康复护理（community-based rehabilitation nursing）218
社区卫生服务（community health services）39
社区灾害风险管理（community-based disaster risk management，CBDRM）254
手足口病（hand-foot-mouth disease，HFMD）240
死亡教育（education for death）212

T
糖调节受损（impaired glucose regulation，IGR）201
糖尿病（diabetes mellitus，DM）200

W

围婚期保健（premarital period care）154
围绝经期（perimenopausal period）162
围绝经期综合征（perimenopause syndrome）167

Y

预防接种（vaccination）145
预检分诊（pre-examination of triage）259
孕产期保健（maternal health care）156

Z

灾害（disaster）252
灾害护理（disaster nursing）252

参考文献

1. ［2017-01-22］.http：//www.who.int/mediacentre/factsheets/fs364/zh/
2. WHO.GLOBAL STATUS REPORT on noncommunicable diseases.2014.
3. 澳大利亚 Danielle Mazza 教授全科医疗案例分析—尿失禁［J］.中国全科医学，2014，17（30）：3536-3538.
4. 陈建兰.中国城市养老模式研究［O］.南京大学，2012.
5. 陈长香，侯淑肖.社区护理学.2版.北京：北京大学医学出版社，2015.
6. 董碧蓉.老年衰弱综合征的研究进展［J］.中华保健医学杂志，2014，16（6）：417-420.
7. 杜雪平，王永利.实用社区护理.北京：人民卫生出版社，2012.
8. 高小莉.糖尿病周围神经病变中医护理进展［J］.临床护理杂志，2012，11（5）：46-48.
9. 顾敏华，宋佳，王雯晶，等.老年综合征的评估现状及展望［J］.上海护理，2016，16(5)：64-67.
10. 郭桂芳.老年护理学（双语）.北京：人民卫生出版社，2012.
11. 何国平，赵秋利.社区护理理论与实践.北京：人民卫生出版社，2012.
12. 何仲，吴丽萍.妇产科护理学.北京：中国协和医科大学出版社，2014：162-384.
13. 洪立，王华丽.聪明的照护者-家庭痴呆照护教练书.北京：北京大学医学出版社，2014.
14. 胡建萍，谢建平.社区护理学知识解析与实践.北京：人民卫生出版社.2015.
15. 胡秀英.灾害护理学.成都：四川大学出版社，2013.
16. 胡燕，蒋运兰，郭秋月，等.0级糖尿病足中药足浴优化护理方案的研究［J］.护理研究，2013，（25）：2710-2712.
17. 化前珍.老年护理学.3版.北京：人民卫生出版社，2012.
18. 黄富献，吴艳青.糖尿病患者中医护理临床疗效研究［J］.当代医学，2012，18（20）：39，144.
19. 黄金.老年护理学.2版.北京：高等教育出版社，2010.
20. 黄群，范崇纯.围产期护理.北京：人民卫生出版社，2012：27-87.
21. 姜丽萍，涂英.社区护理学.2版.北京：人民卫生出版社，2015.
22. 格兰兹，瑞莫，维斯瓦纳斯.健康行为与健康教育理论、研究和实践［M］.周华珍，孟静静译.北京：中国社会科学出版社，2014.
23. 李畅妍，何华英.老年衰弱的护理评估及研究进展［J］.护理研究，2016，30(12下旬版)：4485-4488.
24. 李春玉.社区护理学.北京：北京大学医学出版社，2010.
25. 李春玉.社区护理学.北京：人民卫生出版社，2012.
26. 李春玉.社区护理学.3版.北京：人民卫生出版社，2012.
27. 李红玉，刘玉锦.灾害救援与护理.北京：人民卫生出版社，2014.

28. 李小妹.社区护理学.北京：高等教育出版社，2010.
29. 李秀华.灾害护理学.北京：人民卫生出版社，2015.
30. 李玉红.社区护理学.北京：中国医药科技出版社，2016.
31. 刘淼，何耀，吴蕾，等.老年综合征的定义、评估工具及应用.中华保健医学杂志，2015，17（6）：513-515.
32. 刘薇群，杨颖华.社区护理.上海：复旦大学出版社，2015.
33. 刘哲宁.精神科护理学.3版.北京：人民卫生出版社，2012.
34. 吕瑛，陈支援，周鹤腾，等.中医适宜技术干预2型糖尿病气阴两虚证的效果观察［J］.人民军医，2010，53（10）：763-765.
35. 庞乐，张绍敏，吴锦晖.老年衰弱综合征的相关研究进展［J］.实用老年医学，2016，30（5）：356-360.
36. 施红.老人衰弱综合征.中华老年病研究电子杂志，2016，3（3）：11-15.
37. 宋岳涛主编.老年综合评估.北京：中国协和医科大学出版社，2012.
38. 涂英.社区护理学.2版.北京：人民卫生出版社，2013.
39. 王建华.流行病学.8版.北京：人民卫生出版社，2013.
40. 奚兴，郭桂芳，孙静.老年人衰弱评估工具及其应用研究进展.中国老年学杂志，2015，35（10）：5993-5996.
41. 奚兴，郭桂芳，孙静.衰弱的内涵及其概念框架.实用老年医学，2013，27（8）：687-690.
42. 薛凤霞，顾炜.妇产科护理学.2版.北京：清华大学出版社，2014.
43. 燕铁斌.康复护理学.3版.北京：人民卫生出版社，2012.
44. 杨慧民，余小萍.全科医学.北京：人民卫生出版社，2015.
45. 张先庚.社区护理学.2版.北京：人民卫生出版社.2016.
46. 郑频频，史慧静.健康促进理论与实践.上海：复旦大学出版社，2011.
47. 中国高血压基层管理指南修订委员会.中国高血压基层管理指南（2014年修订版）［J］.中华高血压杂志，2015，28（1）24-37.

后 记

经全国高等教育自学考试指导委员会同意,由医药学类专业委员会负责护理学专业教材的审定工作。

本教材由延边大学李春玉教授担任主编,北京大学护理学院侯淑肖副教授和丽水学院医学与健康学院李彩福教授担任副主编。全书由李春玉统稿。

全国考委医药学类专业委员会在北京组织了本教材的审稿工作。北京大学护理学院尚少梅教授担任主审,北京协和医学院护理学院刘建芬教授以及北京大学第三医院李葆华主任护师参审,提出修改意见,谨向她们表示诚挚的谢意。

全国高等教育自学考试指导委员会医药学类专业委员会最后审定通过了本教材。

全国高等教育自学考试指导委员会
医药学类专业委员会
2017 年 7 月